LES

PAR
EDOUARD FOURNIER

> « Partout, sur le passage des armées allemandes, les mêmes faits se sont reproduits avec une précision mathématique...; leur divulgation est le commencement de la revanche. »
>
> (*Lettre de M. Ch. de Bonnechose au duc de Mecklembourg, 14 mars 1871.*)

PARIS
E. DENTU, ÉDITEUR
LIBRAIRE DE LA SOCIÉTÉ DES GENS DE LETTRES
PALAIS ROYAL, 17 ET 19, GALERIE D'ORLÉANS

1871

LES

CHEZ NOUS

PARIS. — IMPRIMERIE JULES BONAVENTURE
55, QUAI DES GRANDS-AUGUSTINS.

LES
PRUSSIENS
CHEZ NOUS

PAR

ÉDOUARD FOURNIER

« Partout, sur le passage des armées allemandes, les mêmes faits se sont reproduits avec une précision mathématique... leur divulgation est le commencement de notre revanche. »

(*Lettre de M. Ch. de Bonnechose, au duc de Mecklembourg*, 14 mars 1871.)

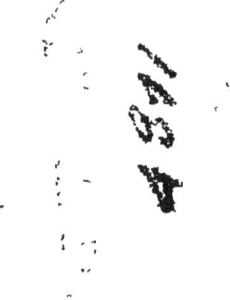

PARIS

E. DENTU, LIBRAIRE-EDITEUR

PALAIS-ROYAL, 17 ET 19, GALERIE D'ORLÉANS.

1871

Tous droits réservés

LES
PRUSSIENS CHEZ NOUS

ALSACE

BAS-RHIN. — HAUT-RHIN.

I

L'ordre alphabétique, que nous avons choisi, amène ici la première cette pauvre province, qui fut aussi la première dans nos malheurs. Nous ne sommes pas très-renseignés sur ce qu'elle a souffert tant l'ennemi l'a tout d'abord bien gardée, et pour ainsi dire claquemurée dans son infortune. Ce qui va suivre pourra toutefois suffire, croyons-nous, pour qu'on devine ce que la Prusse nous cache de ses mauvais traitements de marâtre contre cette grande famille alsacienne dont la France s'était faite, et, quoique dise la conquête, reste la seule, la vraie mère.

On ne s'était jamais pardonné à Berlin d'avoir laissé échapper cette proie lors de la première invasion : « Les journaux allemands, écrit M. Thiers (1), sous la date de mai 1815, continuaient à tenir le langage le plus extravagant..... il fallait reprendre l'Alsace et la Lorraine, etc. »

---

(1) *Histoire du Consulat et de l'Empire*, t. XIX, p. 527.

Ce fut là, pendant plus d'un demi-siècle, le mot d'ordre de la haine ; et c'est pour qu'il ne fût pas une vaine parole, une sotte fanfaronnade, que pendant tout ce demi-siècle on a préparé, ou pour mieux dire conspiré, au delà du Rhin, l'épouvantable guerre, dont la paix signée ne peut être qu'une trêve.

« Nous aurions dû, s'écriait en 1815, dans son *Mercure du Rhin*, le féroce Gœrres, nous aurions dû garder le renard, quand nous le tenions !

» Brûlez Strasbourg ! criait-il encore, et ne laissez debout que sa tour pour l'éternelle vengeance des peuples allemands. »

Sont-ils satisfaits ? Strasbourg est brûlé, et c'est à peine si l'admirable tour reste debout !

Il serait trop long de raconter ici ce grand crime de Strasbourg bombardé, dont le récit complet ferait toute une histoire. Nous n'en dirons que quelques épisodes : l'incendie de la Bibliothèque, par exemple, à cette date funèbre du 24 août 1870; qui a fait, jour pour jour, aux protestants de la Prusse, une Saint-Barthélemy aussi sanglante, aussi coupable au moins que celle des catholiques de Paris, trois siècles auparavant, le 24 août 1572.

« C'est, dit un de ceux qui en ont le mieux parlé (1), c'est dans la nuit du 24 août que cette catastrophe, — l'incendie de la Bibliothèque, — s'est accomplie.

» Le bombardement commença cette nuit-là, après huit heures ; toutes les bouches à feu que l'ennemi avait réunies autour de la place, vomirent jusqu'à huit heures du matin leurs terribles projectiles.

» Pas un instant de trêve ni de silence. Dans les caves, les femmes et les enfants pleuraient et priaient, les hommes étaient mornes, abattus, veillant à leurs maisons, ou cherchant à courir à l'incendie, sous une pluie de feu.

» Impossible de porter secours ! Dès que l'incendie avait

---

(1) *Illustration*, 11 mars 1871.

commencé quelque part, — et ce fut surtout le cas pour la Bibliothèque, — l'ennemi concentrait son feu sur l'incendie, de manière à l'activer avec une rapidité effroyable, et à paralyser tous les efforts.

» Il eût été si difficile d'ailleurs dans cette terrible nuit, de savoir sur quel point eussent pu porter les efforts !

» La même nuit, brûlaient le vaste bâtiment de l'Aubette, qui occupait tout un côté de la place Kléber et abritait l'état-major et le Musée de peinture, la charpente de la tour de la Cathédrale, et toute la toiture, et quatre des plus belles maisons de la ville : entre autres la maison Scheidecker, sur le Broglie, qui contenait un grand cercle et de magnifiques magasins.

» La perte du Musée n'est pas considérable... Mais on se fera une idée de la perte irréparable que la science a faite dans la Bibliothèque de Strasbourg, en se rappelant seulement que parmi tant de manuscrits précieux qu'elle contenait (1), il y avait l'*Hortus deliciarum* de l'abbesse de Sainte-Odile, Herrarde de Landsberg, écrit en 1180; un recueil de lois canoniques de 788, un missel avec les armes de Louis XII, et toute la collection des constitutions de Strasbourg : autant de choses, avec d'autres, uniques dans le monde (2).

» La ville de Strasbourg, en 1867, avait refusé avec une garantie de 300,000 francs, d'envoyer un de ses manus-

(1) On comptait à la bibliothèque de Strasbourg 150,000 volumes, et 1,539 manuscrits, parmi lesquels de précieux textes grecs, qui ont fait l'objet d'une communication curieuse et touchante, de M. Wescher, savant de Strasbourg, à l'académie des Inscriptions, le 17 mars dernier.

(2) On y voyait de fort beaux *incunables*, qui venaient d'une commanderie de St.-Jean de Jérusalem : un Missel carolingien, en lettres d'argent sur parchemin pourpré, et le recueil si précieux de toutes les pièces du procès de Gutenberg. Celles-ci du moins ne sont pas tout-à-fait perdues; elles survivent dans la publication, devenue très-rare, qu'en a faite, il y a trente ans, Léon de Laborde, avec une traduction française en regard du texte allemand. L'impression a sauvé ainsi par anticipation, le souvenir le plus précieux qui nous restât de l'inventeur de l'Imprimerie.

crits à l'Exposition universelle. On le comprend, le moindre valait beaucoup plus.

« Honte à la savante Allemagne, elle a détruit tout cela! »

Qu'en dit-elle ? on le devine : avec son hypocrisie ordinaire, et ses faux-fuyants de logique odieuse, qui rejettent tout sur ce qu'elle appelle les nécessités, et même les droits de la guerre, elle s'apitoye, elle gémit : « Ne nous parlez pas de ces malheurs, nous crie-t-elle, nous le regrettons plus que vous ; c'est faire acte de mauvais citoyen que d'en conserver le souvenir ! (1) »

M. de Werder, ce vieux dandy féroce qui bombarde en cravate blanche et ganté de frais, vous répète : « Strasbourg est cause de sa ruine. Que ne s'est-il rendu ! »

Si la Bibliothèque a brûlé, répètent-ils encore, c'est la faute de ceux qui n'ont pas su la préserver.

Pourquoi ne l'avait on pas mise dans les caves ? « Les dix jours qui ont suivi l'avertissement du bombardement auraient amplement suffi à cette besogne. »

Voilà ce qu'a dit, les larmes aux yeux, le rédacteur du *Moniteur* prussien de Versailles (2).

Or, il mentait, et le savait bien.

La ville avait été bombardée sans qu'on l'avertît ; M. A. Marchand le répète plusieurs fois dans son livre *Le siége de Strasbourg* (3), et peu de jours après le désastre, M. Laboulaye, dans les *Débats*, le reprochait déjà très-vivement aux Prussiens, en leur opposant ce que dit sur ces avertissements toujours nécessaires, toujours réclamés par le droit des gens, un de leurs propres maîtres, le légiste Bluntchli, que nous aurons souvent à citer, pour les confondre.

(1) A. Dumont, *Revue des Deux-Mondes*, 1ᵉʳ juin 1871, p. 410.
(2) N° du 18 janvier 1871.
(3) P. 34, etc.—V. aussi *Revue des Deux-Mondes*, 15 octobre 1870, p. 616. —Nous ne nous lasserons pas de citer cet excellent recueil, qui, pendant ces longs mois de malheur, a su joindre à tant d'autres mérites, celui du patriotisme le plus courageux, le plus français.

L'hypocrite lamentation de la Prusse sur ce sinistre, qu'elle veut en vain récuser, n'est donc qu'une grimace sur un mensonge.

Comme la ville de Strasbourg doit, à ce qu'elle pense du moins, lui rester toujours, elle la plaint, elle la soigne même, pour se l'attacher. Après les larmes du crocodile, ce sont les caresses de la louve ! Mais elles ne trompent personne, et resteront en pure perte.

« Jamais, écrivait à M. de Bismark une vaillante strasbourgeoise, qui à la suite du bombardement s'était réfugiée en Suisse (1), jamais les habitants de Strasbourg n'oublieront ces jours terribles : leur ville incendiée et ravagée par les bombes prussiennes, les arceaux splendides de leur noble cathédrale saccagés par les obus prussiens.

» Ils se souviendront que ceux qu'on vient leur donner pour frères, ont lancé dans leurs murs ces projectiles aveugles, qui ont tué leurs femmes et leurs enfants (2).

» Ah ! que nous aimions l'Allemagne, et combien nous la haïssons pour jamais à l'heure qu'il est ! »

Pour qu'on comprenne mieux ce cri d'honnête et poignante indignation, ajoutons, d'après le premier narrateur, quelques traits encore au tableau :

« C'est le 10 septembre que le théâtre a brûlé. Une énorme et épaisse colonne de fumée, qui s'éleva vers onze heures du soir, annonça qu'un vaste sinistre venait d'éclater encore, et le bruit se répandit aussitôt que le théâtre était en feu. On lutta aussi longtemps que possible contre le feu que les projectiles activaient sans cesse. Les obus triomphèrent à la fin, et les flammes commencèrent à envahir la scène.

---

(1) Cette lettre, datée de la Chaux-de-Fonds, 12 février 1871, a paru dans *l'Helvétie*.

(2) Un journal du pays de Bade, *la Gazette de Manheim*, s'était lui-même, au moment du bombardement, étonné avec une ironie sanglante de ce procédé des Prussiens pour rapatrier, en bons compatriotes, la ville de Strasbourg à l'Allemagne : « Strasbourg succombera, disait-il, mais c'est là, il faut le dire, un étrange retour pour elle dans la maison paternelle ! »

» Là se trouvaient enroulées une foule de toiles formant les fonds des décors ; ces vastes rouleaux, surchargés de peinture, fournirent au feu un aliment terrible. Le plancher de la scène, toute la machinerie en bois s'embrasèrent en un clin d'œil, et les flammes gagnant les combles, jaillirent bientôt au-dessus de la toiture. Plusieurs centaines de personnes ruinées par le bombardement, avaient trouvé refuge dans les caves et les couloirs du théâtre ; ces malheureux furent obligés d'abandonner leur matelas et l'incendie ne fit plus qu'éclairer leur fuite. Il ne reste aujourd'hui du théâtre que les quatre murs, et on a peine dans l'intérieur à distinguer la place où se trouvaient les galeries, les loges et plus encore la scène elle-même.

» La salle avait été magnifiquement restaurée une année auparavant ; un énorme et splendide lustre, acquisition récente, fut aussi précipité de la toiture en flammes, et tomba au milieu de l'incendie avec un cliquetis formidable (1). »

Ici, pour conclure, l'écrivain pourrait répéter son cri de tout à l'heure : « Honte à la savante Allemagne ! »

Savante ! oui, elle l'est, mais seulement en ce qui la sert, et fait de la science et de l'histoire même, ses complaisantes et ses complices.

Pour ce qui l'arrêterait, ou la gênerait, elle n'a même plus de mémoire.

S'est-elle, quand elle a détruit Strasbourg, s'est-elle souvenue, elle si bonne latiniste pourtant, et si forte sur ses

---

(1) Un touriste de Hombourg qui passa par là vers la fin de janvier, voulut bien trouver tout cela navrant, dans une lettre que reproduisit, d'après l'*Indépendance*, le *Moniteur universel*, de Bordeaux, du 21 février 1871 : « Aux environs du théâtre, dit-il, de la bibliothèque, et de l'hôtel du commandant de place, aussi loin que la vue pouvait porter, pas une maison qui ne fût réduite en cendres. A la place des grands hôtels incendiés, de petites baraques en planches qui en portaient les enseignes ; et dans toutes les rues des bandes d'enfants pâles, affamés, offrant en vente avec des cris assourdissants les éclats de bombes et de grenades qu'ils avaient trouvés parmi les décombres. »

auteurs, de certain passage de la *Troade* de Sénèque, et de certain autre, où Grotius (1) le lui recommandait :

« J'avouerai, dit l'Agamemnon de cette *Troade*, j'avouerai certes, terre Argienne, que j'ai voulu abattre les Phrygiens, et les vaincre, mais que j'aurais empêché de détruire et raser leur ville. »

Sans aller si loin, ni remonter si haut, a-t-elle eu du moins souvenir de ce que chez elle-même, tout récemment, avait écrit Bluntchli, cité déjà et qui s'est fait tant d'autorité pour le *droit des gens,* dans sa chaire d'Heidelberg ? Elle en eût été trop gênée :

« Il est, dit-il (2), du devoir des chefs d'interdire ces actes de brutalité et d'empêcher la destruction inutile des plus nobles produits du génie humain. Jamais la dévastation inutile n'est excusable.

» Notre siècle rougit d'avoir vu, il y a cinquante ans à peine, des soldats planter des clous dans des peintures à fresque, couper des tableaux en morceaux, mutiler des statues, dégrader des monuments. On peut pardonner cela à des barbares, parce qu'ils ne savent ce qu'ils font ; mais une armée civilisée ne doit pas souiller à ce point son honneur (3). »

Voilà bien, en pleine justice, la condamnation qu'il nous

---

(1) *Le droit de la Guerre et de la Paix.* Liv. III, ch. 12.
(2) *Le Droit international codifié*, p. 330.
(3) Les légistes américains, que leur nationalité ne rend pourtant pas tendres, sont aussi formels : « Les œuvres d'art, lisons-nous dans les *Instructions pour les armées américaines en campagne,* les bibliothèques, les collections scientifiques ou les instruments de grand prix, tels que les télescopes astronomiques, etc., doivent, *même quand ils sont compris dans les places fortifiées qui subissent un siége ou un bombardement,* être préservés de tout dommage qui n'est pas inévitable, *au même titre que les hôpitaux.* » Il est vrai que S. M. Guillaume ne respecte pas ceux-ci. L'article 8 de son ordonnance sur la Landsturm prescrit même de les brûler : « La mission de la Landsturm est de mettre obstacle à l'invasion et à la marche de l'ennemi, en l'attaquant constamment, en se rendant maître de ses convois, de ses courriers, de ses recrues, *en brûlant ses hôpitaux !....*»

fallait pour le crime commis contre Strasbourg ! C'est l'Allemagne d'avance flétrie et traitée de barbare, par un de ses professeurs ; et cela publiquement, du haut de la chaire d'Heidelberg, dans ce pays de Bade, où la Prusse devait justement trouver les soldats qui lui ont servi d'exécuteurs !

II

Malgré l'intensité du bombardement sur la ville entière, certaines parties avaient été épargnées. Les Prussiens devaient, suivant la logique à leur usage, reprendre dès lors par quelqu'autre côté ce qui leur avait ainsi échappé. Après trois mois de réflexion, ils s'avisèrent du moyen : ce fut une forte amende, mise sur chacun des propriétaires des maisons qui n'avaient pas été honorées de leurs obus !

Pour croire à cette incroyable contribution, il faut lire les principaux termes de l'arrêté qui l'inflige. Les voici :

« J'impose une amende de huit cents francs aux propriétaires des maisons non détruites par le bombardement, dans la partie du canton ouest, limitée par la rue du Marais-Vert, le rempart, le faubourg national, l'Ill canalisée..... La police est chargée de faire rentrer cette somme..... La Mairie devra faire publier le présent arrêté dans le *Strassburger Anzeiger Affiches* et le *Courrier du Bas-Rhin.*

» Strasbourg, 29 décembre 1870.

» Le gouverneur,
» Comte d'Ollech. »

Un Strasbourgeois, réfugié en Suisse, à qui parvint copie de cet arrêté impossible, en fit le sujet d'une lettre curieuse qui peut pécher un peu par la forme, mais non pas par l'intention amère et railleuse de l'esprit.

« C'est trois mois après la reddition qu'on frappe de cette amende les propriétaires ! C'est sans doute pour offrir une fiche de consolation à ceux dont les maisons sont détruites : les Allemands ne pouvant les frapper de contributions, ils doivent se réjouir d'avoir été incendiés par leurs généreux prétendus compatriotes ! Il y a là peut-être aussi une façon de préparer les propriétaires dont les maisons sont en cendres à recevoir les indemnités promises à Strasbourg par l'Allemagne. Des souscriptions se sont faites en faveur de cette ville, si affreusement bombardée ; mais jusqu'ici c'est la ville de Kehl qui les a recueillies ! »

Notre brave alsacien ne s'en tient pas là. Il a d'autres comptes à faire avec les pillards de sa chère ville ; il les règle du même coup, dans la même lettre :

« Par contre, ajoute-t-il, MM. les Prussiens dévalisent les caisses de la ville avec un sans-gêne qui ne fait que croître et embellir ; c'est ainsi que le 29 décembre dernier, le personnage s'intitulant « gouverneur de l'Alsace » s'est présenté, avec une escorte militaire, à la succursale de la Banque de France de Strasbourg, en exigeant, *séance tenante*, le versement *d'un million cinq cent mille francs*, sur ordre qu'il venait de recevoir du quartier-général, alléguant que ce payement effectué à titre de prêt serait, lors de la conclusion de la paix, remboursé par l'État français à la Banque de France (1).

» On ne saurait donner de meilleures cautions, ni mieux soutirer, voler un pays, ravagé par ces mêmes incendiaires. »

L'idée de ces remboursements après la guerre, par l'État

---

(1) Le versement fut fait. De là vient que tant de pièces de cinq francs toutes neuves à la marque de Strasbourg, circulent depuis quelques mois dans les départements envahis par les Prussiens. Il paraît au reste, que grâce aux lingots qu'ils trouvèrent à l'hôtel des monnaies de Strasbourg, ils frappèrent pour plusieurs autres millions de pièces d'argent, à l'effigie de Napoléon III.

vaincu, est du vieux système prussien. Quand l'armée de M. de Brunswick nous envahit, pendant la Révolution, elle ne procédait pas autrement. Ses réquisitions n'étaient que des emprunts forcés, avec bons imprimés, signés par le commandant, mais que le porteur — et c'est bien là encore un trait de la rapacité prussienne, toujours si élastique pour s'étendre — avait le droit de remplir à son gré, pour obtenir tout ce qui était à sa convenance (1). La France rembourserait plus tard!

Aujourd'hui, toutefois, la méthode s'est bien perfectionnée. Par l'impôt et les réquisitions, on prend tout au particulier pendant la campagne; et, à la paix, par l'indemnité de guerre, on enlève tout au pays. On ne peut mieux voler des deux mains en détail, puis en masse.

III

Pour l'Alsace, un seul bombardement comme celui de Strasbourg pouvait bien suffire. Les Prussiens ne s'en sont pas contentés.

Leur guerre était une guerre de gens pressés, aux moyens sommaires et de terreur expéditive; une conquête de voleurs-assassins, toute par effraction. Ils ont donc — nous en aurons plus loin d'autres exemples — forcé par les obus les endroits les plus inoffensifs, où de plus braves fussent entrés sans s'inquiéter et comme chez eux. C'est de cette manière qu'ils ont bombardé, en passant à Gueberschwir, dans le Haut-Rhin, les vastes bâtiments du Schauenberg, ajoutant ainsi la destruction au meurtre, car, dans le même endroit, ils avaient pendu deux francs-tireurs, dont l'un était déjà presque mourant de ses blessures.

C'est de cette manière encore qu'ils ont bombardé et dé-

---

(1) *OEuvres de Goëthe*, t. X (Mélanges), p. 14-15.

truit en partie, dès leur entrée en Alsace et avant d'attaquer Strasbourg, un pauvre village qui s'en trouve tout près.

« La Robertzau, dit l'*International*, est un gros bourg de plus de 3,000 habitants, à une demi-lieue au nord de Strasbourg. Les Prussiens l'ont détruit avec leurs bombes.

» On se demande quel motif peut pousser l'armée allemande à bombarder des villages sans défense, où sont établies, ils ne l'ignorent pas, des ambulances. »

La réponse à cette curiosité est simple : les héros de la Prusse pouvaient craindre là, dans ce groupe de maisons, quelque piége de francs-tireurs. Pour s'en assurer, ils ont, comme toujours, commencé par où l'on finit : pour « éclairer » ils ont brûlé.

Peu de jours auparavant, comme l'ambulance que M. de Bussière avait établie dans le malheureux village pouvait les gêner pour son bombardement, ils avaient violemment supprimé l'ambulance en faisant disparaître son administrateur : ils avaient envoyé M. de Bussière prisonnier à Rastadt !

A Belfort, une vraie ville de guerre, leurs obus pouvaient avoir raison, aussi n'ont-ils rien épargné pour qu'ils eussent tort. Les lieux qui étaient le plus à respecter leur ont, les premiers, servi de point de mire.

« L'hôpital de Belfort, dit un journal, a été bombardé et son aumônier tué dans la chapelle.

» Les obus teutons y ont écrasé des malades sur leur lit de douleur. »

Ils avaient refusé, à Strasbourg, de laisser sortir les femmes et les enfants pendant le bombardement de la place, ils firent de même à Belfort, mais en motivant leur refus autrement qu'à Strasbourg. Là, M. de Werder s'était contenté de dire, avec une ingénuité toute cynique, que si les femmes et les enfants sortaient, la ville pourrait fort bien ne pas se rendre, et que, par conséquent, il était de son intérêt de les y laisser.

A Belfort, leur raison fut différente mais aussi odieuse.

Quand les délégués suisses se présentèrent au général de Treskow pour lui demander de laisser passer jusqu'à Porrentruy, où l'hospitalité de la République commencerait pour eux, les enfants, les femmes et les vieillards de la ville, il répondit qu'on n'obtiendrait de lui aucune concession pour une place où les femmes coupaient le nez aux prisonniers allemands, leur crevaient les yeux et leur arrachaient les oreilles, et que, d'ailleurs, le colonel Denfert, commandant la garnison, ne laisserait lui-même sortir personne. Les Suisses demandèrent à s'en assurer dans la ville, M. de Treskow, qui avait ses raisons de craindre les vérifications, répondit que s'ils essayaient on leur tirerait dessus.

C'est seulement quand Belfort fut tombé que les secours y purent arriver de Bâle et de Porrentruy. Dans quel état étaient la pauvre ville et surtout ses environs! « Villages détruits, écrit M. Marc Monnier (1), maisons découvertes ou trouées par des obus, murs abattus, meubles brisés ou dispersés... Plus une goutte de vin ou de liqueur! Plus une bouchée de pain! ».

La charité des Suisses fut inépuisable, comme un peu plus tard leur hospitalité fut sans bornes quand nos réfugiés de l'armée de Bourbaki durent être internés chez eux. Les Allemands leur en voulurent d'être si secourables. Ils leur firent un crime de tant de vertu, de tant de cœur à l'égard des Français; leur espoir fut même: que la généreuse République se trouvât ruinée par sa générosité! « Il n'est pas douteux, écrivait entre autres la *Gazette d'Ulm*, que ces 80,000 Français vont devenir une calamité pour la Suisse, car elle n'est pas préparée à recevoir tant de monde; mais c'est là précisément ce que nous désirons. » Quelle noblesse de cœur! quelle délicatesse! quelle élévation charitable!

« Dans l'âme de l'Allemand, disait Gemüth, il est une nuance de sentiment qui n'est pas dans l'âme française. » Si c'est la nuance dont il s'agit ici, et qui en effet

---

(1) *Revue des Deux-Mondes*, 1ᵉʳ mai 1871, p. 49-50.

n'a rien de celles qui sont propres à nos idées, c'est bien flatteur pour l'âme française.

IV

Le vol prussien commença vite, et systématique tout d'abord, raffiné, de manière à prouver qu'il entrait dans la combinaison générale de cette guerre, et qu'il y serait, pour ainsi dire, de compte à demi avec la conquête.

Cette commandite de la rapine par la gloire est assez nouvelle, mais bien prussienne, surtout ainsi méditée et organisée.

C'est contre l'administration française que les larrons allemands s'essayèrent d'abord et se firent la main.

Avant de mettre en coupe réglée nos forêts de l'État, comme on le verra dans les Ardennes, ils s'emparèrent de ce qu'ils pouvaient prendre à la régie.

Voici comment en parlait, au commencement d'octobre, le premier Alsacien qui eût pu franchir les lignes prussiennes et entrer à Paris (1) :

« A Haguenau, les Prussiens ont pris le tabac qui était renfermé dans le magasin de l'État. Ils l'ont vendu pour 600,000 francs à un Allemand qui l'a emporté de l'autre côté de la frontière.

» La valeur réelle était de 6,500,000 francs, mais il faut faire tout de suite de l'argent pour le trésor prussien.

» On a ensuite, ajoutait-il, dévalisé entièrement le magasin ; on a enlevé même les meubles des gardiens. »

Notez que la pauvre ville d'Haguenau, l'une des premières visitées par les Prussiens, puisqu'ils y entrèrent dès le 8 août, avait dû subir, en outre de ce pillage, non-seu-

---

(1) V. *Le Temps* du 12 octobre.

lement l'obligation de loger et de nourrir toute une division de cavalerie badoise, mais encore l'impôt d'un million, tellement au-dessus de ses ressources, que la municipalité fut obligée d'envoyer à Bâle des délégués pour faire un emprunt.

D'autres millions furent levés de la même manière dans plusieurs autres cantons du Bas-Rhin, et cela, bien entendu, sans préjudice des réquisitions de toutes sortes. Ainsi, à Erstein, où ils savaient qu'on cultive le tabac, ils exigèrent de la population, qui n'est pas de plus de 3,000 âmes, une contribution de 6,000 cigares en trois jours.

Dans le canton de Barr, dont les vingt communes ne comptent pas 19,000 habitants, l'état-major prussien se fit livrer 54,000 kilogrammes de pain, 72,000 kilogrammes de viande, 18,000 kilogrammes de riz, 1,800 kilogrammes de sel, 1,800 kilogrammes de café torréfié, 2,400 kilogrammes de café non torréfié, 50,000 litres de vin, 2,400 quintaux d'avoine, 600 quintaux de foin, 700 quintaux de paille.

Et tout cela, bien entendu, sans rien payer que de brutalités et d'injures.

Même quand, par hasard, ils s'acquittent avec une autre monnaie, ils volent.

Dernièrement, dans une des provinces occupées, ils ne voulurent payer, à une étape, les 500 kilogrammes de foin que 80 francs; on leur dit que c'était pour le marchand une perte de 30 francs, puisque le cours était de 110 francs pour cette quantité. Ils n'y voulurent pas entendre, prétendant que l'ordre de M. de Bismark était de ne pas donner davantage, et qui plus est, ils prirent à ce même prix tout le foin des environs, si bien qu'il n'en reste plus pour le bétail, et « où en retrouver, dit un correspondant, car on sait que la disette est grande?»

Le pillage du mobilier du gardien de la régie d'Haguenau, dont il était mention tout à l'heure, commence la série de ces vols de ménage, de ces fameuses rafles de pendules qui ne seront pas un des traits les moins curieux de cette guerre, où la manie du larcin bas, du pillage vulgaire prima celle des conquêtes.

Un Belge, tout à fait désintéressé et neutre comme son pays, nous raconte dans une lettre datée des premiers temps de la campagne ce qu'il vit aux encans de la Prusse Rhénane, où les glorieux brocanteurs revenus de France vendaient à la criée les loques sanglantes de la Lorraine et de l'Alsace :

« Parti, dit-il (1), d'Anvers, le 22 septembre, je viens de traverser toute l'Allemagne ; j'ai vu des choses révoltantes et bien capables d'étouffer les sympathies que moi et beaucoup d'honnêtes gens portions à l'Allemagne.

» J'ai vu, à la station de Nieder-Lahnstein, près de Coblentz, un sergent et un caporal prussiens, escortant un convoi de soldats convalescents, qui mettaient ouvertement en vente une foule d'objets volés en France.

» Ils avaient, à l'aide de draps et de nappes, formé cinq paquets volumineux contenant les hardes de deux ou trois ménages, objets de lingerie propres ou sales, habits d'hommes, d'enfants ou de femmes, souliers, chandeliers, chignons, fers à repasser, morceaux de fromage et de jambon, un mouvement d'horloge, des jouets d'enfants ; tout cela, à mesure qu'on remuait les rideaux et les chemises, se montrait à jour, à la grande joie et aux éclats de rire des paysans et des paysannes qui s'empressaient d'acheter pour quelques kreutzers ce qui était à leur convenance.

» Un vieillard paya deux florins une trentaine de petites robes, chemises, tabliers, bonnets, etc., ayant appartenu à des enfants.

» Comme plusieurs de ces objets étaient tachés de sang, on demanda au soldat s'il avait tué les enfants pour les

---

(1) Nous avons trouvé cette lettre si curieuse dans la *Patrie* (de Bordeaux) du 11 décembre.

avoir : « Non, répondit-il, mais ils étaient là, accroupis
» dans un coin, cinq enfants qui pleuraient, une petite
» fille tenait sur les genoux un chien qui me montrait les
» dents; cela m'a ennuyé, j'ai pris le chien et je lui ai
» coupé le cou, malgré les cris de ces damnés petits
» Français. »

» Je n'ai plus revu le même encan public en Allemagne;
mais j'ai constaté partout, en Wurtemberg et en Bavière,
comme en Prusse, que tous les soldats blessés et malades
qui reviennent sont chargés de butin.

» De plus, aucun convoi ayant transporté en France
soldats ou munitions ne revient à vide. Ils sont remplis de
milliers de caisses ou paquets envoyés par les soldats allemands à leurs familles.

» Un colonel prussien, qui dînait à table d'hôte à Wurtzbourg, nous disait : « Ces brutes de Bavarois! nous
» sommes obligés de leur dire de piller pour leur donner
» du cœur (1), puis, quand ils ont volé un peu d'or, ils se
» battent aussi bravement que les Prussiens pour qu'on ne
» le leur reprenne pas. Du reste, nous avons soin de leur
» dire que s'ils étaient prisonniers, les Français les fusille-
» raient immédiatement... »

» D'un bout à l'autre de l'Allemagne, on entend le
même refrain : « La France est d'une richesse inépuisable,
» le vin y est excellent, le temps magnifique; les Français
» et surtout les Françaises, depuis que tous leurs soldats
» sont tués, sont doux comme des moutons. Ceux qui

---

(1) Ceci doit être d'une vérité absolue : les Prussiens ne parlent jamais autrement des Bavarois, et ceux-ci le méritent, surtout pour leur acharnement à voler. Les Orléanais, qui les ont hébergés plus d'un mois, lors de la première occupation de leur ville, en savent quelque chose ; ils ont pris dans chaque maison tout ce qui leur tombait sous la main. Pas trop brutaux d'ailleurs, et même assez doux : « Ils vous passent tranquillement la main sur le dos, et vous vous laissez faire, disait un Prussien, mais quand ils la retirent ils ont pris toute la laine. »

» veulent s'enrichir et s'amuser n'ont qu'à prendre un fusil
» et aller en France... »

« Petrus Desportes. »

Au mois de septembre, quand cette lettre fut écrite, les enchères de nos dépouilles n'étaient pas encore, quoique déjà fréquentes, organisées sérieusement. Depuis lors, elles se sont régularisées, avec annonces, réclames, etc. ; le vol prussien a trouvé ses petites affiches, comme il avait déjà ses places publiques !

Un journal, que nous regrettons de voir dans une ville de cette vaillante Suisse, qui nous a été si fraternelle, le *Basler Nachrichten*, n'a pas eu honte de se prêter à cette criée du pillage, et de se faire, sur cette terre honnête, le clairon, la trompette du vol, pour l'un des recéleurs du grand-duché son voisin.

On lisait, le 13 février dernier, à sa page d'annonces :

« *A vendre pour un prix avantageux*, chez M. Machly, ingénieur (lisez *recéleur*) à *Hausbaden*, près Bedenveiler (grand-duché de Bade) :

« 1° Un secrétaire en bois de rose, tombeau à coulisse avec galerie bien dorée et une tablette de marbre, avec caisse, garniture bien dorée, serrures avec clés à trèfles. Ce beau secrétaire a appartenu à Louis XVI et vient du garde-meuble de Paris (très-bien conservé).

» 2° Une table unique, madame de Pompadour, avec incrustations délicates et minutieuses.

» 3° Une console dorée avec marbre, Louis XVI, provenant du garde-meuble de Paris.

» 4° *Le mobilier de l'impératrice Joséphine, de la Malmaison*, doré, dans le meilleur état et complet.

» 5° Un merveilleux verre de cristal gravé, du XVe siècle, première façon.

» 6° Un service à café, plateau avec galerie Louis XVI.

» 7° Une pendule de salon monumentale, dorée au feu, avec globe.

» 8° Un lot de porcelaines, Japon, Ch'ne, Sèvres, un lot de tapis d'Aubusson.

» 9° Un bahut italien à deux portes, bien plaqué, très-beau, du XVᵉ siècle.

» 10° Divers objets, girandoles, époque Louis XV, suspensoirs, cuvette à fleurs en cristal rose doré, candélabres dorés, lampes carcel neuves, cage chinoise, un petit vaisseau sous verre qui traverse le canal de Suez.

» 11° Une étagère, chef-d'œuvre, etc.

Tableaux.

» 1° Un grand tableau de Gérard : *Des Enfants enlevés par un aigle*;

» 2° Un grand tableau : *Combat de Coqs*. Premier prix de l'Exposition de 1847 (1);

» 3° *Suzanne au bain*. Vieux tableau sur panneau;

» 4° *Un paysage*, petit, mais ravissant;

» 5° Deux tableaux hollandais;

» 6° Deux autres tableaux;

» 7° Quatre petits tableaux sur bois;

» 8° Deux copies espagnoles ovales;

» 9° Un vieux tableau : *La forge de Vulcain*;

» 10° Un lot de pastels Delacroix (2);

» 11° Un tableau espagnol;

» 12° Quelques bonnes gravures;

(1) C'est incontestablement le tableau de Gérôme : *Jeunes grecs excitant des coqs au combat*, qui est de cette année-là, et obtint en effet une récompense à l'exposition. On doit savoir où il était passé, et par conséquent où il a été volé.

(2) Ils doivent venir de la collection qu'un riche amateur espagnol, dont parlait l'*Avenir National* du 10 février dernier, s'était faite dans sa maison à Saint-Cloud, en face du château des Béars. Au moment du siège, une carrière qui court sous Montretout, avait servi de cachette à ses tableaux et aux porcelaines et faïences précieuses dont il était surtout curieux. Il ne retrouva plus rien, quand il put retourner, et en voyant les débris qui jonchaient la cachette défoncée, il crut que tout avait été mis en pièces. Je crois que la vente faite à Hausbaden, où l'on mit aux enchères tant de pastels de Delacroix et tant de porcelaines, lui en aurait pu donner d'autres nouvelles.

» L'outillage complet d'un orfévre ou serrurier ;
» Une enclume de deux à trois cents livres ;
» Outils de tous genres, marteaux, tenailles, etc. ;
» Le tout *garanti* de Paris. »

V

Les places à prendre font partie de la curée que les Prussiens se sont rêvée dans nos provinces conquises. Ils s'y sont emparés, aussitôt qu'ils ont pu, de tous les emplois de l'administration française.

Pendant un mois, le premier, il y eut chaque jour, régulièrement, une expulsion de trois de nos employés des finances. Pour quelques-uns des chefs de service, ce fut encore pis : sur six, qui exerçaient dans le Bas-Rhin, trois furent emprisonnés.

Vous allez juger des raisons qu'on donnait le plus souvent à ces rigueurs, par ce qui arriva à l'un d'eux, M. Buisson. Il était révoqué depuis quelques jours, quand un fournisseur de son administration vint lui demander un certificat. Il ne fit aucune difficulté pour donner cette attestation de services, que lui seul avait pu constater. Les Prussiens ayant rapproché la signature de la date, l'arrêtèrent pour avoir fait acte d'administration après son renvoi. Il fut condamné à une forte amende, et emprisonné à Wissembourg, pour deux ans.

Les employés de la poste furent des premiers compris dans ce système d'expulsion, avec défense expresse à tous, de tenter quoi que ce fût pour ressaisir leurs fonctions, et rien faire qui y ressemblât. Quelques-uns, qui s'en avisèrent, furent sévèrement poursuivis et condamnés.

La *Gazette nationale* de Berlin publiait, à ce sujet, la correspondance suivante :

« Strasbourg, le 2 janvier. — Les anciens directeurs de

la poste, Renard et Kuhn, la directrice madame Mayer, de Molsheim et quatre facteurs ont comparu devant le conseil de guerre, sous la prévention d'avoir, après leur remplacement par l'administration allemande, continué à exercer illicitement leurs fonctions. La directrice a été condamnée à un an de prison et 200 thalers d'amende; les autres à un mois et 50 thalers. »

Ce que la *Gazette nationale* oublie de dire, c'est que ces pauvres facteurs, et cette malheureuse directrice de poste subirent leur condamnation, non devant un tribunal ordinaire, mais devant une cour martiale! Encore quelques lettres distribuées par eux, sans passer par la poste prussienne, cette justice militaire les aurait fait fusiller!

L'envahissement des emplois fait partie, nous le répétons, du système général de l'invasion prussienne : c'est un de ses détails les plus importants. Il répond, en effet, à l'un des plus impérieux besoins de la population allemande, si pullulante sur une terre où les moyens de se placer et de vivre pullulent si peu.

C'est à la Prusse du nord, à ses émigrants du fonctionarisme, que ces terres promises de la curée aux places ont été réservées. Aussi, bien qu'elles aient été conquises par toutes les troupes de l'Allemagne, et devraient être ainsi terres allemandes, ouvertes aux aspirants-employés de la Bavière, du Wurtemberg, de la Saxe, tout autant pour le moins qu'à ceux de la Prusse, n'y trouve-t-on que de ces derniers. L'empereur n'envoie que de ses anciens sujets royaux sur ces nouvelles terres d'Empire.

La nuée de fonctionnaires qui s'y est abattue n'a pas un seul de ses oiseaux de proie qui ne soit marqué aux couleurs prussiennes. Jusqu'alors cette invasion des coureurs d'emploi, si nombreux dans la Prusse du nord, n'avait guère, pour faire sa chasse, que les villes de la vallée du Rhin, Mayence, Wiesbaden, etc.

L'Alsace et la Lorraine leur sont un nouveau champ, ils s'y jettent pour tout prendre : « Les beaux jours de la bureaucratie prussienne commencent, lisons-nous dans une lettre de Strasbourg du 21 mai. Après l'invasion militaire qui nous a amené, avec les soldats, des marchands de tabac et de photographies obscènes, nous allons voir arriver en masse les fonctionnaires avec leurs femmes blondes et leurs nuées d'enfants. »

A Guebwiller, qui n'a pas 10,000 habitants, il en était arrivé déjà, le 2 mai, plus d'une cinquantaine, avant garde de bien d'autres, qui n'attendent qu'à s'installer là, ou ailleurs, et dont on pourra évaluer le nombre quand on saura, d'après les *Lettres politiques* de M. Carl Vogt, que, dès avant la fin de septembre, plus de 6,000 demandes de fonctions en Alsace étaient parvenues au chancelier de l'Allemagne du nord.

M. Vogt en savait quelque chose, car, parmi ces demandes, il y en avait une signée de lui, pour un haut emploi de finances qu'il obtint, tout des premiers, et dont il prit possession avec une joie bruyante, où l'on semblait entendre quelque chose des cris du vautour tenant enfin une proie :

« M. Vogt, dit avec malice M. Albert Dumont (1), pourrait décrire mieux que personne la satisfaction peinte sur le visage des fonctionnaires d'Alsace.

» Les petits emplois, ajoute-t-il, sont beaucoup plus nombreux et mieux payés en France qu'en Allemagne. Ces joies si profondes ont perdu quelques cerveaux dans l'administration du Haut et du Bas-Rhin.

» Je signale à M. Vogt ce receveur des finances, qui s'est procuré une voiture dans l'arrondissement, avec un groom, une trompette et un héraut, chargés de répéter dans chaque village : « Saluez le premier des receveurs d'Alsace! »

Une lettre, que publia l'*Echo français* de Tours, au mois de décembre dernier, et qui vient d'une personne on ne peut mieux instruite des choses de l'Al-

---

(1) *Revue des Deux-Mondes*, 1er juin 1871, p. 418.

lemagne, va sur ce point curieux, et jusqu'ici trop inaperçu de la conquête prussienne, nous donner d'autres excellentes informations qui compléteront celles-ci :

« Les Prussiens veulent se donner des positions personnelles, des places, des honneurs productifs en France.

» Les correspondances de Strasbourg, écrites dans les journaux allemands ou suisses, font entrevoir le motif de la ténacité avec laquelle la Prusse insiste sur l'annexion de la Lorraine et de l'Alsace.

» Il est arrivé à Strasbourg, à Nancy, à Metz, et dans toutes les autres villes conquises, des milliers d'aspirants aux emplois supérieurs ou subalternes que les vainqueurs se distribuent entre eux. Tous ces individus sont des besogneux, fruits secs des universités prussiennes, qui cherchent à s'abattre, comme une nuée de sauterelles, sur nos malheureux départements, déjà si cruellement éprouvés par la guerre.

» Leur nombre est tellement considérable, dit un de ces correspondants, qu'ils suffiraient à occuper tous les emplois de trois vastes royaumes.

» Du temps de Frédéric II, la même chose s'est produite en Silésie.

» Après le Congrès de Vienne, les provinces saxonnes et les provinces rhénanes, dépouilles opimes de Waterloo, ont subi le même sort.

» La petite comme la grande noblesse prussienne, est obérée ou besogneuse. Les premiers nés entrent dans l'armée, dans la magistrature et occupent les hauts emplois civils, puis vient une nouvelle génération qu'il faut pourvoir de positions. C'est là une question politique, aussi grave pour la Prusse qu'est pour l'Angleterre celle de créer sans cesse de nouveaux marchés pour les productions toujours croissantes de ses classes ouvrières.

» Il faut à la Prusse un vaste marché aux places. Et le marché français lui conviendrait assez.

» L'assimilation que nous venons de faire entre les tendances anglaises et les aspirations prussiennes n'est pas à l'avantage de nos envahisseurs.

» L'Angleterre intelligente recherche tous les marchés du monde pour ses produits, et chez elle le travail de la classe ouvrière enrichit le pays, tandis qu'en Prusse les fils de famille, arrogants et incapables, épuisent les pays confiés à leur administration. »

Rien de plus exact, l'Alsace s'en aperçut et en souffrit dès les premiers jours. Sous notre administration, qui n'a rien de cette oppression hautaine, minutieuse et tenace, elle était restée elle-même, moitié allemande, moitié française, sans qu'on fît rien pour qu'une de ces deux nuances l'emportât sur l'autre, et la transformât.

On la laissait, pour ainsi dire, se gouverner par elle-même, en ne mettant que des Alsaciens partout dans son administration, particulièrement dans les emplois des campagnes. Les instituteurs, cela va de soi, étaient, plus encore que les autres fonctionnaires, choisis dans le pays, dont ils ne gênaient le langage, ni dans un sens ni dans un autre : ils laissaient l'allemand qu'on y parle assez mal, rester ce qu'il est, et ils ne poussaient pas trop aux progrès du français, qu'on y parle encore moins bien. Les Prussiens ont changé tout cela, et, bien entendu, au profit de l'allemand. Ils l'ont décrété la seule langue du pays, et sous prétexte que les maîtres alsaciens ne l'enseignent qu'en l'estropiant, ils les ont — ajoutant cette tyrannie du purisme à toutes les autres — révoqués et remplacés par des instituteurs de leurs provinces, ou du pays de Bade et de la Bavière, avec ordre formel de redresser l'allemand alsacien, et de ne pas prononcer un mot de français.

Qu'arrive-t-il? tout le contraire de ce qu'ils décrètent : dans le Haut et le Bas-Rhin, on s'applique à parler l'allemand de plus en plus mal, et le français de mieux en mieux. Il y a fait en six mois plus de progrès qu'en deux siècles. Les Prussiens, par leur interdiction, ont obtenu que c'est aujourd'hui la seule langue dont on se serve, même chez le peuple : « On est tout surpris, dit M. Dumont, d'entendre des ouvriers qui savent à peine quelques mots de français, renoncer entre eux à l'usage de l'allemand. »

Pour les journaux, qu'ils ont soumis tous au même régime du tudesque exclusif, il n'en va pas autrement : « Les journaux français sont interdits, et les allemands on n'en veut pas, » écrivait le 2 mai, la sœur d'un de nos amis, et elle ajoutait, comme conséquence de l'ignorance absolue de toutes choses qui en résulte pour tous : « Nous reculons au moins de deux siècles depuis que nous sommes annexés à cet illustre pays ! »

La *Gazette officielle* est, avec le *Courrier du Bas-Rhin*, acheté par un imprimeur du duché de Bade, et rédigé par un Allemand, tout ce qui constitue aujourd'hui la presse de l'Alsace. Les injures n'y manquent pas, contre la vaillance de fidélité à la France, dont chacun donne à toute heure de nouveaux témoignages dans le pays. Les femmes, même les plus nobles et les plus dignes, y sont insultées pour ce crime de dévouement et de pieux souvenir. Il y a quelques semaines, toutes ne portaient déjà que des rubans tricolores sur leurs robes noires ; le regret sur le deuil ! Elles se rendirent ainsi vêtues à la Cathédrale où se faisait un service funèbre. C'étaient, nous l'avons dit, les plus honnêtes, les plus dignes, les plus nobles. Le lendemain, le journal prussien de Strasbourg les traitait en femmes perdues : « Depuis quelques jours, y lisait-on, des femmes à tous égards méprisables, et qui ne peuvent associer des sentiments patriotiques à la vie qu'elles mènent ouvertement, osent porter les couleurs d'une nation en guerre avec la Prusse, mais grande par le malheur ; l'autorité regrette de pareilles indignités, et compte sur l'indignation publique pour les faire cesser...»

Pour les Prussiens de si infâmes calomnies ne sont que des gentillesses. Ce qui, à nos yeux, y met le comble, c'est qu'elles sont méditées et rédigées par un homme de la part duquel tout devrait être sérieux et digne. Il s'appelle

Osius ; en même temps que journaliste, il est juge d'instruction aux Conseils de guerre, mais dans ce cumul d'emplois en apparence si différents, il n'a pour tout qu'un seul mot d'ordre : la haine de la France et des Français.

Vous avez vu comment écrit le journaliste. Voyons comment parle le juge d'instruction : « Vous êtes Français, disait-il à un malheureux accusé de patriotisme. Eh bien ! sachez-le, nous voulons voir la France à genoux dans la poussière, à genoux dans le sang ! »

Quelquefois il plaisante avec ses accusés, comme autrefois Fouquier-Tinville ; il fait du petit journal dans son cabinet de magistrat, et s'en paye avec les dépouilles de ses victimes. Un aumônier des ambulances internationales, mis en prison sans aucun motif, pendant plusieurs jours, avait été rendu à la liberté et réclamait ce qu'on avait saisi sur lui, en l'arrêtant : son argent, ses papiers, sans lesquels il ne pouvait se remettre en route : « Comment ! M. l'abbé, lui dit Osius, vous ne croyez donc pas aux miracles ! de l'argent ! des papiers pour voyager à un aussi bon catholique que vous, allons donc ! lisez la Bible, monsieur l'abbé, et videz la place... »

Le digne juge garda l'argent.

Quand il s'agit des Prussiens, il faut toujours, pour conclure, un vol plus ou moins gros, plus ou moins brutal. C'est leur mot de la fin. Leur grande raison, c'est que la France est si riche, qu'on aurait tort d'être un instant sans y prendre quelque chose. En ne se fatiguant pas de voler, ils ne font que rendre hommage à notre inépuisable fortune. Leur pillage est une flatterie, et nous devrions les en remercier.

« Des officiers prussiens de l'armée d'invasion, lisons-nous dans un fragment de la longue lettre citée plus haut, ont écrit en Poméranie des lettres reproduites par les journaux allemands, où ces messieurs daignent reconnaître que jamais ils n'ont vu une prospérité pareille à celle de la France.

» Les paysans aisés mangent dans de la porcelaine, disent-ils, et les notables ont de l'argenterie. Toutes les femmes ont des bijoux.

» Cet aveu est naturel de la part de gens qui ne vivent que dans de pauvres maisons, qualifiées pompeusement du nom de châteaux, qui mangent avec des cuillers de bois dans des écuelles de terre, et dont le menu journalier est tellement misérable, que celui de Don Quichotte, décrit par Cervantes, est, en comparaison, un menu des beaux jours de Brébant.

» Ne soyons donc pas surpris que ces gens, si pauvres, succombent à la tentation, et qu'ils soient heureux de trouver sous la main les bijoux et l'argenterie dont ils peuvent se rendre maîtres en les ramassant.

» Les Prussiens, militaires et civils, sont capables de tout, même de se faire exécrer; ils y réussissent, en Allemagne et à l'étranger, d'une façon si remarquable, qu'on n'a qu'à les abandonner un peu à leur ivresse de conquête, de pouvoir et de rapine pour en avoir à jamais raison.

» Les voyageurs qui viennent des pays occupés par eux témoignent des abus criants et de l'arrogance avec lesquels ils cherchent à inspirer la terreur. Les officiers prétendent que *leur droit* est de tout briser et de tout prendre, si cela leur plaît. Bien que leur éducation devrait les rendre plus traitables, ils sont, au contraire, beaucoup plus violents que les simples soldats. »

Ils furent aussi plus voleurs : le soldat n'avait que son sac pour emporter ce qu'il prenait ; l'officier avait les fourgons, et il en usait pour faire parvenir chez lui un butin plus gros.

Ce qu'on aura peine à croire, même de la part du pouvoir prussien, c'est qu'il autorisait le transport de ces *colis* du pillage, et bien plus, qu'il leur accordait des priviléges de franchise :

« Les employés des chemins de fer exploités par la Prusse, lisons-nous dans une lettre écrite de Soissons, au mois de décembre dernier (1), ont reçu l'ordre de les expédier *franco!* »

L'Allemand qui en toute chose a sa tradition, obéit pour ce système de convoitise et de rapine, à la tradition germaine et vandale, si bien suivie encore au moyen-âge par les hommes de proie d'Outre-Rhin, mais qu'on aurait pu croire un peu désapprise par l'Allemagne de notre époque, au lieu d'y être, comme nous l'avons vu en progrès : « Allemands, disait Froissart, de nature sont rudes, et de grossier entendement, si ce n'est à prendre leur proufict ; mais à ce sont-ils assez experts et habiles ; *item* moult convoiteux, et plus que nulles autres gens oncques ne tenant rien de choses qu'ils eussent promis ; tels gens valent pis que Sarrazins ni payens. »

Il y a plus de quatre siècles que cela fut écrit sur les Allemands. C'est aujourd'hui plus vrai que jamais. Les perfectionnements qu'ils se vantaient d'avoir apportés en toutes choses, n'ont été réels que pour les tristes sciences de la destruction et du vol.

VI

Le roi de Prusse n'avait pas beaucoup à espérer de l'Alsace, après les ordres qu'il avait donnés, et que ses généraux avaient suivis avec la plus impitoyable discipline. Werder, entre autres, ne s'était pas caché de la consigne toute d'épouvante qu'il avait reçue contre Strasbourg, et qui, exécutée comme elle le fut, sema tant de haines sur tant de ruines : « On ne m'a pas donné le temps de faire un siége, dit-il à l'évêque qui venait le supplier de

(1) V. *La Gazette de France* du 20 décembre 1870.

mettre fin au bombardement (1), on m'a commandé de prendre Strasbourg par la terreur, j'obéis (2). »

Mais après la terreur, l'exécration, et, en attendant qu'on se venge, la fuite loin du persécuteur. L'absentéisme fut la première revanche des Alsaciens. Leur exode commença dès qu'ils purent partir : c'est du côté du camp français, que les flots les plus pressés se dirigèrent.

La première mesure que prit Guillaume pour s'y opposer fut un décret, dont il est intéressant de connaître les articles :

« Nous, Guillaume, roi de Prusse, ordonnons, pour les gouvernements généraux de l'Alsace et de la Lorraine, ce qui suit :

« Article Premier. — Quiconque rejoint les forces françaises est puni d'une confiscation de ses biens actuels et futurs et d'un bannissement de dix années.

» Art. 2. — La condamnation a lieu par un arrêt de notre gouvernement général, qui, trois jours après sa publication dans la partie officielle d'un journal de ce gouvernement, entre en vigueur et doit être exécuté par les autorités civiles et militaires.

» Art. 3. — Tout paiement ou remise qui serait fait plus tard aux condamnés est regardé comme nul et non avenu.

» Art. 4. — Toute donation entre vifs et après décès, que le condamné a faite après ce décret concernant sa fortune, est nulle et non avenue.

» Art. 5. — Quiconque veut quitter son domicile, doit en demander la permission au préfet, par écrit, en indiquant le but de son départ. Quiconque est absent pendant plus de huit jours de son domicile, sans permission, est supposé, en droit, avoir rejoint les armées françaises.

---

(1) On sait qu'il mourut quelques jours après, ne pouvant survivre à tant de désastres. Il devançait M. Küss, maire de Strasbourg, qui après avoir tenu bon quelques mois contre la même douleur, finit par y succomber, au mois de février dernier, à Bordeaux.

(2) A. Marchand, le Siége de Strasbourg, p. 56.

» Cette supposition suffit pour entraîner condamnation.

» ART. 6. — Les préfets ont à établir et à contrôler des listes de présence de toutes les personnes mâles.

» ART. 7. — Le produit de la confiscation est à livrer à la caisse du gouvernement général.

» ART. 8. — Le retour du bannissement entraîne la peine édictée par l'article 33 du Code pénal.

» ART. 9. — Ce décret entre en vigueur à partir du jour de sa publication.

» Fait au quartier-général de Versailles, le 15 décembre 1870.

» GUILLAUME.

» DE BISMARK, DE ROON. »

Il va sans dire que ce décret fut non avenu pour les Alsaciens, et que même ils n'en partirent que plus vite et en plus grand nombre.

Que firent les Prussiens ? ils ne se contentèrent pas de doubler et même de tripler le temps de la punition, ils la rendirent perpétuelle, et au lieu du bannissement, ils décrétèrent la détention.

Les enrôlements d'Alsaciens dans notre armée n'en diminuèrent pas, au contraire, ce fut à qui s'en ferait un honneur.

On arrête par exemple Bischler, de Mulhouse, un ancien de nos vieilles armées de Crimée et d'Italie, qui recrutait pour les nouvelles dans tous les coins de son pays, et ne manquait pas de clients ; on le condamne à la peine que nous venons de dire. Que répondit il en apprenant son arrêt ? ce qu'il avait répondu à chaque question du président du Conseil de guerre :

« J'ai fait mon devoir. »

Plus de 17,000 Alsaciens le firent comme lui. Il n'y en avait pas moins dans nos deux armées de la Loire et de l'Est : « Il est tel village, dit M. Albert Dumont, dont tous les jeunes gens sont allés au-delà des Vosges, dès les mois de septembre et d'octobre. »

Quand les Prussiens sont à bout de voie contre une résistance, ils se la font payer. L'argent reçu les venge. Ainsi, n'ayant pu obtenir que Strasbourg, après sa capitulation, envoyât une adresse de félicitation au bon roi qui l'avait fait bombarder, ils l'en punirent par une taxe de 2,000 thalers par jour ; ainsi encore, n'ayant pas réussi à empêcher que les élections à l'Assemblée ne fussent toutes d'une nuance éminemment française, une nouvelle taxe fut leur revanche : 25 francs par tête d'habitant furent imposés à tout le pays ! Pour les enrôlements dans notre armée, autre symptôme, non moins irritant pour eux, de ce qu'ils appellent la folie française de l'Alsace, ils s'en prirent de même à la fortune de la contrée. Si, pendant l'armistice, les communes durent payer à tous les officiers prussiens, 5 thalers par jour d'argent de poche, c'est qu'il fallait qu'elles fussent punies de nous avoir envoyé tant de bons soldats. Ce n'est pas tout, pour ce cas, le plus grave à leurs yeux, ils en vinrent aux grands moyens.

Vous allez voir ce qu'ils appellent ainsi :

« A Mutzig, près Strasbourg, les Badois se sont emparés des pères de vingt-six jeunes gens qui étaient partis pour rejoindre les francs-tireurs et les ont fusillés.

» Ce n'était pas assez; on leur a coupé les oreilles et le nez, puis leurs corps ont été rangés le long des murs de l'église, où les sauvages ont affiché un écriteau portant que quiconque toucherait à cette sinistre exposition serait immédiatement fusillé.

» Lorsque la lettre qui signale ce fait monstrueux a été écrite, il y avait vingt-huit jours que ces vingt-six cadavres pourrissaient à la pluie (1). »

---

(1) Ce fait horrible est raconté, tel que nous le donnons ici, dans *la Prusse au Pilori* de M. Hector de Condé, p. 90, et dans le *Recueil de documents sur les exactions, vols et cruautés des Prussiens*, Bordeaux, 1871, in-8°, 1re partie p. 8. — Nous ferons remarquer à propos de cette dernière brochure, et pour qu'on n'en soupçonne pas l'autorité, que les pièces en furent recueillies à Bordeaux par les soins du ministère des affaires étran-

Après cet abominable exemple de la conduite des Prussiens en Alsace et de ce qu'ils appellent leurs procédés d'assimilation, leurs moyens d'annexion, nous pouvons passer à une autre province.

gères. C'est d'elle qu'il est question dans la lettre de M. de Chaudordy à nos représentants à l'étranger, le 25 janvier dernier : « Parcourez, leur dit-il, la brochure que je vous envoie, comme annexe n° 2. Vous y verrez avec effroi le long récit d'atrocités de toutes sortes, dont cependant la moindre partie a été relevée. »

BOURGOGNE

COTE-D'OR. — SAONE-ET-LOIRE.　YONNE.

I

Quand les Prussiens entrèrent en Bourgogne, ils étaient déjà fatigués de la guerre, qui, d'après leurs calculs, aurait dû finir à Sedan, ou tout au moins à Metz.

Pour nous en rendre dégoûtés et las, comme eux-mêmes l'étaient, ils l'exaspérèrent, pour ainsi dire, ils la firent à outrance, en aveugles et en sourds qui frappent n'importe où, sans voir ni entendre.

Le récit qui va suivre est un des plus effroyables exemples de leur parti pris de tout tuer, de tout détruire.

On ne peut le révoquer en doute.

C'est le rapport même de l'officier supérieur qui vit détruire dans cette horrible circonstance toute l'ambulance de sa légion (1).

« M. le lieutenant-colonel commandant la 3ᵉ légion des gardes nationaux mobilisés de Saône-et-Loire proteste, au nom de l'humanité et des droits les plus sacrés de la guerre, contre l'acte inqualifiable de cruauté et de barbarie qui a été commis sur les membres de son ambulance

---

(1) Les mêmes faits sont tous, sauf les détails, consignés dans une dépêche télégraphique adressée de Dijon, le 24 janvier, 10 h. 30 du matin, par le général Pélissier au général qui commandait à Lyon, et au préfet de Mâcon.

dans la nuit du 21 au 22 janvier, par les troupes prussiennes qui l'ont attaquée dans le village d'Hauteville.

» Il avait pris possession du village avec deux de ses bataillons; à peine les postes étaient-ils placés, qu'une patrouille de cavalerie ennemie est venue reconnaître le village; elle a été repoussée par les avant-postes; une demi-heure après, une reconnaissance d'infanterie a été également repoussée; enfin, à minuit moins un quart, ayant été attaqué sur trois côtés par des colonnes prussiennes, il a dû se replier et former ses troupes en arrière du village.

» Pendant ces différentes attaques, l'ambulance avait été établie au centre à peu près du village; les médecins et les infirmiers étaient occupés à donner des soins aux blessés, parmi lesquels se trouvait une jeune femme qui, voulant sortir par curiosité ou pour toute autre cause, avait reçu une balle en pleine poitrine, lorsque la maison dans laquelle ils étaient fut envahie par une troupe de ces sauvages qui, sans avoir égard ni à la mission qu'ils remplissaient, ni au brassard de l'ambulance internationale qu'ils portaient, et bien qu'ils fussent sans aucune arme, les ont lâchement assassinés.

» M. le médecin-major Morin a reçu deux coups de crosse de fusil sur la tête, un officier lui a tiré un coup de revolver et les lâches l'ont achevé à coups de baïonnette.

» M. le docteur Milliaud a été également assassiné, et enfin les infirmiers d'Héret, de Champigny, Fleury, Legros et Morin, qui prêtaient leur concours au docteur, ont été assommés à coups de crosse de revolver, et n'ont dû leur salut qu'à l'idée qu'ils ont eue de faire les morts. Ils ont poussé la cruauté jusqu'à en sortir quelques-uns dans la cour, entre autres le nommé Fleury, pour s'amuser à tirer dessus.

» Une fois leur œuvre achevée, ils ont dépouillé le docteur Morin et ont jeté son cadavre nu devant la porte; ils se sont emparés du matériel de l'ambulance, qui consistait en quatre chevaux de bât, cantines, caisses de chirurgie.

» Un pareil acte de cruauté n'a pas besoin de commentaires ; mais il appelle sur la tête des gens capables de le commettre, l'indignation et le mépris de tous les honnêtes gens ; et c'est les yeux pleins de larmes que les officiers et les soldats de la légion ont appris ces tristes détails de la bouche même des malheureux infirmiers, qui sont entrés le 22 à Dijon, dans un état déplorable.

» Dijon, 23 janvier 1871.

» *Le lieutenant-colonel commandant la 3ᵉ légion,*

» E. FORNEL.

« *P. c. c. Le lieutenant-colonel chef d'état-major,*

» MITAUT. »

Comme il faut une raison à tout ce que font les Allemands, même dans le mal, quoi qu'en cela il leur suffirait de leur instinct, on se demande ce qui put les pousser à ce massacre de Hauteville, à cette boucherie gratuitement atroce de toute une ambulance.

Mais dès qu'on songe à la haine dont ils s'étaient affolés contre les gardes nationaux et les mobiles, qui seuls les obligeaient à continuer une guerre dont la capitulation de nos deux armées aurait dû, suivant leurs calculs, marquer la fin, on se l'explique : l'ambulance de Hauteville appartenait à une légion de mobilisés !

En Bourgogne, encore, nous retrouverions facilement des preuves de l'atrocité du programme qu'ils s'étaient tracé en haine des gardes nationaux, pour les fatiguer de la guerre, la leur faire prendre en horreur, et amener ainsi la France à la paix, qui n'était retardée que par leur résistance.

Dans l'Yonne, par exemple, une de leurs compagnies ayant rencontré cinq gardes nationaux, dont un sous-lieutenant, elle les fit prisonniers, et aussitôt les passa par les armes. Les Prussiens, en cette circonstance, pouvaient-ils se justifier en disant qu'ils les avaient pris pour des paysans armés ou des francs-tireurs ? Nullement. Ces cinq malheureux étaient en uniforme, et l'un d'eux, leur sergent-major, portait sur lui le carnet de la compagnie :

« Le gouvernement, lisons-nous dans un journal du pays, a reçu leurs actes de décès, accompagnés d'un rapport sur ce fait odieux, signé des personnes les plus considérables de la localité (1). »

A Césy, dans le même département, ils fusillèrent, sans plus de forme, un paysan en habit de garde national ; ensuite ils pillèrent le château.

Le fait est attesté par une correspondance du *Standard*, où se trouvent à la suite quelques détails sur les Prussiens à Joigny, dont la milice citoyenne eut aussi sa dîme à leur payer, mais, cette fois, en argent seulement.

Ils prirent, dès leur arrivée, quarante à cinquante gardes nationaux, et les gardèrent prisonniers jusqu'à ce qu'on leur eût payé 26,000 francs de rançon.

II

La haine du Prussien contre les gardes nationaux n'est rien encore comparée à leur exécration du franc-tireur. Leurs actes de représailles contre cette vaillante milice d'irréguliers ne sont qu'une suite d'abominations où la férocité, prise de vertige, arrive à la démence.

Tout ce qu'ils ont commis de crimes pour prendre une revanche du mal que leur faisaient ces braves gens et de la terreur qu'ils leur causaient, est impossible à dire : c'est de la vengeance affolée par la peur. Nous en trouverons partout des milliers d'exemples, notamment où nous sommes, en Bourgogne.

(1) *Recueil de Documents*, etc., p. 16.

Le franc-tireur est là, sur tous les points, leur épouvantail ; mais ils rendent au centuple épouvante pour épouvante : le village voisin du lieu où ils ont été surpris est brûlé ; le guide, qui les menait sur la route où ils ont rencontré les francs-tireurs, est saisi, fusillé, ou puni, pour le moins, par le pillage et l'incendie de sa maison !

Un jeune homme de la Côte-d'Or, soupçonné d'être garibaldien, avait eu pour camarade de prison un pauvre maréchal-ferrant de Prénois-sur-Dijon, à qui pareil malheur était arrivé : Pris à l'improviste comme guide par un détachement de cavaliers, il avait rencontré un petit bois d'où les francs-tireurs, embusqués, avaient mitraillé la bande ; les cavaliers, furieux de la mésaventure, s'étaient repliés sur le domicile de ce pauvre homme, avaient pillé ses provisions, jeté dans la rue ses enfants et sa femme, et mis, sous ses yeux, le feu à sa maison !

Si, à Chanlay (1), dans l'Yonne, ils tirent en aveugles sur un groupe de gens qui reviennent d'un convoi, c'est qu'ils les prennent pour des francs-tireurs (2) ; s'ils font encore bien pis à Avallon (3), qu'ils bombardent sans pitié, et qu'ils pillent ensuite, c'est que des francs-tireurs ont inquiété les reconnaissances qu'ils ont tentées sur la ville, et leur ont tué quelques uhlans.

Une lettre, publiée dans le *Messager de l'Allier* (4), va nous donner le détail navrant de ces représailles prussiennes, si peu proportionnées au mal dont elles tiraient vengeance :

---

(1) Village du département de l'Yonne, à 7 kilomètres de Joigny.

(2) Une lettre du 9 décembre publiée dans plusieurs journaux de province, a raconté sommairement le fait.

(3) Ville de 5,700 habitants dans le département de l'Yonne dont elle est une des sous-préfectures.

(4) N° du 26 janvier 1871.

Avallon, 19 janvier 1871.

« Monsieur le Directeur,

« Je signale à l'indignation de l'Europe, si toutefois il lui reste encore quelque notion du droit des gens, les faits suivants, dont je garantis toute la vérité, comme en ayant été le témoin oculaire :

» Il y a six jours, huit cavaliers prussiens se présentèrent inopinément à Avallon, tirèrent sur un factionnaire isolé, après quoi ils prirent la fuite.

» Dans la journée, quelques cavaliers revinrent de nouveau, mais, cette fois, ils trouvèrent sur leur passage des francs-tireurs qui leur tuèrent un homme.

» Le soir, à l'entrée de la nuit, un demi-escadron de dragons se présentait à la porte des Minimes, et fut reçu par une décharge des francs-tireurs, qui lui tuèrent plusieurs hommes, dont deux restèrent en notre pouvoir. Les autres cavaliers s'enfuirent à toute bride. La nuit se passa sans autre accident. Le surlendemain, qui était lundi 16 janvier, une colonne d'au moins 5,000 Prussiens se présentait, à six heures du matin, devant la petite ville ouverte d'Avallon, avec dix pièces d'artillerie, dont six obusiers, et, sans aucun avertissement, sans aucune sommation préalable, commençait un violent bombardement qui dura *une heure et demie*, et couvrait la ville d'obus, en occasionnant des dégâts considérables. Cent cinquante obus trouèrent les maisons, enlevèrent les toits, entrèrent et éclatèrent dans les appartements, où, par un hasard providentiel, personne ne fut atteint.

» Le bombardement, qui durait depuis une heure et demie, a cessé, non pas parce que le drapeau parlementaire était arboré, mais pour cette seule raison qu'une partie des troupes prussiennes était déjà entrée dans la ville, et qu'elle se trouvait ainsi exposée elle-même aux obus.

» Les Prussiens détachèrent immédiatement des cavaliers pour prévenir de ce fait le général ennemi, qui fit alors cesser le bombardement.

» Ce sont les officiers prussiens eux-mêmes qui racontèrent cette circonstance, sans laquelle les Prussiens étaient décidés à réduire en cendres la petite ville d'Avallon, qui n'était défendue que par quelques compagnies de francs-tireurs de la Vienne, qui, eux au moins, se sont bravement conduits.

» A neuf heures et demie, les Prussiens entraient à Avallon, musique en tête. Un officier se présentait à la mairie en demandant 18,000 rations à livrer dans l'espace d'une heure.

» Après l'infamie de ce bombardement, que rien ne motivait, et qui est une injure aux lois de la guerre, chez les nations civilisées, les Prussiens n'ont pas craint d'en ajouter une autre encore plus infâme, celle de trois heures de pillage.

» Oui, monsieur, j'ai vu de mes yeux, pendant trois mortelles heures, dans ma rue, ces bandits voler les montres aux goussets des hommes et aux ceintures des femmes.

» J'ai vu, sous les yeux de leurs officiers, ces hommes, que je n'appellerai pas des soldats, piller les magasins de nouveautés, d'épicerie, de mercerie, bijouterie, et les dévaliser de fond en comble; les cordonniers, les selliers ont vu leurs cuirs enlevés jusqu'au dernier morceau.

» Ils ont enlevé des vastes magasins de M. Mathé, maire de la ville, jusqu'à la dernière pièce de drap, détruisant celui qu'ils ne pouvaient emporter. Ce malheureux négociant a essuyé une perte de 25 à 30,000 francs.

» Mais ce n'est pas tout, et voici l'horrible : ils ont roué de coups de malheureuses femmes, leur ont arraché leur boucles d'oreilles en les leur déchirant.

» Dans ma rue, à quelques pas de ma maison, ils ont tiré à bout portant dans la tête d'un pauvre homme qui s'opposait à ce qu'ils lui prissent sa voiture et son cheval.

» Dans beaucoup de maisons, ils ont brisé les glaces,

volé l'argent, le linge, et déchiré en morceaux ce qu'ils ne pouvaient emporter.

» Dans un magasin d'épicerie, où ils ont tout pulvérisé, chez la dame Roblot, ils ont mis tout nu un petit enfant de quelques mois, pendant qu'ils battaient et tenaient en respect la pauvre mère avec un pistolet sous la gorge.

» Après ces actes de vandalisme, repue de brigandage, la colonne prussienne a quitté Avallon, les officiers nous assurant qu'ils n'étaient venus que pour châtier cette ville d'avoir reçu dans ses murs des francs-tireurs.

» J'affirme de nouveau tous ces faits, sous la garantie de ma signature, en les livrant à l'indignation de mon pays et du monde civilisé.....

» Lebrun de Rabot,
» *Lieutenant-colonel.* »

A Châtillon-sur-Seine (1), les Prussiens avaient voulu déjà procéder de même, et pour une vengeance semblable.

Une attaque de francs-tireurs leur avait fait un mal affreux. Redoutant qu'elle ne recommençât, ils voulurent devancer, par un terrible exemple, cette nouvelle affaire, qui était de celles dont ils s'effrayaient toujours le plus.

Leur journaliste, Louis Boerne, a eu bien raison de dire : « L'homme le plus dangereux est celui qui a peur ; c'est lui qu'il faut surtout craindre. »

Le fils de Garibaldi, qui commandait près de là, sut le projet des représailles prussiennes contre Châtillon. Il le prévint par une lettre énergique, son plus bel exploit dans cette guerre, où lui et les siens firent en somme moins de besogne que de bruit, et furent beaucoup trop vantés.

---

(1) Chef-lieu de sous-préfecture du département de la Côte-d'Or, avec environ 5,000 habitants.

Voici cette lettre :

*Monsieur le commandant des forces prussiennes,
à Châtillon.*

« On m'informe que vous menacez les habitants de la ville de Châtillon, de représailles que vous dites motivées par l'attaque des francs-tireurs, le samedi 19.

» Je ne sache pas que jamais une victoire, acquise par la bravoure d'un corps régulier, puisse autoriser de pareilles mesures.

» Une bonne fois, faites donc la guerre légalement, et non en vandales, qui ne rêvent que pillage.

» Menace pour menace : si vous avez l'infamie de mettre à exécution votre odieux projet, je vous donne l'assurance que je n'épargnerai aucun des 200 Prussiens que vous savez être entre mes mains.

» *Le colonel,*

» R. Garibaldi. »

Le commandant se le tint pour dit, du moins pour le moment, mais n'y perdit rien : il dévasta les environs.

C'est ainsi que, tout près de là, le magnifique château qui avait appartenu au duc de Raguse (1), puis à la comtesse de Rochechouart, fut impitoyablement brûlé.

Ce n'est pas tout : quand les garibaldiens se furent un peu éloignés, en remontant vers Dijon, le Prussien regagna le temps perdu. Châtillon fut complètement mis au pillage : puis, comme le fils de Garibaldi pouvait revenir, et exécuter alors ses menaces contre les prisonniers, il se mit en garde : il prit deux cents habitants comme otages de précaution, et les tint à la gare du chemin de fer, tout prêt à les faire passer par les armes, si les garibaldiens faisaient la moindre démonstration.

---

(1) Il était né à Châtillon-sur-Seine.

III

Les faits de vengeance isolée, commis par les Prussiens, en Bourgogne, contre les francs-tireurs, sont très-nombreux, je le répète, et tous horribles. Nous n'en citerons que deux, dont la vérité nous est attestée par des lettres de témoins on ne peut plus sûrs. Sans cela, on en pourrait douter, tant ils sont, le dernier surtout, d'une horreur invraisemblable.

Nous empruntons la première de ces lettres au *Courrier de l'Ain :*

« Chaux (1), 22 novembre.

« Mon cher monsieur le directeur,

» C'est à vous que je m'adresse pour faire connaître, autant que possible, quels sont les hommes que la France combat depuis quelques mois. Je m'étais refusé à croire jusqu'à présent les atrocités prussiennes dont nous entretenaient les journaux ; aujourd'hui que j'ai vu, je ne puis plus douter, et je dois le dire, c'est avec une profonde douleur que l'évidence m'est arrivée.

» Ce matin, j'ai célébré le saint sacrifice, *le corps présent,* devant 2,000 francs-tireurs sous les armes, pour un jeune franc tireur d'Arbois (Jura). Ce jeune homme, âgé de dix-neuf ans et fils unique de veuve, n'ayant pas pu, affligé qu'il était d'une hernie, suivre le mouvement de retraite ordonné par le capitaine à l'arrivée de l'artillerie qui nous criblait dans la montagne au-dessus de Nuits, s'était blotti derrière un petit mur à mi-côte.

» C'est là que les Prussiens l'ont saisi et emmené, et où

---

(1) Hameau de 76 feux, dans la Côte-d'Or, canton de Nuits, à 15 kilomètres de Beaune.

l'ont-ils mené? Ils l'ont mené sur le lieu même où une heure auparavant j'avais relevé, réconforté et fait conduire dans une ambulance de Nuits, un cavalier prussien, dont le cheval, criblé de balles, gisait inanimé à trois pas de lui, et lui-même criant dans le fossé, le genou brisé par une balle.

» C'est là, sur ce lieu même témoin de la magnanimité des francs-tireurs (car notre capitaine avait veillé à ce que rien n'arrivât au Prussien avant que je fusse auprès de lui), c'est là, dis-je, qu'ils ont conduit ce pauvre jeune homme qui pleurait et qui demandait grâce pour sa pauvre vieille mère. Ils l'ont mis entre deux baïonnettes et l'ont percé de manière à ce que les baïonnettes se croisâssent dans ses flancs; puis, lorsqu'il s'est affaissé sur lui-même, les coups de sabre lui ont fendu le crâne en quatre ou cinq parties, et les derniers coups ont à peu près séparé la tête du tronc. Cela fait, les Prussiens l'ont laissé là, d'où une voiture l'a ramené cette nuit, et, après le service, ce matin, conduit à Beaune.

» Remarquez bien que le colonel prussien connaissait le traitement dont nous avions usé envers son cavalier; savait que les baïonnettes étaient prêtes à se croiser sur sa poitrine, lorsque le capitaine des francs-tireurs du Bugey avait défendu de lui faire aucun mal et que l'aumônier, arrivé en même temps, l'avait conduit sur une voiture et transporté à la première ambulance et ne l'avait quitté qu'après s'être assuré que rien ne lui manquait.

» Que dites-vous de ce contraste? Ne semble-t-il pas ménagé tout exprès pour bien montrer à ceux qui, comme moi, avaient conservé des préjugés en faveur de la mansuétude allemande, pour leur montrer, dis-je, que nous n'avons pas affaire à des soldats, mais à des barbares, cruels, sauvages, qui n'ont d'humain que la figure?

» Vous savez que je ne puis et que je ne veux vous dire que l'exacte vérité, eh bien, la voilà.

» Vous jugerez sans doute à propos de publier cette

lettre. Il est bon que la France et l'Europe sachent de plus en plus comment ces Prussiens, qui se donnent comme les promoteurs de la civilisation, traitent leurs prisonniers sur le champ de bataille.

» Veuillez agréer mes respectueuses salutations.

» E.-B. Descôtes,
» Supérieur des Missionnaires. »

Nous avons dit plus haut que, malgré ce que ce fait a d'épouvantable, le second dont nous avons à parler est encore plus horrible.

On en va juger.

C'est un Anglais, peu suspect, comme tous ses pareils, lorsqu'il s'agit de nous et des Prussiens, qui va nous le raconter :

« *A Monsieur le Rédacteur du* Standard (1).

» Dijon, 25 janvier 1871.

» Monsieur, je sors à l'instant d'un des hôpitaux de cette ville, où j'ai vu un spectacle si révoltant, si épouvantablement horrible, que je suis encore à me demander : « Est-ce un rêve ? » Nous savons bien que les Prussiens sont capables des faits les plus barbares : il y a longtemps que nous avons les preuves que leur système de mener la guerre est plutôt celui des sauvages primitifs que d'un peuple civilisé; mais ici même, où nous avons des francs-tireurs en masse, personne n'a pu croire que ces Prussiens pouvaient être capables d'un crime comme celui dont vous allez lire les détails :

» Le 23, on s'est battu près du château de Pouilly (2), et, entre autres prisonniers, l'ennemi prit un capitaine de

---

(1) Cette lettre a paru pour la première fois en français dans *la Gironde*.
(2) Ce château, près du village de Pouilly sur-Saône, à 21 kilomètres de Beaune est très-ancien. Un des premiers capétiens, Henry I", y mourut.

francs tireurs et dix hommes de sa compagnie. Se trouvant forcés à battre en retraite, les Prussiens n'hésitèrent pas à passer ces dix hommes par les armes pour éviter la peine de les emmener : pas d'autre raison ; mais quant au pauvre capitaine, on le réserva pour les raffinements les plus horribles de leur cruauté, et cela de la manière la plus délibérée.

» Je dois vous dire que les francs-tireurs dont je parle faisaient partie d'un corps sous les ordres directs du général commandant ; ils n'étaient pas isolés de l'armée pendant la bataille ; ils faisaient partie des troupes qui ont attaqué la position prussienne à Pouilly. Ainsi, les Prussiens ne peuvent pas trouver d'excuse pour leur conduite inqualifiable, si même nous acceptions les règles établies par leurs généraux pour le massacre de tout individu faisant partie d'une bande non enrégimentée dans l'armée régulière.

» Les hommes dont je parle s'appelaient francs-tireurs, si vous voulez, mais étaient incorporés dans l'armée des Vosges, et, par conséquent, dans l'armée régulière.

» Le pauvre capitaine fut donc blessé et prisonnier ; on le conduisit au château de Pouilly. On lui lia les mains et on le suspendit à une poutre par les poignets. Pour ajouter à ces tortures, il avait eu les muscles de l'épaule déchirés par un éclat d'obus ; vous pouvez vous figurer les angoisses qu'a dû produire l'extension des nerfs meurtris.

» Le voyez-vous ? Vous frémissez d'indignation : mais attendez. Les Prussiens ramassèrent de la paille, du foin, du bois, tous les combustibles qu'ils trouvèrent sous la main, en entourèrent le patient à la hauteur des hanches, et y mirent le feu, puis le laissèrent aux agonies de la mort la plus affreuse qui existe. Pendant combien de temps ses souffrances ont duré, je ne pourrais le dire ; mais on voit aux contorsions du cadavre qu'elles ont été longues.

» Tous les vêtements avaient été réduits en cendres, à l'exception des bottes et d'un foulard autour du cou. Les cheveux et la barbe ne sont plus; le visage gonflé, brûlé, et les yeux crevés par l'action des flammes; au bas du menton tout est carbonisé; en quelques endroits, la chair est consumée entièrement : il ne reste que les os. L'estomac est affreusement brûlé, et, à l'endroit de la blessure où la peau avait été enlevée, la chair est cuite.

» La peau des mains n'était pas brûlée, mais elle s'épluchait au moindre attouchement comme du parchemin.

» Mais dussé-je passer ma vie à tenter de dépeindre l'horreur de ce spectacle, je ne pourrais le faire. La corde avait coupé les poignets jusqu'aux os.

» Tous les habitants de Dijon peuvent attester l'exactitude de ces détails (1). »

Quel raffinement de rage! mais dans cette rage aussi quelle peur de ceux qu'elle torture pour effrayer leurs pareils et les empêcher de revenir!

Nous ne saurions trop insister sur ce point, qui est capital pour l'histoire de l'invasion prussienne en Bourgogne, et de l'héroïque défense de cette province par les francs-tireurs.

M. Charles Aubertin, dans son remarquable article de la *Revue des Deux-Mondes* (2), nous a, mieux que personne, montré ce qu'ils y furent, et, par là, expliqué du même coup, avec la cause de l'effroi des Prussiens, le motif de leurs épouvantables représailles. En s'acharnant contre ces irréguliers, seule milice qu'ils n'auront jamais, leur discipline y répugne, autant que leur courage passif et sans initiative la leur interdit, ils semblaient vouloir vaincre d'avance ce qui les vaincra plus tard.

Selon M. Aubertin, dont nous partageons l'avis, l'un des

---

(1) Les Prussiens, dans leur *Moniteur* de Versailles, du 4 mars 1871, ont tâché de démentir ce récit, mais leur réfutation s'adresse certainement, et avec intention, à un autre fait. Ils n'ont ainsi donné que le change à la vérité.

(2) 15 mars 1871, p. 361.

plus sûrs gages de notre revanche contre les masses prussiennes, est peut-être dans ces corps d'infanterie insaisissables, à qui, dans la présente guerre, en Bourgogne surtout, rien n'a manqué, pour être invincibles, qu'une organisation mieux formée et des plans plus sûrs, toutes choses que le temps leur donnera.

C'est à Dijon, après le premier départ des Prussiens, qui fit à la pauvre ville une délivrance provisoire, que M. Aubertin les vit descendre des défilés bourguignons, d'où ils avaient pendant deux mois harcelé les bataillons victorieux :

« Ils accouraient de tous les points de l'horizon, de tous les bois du département : ours de Nantes et des Pyrénées, chasseurs de l'Isère, de la Drôme et de l'Ardèche, tirailleurs républicains, volontaires du Rhône et de l'Allier, éclaireurs marseillais, fédérés de la Mort ; les contrastes les plus frappants du costume, de l'âge, de la taille, du pays, du drapeau, de l'opinion s'y trouvaient représentés.

» Le colonel Bombonel, par son ascendant accepté, bien plus que par son titre, maintenait un certain ordre et une apparence d'unité dans ces bataillons disparates, dans cet ensemble plein de vie, mais incohérent. Ils se succédaient du matin au soir, sur la place demi-circulaire qui fait face au vieux palais des Ducs. Notre curiosité sympathique les y passait en revue. La campagne d'hiver les avait moins éprouvés qu'on ne pouvait le craindre. Ce qui dominait au contraire dans ce mouvant panorama militaire étalé sous nos yeux, c'était la vigueur, la santé, la bonne mine.

» Tout respirait l'ardeur et la résolution sur ces visages hâlés par le bivac et fouettés par la bise. Bien armés, suffisamment équipés, beaux à voir sous les armes, avec leur tournure martiale, avec leur vive et alerte façon de manier la luisante carabine, ils avaient déjà quelque chose de l'aplomb des vieilles bandes.

» Quels magnifiques éléments d'infanterie légère la France possédait là! L'instinct profond de la Prusse ne s'y est pas trompé, et les ressentiments dont elle a poursuivi les francs-tireurs nous doivent être un avertissement.

» Dans cette rancune de l'ennemi, voyons tout ensemble une colère contre le passé et une crainte pour l'avenir. On a compris qu'il y avait là une force d'une supériorité toute française, inimitable à la Prusse, et qui, développée avec soin, organisée avec intelligence, pourrait nous fournir une compensation à nos récents désavantages.

» L'Allemand, né fantassin et *lignard*, excellent tireur, est un détestable franc-tireur. La vie d'aventures et de privations lui répugne. Lourd, méthodique et gastronome, il faut qu'il trouve le confortable dans la guerre pour y déployer tous ses moyens. L'Allemand, c'est le type réussi et perfectionné du sédentaire. »

IV

Sens est une des villes de Bourgogne qui eut à payer le plus cher le concours trop vaillant que prêtaient les francs-tireurs à la pauvre province.

Selon une correspondance publiée en Belgique par l'*Etoile*, si la ville de Nemours, dont nous n'aurons que trop à parler en son lieu, souffrit cruellement à cause des francs-tireurs de Seine-et-Marne, qui l'avaient trop défendue, Avallon et Sens n'eurent pas moins à pâtir pour la revanche que les Prussiens voulaient prendre contre ceux de la Bourgogne.

Nous avons vu leur conduite dans Avallon bombardé; voyons-les dans Sens occupé par leurs uhlans : c'est le 27 novembre qu'ils y arrivent. Leur première visite, leur premier pillage, s'adresse aux pâtissiers et aux cordonniers. Ils grapillent dans l'agréable et dans l'utile à la fois.

Pour réquisition, ils exigent, comme entrée de jeu : 30,000 fr. d'argent, 2,000 paires de bottes, 25 à 30 pièces de vin, 12 à 15 de cognac ; et ils mettent tant de violence, tant de brutalité dans ces exigences, que le maire, M. Querelle, n'y pouvant tenir, se démet de ses fonctions ; et que l'un des conseillers municipaux, M. Amédée Vaudoux, président du tribunal de commerce, en meurt d'émotion.

Voilà le principal, voyons le menu :

« J'ai, écrivait de Gien, au mois de novembre dernier, un correspondant du *Gaulois* de Bruxelles, j'ai des détails répugnants sur la première entrée des uhlans à Sens et à Cîteaux. Ils étaient une cinquantaine et avaient tous plusieurs bouteilles de vin attachées à leur selle. Un certain nombre d'entre eux étaient ivres et avaient toutes les peines du monde à se tenir à cheval. Sans chef pour les maintenir, ils se sont livrés à tous les excès imaginables. Beaucoup de maisons ont été pillées et les habitants maltraités. Dans une auberge, ils ont obligé les deux filles de la maison et la servante à s'enivrer avec eux. Quand ces malheureuses refusaient de boire, ils les frappaient à coup de plat de sabre. Il va sans dire que cette débauche ne s'est pas arrêtée là et qu'ils ont lâchement abusé de leurs victimes, une fois celles-ci hors d'état de leur résister. En partant, ils ont amené avec eux la servante. »

Ces derniers faits, qui furent beaucoup moins rares qu'on ne le pense, comme nous le ferons voir, sont de ceux que nie le plus l'Allemagne, tant elle voudrait faire croire que ses fils pudibonds en sont incapables :

« Nos troupes, écrivait au *Mercure de Souabe* un officier supérieur wurtembergeois (1), sont d'une prévenance modèle avec les Françaises. »

---

(1) Cette lettre a été donnée par le *Moniteur* prussien de Versailles, le 2 février 1871.

Vous venez d'avoir un premier exemple de cette prévenance. Vous en verrez bien d'autres.

Revenons d'abord à la lettre de notre Giennois sur les Prussiens à Sens et dans le reste de la Bourgogne.

Il y constate, vers la fin, un fait qui ne sera pas constaté que par lui seul, et dont l'intérêt n'échappera certainement à personne en France : c'est la désorganisation de l'armée prussienne par sa victoire même, ou plutôt par le mauvais usage, par l'abus de cette victoire :

« La discipline prussienne, dit-il, si sévère au début, se ressent du passage de l'armée en Bourgogne. Les réquisitions continuelles de vin aidant, les soldats passent leur temps à boire et n'obéissent plus, comme par le passé. Les cas d'insubordination augmentent tous les jours, et, par conséquent, aussi les exécutions militaires. En somme, l'armée ennemie est en train de se désorganiser elle-même.

» Il est juste de dire que l'exemple des chefs entre pour quelque chose dans ce résultat.

» Depuis leur entrée en France, les généraux et le prince Charles lui-même, n'ont guère manqué l'occasion de signaler leur passage victorieux dans une ville par de copieuses libations.

» Les hôtels de la Champagne et de la Bourgogne conserveront longtemps le souvenir des orgies de l'état-major prussien. »

Ceux de l'Orléanais, quoique les vins y fussent moins bons, auront, sur ces débauches d'ivrognes, des souvenirs tout aussi peu édifiants. Et, pour cela cependant, l'Allemagne qui veut se faire croire sobre, comme elle veut qu'on croie qu'elle est pudique, l'Allemagne niera encore.

Son Wurtembergeois de tout à l'heure écrira, par exemple : « Depuis que nous sommes en pays ennemi, je n'ai vu qu'un seul de nos soldats ivre de vin ; c'était à Nancy. »

Nous croirons d'autant moins à ce certificat de tempérance, que l'officier wurtembergeois parle ici d'un soldat de son pays, et que le Wurtemberg est renommé pour ses ivrognes. Nulle part, entre autres liquides, on ne boit plus d'eau-de-vie (1). Peut-être, du reste, ce qui est ivrognerie pour nous est-il tempérance pour ces gens-là, et faut-il chez eux être ivre mort pour paraître simplement gris.

Leur inconscience de ce qu'ils font ne m'étonnerait pas, même poussée à ce point, tant elle est complète sur une foule d'autres. Un observateur de beaucoup d'esprit, qui les vit à Versailles, les a on ne peut mieux jugés à ce point de vue de l'inconscience et de l'aplomb.

« Ce sont, dit il, des viveurs ou des pillards ingénuement et disciplinairement brutaux.

» Ce qui serait excès chez nous est méthodique et inconscient chez eux. Capables de bonté, je l'ai vu, quand leur intérêt n'y est pas engagé, ils ne s'arrêtent devant rien en fait de déprédations et de dévastations quand cet intérêt le réclame.

» Ils ne sortent pas de leur naturel pour cela; et la conscience ni le cœur ne les embarrassent. Leur personnalité est absorbante jusqu'au manque du savoir-vivre le plus vulgaire chez les moins mal élevés.

» Au fond, ce *sont des barbares pommadés.* »

V

Un des actes de l'invasion prussienne qui furent le plus odieux, et qui l'ont, plus encore que tout le reste peut-être, fait rétrograder jusqu'aux traditions de ses aînées, les invasions barbares, c'est son retour à l'abominable pratique des otages, à ce droit digne de l'antiquité, qui l'inventa dans ses pires époques, et du moyen-âge qui, malgré le christianisme, ne sut pas le désapprendre; droit infâme

---

(1) En 1852, le Wurtemberg, qui n'a guère qu'une population de 1,800,000 âmes, consomma pour 30 millions de boissons spiritueuses.

en vertu duquel, comme l'a éloquemment fait voir M. de Chaudordy (1), « les notables d'une province sont forcés de répondre sur leur fortune et sur leur vie, d'actes qu'ils ne pouvaient ni prévenir, ni réprimer. »

Nos coureurs avaient capturé, dans les différentes mers, quarante navires allemands, avec leurs capitaines. De par les lois de la guerre, c'était leur droit : la Prusse avait aussi le sien, celui d'une revanche par une capture pareille; mais l'infériorité de sa marine lui en interdisait les moyens. Elle ne pouvait même, car Dieppe n'était pas encore entre ses mains, se dédommager par quelques prises dans un de nos ports.

S'en mit-elle en peine? Non : elle prit ailleurs ce que nos navires ou nos villes maritimes ne lui livraient pas. La Bourgogne et la Franche-Comté, qu'elle envahissait alors, furent obligées de donner les gages qu'elle exigeait.

Il ne fallait pas moins qu'une combinaison prussienne pour constituer entre ces provinces et notre marine, cette solidarité aussi bizarre qu'odieuse.

Le 28 novembre, soixante uhlans et dragons envahirent brusquement le château de Talmay, près de Dijon (2), et en arrêtèrent le propriétaire, M. le baron Thénard, fils de l'illustre savant, savant comme lui, membre de l'Institut et du Conseil général de la Côte-d'Or.

Le digne vieillard ne résista pas; mais quand il entendit le chef des uhlans lui proposer la liberté à la condition qu'il demanderait celle des capitaines allemands, il redressa la tête, et le regardant en face : « Si vous avez besoin, dit-il, de la peau d'un baron et d'un membre de l'Institut, prenez-la; si c'est à ma fortune que vous en voulez, volez-la; quant à mon honneur, il est au-dessus de la portée du roi de Prusse. Allons, partons! » Ils osèrent l'emmener.

---

(1) *Circulaire aux agents de la France à l'Étranger*, le 29 novembre 1870.
(2) C'est un village de 1,200 âmes, à 38 kilomètres de Dijon.

« Ainsi, écrivait-on dans un journal du pays, M. le baron Thénard, qui est dans son laboratoire du matin au soir, pour y poursuivre ses magnifiques travaux de chimie agricole, est fait prisonnier chez lui, sans que le moindre prétexte de guerre locale ait motivé cette arrestation.

» M. Thénard a cinquante-cinq ans environ, et il n'a pas quitté son château depuis le commencement de la guerre.

» Il avait, comme tous les autres habitants, satisfait à toutes les exigences de l'ennemi pendant l'occupation du village de Talmay, et fourni toutes les réquisitions. »

Or, Dieu sait ce qu'avaient été ces réquisitions, et de quelle façon brutale on les avait exigées à Talmay !

Vous en jugerez par la conduite qu'y tint un des uhlans qu'on en avait chargés, et qui fut cause de l'incarcération du maire. Celui-ci avait voulu s'opposer à ses dégâts. Croyez-vous que l'autorité prussienne l'approuva, et fit retirer le uhlan? C'est le maire qu'elle fit arrêter.

« J'ai vu, écrivait un jeune homme qui fut son compagnon de captivité (1), j'ai vu en prison avec moi le maire de Talmay, un bon vieillard, coupable d'avoir essayé d'empêcher un uhlan ivre d'entrer à cheval dans une salle de café, dont ce sauvage voulait casser les meubles, après en avoir brisé les glaces à coups de revolver ! »

Revenons aux otages.

La ville de Dijon dut, à elle seule, en fournir vingt pris dans tous les rangs de l'élite de sa population, nobles, professeurs, hommes de finances, commerçants, propriétaires.

C'est son conseil municipal qui fut lui-même obligé d'en dresser la liste.

Quand ils eurent été choisis, — honneur douloureux que pas un ne récusa, — ordre leur fut donné par l'autorité prussienne de se rendre d'eux-mêmes, en partant dès le lendemain, au lieu de leur destination. L'ennemi, toujours prudent, se dispensait ainsi de les conduire et de veiller

(1) *Opinion*, d'Anvers, du 10 décembre 1870.

sur eux, ce qui était une tâche assez difficile : il l'avait pu voir à Gray, où la population essaya de délivrer ceux qu'on avait exigés dans la Haute-Saône.

C'est M. Renou, administrateur provisoire de ce dernier département, qui, aux lieu et place de celui que l'autorité prussienne avait remplacé à Dijon par un préfet prussien, rendit compte au ministre de la mesure prise contre les Dijonnais.

Sa lettre est du 5 décembre 1870 :

« Voici, dit-il, la liste des notables emmenés en Prusse comme otages, et qui ont quitté Dijon le 3 décembre courant :

» MM. de Broin, propriétaire (1);
Charles Échalié, banquier ;
Hippolyte Audiffret, négociant ;
Charles Thiébaud, négociant ;
André, propriétaire (2) ;
Devron, propriétaire ;
Perdrix, avocat ;
Lombart, avocat ;
Raviot, propriétaire ;
Piette, propriétaire ;
Roidet, propriétaire ;
Gaudemet, professeur à l'École de droit ;
Roignot, avocat ;
Anatole Meiret, banquier (3) ;
Coffin, ingénieur ordinaire des ponts-et-chaussées ;

---

(1) Mᵐᵉ de Broin voulut suivre son mari, et espéra d'abord que les Prussiens le lui permettraient. Au dernier moment elle dut y renoncer. La consolation d'avoir près de lui sa femme et ses enfants ne fut accordée à aucun des otages.

(2) Ancien maire de Dijon.

(3) M. Roignot et M. Meiret furent les premiers délivrés. Le 10 février, ils purent partir de Brême, et furent dirigés sur Amiens, où on les échangea.

Jeannel, professeur à la Faculté des lettres ;
Marquis du Parc, propriétaire ;
Cugnotet fils, propriétaire ;
Legoux, substitut du procureur de la République ;
Perreau, négociant.

» Les Prussiens, avant de partir, ont invité ces messieurs à se munir des fonds nécessaires, leur déclarant qu'il ne leur serait alloué aucune indemnité (1).

» Je dois ajouter que toutes les personnes arrêtées à Dijon sont ou passent pour être riches ; mais il n'en est peut-être pas ainsi de toutes celles qui ont été emmenées du département de la Haute-Saône. »

Nous nous occuperons de celles-ci en leur lieu ; ne parons ici que des otages de Dijon. C'est à Brême, ville de la mer du Nord, tout au fond de l'Allemagne, qu'ils durent se rendre.

Le voyage fut de onze jours : partis de Dijon le 3, ils arrivèrent le 14 à Brême, où la *Gazette du Weser* avait, le jour même, prévenu le public de leur prochaine arrivée, en l'annonçant comme un fait tout simple, tout naturel, et de la légalité la plus parfaite (2).

Rien n'était cependant moins légal que cette mesure, en ce qui concernait surtout les otages exigés de la ville de Dijon.

Pour ceux-ci, comme on l'a très-justement remarqué (3), elle ne constituait pas seulement une infraction au droit des gens et aux usages internationaux, mais une violation de la foi jurée et d'un traité librement consenti.

« La convention intervenue lors de l'occupation de

---

(1) Ils n'en eurent pas en effet, plus malheureux en cela que les officiers prisonniers de guerre, dont le traitement n'aurait dû pourtant, d'après les conventions, différer du leur en quoi que ce fût.

(2 Le *Moniteur* de Versailles reproduisit l'article dans son n° du 24 novembre, et trouva le fait tout aussi simple et tout aussi légal.

(3) *Recueil de documents*, etc., p. 79.

Dijon par les Prussiens, le 30 octobre, entre le maire de la ville et le général de Beyer, portait, en effet, dans son article 2 : « le respect absolu des PERSONNES et des pro-
« priétés. »

VI

Ce dernier mot nous amène tout naturellement au chapitre des « violations de propriété, » à la série des vols commis par les Allemands en Bourgogne.

Ils furent nombreux et de toutes sortes, officiels ou particuliers, c'est-à-dire exécutés de haut, par l'administration prussienne elle-même, ou sournoisement commis par des soldats isolés.

Le vol officiel ne se fit pas attendre à Dijon. En octobre, dès l'arrivée du général de Werder avec le corps badois, la ville dut fournir un cautionnement de 500,000 francs.

« *Si les rapports restaient agréables*, avait dit le Prussien, la somme serait restituée. » Pendant deux mois et demi que ces rapports durèrent, les Dijonnais ne furent sans doute pas assez « agréables » pour MM. les Badois, car, lorsqu'ils partirent, au lieu de 500,000 francs, on n'en restitua que 200,000.

« L'agréable » exigé n'avait même pas été à demi ce qu'il aurait dû être, d'après les exigences de ces messieurs de Bade, qui, il est vrai, se connaissent en choses d'agrément, puisqu'ils en vivent!

Plus tard, en février, ce fut bien pis. L'exaction, commandée par les chefs, se compliqua du pillage commis par les soldats. L'armistice était cependant signé, mais les Prussiens avaient trouvé bon d'en faire excepter la Bourgogne, qui ne leur semblait sans doute pas assez pressurée encore : ils voulaient y revenir comme à une grappe savoureuse où les meilleurs grains restaient à prendre.

« Cette invasion, dit M. Ch. Aubertin dans l'article déjà cité (1), cette invasion, non plus badoise, mais très-prussienne, fut plus insolente et plus dure que la première.

» Elle commença par un essai de pillage. Le premier régiment qui entra en ville était celui qui avait perdu son drapeau le 23 janvier. En prévision sans doute d'une résistance nouvelle, des promesses avaient été faites aux soldats, et le départ de Garibaldi ayant supprimé la lutte, il leur en coûtait de renoncer au butin espéré.

» On avait ordonné aux habitants de leur servir à déjeuner : nos hôtes firent ce qu'ils purent pour emporter le couvert. Malheur à l'argent trop visible, aux tables bien garnies et aux tiroirs mal fermés ! Pénétrant en bande chez les marchands, pendant que quelques-uns discutaient le prix, la troupe faisait main basse sur les objets et dévalisait le magasin. »

Ce sont pourtant ces gens-là qui soutiennent partout qu'ils n'ont rien volé, et pour lesquels on s'indigne dans les journaux prussiens contre quiconque se fait le dénonciateur de leurs rapines.

« Les armées allemandes, lisait-on par exemple dans une réponse du *Moniteur* de Versailles (2) à la *Circulaire* de M. de Chaudordy, étant forcées d'opérer en plein hiver, payent comptant tous les objets nécessaires à leur entretien; et l'on ose prétendre qu'ils ont fait main basse sur la propriété privée des citoyens ! »

Or, maintenant que vous savez les faits, dites quel est ici le plus osé de celui qui dénonce le vol ou de celui qui le nie ?

Dans un autre article de ce même *Officiel* prussien (3), on se moque avec une délicatesse et une légèreté tout alle-

---

(1) *Revue des Deux-Mondes*, 15 mars 1871, p. 366.
(2) N° du 24 décembre.
(3) N° du 20 novembre.

mandes d'un soi-disant *Guide du soldat français en Allemagne,* dont un exemplaire aurait été trouvé à Metz, et dans lequel figureraient toutes les demandes à faire pour avoir de la bière, du rhum, etc, « mais l'auteur, ajoutait le Prussien, a complétement oublié d'apprendre aux soldats français à demander le prix. »

Il nous semble que dans les *Guides du soldat allemand en France* l'oubli est pour le moins aussi complet.

« Les régiments qui suivirent à Dijon, continue M. Ch. Aubertin, se montrèrent plus retenus : la propriété fut respectée des soldats; en revanche, leurs généraux l'attaquèrent.

» Quand je partis, l'alarme était dans le département. A Beaune, à Nuits, aux relais des diligences, on entourait les voyageurs venant de Dijon, on les questionnait avec anxiété : l'ennemi méditait un nouveau coup de finance, et le préfet, avec une louable énergie, s'efforçait de le parer ou de l'adoucir.

» On parlait d'une capitation de 25 francs, de 50 francs par personne ou tout au moins par électeur; puis cela se réduisait à une contribution générale de plusieurs millions dont on devait frapper ce département, qui, pendant trois mois, avait nourri 30,000 Allemands.

» Je ne sais ce que cela est devenu, si l'on a payé en numéraire, et si les grands crus de la Bourgogne, comme le bruit en a couru, ont servi de garantie. Le moyen d'opposer à ce brigandage une résistance efficace !

» Le génie de la rapine était couronné par la victoire. »

Nous n'avons rien à démentir dans ce récit, nous ne pouvons que le compléter : tout se passa comme le craignait M. Aubertin, quand il partit de Dijon. La Côte-d'Or fut tout entière envahie de nouveau et rançonnée. Vainement on protesta partout, notamment à Beaune, où la municipalité, de concert avec le sous-préfet, M. Lemare, se faisant fort de l'article 9 du traité du 26 février, déclara vouloir s'opposer à toute occupation prussienne : « Il est bien entendu, disait cet article 9, que les présentes ne peuvent donner à l'autorité allemande aucun droit sur les parties du territoire qu'elle n'occupe point actuellement. » Or, alléguaient les Beaunois, notre ville « n'était pas occupée le 26 février et ne pouvait pas l'être. »

Ce fut une protestation en pure perte. Envoyée le 10 mars, elle était mise à néant dès le lendemain matin par la brusque arrivée d'un corps prussien. Il n'entra pas toutefois dans Beaune sans résistance. Il y eut rixe aux portes de la ville. Un des conseillers municipaux, M. Pollet, fut même assez gravement blessé à la tête. Les habitants repoussés chez eux y tinrent bon : ils refusèrent énergiquement de recevoir les soldats qu'on leur envoyait à loger et qui furent ainsi forcés de se cantonner dans les divers établissements publics.

C'était presque partie gagnée, mais deux jours après, le 13, arriva une nouvelle colonne prussienne, plus forte, et, par conséquent aussi, plus insolente que la première. Elle entra dans Beaune, « par ordre du général Manteuffel », avec injonction à la municipalité d'avoir à loger chez les habitants et ces nouveaux venus, et ceux de l'avant-veille.

Il fallut céder, d'autant que M. Jules Favre, à qui l'on s'en était référé pour appuyer la protestation, n'avait, sur ces entrefaites, envoyé, pour tout reconfort, qu'une recommandation à la patience et au calme.

Cependant, les contributions allaient aussi leur train. Les villes de la Côte-d'Or n'avaient même été occupées de nouveau que pour en rendre la perception plus facile et plus sûre.

Dès le 12 février, un avis signé Zastrow était affiché à Dijon. On y lisait que par ordre du roi de Prusse, empereur d'Allemagne, il serait levé par tout le département une contribution de 50 francs par tête d'habitant dans les villes, et de 25 francs dans les campagnes.

Par ce que nous a dit M. Aubertin, des rumeurs que causait un pareil ordre, lorsqu'il n'était que pressenti, on peut juger de ce qu'il souleva lorsqu'il fut réellement formulé et connu de tous. L'exaspération fut au comble.

Exiger d'un pays déjà presque entièrement ruiné, cette contribution qui, calculée sur une population de 380,000 habitants, n'irait pas à moins de 12 ou 15 millions, n'était-ce pas en effet vouloir le ruiner tout à fait et d'une façon irrémédiable!

Le préfet, M. Luce-Villiard, ne craignit pas d'être hautement l'interprète de ces plaintes. Pour toute réponse, le général Manteuffel donna ordre au baron Osten-Sacken, qui commandait la ville, de le suspendre de ses fonctions et de le remplacer par l'intendant prussien Ygel.

Il fallut, dès lors, payer à toute force. La somme fut-elle diminuée? Nous le pensons. Les Prussiens ne l'avaient d'abord faite si énorme, que pour la toucher ensuite plus sûrement, au chiffre moindre où ils la réduiraient.

Ils ont si bien l'art de tous les calculs! Jean Paul devait certainement penser à eux, lorsqu'il a dit dans *Titan* :

« **La** guerre est la chose qui forme le mieux un jeune homme pour les affaires. »

CHAMPAGNE

ARDENNES. — AUBE. — MARNE. — HAUTE-MARNE.

I

La Champagne et les Ardennes vont nous offrir des scènes encore plus abominables que celles dont nous avons vu l'Alsace et la Bourgogne être le théâtre.

Les Prussiens y pénétrèrent presqu'au début de la campagne, à la suite de leurs premières victoires, aussi, ce qu'ils y commirent d'atrocités n'y peut même pas avoir l'espèce de justification qu'on tâcha de leur chercher plus tard, dans l'exaspération qui leur vint de la lassitude et du dégoût de la guerre.

Nulle part ils ne furent plus féroces qu'au village de Bazeilles, près de Sedan; or, c'est le 31 août, c'est-à-dire moins d'un mois après leur premier combat, qu'ils épouvantèrent l'Europe par cette gigantesque atrocité.

Il ne faut donc l'attribuer, ni à cette lassitude exaspérée dont nous parlions, ni même à l'habitude du carnage, qui vous blase sur le sang versé, et, par là, vous rend impitoyable; mais au contraire à un instinct de barbarie innée et de férocité native.

Un des hommes les plus distingués de notre noblesse, M. le duc de Fitz-James, passa sur le lieu de l'horrible scène, lorsqu'elle était à peine achevée. Le lendemain,

1ᵉʳ septembre, voici ce qu'il écrivit à la *Gazette de France:*

« Bazeilles est situé près de la Meuse, à huit kilomètres de Sedan. Le 31 août, au matin, les courageux habitants de ce village, voyant l'ennemi arriver, revêtirent leurs uniformes de gardes nationaux, et aidèrent l'armée à se défendre contre un corps bavarois et contre la division Schœler, d'Erfurt, du quatrième corps de la réserve prussienne.

» L'armée française fut repoussée. L'ennemi entra à Bazeilles, et alors commencèrent des scènes d'horreur et des excès sans nom qui flétrissent à jamais ceux qui les commettent.

» Les Bavarois et les Prussiens, pour punir les habitants de s'être défendus, mirent le feu au village. La plupart des gardes nationaux étaient morts, la population s'était réfugiée dans les caves : femmes, enfants, tous furent brûlés. Sur 2,000 habitants, 300 restent à peine qui racontent qu'ils ont vu des Badois repousser des familles entières dans les flammes et fusiller des femmes qui avaient voulu s'enfuir. J'ai vu, de mes yeux vu, les ruines fumantes de ce malheureux village... Une odeur de chair humaine brûlée vous prenait à la gorge. J'ai vu les corps des habitants calcinés sur leur porte.

» Voilà, monsieur le rédacteur, ce que je n'ai pas voulu laisser ignorer. La guerre a ses rigueurs; mais elle a ses règles aussi, basées sur les lois de l'honneur et de l'humanité. Ces lois, Bavarois et Prussiens qui étiez à Bazeilles, vous les avez violées. Vous avez flétri votre victoire. J'en appelle au monde, à l'histoire qui vous jugera. Et je demande si vous avez le droit d'ériger en principe que vous pouvez tuer les femmes et les enfants d'un village dont les habitants, vous voyant arriver, défendent leurs foyers et la patrie.

» En tous cas, la garde nationale est une troupe régulière, aussi régulière que le quatrième ou le cinquième ban de votre landhwer.

» Même au nom de votre épouvantable système, vous n'aviez pas le droit d'incendier Bazeilles. Vous avez donc tué pour tuer ; vous vous êtes conduits comme des sauvages et non comme des soldats.

» Voilà, monsieur le rédacteur, ce que je crois de mon devoir d'écrire pour le soumettre au jugement de tous....

» Duc de Fitz-James. »

Cette lettre, reproduite partout, fit un très-grand bruit. Les Allemands eux-mêmes s'en émurent, comme toujours, pour la démentir. M. de Fitz-James, s'écrièrent-ils, avait mal vu ce qu'il contait, ou l'avait inventé (1).

D'autres arrivèrent alors, qui avaient vu comme lui, et qui non-seulement confirmèrent son récit, mais y ajoutèrent des détails plus horribles encore que les premiers.

On vit, par ces nouveaux témoignages, dont le plus intéressant est une lettre du 26 septembre, datée de Bruxelles, et publiée à Lille par l'*Echo du Nord*, qu'après le départ de M. de Fitz-James, l'effroyable scène du 31 août avait recommencé, pour achever la destruction de Bazeilles et le massacre de sa population.

« De ce beau village, lit-on dans la lettre belge, il ne reste que des ruines ; 647 maisons ont été brûlées.

» Les bombes en avaient détruit 30 ; après la retraite des Français, les Bavarois, au moyen de balles explosibles, de fusées, ont incendié le reste, jetant du pétrole à travers les fenêtres, pour activer la flamme.

» Une rue avait échappé à leur rage. Deux jours après la reddition de Sedan, ils retournèrent à Bazeilles et mirent le feu aux maisons qui étaient demeurées intactes.

»... La femme du suisse de la paroisse, qui a échappé au massacre, grâce à la protection d'un soldat prussien, père de famille, à qui les actes de barbarie des siens arra-

---

(1) Le 21 juin encore, M. de Thann écrivit une lettre pour justifier ses Bavarois. Ne s'appuyant que sur le témoignage du nouveau maire, nommé par la Prusse, et qui n'a rien vu, cette lettre n'est qu'un démenti de complaisance.

chaient des larmes, a dit que dans les remises du château de M. Thomas se trouvaient plus de 30 blessés. En voyant les Prussiens promener l'incendie de maisons en maisons, elle les supplia d'épargner au moins cette partie du château à cause des blessés qu'elle renfermait. Ce fut une raison pour que ces misérables s'acharnassent davantage contre cette ambulance ; tous les blessés furent brûlés et ensevelis dans les décombres…

» Cette femme a perdu son mari et a vu sa fille, âgée de quinze ans, violée sous ses yeux.

» Une dame Henri qui avait, elle aussi, subi les derniers outrages de la part de plus de dix Prussiens, est morte quatre jours après.

» L'avant-veille de mon passage à Bazeilles on avait retiré d'un puits deux jeunes enfants que les Prussiens y avaient jetés.

» L'aïeul de ces enfants fut retrouvé massacré derrière une haie.

» Remy, tonnelier à Bazeilles, m'a raconté le fait suivant: Il avait un fils âgé de vingt-six ans, malade dans son lit, un officier bavarois l'a fusillé sans pitié, en même temps qu'une balle lui traversait le crâne, une autre lui brisait le poignet.

» Mme Poncin, une octogénaire, a été traînée dans la rue et souillée par ces bandits.

» M. Robert, brasseur, a été conduit avec son domestique et sa servante, dans une pâture en face de sa demeure ; puis on les a fusillés (1).

» Parlerai-je du grand nombre de personnes qui ont péri dans les flammes, fusillées, assommées, ou percées de coups de baïonnettes ?

---

(1) Dans une lettre du 19 septembre, écrite de Sedan, et publiée par le *Courrier de l'Europe*, on trouve ce fait confirmé avec d'autres détails : « Tu dois te souvenir de Paul Robert, le fils du brasseur établi à Bazeilles ; eh bien ! on l'a trouvé samedi dernier, noué par une corde à son garçon brasseur et la poitrine percée de cinq balles. »

» Questionnez les habitants de Bazeilles et ils vous diront, comme l'a écrit le duc de Fitz-James, que les Prussiens refoulaient dans le feu les hommes, les femmes et les enfants qui voulaient se sauver. Chaque jour on découvre des cadavres carbonisés (1).

» Près de 300 individus n'ont pas donné de leurs nouvelles, on craint avec raison que le plus grand nombre n'aient trouvé la mort dans les flammes. »

Un officier de l'armée belge, qui vit aussi les décombres de Bazeilles, lorsqu'ils fumaient encore, en a fait, sans phrase, avec la précision d'un rapport officiel, un tableau qui n'est pas moins poignant.

De toutes les maisons de la petite ville, il n'en trouve qu'une seule debout, la plus chétive « qui ne valait pas la peine d'être brûlée ; d'une grande ferme qui était en face, rien que les quatre murs calcinés, et les poutres en brasier ! » Quant au château, où nous avons vu plus haut l'incendie d'une ambulance, des débris carbonisés d'hommes, de chevaux, de bestiaux en couvraient tout l'emplacement.

Une vieille femme fouillait dans les décombres. Moins heureuse qu'une autre de ce village, rencontrée peu de jours après à Namur, et qui était tombée en pleine démence à la vue des flammes où presque tous les siens, sa mère, son frère, son père, avaient péri, cette pauvre vieille avait conservé la raison et la mémoire.

« Nous étions restés à trois, dit-elle à l'officier, et nous étions couchés dans la cave ; mon fils, qui avait 39 ans, monte pour voir, et il ne revient pas ; je monte pour le chercher et je vois qu'il était mort ; j'appelle mon mari, mais pendant que nous étions occupés à ensevelir mon fils, voilà que les Prussiens mettent le feu à la maison avec des

---

(1) « ... Dans une cave, dit la lettre que nous venons de citer, une famille de quatre personnes a été retirée ; toutes étaient carbonisées. On compte encore trente autres malheureux qui ont subi le même sort. *J'ai vu cela !* »

boules de feu qu'ils jetaient dans les fenêtres ; maintenant je reviens, je ne sais pas ce qu'est devenu mon mari, et je n'ai plus rien.»

La pauvre femme se remit à fouiller ; peut-être aura-t-elle retrouvé sous les décombres les corps de son mari et de son fils.

A tous ces récits la curiosité s'éveilla chez les étrangers ; il en vint en foule, aux ruines de Bazeilles, comme à un pèlerinage d'horreur. Les Anglais, entre autres s'y distinguèrent par leur indignation chaleureuse et leur active pitié.

« Tu ne saurais, écrit à son ami le correspondant déjà cité dans nos dernières notes, tu ne saurais t'imaginer les processions d'étrangers qui traversent Sedan. Beaucoup de touristes anglais et belges, des écrivains, des dessinateurs, des photographes se dirigent vers Bazeilles encore fumant.

» Ces messieurs y font beaucoup de bien ; des distributions de vivres et d'argent sont faites tous les jours, par leurs mains et à leurs frais. On parle même à Sedan d'une Société étrangère, qui aurait l'intention de reconstruire un Bazeilles et de laisser celui-ci tel qu'il est, en souvenir de la barbarie des Prussiens. »

Les souscriptions, d'abord secrètes, devinrent bientôt publiques. Les Anglais présents à Sedan y poussèrent par une affiche, dont voici le texte exact :

SUBSCRIPTIONS

Are respectfully solicited
In aid
Of the destitute inhabitants
of Bazeilles.

Rien n'était certes plus touchant que cet appel fait par des étrangers, en leur propre langue, pour qu'on vînt en aide à des Français. Les Prussiens en jugèrent autrement.

Ils ne virent qu'une insulte pour eux dans cet acte de pitié pour nos malheureux compatriotes.

A l'affiche anglaise ils opposèrent un *ordre* tout allemand de style et de sentiments, dans lequel le représentant de l'autorité prussienne à Sedan, osait, non-seulement condamner cet appel à la pitié, mais encore injurier ceux qui l'avaient fait.

Voici la traduction de cet *ordre* incroyable, adressé au Commissaire civil de Sedan, pour qu'il eût à le faire exécuter par les commissaires chargés de la police de la ville :

« J'ai appris qu'à la *Croix-d'Or* et dans d'autres hôtels on fait coller l'affiche ci-jointe pour quêter en faveur des pauvres de Bazeilles.

» Je vois dans cet acte un blâme et une fausse interprétation de la *sentence exécutée* contre ce village en vertu des droits de la guerre.

» Cela ne peut être toléré, surtout de la part d'étrangers qui se permettent de juger la manière d'agir des troupes allemandes et qui, en outre, font fabriquer des armes et des munitions contre nous.

» Que ces *grippe-sous* (Grosschenputzer) agissent dans leur pays comme ils l'entendent, je crois qu'il est de notre ntérêt d'arrêter ces messieurs et de les envoyer chez eux.

» RICHARD GOELCH.

» Le commissaire de police veillera à ce qu'aucune souscription ne soit faite dans la ville sans l'autorisation de M. le commandant de place.

» Les pièces ci-jointes devront être renvoyées de suite avec une attestation de M. le commissaire de police, constatant qu'il en a été pris connaissance.

» Sedan, le 29 septembre 1870.

» *Le commissaire civil,*
» STREUGÉ. »

La seule chose qu'ils permirent, fut, sur les ruines mêmes du village, un tronc pour mettre les aumônes.

Au-dessus, par ordre encore, était cet écriteau : « La mendicité étant interdite à Bazeilles, on est prié de déposer les offrandes dans ce tronc. »

Ils défendaient qu'on fût mendiant, dans ce pays, où après qu'ils eurent passé, il ne restait plus que des morts ou des pauvres ! Tous en effet, même les plus riches, l'étaient devenus.

« Je défie, écrivait le correspondant de la *Pall-Mall Gazette*, après avoir fait, en allant à Montmédy, le chemin de Sedan à Carignan, je défie qui que ce soit de trouver une seule maison sur toute cette route, qui n'ait été ravagée et dévalisée de la cave jusqu'au grenier. »

Il dit ensuite comment les pendules, les robes de femmes, le linge, les rideaux et les meubles mêmes étaient enlevés ; et de quelle façon l'on était obligé, le pistolet sous la gorge, de livrer ce qu'on avait pu cacher.

« Et ceci n'était pas, ajoute-t-il, le fait de soldats isolés, mais bien de compagnies entières, commandées par des officiers, qui, pour leur compte, paraissaient convoiter l'argenterie, la bijouterie et la dentelle. »

Ils n'en trouvaient jamais assez ; ils soupçonnaient toujours qu'on en dérobait à leurs vols :

« Les propriétaires de trois des plus riches maisons du voisinage, aujourd'hui complétement dépouillés, ne purent leur faire croire qu'ils n'avaient pas de dentelles.

» Les officiers disaient que, si près de Valenciennes et de Cambrai, les dames ardennaises devaient certainement avoir plus de dentelles qu'elles n'avaient pu en emporter dans leur fuite, puisqu'elles n'avaient pas songé à emporter l'argent et les bijoux. »

Le journaliste anglais pria ces trois messieurs de lui permettre de les nommer pour donner à son récit l'autorité de leur témoignage :

« Ils refusèrent, malgré leur vif désir de faire connaître la vérité, craignant que s'ils étaient connus eux-mêmes, la première conséquence ne fût : pour leur maison, l'incendie, et pour eux, la mort. »

II

Ces horreurs, commises par ordre, car l'Allemand est trop discipliné pour faire quoi que ce soit, même le mal, s'il ne lui est commandé, avaient leur raison et leur but, dans l'abominable plan de cette guerre, qu'ils appellent une «brutale surprise (1) » de notre part; tandis qu'elle n'est, de la leur, que la réalisation d'un complot organisé pendant de longues années, et pour lequel tout fut prévu d'avance avec sa mise en œuvre et ses moyens d'exécution.

La résistance du pays, après la défaite de nos armées, fut un des cas qu'ils entrevirent, mais sans trop s'y attendre cependant. La France leur semblait trop abaissée dans son engourdissement moral pour être capable de se relever par de semblables réveils.

Leur étonnement fut donc grand à Bazeilles, lorsque, pour la première fois, ils virent cette résistance se manifester, par la présence des gardes nationaux parmi les combattants.

Alors, sans hésitation aucune, ils recoururent aux moyens indiqués sur leur programme, pour ce cas prévu, quoique, suivant eux, invraisemblable. Ces moyens furent tout d'abord ce qu'on les a vus, les plus affreux, les plus extrêmes. Ils voulaient couper court à cette guerre nouvelle; ils ne firent que l'activer par l'exécration née de leurs horreurs.

(1) *Moniteur officiel* de Versailles, 14 janvier 1871, *réponse à Victor Hugo.*

Ils ne se cachèrent pas du motif qui les avait fait agir à Bazeilles. Peu de jours après, un article de la *Gazette de Cologne* parlait avec colère des gardes nationaux qui avaient osé s'y faire tuer pour leur village, et prédisait le même sort aux villes et bourgades qui auraient l'audace de se donner pour défenseurs de pareils « bandits. » Nous n'exagérons pas, le mot y est. « La garde nationale, disait textuellement la *Gazette* (1), veut, à ce qu'il paraît, se faire fusiller par les Prussiens comme une troupe de bandits (*Rœuber bande*). »

L'abbé Domenech, présent à Bazeilles au moment de ces désastres, comme attaché à l'ambulance de la Presse, a confirmé, dans son *Histoire de la Campagne* 1870-1871, tout ce qu'ils ont d'horrible, et les motifs qu'en donnait l'ennemi lui-même.

Il vit conduire, par bandes, des habitants de Bazeilles qu'on allait fusiller sur les cadavres mêmes de beaucoup d'autres fusillés la veille. Devant ses yeux, un groupe de malheureux, parmi lesquels six femmes se trouvaient, tombèrent sous les balles. « Si nous n'avions pas vu ces faits, dit-il, nous ne les aurions pas crus. » Puis il ajoute, comme l'ayant entendu dire aux Bavarois eux-mêmes : « Le prétexte invoqué par ces barbares pour justifier ces actes inqualifiables, c'est que les habitants de Bazeilles se sont défendus, en faisant cause commune avec notre armée. »

Pour la Prusse, les choses changent, à ce qu'il paraît, suivant les contrées : ce qu'elle trouve sacré chez elle, est, chez les autres, odieux et criminel ! Elle s'honore, et avec raison, d'avoir créé, la première, les vrais défenseurs du pays, les véritables milices du sol : la *landsturm* qui le garde, la *landhwer* qui combat pour lui ; et, chez nous, elle s'indigne que la garde nationale prétende à la même mission, se donne la même tâche !

(1) Citée par le *Gaulois* du 26 septembre 1870.

Un journal anglais, le *Newcastle Chronicle*, l'a, sur ce point, très-ironiquement malmenée : « On ne doit pas, à ce qu'il semble, dit-elle, permettre à des Français de faire ce qui, pour des Prussiens, serait un saint devoir. La patrie allemande est une terre sacrée, privilégiée, la vôtre est un butin prédestiné aux favoris du ciel !.... Comment osez-vous agir comme si vous étiez des Allemands ayant une patrie à servir et à aimer de tout votre cœur ! »

Un peu plus loin, le même journal ajoute, à propos des conséquences de cette belle logique des Prussiens : « Si une poignée de gardes nationaux, jaloux de leur honneur, quoique sans doute ils désespèrent du salut de leur cité, ont l'audace de leur opposer une barrière vivante, les Allemands bombardent la ville comme si c'était une forteresse ! »

III

Les gardes mobiles étaient compris dans la proscription.

Avec eux, les Prussiens préludèrent par le dédain. On sait comment M. de Bismark en parlait à M. Jules Favre, dans l'entrevue de Ferrières, et de quelle façon le général allemand, avant d'en avoir tâté, renvoyait ces collégiens à leurs colléges.

Quand ils surent mieux qu'il fallait compter avec ces imberbes, soldats de l'impromptu, ils changèrent de ton. Du mépris ils passèrent à la peur, qui ne va pas chez eux sans la férocité. Ils voulurent, contre cette nouvelle ressource de résistance, un exemple pareil à celui qu'ils s'étaient donné contre les gardes nationaux à Bazeilles.

Quelque bon massacre de trois ou quatre compagnies, et, au besoin, de tout un bataillon de mobiles, fait à point, dans un moment utile, pouvait décourager les autres ; ils en cherchèrent l'occasion, et, une fois trouvée, ne la manquèrent pas.

Au mois de décembre, trois cents de leurs cavaliers emmenaient prisonniers, du côté de Givry, dans la Marne, un bataillon de gardes mobiles de ce département. D'abord, tout allait bien : on s'arrêtait dans les villages, où quelques-uns des pauvres jeunes soldats retrouvaient de leurs amis ou de leurs parents, et c'était un échange d'embrassades et d'adieux.

Au dernier bourg qu'on traversa, changement complet, brusque et terrible : les cavaliers prussiens qui, jusqu'à ce moment, étaient restés spectateurs placides et presque complaisants de ces scènes de famille, se ruèrent tout-à-coup au milieu du village, sabre au vent, la pointe baissée. On aurait pu croire d'abord qu'ils ne voulaient ainsi que ramener et ramasser en un seul groupe les mobiles un peu trop épars, sur la place et dans les rues : non, — l'on ne tarda pas à en avoir l'horrible preuve par les coups portés et le sang répandu à flot, — c'était un massacre qui commençait pour ne s'arrêter qu'à la dernière victime.

Un des officiers qui put échapper presque seul, comme par miracle, a raconté plus tard cet horrible carnage, accompli de sang-froid, sans motif, « au moment même, disait-il, où des mères, des sœurs, des vieillards avaient pénétré dans les rangs des gardes mobiles, pour les embrasser.

« Ni la jeunesse des prisonniers, ni leur douceur, ni leurs appels à l'humanité, ni la présence des parents, ni les cris : « On ne tue pas des prisonniers ! » ne purent arrêter ces misérables, qui s'acharnèrent avec une vraie rage de cannibales sur ces enfants désarmés.

» Ils riaient en égorgeant, et achevaient les blessés avec des ricanements et des injures.

» Le chef de l'escorte fut aussi féroce que ses cavaliers....»

On s'est demandé pourquoi ce massacre? avaient-ils craint une surprise?

En pareil cas leur consigne était toujours de tuer les prisonniers plutôt que de se les laisser reprendre : «Tenez, disait près de Dijon un juif alsacien à un jeune homme attaché comme lui, devant la gueule des canons, voulez-vous savoir ce qu'ils se disent : ils décident qu'ils se débarrasseront de nous, en nous fusillant sur place, s'ils sont forcés de battre en retraite.»

Avaient-ils été attaqués, comme on dit qu'ils le furent, lorsqu'en octobre, ils firent, dans le bois de Saint-Jean, cet autre massacre de prisonniers, dont nous parlerons quand il le faudra? Non, ici rien de pareil : aucune surprise à craindre, aucune attaque, l'officier l'affirmait.

Il ne faut donc y voir, comme nous le disions en commençant, qu'un coup prémédité contre les gardes mobiles; l'accomplissement sans pitié d'un ordre venu de haut, pour tâcher d'en finir par un exemple terrible, avec cette milice qui commençait à trop résister.

Ce ne sont pas les seuls de ce corps qu'ils traitèrent de cette façon. Ils y mirent même parfois encore plus de raffinement féroce. Un notable de Reims, qu'ils avaient placé dans la catégorie des otages, au plus fort de l'hiver, et forcé ainsi de faire, sur la locomotive même, le trajet de sa ville à Mézières, aperçut, en arrivant à quelque distance de la voie, dix gardes mobiles prisonniers, qui creusaient le sol, sous la surveillance d'une escouade prussienne. Comme il s'étonnait d'un pareil travail sous cette température, on lui dit : « Ils creusent leur fosse, avant d'être fusillés. »

Quand il repassa, chaque fosse avait son cadavre criblé de balles (1).

Ailleurs, ce qui est encore un signe de l'effroi qu'ils avaient fini par inspirer à l'ennemi, nous voyons les

---

(1) *La Prusse au Pilori*, p. 181-182.

mobiles attirer sur les points qu'ils défendent les mêmes désastres que les francs-tireurs. Une autre ville de la Champagne, Nogent-le-Roi, fut ainsi punie impitoyablement pour avoir pensé, comme nous le pensions tous, et comme nous le pensons encore, que ces braves jeunes gens étaient, plus que personne, les défenseurs nés, les soldats naturels du pays et avant tout de leur province.

Les Prussiens traitèrent Nogent comme s'ils y avaient eu à combattre des étrangers et des bandits !

C'était au commencement de décembre. Un de leurs détachements, parti du quartier-général de Chaumont-sur-Marne, était venu rendre sa visite de pillard à Nogent, situé entre cette ville et Langres, à cinq lieues de l'une et de l'autre. Les réquisitions commençaient, lorsqu'une compagnie de mobiles accourut des environs, et n'eut qu'à paraître pour mettre en fuite les réquisitionnaires, qui, en s'éloignant, perdirent deux des leurs, tués au passage.

Le lendemain, ils revenaient en plus grande force, et avec de l'artillerie. Les mobiles, qui s'y attendaient, avaient aussi plus que doublé leur nombre. Grâce à un renfort venu de Langres, ils n'étaient pas moins de quatre cents, barricadés dans la ville, quand les Prussiens arrivèrent. Ils les reçurent par une terrible fusillade qui leur tua 30 hommes, et les força une seconde fois à décamper.

On était le 7 décembre. Jusqu'au 11 les mobiles se tinrent sur la défensive, attendant de la part des Prussiens un de ces retours, qu'en pareil cas, ils ne manquaient jamais de faire au plus vite, avec des forces au moins triplées. Cette fois, rien ne reparut, et les mobiles de Langres, ayant affaire chez eux, y retournèrent. Les Prussiens, au guet, n'attendaient pas autre chose.

Le 12 au matin, quelques heures après que les mobiles, partis dans la nuit, se furent éloignés, ils revinrent devant Nogent-le-Roi, au nombre de 7 à 800 hommes, mirent six pièces en batterie et bombardèrent.

Quoique ce fût, vous en conviendrez, on ne peut plus

sommaire et expéditif, ils ne trouvèrent pas que ce fût assez encore. Le pétrole pouvait aller plus vite que les obus ; ils l'employèrent.

Sur un mot de leur chef, les soldats tirèrent de leur sac la bouteille de pétrole et l'éponge dont ils ont ordre d'être tous munis. Ils entrèrent dans les maisons, et après avoir enduit du liquide incendiaire les portes, les fenêtres, les meubles et jusqu'aux matelas, ils mirent le feu.

Nous allons voir par quelques extraits d'une lettre écrite de Nogent, au moment même, quelles furent les proportions de ce désastre inouï, pour cette pauvre ville qui n'a pas 4,000 habitants :

« 88 maisons furent réduites en cendres, ainsi que la belle et grande fabrique de coutellerie de M. Vitry.

» Pendant ce temps, on tirait dans les rues sur les malheureux habitants qui s'enfuyaient et dont six furent tués.

» Les principaux notables, arrêtés sans aucun motif, furent conduits à Chaumont. L'adjoint, M. Combes, y fut traîné pieds nus dans la neige, les bras liés et la tête découverte, sans qu'on lui permît de se vêtir.

» Les Prussiens offrirent de l'échanger contre un officier supérieur prisonnier. Sur le refus du commandant de Langres, ils finirent par le rendre à la liberté après dix jours de la plus rigoureuse captivité. »

Cette nouvelle exécution de toute une ville fit grand bruit. On ne s'en indigna pas moins que de celle de Bazeilles. Plusieurs mois après les journaux anglais y faisaient encore allusion, comme à l'une des pires atrocités de cette guerre atroce :

« Rien n'a été saint pour eux, disait par exemple le *Morgen-Post* ; chaque article du droit des gens a été par eux violé. On a pillé les villes et on y a mis le feu après avoir versé du pétrole sur les portes et sur les boiseries des maisons. Les rapports allemands, ajoutait-il, confirment plutôt qu'ils ne les réfutent les accusations françaises. »

Pour l'incendie de Nogent, en effet, il y eut presque un

aveu de cruauté de la part des Prussiens eux-mêmes. La *Gazette de Cologne* (1) voulut bien convenir que de pareils faits sortaient des conditions ordinaires : « La guerre, ajoutait-elle, prend un caractère de plus en plus cruel et barbare. » Mais elle s'en tenait là, sans aller jusqu'au blâme contre de si odieuses extrémités.

Elle aimait mieux en chercher la raison, ou plutôt l'excuse, et ne pouvant la trouver, elle l'inventait : les habitants, disait-elle, n'avaient souffert que ce qu'ils avaient mérité, en prenant part à l'action !

« On avait, disait-elle, tiré sur nos troupes de diverses maisons particulières, et une compagnie envoyée pour châtier ces actes, en imposant une contribution proportionnée, avait également reçu des coups de feu.»

On a vu, d'après le récit qui précède, et dont nous garantissons l'exactitude absolue, que cette dernière assertion est de la plus entière fausseté.

Un autre journal allemand, qui se publie à Berlin même, la *Gazette de Voss*, y mit plus de franchise. Il convint, et avec une ironie qui de sa part vaut le blâme le plus amer, que les vrais motifs de cette horrible exécution, étaient tout simplement les dispositions peu bienveillantes témoignées par les habitants aux Prussiens, dignes à ce qu'il paraît de plus de sympathie !

« Nogent, dit cette *Gazette*, a été châtié à la Châteaudun (2). Les 6 et 7 des combats avaient eu lieu ; mais d'après l'assertion du maire, que les Prussiens avaient emmené comme otage, la population n'y avait pris aucune part, et avait gardé une attitude strictement passive. »

Or — notez que c'est encore la *Gazette berlinoise* qui parle — or cette passivité même est aux yeux des Prussiens un

---

(1) N° du 21 décembre.

(2) Nous verrons plus loin, en son lieu, ce que cette autre malheureuse ville avait eu à souffrir deux mois auparavant.

crime. Il faut, pour les satisfaire, que les habitants d'un pays leur servent d'espions et trahissent leurs concitoyens. S'ils se refusent à ce rôle, s'ils se font « récalcitrants, » ils perdent tout droit à la protection promise par le roi.

« Une lettre, que nous avons sous les yeux, dit-elle, porte textuellement ces lignes : « A Nogent on a dé-
» cidé de faire un exemple dur, terrible, mais *nécessaire :*
» car l'esprit de la population est toujours très-récalci-
» trant. »

N'est-ce pas à confondre ! voilà des vainqueurs que leur victoire ne satisfait pas, malgré ce qu'ils en tirent d'abusif et d'odieux, sous toutes les formes ! Il leur faut, en outre, ce que les conquérants les moins exigeants, les plus bénins, ne se sont jamais cru en droit d'espérer : la sympathie, l'adoration du vaincu !

Les laisser faire dans leur œuvre de dévastation et de rapine ne suffit pas ; il faut s'y prêter, il faut les y aider même, si non — vous venez d'entendre un de leurs journaux vous le dire — sinon l'on est « récalcitrant, » rebelle, et digne ainsi des châtiments, qu'il est dans leur usage de faire toujours prompts, et dès la première fois, impitoyables.

Voulez-vous un autre exemple, dans cette même province de leur exigence singulière à vouloir que la victoire et la conquête s'imposent même aux sentiments ? le voici.

Il s'agit d'un jeune magistrat de Vitry-le-Français, qui fut un jour très-étonné de voir entrer chez lui un officier et quatre soldats :

« C'était le matin, lisons-nous dans une correspondance locale, l'officier lui donna l'ordre de se lever.

» — Que me voulez-vous ? demanda le magistrat.

» — Vous expédier en Allemagne, où vous serez détenu dans la forteresse de Mayence.

» — Pour quel motif ?

» — Il ne m'appartient pas de vous le dire.

» — Je demande alors à parler au commandant de la ville.

» — Qu'à cela ne tienne, habillez-vous et marchons.

» Conduit devant l'officier supérieur, il renouvela sa question.

» — Vous n'aimez pas assez les Prussiens, lui dit l'homme de guerre, et comme votre influence pourrait nous être nuisible, à cause de votre position sociale, nous allons vous éloigner du pays.

» Le magistrat fut dirigé sur le chemin de fer, sans qu'on lui laissât le temps de faire aucune disposition, ni de prendre aucun argent.

» Il est actuellement à la forteresse de Mayence, où son oncle a été obligé de lui envoyer une somme de 2,000 fr. »

IV

Cette façon d'agir contre les sentiments, et de n'accepter, même de ce côté, aucune résistance, est bien dans la logique du génie allemand, qui absolu en tout, ne peut admettre qu'une chose résolue par sa sagesse, et exécutée par sa force n'ait pas l'approbation, l'applaudissement de tous, fût ce même de ceux qui en souffrent.

Qu'était ce que cette campagne? semblent-ils dire : une affaire pour les deux partis, bonne pour celui qui saurait la bien conduire; désastreuse pour l'autre. Nous l'avons bien menée, à nous le gain; vous l'avez perdue, à vous le désastre.

Et ne voyant que la fin, sans se rappeler les moyens, qui sont au contraire ce que nous nous rappelons le plus, et n'oublierons jamais; ils exigent qu'on les aime, ils veulent qu'on soit avec eux, comme devant, qu'on les accueille, et qui sait même? qu'on leur fasse fête!

En faisant ce calcul ils ont compté sur deux choses, qu'ils n'ont pas, et qui dominent chez nous, comme l'orgueil domine chez eux : le cœur et l'amour-propre.

« L'Allemagne, lisons-nous dans un article qui eût mérité de ne pas passer inaperçu (1), a un immense orgueil, mais pas d'amour-propre…

» Elle ne suppose pas aux autres plus de susceptibilité qu'elle n'en éprouve elle-même. Grâce à un certain défaut de délicatesse morale, ou plutôt de savoir-vivre; grâce à l'absence de tout élément *gentleman* dans son éducation, elle ne paraît pas se douter que sa rapacité exacte et mercantile nous a blessés plus encore que sa victoire accidentelle…

» Les Allemands reviennent en France comme si de rien n'était!

» Au fond, il y a plus de simplicité, de brutalité native que d'impudeur dans ce procédé. Ils n'entendent rien à la langue compliquée de l'honneur — malheureusement les races modernes en sont là presque toutes. — Leur psychologie ne les rend pas capables de sortir de leur propre tempérament pour comprendre chez les autres ce qui manque chez eux, et faire la part des sentiments qu'ils n'éprouvent pas.

» Voilà pourquoi ils osent revenir, et oseraient encore espionner en vue d'une nouvelle guerre. »

M. Albert Dumont, dans un de ses remarquables articles sur les Prussiens en Alsace (2), cite un curieux exemple de cette inconscience allemande, qui ne peut comprendre, une fois la paix faite, qu'on se souvienne des atrocités et des infamies d'une telle guerre, et qu'on s'en fasse une arme pour s'opposer à certains retours trop oublieux ou trop pressés.

« Dans une ville importante, dit-il, l'inspecteur de la

---

(1) *Electeur libre*, 21 mars 1871.
(2) *Revue des Deux-Mondes*, 15 juin 1871, p. 597.

voie ferrée, avant la guerre, était prussien. Il partit en juillet. Quand il revint, en septembre, et qu'il fallut rétablir la ligne, il trouva tout simple de se présenter, escorté de soldats allemands, chez les ouvriers de la Compagnie. Il vainquit leurs refus le pistolet au poing. Ce n'est là qu'une mauvaise action, mais ce qui est grave, c'est que le coupable croit qu'il a bien agi ; c'est qu'il s'étonne que de tels procédés le privent de sa place après la paix.

» Les faits de ce genre sont nombreux, ajoute M. Dumont. Ce qu'il y faut remarquer, c'est l'esprit dans lequel agissent les Allemands en ces circonstances, c'est la tranquillité de conscience où les laissent de pareils actes. »

Sur le fait même de leurs plus odieuses atrocités, ils ne pouvaient admettre qu'on les eût en horreur.

Au milieu des ruines qu'ils venaient d'entasser, ils faisaient les gracieux, les aimables, et s'étonnaient qu'on ne le fût pas de même à leur égard. Ils auraient dû être surpris qu'on ne les remerciât pas.

Une dame de Sedan écrivait à ses enfants, à Bourg, peu de jours après le bombardement de Mézières, cet autre crime de leur abominable guerre, quelques lignes très-intéressantes sur cet oubli facile des Prussiens pour le mal qu'ils ont fait, et sur leur prétention à l'amabilité au milieu de tant de désastres :

« Un Bavarois, dit elle (1), officier d'artillerie, vient de raconter que le 2 janvier il entrait à Mézières, et que voyant tout à coup une religieuse monter sur les décombres pour sortir de sa maison en ruines, il lui tendait la main afin de l'aider, car elle tombait ; mais celle-ci se redressa, et avec un geste de dédain, lui dit : *Arrière!*

» Il en était tout étonné.

» —Mais, monsieur, lui ai-je dit, cela n'a rien qui doive vous surprendre ; cette femme pouvait-elle accepter votre

---

(1) La lettre dont ceci est tiré, et dont nous allons donner d'autres extraits, a paru dans le *Journal de l'Ain*, du 28 janvier 1870.

aide pour sortir des ruines que vous aviez faites? Les remparts n'ont rien; pourquoi ne tirez-vous pas sur les remparts?

» — Parce que, me dit-il, un siége durerait trop longtemps, il vaut mieux tirer sur les habitations, cela va plus vite.

» — Et vous croyez, lui dis-je, qu'après une pareille conduite, cette religieuse pouvait vous donner la main! »

La veille, qui était le jour de l'an, cette dame, qui est des premières de Sedan, avait dû recevoir les souhaits du chef allemand qui commandait la ville.

Il s'en suivit une scène qui mérite d'être rapportée pour la vivacité des ripostes, dont la dernière, la meilleure, fut de notre Française :

« Dimanche dernier, dit elle, j'ai eu la visite du commandant prussien; il me présentait ses vœux de bonne année, et voici ce que je lui ai dit :

» — Commandant, vous êtes un homme convenable, je les accepte. Personnellement, je ne vous en veux pas, mais voici ma pensée, et vous savez que je suis franche : Je vous souhaite du bonheur dans votre famille; quant à votre nation, écoutez ce que je veux vous dire : après la guerre, la France fera le relevé de toutes vos atrocités, et comme les Français sont très-généreux et qu'ils rendent toujours le double de ce qu'ils ont reçu, je vous promets que vous aurez vos étrennes.

» Il me répondit :

» — Je vois, madame, que vous voulez me revoir encore, je reviendrai donc!

» — Oh! non, repris-je, nous irons vous voir chez vous, cela vaudra mieux... »

V

Le bombardement de Mézières, dont le souvenir encore tout récent animait si patriotiquement les réparties de la dame sédanaise, fut un des actes les plus horriblement sommaires de cette campagne, aux abominables expédients.

Il surpassa peut être en désastre l'incendie même de Bazeilles.

« Mézières, lisons-nous dans la même lettre, a été bombardé d'une manière si terrible, qu'il n'en reste presque plus rien : à Bazeilles, les murs sont restés debout; à Mézières tout est effondré. A l'église, le maître-autel n'existe plus, et aucun saint n'a conservé sa tête; je ne puis vous dire si la vierge noire a été épargnée.

» L'Hôtel-Dieu, l'Ecole normale des filles, toute la Grand'Rue, la rue du Pont-de-Pierre, tout cela est démoli et brûlé. Enfin, c'est un désastre affreux.

» Les remparts sont intacts : il faut que vous sachiez que nos ennemis ne tirent pas sur les murailles, mais seulement sur les maisons, les habitants et surtout les hôpitaux (1).

» On compte déjà plus de 300 morts bourgeois, et plus de 100 blessés ou brûlés dans l'Hôtel-Dieu.

» Toute la famille Blanchard (le libraire que vous avez connu), a été ensevelie sous les décombres; onze personnes sont ainsi mortes dans leur cave : le père, la mère, la fille,

---

(1) C'est déjà ce qu'ils avaient fait à Strasbourg, et c'est ce qu'ils firent encore à Rocroy : « La ville est en triste état, en écrivait-on au mois de janvier dernier. Au moins le quart des maisons sont brûlées ou écroulées ; mais, comme d'habitude, les fortifications n'ont aucunement souffert. » Le système est palpable: partout la guerre lâchement sommaire, qui commence par détruire pour en finir plus vite, et qui par le bombardement intérieur des villes se dispense des brèches aux murailles, et supprime ainsi les assauts, où il faudrait du courage !

accouchée depuis trois jours, le gendre, les enfants et la servante.

» Dix-sept cadavres ont été retirés à la fois d'une autre cave. Une jeune fille a eu les deux poignets emportés par une bombe au moment où elle joignait les mains dans l'invocation du désespoir.

» Il paraît que les Prussiens avaient un tir très précis chaque maison tombait l'une après l'autre comme un château de cartes.

» Le commandant a demandé un armistice pour faire sortir les femmes et les enfants ; l'ennemi a refusé.

» On a mis le drapeau blanc à neuf heures du matin lundi, et à midi les misérables tiraient toujours. »

Un détail encore plus affreux, si c'est possible, que nous trouvons dans une autre lettre, va compléter le tableau :

« Une ambulance de la ville contenait *quatre vingts* blessés français et *quarante* prussiens.

» Les bâtiments ont pris feu, et tous, ou presque tous ces malheureux ont brûlé vifs. »

VI

Ce qui avait poussé tout à coup les Allemands à cette exécution sans merci de la ville de Mézières, devant laquelle ils étaient restés assez patiemment pendant des mois, c'est encore une spéculation, une affaire, qu'ils ne pouvaient mener à bonne fin qu'en occupant la ville, et en y prenant la place de l'administration française, qui les contrariait dans leurs plans.

Cette affaire, on le devine déjà, était encore un accaparement, un vol.

Il ne s'agissait pas moins que de la mise en coupe réglée de la forêt des Ardennes. A Versailles, ils avaient eu la même idée, pour une partie des bois de l'Inspection, dont leur *Moniteur* du 26 novembre avait annoncé la vente et l'abatage, mais ils n'avaient guère réussi, faute d'acheteurs français, dont, par répugnance patriotique, pas un n'avait voulu se présenter.

Le préfet prussien de Reims, M. de Rosenberg, qu'ils avaient chargé de l'affaire des Ardennes, s'en tira beaucoup mieux. Il n'essaya pas des enchères publiques, qui, là encore, n'eussent amené personne, mais d'une vente à l'amiable, où, sous le couvert de quelque société anonyme, l'acquéreur ne manquerait certainement pas.

Quel prix demander ? Tel fut le premier point pour la mise en vente : il fallait une évaluation, qui en charger ? M. de Rosenberg ne fut pas en peine pour si peu : il la fit faire à Sedan par l'autorité municipale elle-même, avec ordre de ne négliger aucun détail, sur l'essence, l'âge, la force, la valeur des arbres à mettre en coupe.

Obliger ceux qu'on va voler de dresser eux-mêmes le compte détaillé et raisonné de ce qu'on va leur prendre, est bien, si je ne me trompe, le cynisme du vol poussé à sa plus haute puissance !

Un Belge qui se trouvait alors à Sedan, et qui eut connaissance de cet ordre des Prussiens, en écrivit, tout indigné, à l'un de ses correspondants du Havre :

« Pour vous donner une idée de leur audace, voici ce qu'ils viennent de faire : le maire et son conseil ont reçu l'ordre de se rendre à l'hôtel de la sous-préfecture où trône le commandant ; on leur a signifié que, dans la quinzaine, ils aient à donner la situation exacte et l'âge des arbres propres à la marine désignés à cet usage par l'administration, voulant en faire faire l'exploitation pendant leur séjour dans le pays.

» Vous conviendrez que c'est pousser les choses aussi loin que possible, et que ces messieurs étaient loin de s'attendre à une semblable commission. »

Quand M. de Rosenberg fut, grâce à cette enquête,

suffisamment renseigné sur ce qu'il aurait à vendre, il s'occupa de la vente même, qu'il avait ordre de faire dans les conditions d'abatage les plus étendues.

Suivant une lettre, écrite de Sedan, au *Standard :* « Par les ordres de M. de Bismark, tous les arbres ayant plus de cinquante centimètres de circonférence pouvaient être compris dans le marché. »

M. de Rosenberg faillit traiter d'abord avec une maison de Berlin, au prix de 500,000 francs, payables en cinq mois. La somme n'était pas bien forte, mais pour la vente sans enchère d'une chose volée, que pouvait-on espérer de mieux ?

Il fallait d'ailleurs aller vite, de peur d'être dérangé à l'improviste par les événements. D'après l'*Etoile belge*, M. de Bismark était si pressé, qu'il avait dit de vendre quand même, ne fût-ce qu'à 15 francs le pied de chêne, c'est-à-dire moins du quart de la valeur.

L'affaire, au fond, était donc bonne à cinq cent mille francs. Le correspondant berlinois du *Journal de Francfort*, la trouvait surtout, abstraction faite du prix plus ou moins fort, d'une combinaison curieuse ; avec l'inconscience de tout sens moral qui est particulière à sa race, il ne voyait pas ce qu'on aurait à y reprendre :

« C'est, dit-il, en toute bonhomie, comme s'il ne s'agissait que d'un marché ingénieux, c'est à coup sûr une chose fort remarquable, que les autorités allemandes se soient emparées de cette manière d'un immeuble de l'Etat français. »

Le plan manqua avec la maison de Berlin, mais pour être bientôt repris avec un capitaliste de Liége et son gendre, hobereau allemand, le comte de Rottermund, à la condition des 15 francs le chêne, marquée par M. de Bismark.

Vous allez voir, d'après une lettre adressée des Ardennes au *Moniteur universel* de Bordeaux (1), comment tout fut

---

(1) N° du 11 janvier 1871.

conclu ; quels obstacles y apporta le patriotisme de la population et de l'administration françaises, secondées en cela par le gouvernement belge qui, disons-le à sa louange, ne voulut accepter ni sur ses routes, ni dans ses entrepôts, aucun arrivage de ces bois volés ; et enfin, de quelle façon, pour en terminer brusquement avec tous « les récalcitrants » qui contrariaient le plus le marché et gênaient la « belle affaire », les Prussiens ne trouvèrent rien de mieux que de bombarder, avec l'acharnement dont je vous ai dit les excès, la pauvre ville d'où partait le mot d'ordre de la résistance :

« La prise de Mézières aura encore pour nous une conséquence terrible.

» Elle va diminuer considérablement les difficultés qui avaient jusqu'à ce jour empêché les Prussiens de mettre à exécution leur projet de détruire toutes les forêts de l'Ardenne.

» Vous savez sans doute que, dans le but non dissimulé de ruiner le pays et de faire disparaître une des plus redoutables défenses naturelles de notre frontière de l'Est, ils ont vendu tous les bois de l'Etat, à la condition qu'on les couperait *à blanc*.

» Ce qu'il y a de plus extraordinaire, c'est qu'il s'est présenté un acquéreur pour cet infâme marché.

» Cet acquéreur est un Belge, le comte de Rottermund, qui s'est engagé à couper un certain nombre minimum d'hectares par mois ; il a déposé en garantie un cautionnement de 50,000 francs.

» Permettez-moi de le dire très-haut, à la louange de notre pauvre pays, il n'a pas trouvé un seul ouvrier disposé à prendre part à cette œuvre de dévastation, et pourtant bien peu ont aujourd'hui de quoi vivre, et avec tous les avantages qui leur étaient promis ils pouvaient gagner des journées de 6 à 8 fr. par jour.

» Le comte de Rottermund fit alors venir des ouvriers belges ; mais le préfet des Ardennes ayant déclaré que quiconque donnerait un coup de hache dans les bois serait fusillé, ceux-ci s'en retournèrent chez eux.

» La garnison de Mézières pouvait seule, dans notre pays occupé, se charger de l'exécution de l'arrêté préfectoral, et aujourd'hui qu'elle est allée rejoindre le gros de notre armée en Allemagne, les Prussiens ne rencontreront plus le moindre obstacle.

» Déjà ils viennent d'appeler les bûcherons de l'Allemagne, et préparent, afin de les protéger contre les habitants, un casernement pour 200 hommes au village de La Chapelle, situé entre Sedan et Bouillon, à la lisière de la forêt. »

VII

Les bûcherons allemands et les hommes chargés de les défendre eurent bientôt fort à faire avec les braconniers devenus francs-tireurs, que la violation de leurs chères Ardennes avait mis en chasse, comme des furieux.

Leur coup d'essai fut contre une brigade de bûcherons, que dirigeait pour l'abatage d'un magnifique fourré, le chef-facteur de M. de Rottermund, ce gentilhomme belge qui, vous l'avez vu, s'était fait l'acquéreur de la dévastation.

Aux premiers coups de feu des francs-tireurs, l'escouade des bûcherons prit la fuite, laissant pour mort le facteur grièvement atteint par une balle.

On le crut perdu pendant quelques jours, mais il en revint, et ne pressa que plus activement l'entreprise où l'on s'attirait de tels profits.

Les hommes lui manquaient, car, depuis l'attaque, le bûcherons allemands qui étaient venus de leur pays pour abattre les arbres et non pour se faire abattre eux-mêmes, n'avaient plus reparu qu'en très-petit nombre.

Le facteur se fit alors donner un ordre de l'autorité prussienne, afin d'avoir le droit de recruter dans le pays les hommes dont il avait besoin. La réquisition des bras fut sans merci : toute paroisse qu'elle frappait, était menacée d'une amende de vingt francs par jour, pour chaque habitant qui refuserait la corvée. Ce n'est pas tout : « Plus de cent bûcherons et voituriers requis, lisons-nous dans l'*Echo du Luxembourg*, furent forcés, sous peine de mort, de recommencer les travaux. »

Enfin, dans le cas où, malgré toutes ces mesures, l'affaire ne réussirait pas et n'amènerait qu'une destruction incomplète de toutes ces forêts, on avait ordre de les brûler !

Quelques jours après la mise en réquisition des nouveaux bûcherons et voituriers, tous étaient déjà partis, mais d'un autre côté que les premiers : ils étaient, eux, allés grossir le nombre des francs-tireurs.

Il y en avait partout dans ces parages, notamment vers Mézières, où, en souvenir du terrible comte de La Marck, au xve siècle, ils avaient pris le nom de *Sangliers des Ardennes*. Ils faisaient aux Prussiens une guerre qui devait être terrible, à en juger par la peur qui se lit sous les menaces de leurs proclamations :

« Tout individu, disait par exemple celle du général major Wenden, datée de Boulzicourt, le 10 décembre, qui sera trouvé muni d'une arme, portât-il le nom de franc-tireur ou autre, du moment qu'il sera saisi en flagrant délit d'hostilité vis-à-vis de nos troupes, sera considéré comme *traître* et *pendu* ou fusillé, sans autre forme de procès. »

Ce n'est pas tout, les complices ont aussi leur compte, et, pour les Prussiens, cette complicité est très-large, très-élastique. Ils y comprennent tout entières les communes où les francs-tireurs ont paru. Harcy, par exemple, vers Charleville, a vingt cinq de ses maisons brûlées, parce que tout près les francs-tireurs ont battu les Prussiens.

Les premiers signalés dans les communes sont les maires, qui doivent s'opposer à la présence de tout franc-tireur sur leur territoire, ou la dénoncer, sans délai, s'ils n'ont pu l'empêcher.

Cette dénonciation des défenseurs, par ceux même qu'ils viennent défendre, est le sublime du système prussien!

« Je préviens les habitants du pays, dit textuellement la proclamation du général-major, que, selon la loi de guerre, seront responsables toutes les communes sur le territoire desquelles les délits prévus auront lieu.

» Les maires des endroits, dans les environs, doivent prévenir le commandant du détachement prussien le plus près sitôt que les francs-tireurs se montrent dans leurs communes.

» Selon la même loi, toutes les maisons et villages qui donneront asile aux francs-tireurs, sans que le maire donne la notice susdite, et d'où les troupes allemandes seront attaquées, seront *brûlées* ou *bombardées*. »

Un autre, le général de brigade M. de Randzau, qui, au mois de janvier, commandait à Ouzouer-sur-Loire, prit la peine, dans une de ses proclamations, de raisonner un peu plus sur les mesures à prendre contre les francs-tireurs, mais ne les rendit ainsi que plus odieusement déraisonnables.

« Ce système de francs-tireurs, disait-il entre autres choses, qui n'est qualifiable que par le mot meurtre..., a été établi en France contrairement au droit des gens. »

M. de Randzau oubliait ici que la *landsturm* allemande, dont, par le principe au moins de leur création, nos francs-tireurs sont une imitation plus régulière et par conséquent plus légale, ne fut jamais contestée comme étant contraire au droit des gens, malgré l'étendue illimitée de ses priviléges de défensive :

« Tous les moyens, lisait-on dans l'ordonnance qui l'institua, et dont le signataire n'est autre que le père même du roi Guillaume, si implacable pour notre *landsturm* française, tous les moyens sont permis et légaux dans la guerre défensive où la *landsturm* est appelée à agir. »

Nos francs-tireurs n'en demandent pas tant pour être de vrais soldats du sol, et ils font plus pour le paraître : ils prennent un uniforme, tandis que l'ordonnance prussienne, non-seulement n'en exigeait pas pour la *landsturm*, mais encore lui interdisait tout ce qui pouvait y ressembler.

Lisez ce qu'on lit à ce sujet dans son *article* 13 :

« La landsturm n'a ni uniforme, ni signes particuliers, car ces uniformes et ces signes serviraient à la faire reconnaître par l'ennemi et l'exposerait aux persécutions. »

Nos francs-tireurs, à qui « les persécutions » ne faisaient pas si grand peur, se donnèrent l'habit de soldat, que la prudence poltronne et madrée des Prussiens redoutait tant pour leur première *landsturm*.

Malheureusement, cet habit variait suivant les provinces, et n'était jamais celui des troupes régulières. C'en fut assez pour qu'il ne fut pas considéré par l'ennemi comme sérieux et digne de donner à ceux qui le portaient la qualité de belligérants.

Pour les Prussiens, il faut que le patriotisme, s'il veut être légal et reconnu, s'astreigne, quand il s'habille, à la nuance, à la forme et aux boutons du règlement !

Ce qu'il y avait de minutieusement odieux dans ces vétilles hypocrites, ne pouvait échapper aux étrangers.

En Suède, en Italie, en Angleterre, les journaux relevèrent ce qui se trouvait là de niaiserie cruelle, et montrèrent le vrai motif qui s'y cachait.

En Suède, l'*Aftonblad*, de Stockholm, rappela très-vertement aux Prussiens et à leur allié, le bavarois Von der Tann, si impitoyable pour nos irréguliers, certain corps de volontaires allemands, à l'uniforme aussi fantastique au moins que celui des francs-tireurs, dont la conduite, sous ce même Von der Tann, avait été, pendant la campagne de Danemark, celle de vrais bandits, de condottieri sans foi ni loi, et qui, cependant, avait vu traiter en soldats, comme les autres prisonniers de guerre, les cent hommes que les Danois lui avaient pris.

En Italie, la *Perseveranza*, de Milan, insistant sur la question d'uniforme, soulevée par celui des francs-tireurs, demanda, dans un article que nous aurons souvent à citer (1) : « de quel droit les défenseurs d'un pays devaient être vêtus d'une façon plutôt que d'une autre. »

Et en Angleterre, le *Standard* s'indigna très-haut du droit qu'on se donnait dans l'armée allemande pour fusiller les francs-tireurs « parce que leur costume n'était pas conforme aux notions du vestiaire prussien! »

N'importe! M. de Bismark y tenait. L'uniforme! l'uniforme! Sans uniforme, pas de droit au combat, même pour son foyer! Sans uniforme, le patriotisme n'est plus qu'un crime, la défense un assassinat! Certaine proclamation du mois de novembre, par laquelle un préfet bourguignon que nous connaissons déjà, avait appelé tous ses administrés aux armes, sans songer à leur recommander « l'uniforme, » lui tenait surtout au cœur : il n'y avait vu qu'un appel à des assassins. Deux mois après, il y pensait encore pour la citer comme un regrettable exemple :

« Tandis que chez les autres peuples de l'Europe, écrivait-il le 9 janvier à ses agents de l'étranger, le soldat tient à honneur de se faire connaître tel qu'il est, comme ennemi, en face de l'ennemi, le préfet du département de la Côte-d'Or, Luce-Villiard, a adressé le 21 novembre aux sous-préfets et maires, une circulaire dans laquelle il recommande l'assassinat par la main de gens qui ne portent pas l'uniforme, et l'exalte comme un acte d'héroïsme. »

M. de Chaudordy, qui connut cette lettre, se contenta, pour toute réponse sur le point dont il s'agit, de faire comme nous tout-à-l'heure. Il renvoya M. de Bismark avec

(1) N° du 12 décembre 1870.

son indignation aux règlements prussiens qui recommandent chez eux ce qu'il condamne chez nous :

« La circulaire d'un préfet, écrivit-il, engageant les citoyens à se défendre contre un ennemi qui ne respecte ni la propriété, ni la vie, ni l'honneur des citoyens inoffensifs, nous est imputée à crime ; nous nous bornerons à rappeler simplement les ordonnances royales prussiennes qui créèrent la landsturm et enjoignirent au peuple entier de tenir une conduite analogue. »

VIII

En outre de l'uniforme, qui aurait dû suffire pour les faire considérer comme belligérants, presque tous nos francs-tireurs avaient du gouvernement de la Défense une commission qui leur en reconnaissait le titre ; mais la commission, pas plus que l'uniforme, n'avait de légalité pour les Prussiens. Leur programme était fait et leur sentence rendue : tout franc tireur était, comme bandit, en dehors du droit ; comme bandit, il devait être fusillé, et il l'était.

C'est, après bien des péripéties, dont nous abrégerons un peu le détail, ce qui arriva, vers la fin de l'année dernière, à sept francs-tireurs, qui avaient été surpris auprès de Mézières, à Boulzicourt (1), deux mois auparavant, et pour lesquels on allégua vainement la commission très-bien en règle, dont ils étaient porteurs.

Quelques hommes du même corps, mais d'une autre compagnie, avaient fait la veille, à Launois (2), tout près de là, un coup de maître : ils avaient tué deux uhlans, et pris

---

(1) Bourg de l'arrondissement de Mézières, canton de Flize, à 10 kilomètres de Charleville, avec une population de 800 âmes.

(2) Gros bourg de 1,200 âmes, de l'arrondissement de Mézières, canton de Signy l'Abbaye, à 20 kilomètres de Charleville.

dans une auberge, habilement cernée, sept dragons du Mecklembourg, sur onze qui s'y trouvaient, jouant aux cartes. Ceux dont nous avons à parler firent le lendemain une expédition moins heureuse : après un premier succès contre un convoi de vivres dirigé sur Boulzicourt, pour les Prussiens, ils furent obligés de se replier dans les bois, devant des renforts qui arrivaient à l'ennemi.

C'est dans ce moment de retraite, que sept des leurs furent pris. Ce nombre étant égal à celui des dragons mecklembourgeois capturés la veille, un échange était possible.

Le major prussien devant lequel nos hommes furent amenés au camp de Boulzicourt, n'y répugna pas. Malheureusement, les dragons du Mecklembourg, qu'on aurait pu échanger étaient déjà loin : de Mézières, on les avait dirigés sur Rocroy, et de là, sur Pontivy, dans le Morbihan.

Quand le major apprit cette complication, qui allait retarder le retour des dragons, et peut-être même le rendre impossible ; il se hâta — car il tenait beaucoup à ses hommes — de prendre les précautions qui lèveraient les obstacles.

D'abord, il augmenta le nombre des otages qu'il avait en main. Non content de tenir les sept francs-tireurs, qui lui répondaient de ses sept dragons, il fit saisir et mettre sous bonne garde le maire de Launois ; puis, ce furent ces hommes mêmes, les francs-tireurs et le maire, qu'il chargea d'agir pour obtenir ce qu'il voulait.

Le préfet des Ardennes, pensait il, et le commandant de Mézières devaient avoir en cela tout pouvoir ; il leur fit donc écrire : à l'un par le sergent-fourrier des francs-tireurs ; à l'autre, par le maire. Il se chargea lui-même, on le comprend, de la dictée des lettres, dans lesquelles, on le comprend encore, il eut soin de dire pis que pendre des francs-tireurs ; mais, au contraire, tout le bien possible des Allemands.

Dans sa lettre, par exemple, le pauvre fourrier fut obligé d'appeler les braves gens avec lesquels il s'était si bien battu « la Compagnie des destructeurs ; » et, par contre, d'ajouter ensuite à la louange des Prussiens : « Nos juges, qui ont été très-bons, nous ont épargnés autant qu'ils ont pu, et nous donneraient volontiers la vie, à la seule condition de rendre les sept dragons. »

La lettre du maire au commandant de Mézières, était à peu près du même ton, mais elle insistait davantage sur le danger qu'il y aurait pour les francs-tireurs, et même pour la commune de Launois tout entière, à commencer par lui, maire, si les sept dragons n'étaient pas rendus :

« Je suis, moi et les autres, disait le pauvre homme, menacé de peine de mort et le village d'incendie et d'une contribution de 20 à 25,000 francs., si je ne retrouve pas les sept prisonniers.

» Je viens donc en conséquence vous prier, Monsieur le commandant, de faire tout votre possible pour vous faire remettre ces sept dragons, dont l'enlèvement est regardé comme un assassinat, attendu qu'il s'est fait dans une maison où était le poste.

» Ces messieurs nous promettent que si les sept Prussiens sont rendus, il ne nous sera rien fait.

» J'ai bien l'honneur d'être votre serviteur.

» *Le Maire de Launois,*

» Duchenois. »

A la réception des deux lettres, il y eut entente entre le commandant et le préfet.

Celui-ci, muni d'un sauf-conduit, se rendit au camp de Boulzicourt, et convint définitivement avec le général prussien, de l'échange des sept prisonniers. Il en écrivit ensuite au ministre de la guerre, duquel il reçut ratification pleine et entière de la convention, par dépêche du 3 novembre.

Nous allons maintenant lui laisser raconter le reste, jusqu'au dénouement qui vous paraîtra peut-être incroyable ;

mais dont nous n'avons pas été surpris, vu notre longue habitude des procédés prussiens.

C'est le *rapport* même du préfet des Ardennes, daté de Mézières le 17 décembre que nous allons citer. Le préfet vient de recevoir la réponse du ministre, ratifiant l'échange :

« Je m'empressai, dit-il, de la transmettre à M. le Commandant des forces prussiennes à Boulzicourt, en lui donnant avis que les prisonniers allemands étaient déjà partis pour Napoléonville ou Pontivy. Afin d'éviter une erreur dans la personnalité des hommes dont il demandait la remise et sur l'insistance qu'il avait manifestée que ce fussent bien les sept soldats appartenant à son corps d'armée, je le priai de me faire passer les noms des militaires qui devaient bénéficier de notre convention. Je reçus, le jour même, par le retour du parlementaire qui avait apporté communication de la dépêche du ministre de la guerre, l'état nominatif des sept dragons dont l'échange était désormais conclu.

» Cette pièce, dont l'original est entre les mains de M. le général Loverdo, fut envoyée à Tours.

» Peu de temps après, M. le Ministre de la guerre me fit connaître qu'il avait donné des ordres pour rechercher les prisonniers prussiens et les diriger immédiatement sur Mézières. Cette dépêche fut immédiatement adressée à M. le Commandant prussien à Boulzicourt.

» Depuis cette dernière communication, j'attendais dans la confiance la plus absolue l'arrivée des prisonniers ennemis, et nos francs-tireurs, ainsi que leurs familles, vivaient depuis lors dans la sécurité la plus complète sur l'issue des négociations arrêtées.

» Le 19 novembre, selon ce que j'ai su depuis, ordre fut donné aux troupes qui occupaient le département des Ardennes, de se mettre en marche vers une autre destination et de céder la place à des régiments venus pour les remplacer.

» La question de l'échange des prisonniers devait nécessairement demeurer comme un héritage légué au nouveau général : c'était évidemment la suite la plus naturelle de la convention, la loi inviolable des traités et de l'honneur.

» Eh bien! malgré cette convention, au mépris de ce qu'il y a de plus saint pour l'homme, la foi jurée, la vie de ses semblables sauvegardée et promise, le commandant prussien fit partir avec ses troupes les sept prisonniers français; et, pour comble de cruautés, s'arrêtant dans sa route, fit fusiller à Launois, au milieu de leurs femmes, de leurs enfants, de leurs mères, de leurs amis, nos malheureux défenseurs, sans doute plus désespérés devant la mort par la certitude même qu'ils avaient reçue de ne plus avoir à la redouter !

» J'ai vu, monsieur le Ministre, les veuves, les enfants, les parents désolés, venir me demander, les larmes aux yeux, la rage au cœur, vengeance d'une violation aussi indigne que barbare de l'humanité et de la parole écrite.

» Dans l'ignorance où j'étais du départ du général prussien, j'envoyai à Boulzicourt un parlementaire chargé de me rapporter sur cet événement l'affirmation même de celui qui s'en était volontairement rendu l'auteur; voici la réponse que je reçus de son successeur :

« Boulzicourt, le 2 décembre 1870.

» Monsieur le Préfet,

» Depuis huit jours, en commandement devant Mézières,
» je ne sais rien de l'échangement des sept militaires dont
» vous parlez dans la lettre que j'ai reçue dans ce moment.
» Je ne sais rien des sept francs-tireurs qui devaient être
» l'objet de l'échange, mais j'ai entendu parler de sept
» francs-tireurs, qui sont fusillés, selon les lois de guerre,
» comme ne faisant pas partie de l'armée régulière.

» Baron DE SENDEN,
» *Général commandant devant Mézières.* »

» Nul doute, l'assassinat de sept hommes avait été froidement accompli; le parjure le plus monstrueux n'avait pu en arrêter l'exécution; ni les larmes des mères, ni les supplications des femmes, ni les cris des enfants, n'avaient un seul instant réveillé dans l'âme de ce hideux bourreau les sentiments de la nature elle-même. »

IX

Il faudrait tout un livre — et nous espérons bien qu'on le fera — rien que pour donner le détail des cruautés prussiennes à tous les endroits des Ardennes et de la Champagne, où quelque signe de résistance locale s'était manifestée, soit par la présence de francs-tireurs, soit autrement.

A Ossaye, dans l'Aube (1), un parti de ces braves a surpris la nuit un gros de Prussiens et en a tué vingt-six.

L'ennemi, qui, partout où il massacre et pille, se justifie en criant : « C'est la guerre! c'est la guerre! » ne trouve ici, dans ce véritable cas de guerre, loyal et légal s'il en fut, qu'à crier : « C'est un assassinat! » et aussitôt des troupes sont envoyées pour en tirer vengeance.

Qui payera, qui souffrira? Le pauvre village. Le lendemain il était en feu.

Un soldat qui fut de cette belle expédition, ne trouva, pour en parler, que quelques lignes nonchalantes écrites à Sens, peu de jours après, dans une lettre que reproduisit la *Gazette de Crefeld* :

« Le soir, notre major reçut, par un escadron de hussards, l'ordre de marcher sur Ossaye, afin de punir ce vil-

---

(1) C'est un pauvre petit bourg de 400 âmes au plus.

lage où vingt-six des nôtres avaient été *assassinés* la nuit.

» Le 26, à midi, nous y avons mis le feu.

» Le village était d'un aspect pittoresque. Je n'oublierai jamais le spectacle qu'offrait l'incendie. »

Cet incendiaire qui s'admire dans son incendie et fait du pittoresque avec ce qu'il brûle, ne vous semble-t-il pas l'idéal de l'Allemand, vandale qui joue à l'artiste!

A Vaux-Villaine (1), dans les Ardennes, autre vengeance pour la même cause, et autre raffinement.

Pour un de leurs officiers que les francs-tireurs y ont tué, ils se ruent dans le village, et, le pistolet sur la gorge, forcent les habitants de mettre eux-mêmes le feu à leurs maisons. Ils n'épargnent que l'église, où, quand le reste est en flammes, ils enferment pêle mêle toute la population. Ensuite, ils y choisissent tous les hommes valides, en prennent trois, les plus robustes, les fusillent, et emmènent les autres.

Au hameau de Belval (2), il y avait eu révolte contre des réquisitions faites, comme toujours, à outrance. Les habitants s'étaient armés et avaient fait feu contre les réquisitionnaires.

D'où leur venaient ces armes? Comment avaient-elles échappé aux perquisitions si actives et si minutieuses des Prussiens? On accusa le curé de la commune voisine, dont le hameau dépendait; il fut pris, amené à Reims, jugé à la prussienne, c'est-à-dire sans aucune des formes de la vraie justice, condamné et fusillé.

Trois jours après, le public avait connaissance de l'exécution par cet avis inséré au *Moniteur officiel* du gouvernement général à Reims (3):

« Dans la nuit du 6 au 7 courant, on a tiré des monta-

---

(1) Village de 600 habitants, dans l'arrondissement de Rocroy, canton de Rumigny.

(2) Arrondissement de Reims, canton de Châtillon-sur-Marne, 360 habitants.

(3) N° du 15 février.

gnes environnantes, à plusieurs reprises, des coups de fusil contre des troupes de réquisition entrées à Belval.

» Charles Miroy, curé de Cuchery (1), âgé de quarante-deux ans, à la paroisse duquel appartient Belval, et qui avait caché et distribué aux habitants des armes, a été arrêté comme instigateur de ces actes hostiles, et en vertu d'un arrêt du conseil de guerre, fusillé aujourd'hui matin à Reims, pour crime de trahison envers les troupes allemandes.

» Reims, le 12 février 1871.

» Le gouverneur général,
» DE ROSENBERG-GRUSZCZYNSKI. »

X

Le curé d'Aubigny, dans les Ardennes, eut le même sort, moins les apparences de l'exécution légale.

Il avait refusé aux Prussiens de leur ouvrir son église, dont ils voulaient faire une écurie. Ils la forcèrent. Quelques fusils laissés par des gardes nationaux s'y trouvaient; ils les prirent, puis, s'étant saisis du pauvre prêtre, qu'ils accusaient d'avoir sciemment recélé ces armes, ils l'entraînèrent sur la place et le tuèrent à coups de baïonnette.

Tout ceci n'est rien encore auprès de ce qui se passa dans les deux villages de Neuville et This (2), qui ne forment ensemble qu'une seule commune. Pour quelques coups de fusil tirés au loin pendant qu'un officier prussien donnait au maire le détail de ses réquisitions, une nuée de uhlans se jeta sur les deux pauvres villages, s'empara du maire, de l'adjoint et du curé, et les soumit aux plus effroyables traitements, sous les yeux mêmes de

---

(1) Canton de Châtillon-sur-Marne, 500 habitants.
(2) A 10 kilomètres de Charleville.

leurs chefs, pendant que le reste de la troupe se livrait dans la commune à tous les excès.

Il y eut dans toutes ces scènes quelque chose de si révoltant, de si imprévu dans l'odieux, même de la part des Prussiens, que sur l'initiative de plusieurs magistrats : MM. Berry, président honoraire du tribunal de Charleville, Angenoux, procureur de la République, Hureaux, président du tribunal civil, Picart, vice-président du même tribunal, Regnault, président du tribunal de commerce, et Bertrand, juge de paix ; une sorte de jury se constitua pour juger des faits et en porter énergiquement plainte à l'autorité prussienne par l'intermédiaire du préfet des Ardennes.

Ces assises d'un nouveau genre, mais d'une justice si nécessaire, se tinrent le 2 novembre. Aux personnes que nous venons de nommer s'en étaient jointes quelques autres : MM. Tirman, docteur-médecin, Gailly, président de la société départementale de secours aux blessés, Millart, avocat, Laurent, notaire, Charles Delahault, commissaire-priseur, et Rys, négociant belge.

L'adjoint, M. André Bouxin, fabricant de papier (1), âgé de 51 ans, fit sa déposition le premier.

Il expliqua d'abord comment un officier de uhlans et ses hommes, qui étaient en réquisition à Neuville et à This, prirent la fuite en entendant une détonation du côté de Clavy (2), que lui-même, toutefois, n'avait pas entendue, et revinrent le lendemain, mais en bien plus grande force, pour en finir par un seul coup de terreur avec les deux villages : « J'estime leur nombre, dit-il, à environ 1,200 ; or, la population réunie de notre commune est inférieure à 700 habitants (3). »

Ils s'emparèrent de lui, l'attachèrent à la sangle d'un

---

(1) C'est l'industrie du pays. Un hameau de la même commune s'appelle même *la Papeterie*.

(2) Commune de l'arrondissement de Mézières, canton de Remvez.

(3) Le *Dictionnaire de la France* de A. Peigné, édit. de 1868, ne compte en effet que 657 habitants pour les deux villages de Neuville et This.

cheval et le firent marcher à côté du curé, pauvre vieillard de 75 ans, qu'ils accusaient d'avoir donné un signal en faisant sonner les cloches.

Ils les entraînèrent sur la place, en les accablant d'injures et de menaces : « Gambetta, criait le chef, qui parlait français, a déclaré que la France devait faire la guerre avec des couteaux, des poignards, etc.; cette manière de faire la guerre va attirer sur votre commune des désastres épouvantables. »

Il ne mentait pas : ces désastres furent affreux :

« Un moment après, continue le témoin, on me détacha du cheval, et un soldat tenant le bout de la corde qui me liait les bras par derrière, me conduisit dans une auberge, devant une espèce de tribunal composé de trois officiers, et d'un quatrième servant de secrétaire.

» Celui qui présidait m'invita à lui déclarer ce que je connaissais de l'attentat d'hier. « Vous savez, me dit-il d'un
» air menaçant, qui a tiré le coup de fusil, et vous allez le
» dire?— Je n'en sais rien, je ne puis le dire. » Il insista et ajouta : — « Vous avez ici des francs-tireurs, et vous allez
» me les désigner de suite? »

» En vain j'essayai de lui démontrer que j'étais resté complétement étranger aux faits de la veille, que je ne les avais appris que par le récit du garde-champêtre.

» Il me fit taire, et m'intima l'ordre de n'avoir à répondre à ses questions que par oui et par non; et comme je persistais à déclarer que je ne savais rien : « Je connais,
» me dit-il, un moyen de vous faire parler; je vous con-
» damne à recevoir cinquante coups de bâton. »

» Et aussitôt l'on m'entraîna sur la place : l'officier dont j'ai parlé, le grand qui m'avait menacé du doigt, me renversa sur trois bottes de paille préparées à l'avance, en me portant un coup de poing sur la nuque.

» C'est bien la violence de ce coup qui m'a renversé. Quand je fus dans cette position, un soldat saisit un bâton de deux à trois centimètres de diamètre, et se mit à m'en frapper sur les fesses. Je ne puis vous dire exactement combien j'ai reçu de coups, mais j'étais tout éperdu. »

Et les Prussiens disent que chez eux il n'y a plus ni bâtons ni schlague !

Quand l'adjoint leur parut en avoir assez, l'officier le releva d'un coup de pied. «Parlerez-vous maintenant,» lui cria-t-il. — « Mais je ne sais rien, » répéta l'adjoint.

On le ramena devant les trois soudards, qui buvaient et jugeaient, attablés dans l'auberge.

Là, nouvelles questions menaçantes, et mêmes réponses de sa part, avec protestations sur l'honneur qu'il n'avait rien vu, rien entendu. « Sur l'honneur, dit le chef d'un air méprisant; fi donc! l'honneur d'un Français! » et il donna ordre de le remmener.

« Avant de me faire battre de nouveau, il me dit encore : « Vous devez avoir des armes? » A cette question, je répondis que j'étais chasseur; que j'avais, en effet, des armes, et que j'étais tout disposé à les remettre.

» Il insista pour savoir s'il n'y avait pas, dans notre village, d'autres chasseurs que moi, ayant des armes, et il me donna l'ordre de les lui désigner. Je lui expliquai alors, et j'offris de lui prouver, à l'aide de mon bail déposé à la mairie, que j'étais seul propriétaire de la chasse de la section de This, et que, seuls, des amis que j'ai à Mézières venaient chasser avec moi.

» Malgré toutes mes protestations, je fus reconduit sur la place publique, renversé sur les mêmes bottes de paille, et battu de la même façon. Je ne puis pas encore dire combien j'ai reçu de coups, mais je souffrais beaucoup, et j'étais tout frissonnant. »

Ce n'était pourtant pas encore fini. Après les coups, pour que l'exécution fût complète, il fallait l'argent; après le supplice, le vol. On ramena donc le patient devant ses juges du cabaret, et on le somma de nommer les notables qui pourraient fournir contribution :

« J'en désignai dix, et, après explication, il fut entendu

que, pour racheter ma vie (ce sont les propres expressions dont il se servit), je donnerais pour ma part 1,000 francs, deux notables 300 francs chacun, et ma section 600 francs, en tout 2,200 francs.

» On me fit monter à coups de crosse dans une voiture, avec deux officiers, et je fus conduit chez moi pour y chercher la somme dont j'étais imposé ; et lorsque je fus parvenu, non sans peine, à la réunir, il me fallut encore, battu comme je l'avais été, souffrant comme je l'étais, aller chercher moi-même, et à pied, la part que devaient payer les notables.....

» Je n'ai pas vu maltraiter le curé, mais je l'ai aperçu couvert de boue. On m'a dit qu'il avait été attaché à un cheval que l'on faisait marcher vite, et qu'en outre, dans cette position, pour le faire tomber plus sûrement, les soldats qui le conduisaient lui avaient attaché à la jambe une corde qu'ils tiraient à dessein. Je ne puis vous citer, parce que je ne me le rappelle pas, le nom de la personne qui m'a rapporté ces faits.

» Je ne puis vous dire *de visu* quelle a été, pendant toute la durée de ces scènes, la conduite des soldats qui s'étaient introduits dans les maisons du village, mais on m'a dit qu'ils y avaient beaucoup pris, qu'ils avaient insulté les femmes, et même qu'ils en avaient violé plusieurs ; entre autres, je puis vous citer le nom de madame Warnier, femme d'un maçon de Neuville, et âgée d'environ 40 ans.

» J'ai su aussi qu'une dame Villière aurait été, elle, seulement insultée, parce qu'elle s'est énergiquement défendue, et que son mari est arrivé armé d'un marteau.

» Pendant que ces scènes se passaient, la plus grande partie des hommes valides de Neuville, trouvés dans le village ou rencontrés sur les routes, étaient enfermés à coups de crosse dans l'église.

» J'en ai vu moi-même plusieurs qui furent introduits de la sorte, et entre autres, un nommé Wauthier, atteint de petite vérole en pleine éruption, et qui, malgré cette situation, avait été arraché de son lit.

» Un officier qui le rencontra, le voyant enveloppé d'une couverture, l'arrêta, s'enquit de ce qu'il avait, constata par lui-même qu'il était atteint de la petite vérole, et persista néanmoins à l'envoyer dans l'église avec les autres, en disant : « Ce n'est rien. »

La déposition du maire, M. Pierre Guillaume, vieillard de 78 ans, est encore plus navrante. Nous allons en donner quelques extraits, et sans crainte de redites : la cruauté prussienne a des nuances, des variétés ; elle échappe ainsi à la monotonie dans l'horrible.

Le supplice du maire commença comme celui de l'adjoint.

Lui aussi, il s'occupait de la réquisition exigée, — la dixième depuis quelques jours. — quand le coup de feu, cause de tout ce désastre, se fit entendre, et donna l'alerte aux Prussiens qui déguerpirent.

A leur retour, M. Pierre Guillaume fut tout d'abord saisi et garrotté :

« Le premier qui me rencontra me demanda où était le maire ; je lui répondis que c'était moi, et alors il tira une corde de sa poche, me lia les bras derrière le dos, m'attacha à la sangle d'un fort cheval qu'il montait, et le fit partir au trot.

» Je fus renversé par terre ; ma tête frappa sur le pavé, et vous pouvez voir encore les traces des blessures que j'ai reçues....

» Pendant un certain temps, ils me laissèrent sur la place, à la pluie, exposé aux injures et aux violences des soldats qui m'environnaient. Ainsi, deux cavaliers arrivent et me disent : « C'est votre dernier jour ; » deux autres me mettent le pistolet à trois pouces de la tête, en me menaçant aussi de mort. »

On s'en tint, comme pour l'adjoint, à la bastonnade.

Le vieillard fut conduit à coups de poing jusqu'au tribunal du cabaret, et sommé des mêmes questions auxquelles il ne put opposer que les mêmes réponses, puisque, lui aussi, ne savait rien. On le fit ensuite coucher sur les bottes de paille, et l'exécution commença :

« Deux soldats me frappèrent sur les reins et sur les fesses, à coups de bâton, pendant environ cinq minutes ; ils me frappaient, non pas ensemble ; quand l'un cessait, l'autre reprenait. »

Quand il fut relevé, le chef lui demanda où était sa maison, s'y fit conduire, et après l'avoir examinée en détail : « Vous êtes bien logé, dit-il, vous devez avoir de l'argent. »

» Je lui répondis que j'en avais un peu ; je tirai mon porte-monnaie dont je lui remis le contenu ; ma fille en fit autant ; mais il ne m'est pas possible de dire exactement la somme que je fus ainsi obligé de livrer.

» Cet officier, qui était l'un des chefs, mit l'argent dans sa poche, et me dit : « Je vous taxe à deux mille francs, ou » votre maison sera incendiée. »

» Je le suppliai de m'accorder six heures pour réunir cette somme. « Un quart d'heure ! » me répondit-il. — « Une heure ? ajoutai-je ; donnez-moi une heure. » Et pour toute réponse, il me fit observer qu'une partie du quart-d'heure s'était déjà écoulée.

» Ce délai expiré, il fit mettre le feu à quatre places dans ma maison, et, pendant qu'elle brûlait, je fus conduit dans l'église, où je restai pendant trois quarts d'heure environ.

» Mon mobilier et ma maison ont été brûlés ; c'est à peine si, après le départ des Prussiens, les habitants ont pu sauver du rez-de-chaussée quelques meubles à moitié brûlés.

» Ma perte s'élève, mobilier et maison, à 10,000 francs. Ils m'ont aussi emmené une vache, et en auraient encore enlevé une seconde, c'est-à-dire tout ce que je possédais, si l'animal, en se débattant, n'était parvenu à se sauver.

» Je ne crois pas que ce soit un des habitants de mon village qui ait tiré les coups de fusil.

» Pendant que les hommes étaient enfermés dans l'église, les chefs ont ordonné le pillage, et il paraît que les femmes et les filles qui restaient seules à la maison, ont été insultées et outragées.

» On m'a cité notamment une dame Warnier, qui aurait été violée par plusieurs soldats. »

Quand l'enquête eut été dressée, mais non complète, car, ainsi que vous le verrez plus loin, plusieurs des victimes avaient reculé devant le récit des actes dont elles avaient été souillées; le préfet des Ardennes, à qui on la fit parvenir, se hâta, dès le surlendemain, 4 novembre, de l'envoyer au ministre de l'intérieur à Tours, avec son *rapport* sur une première démarche, faite par lui, aussitôt qu'il avait connu ces atrocités, près du commandant prussien du camp de Boulzicourt, et qui n'avait été accueillie que par les dénégations systématiques de cet officier :

« Je lui rappelai, dit-il, que ces honteux excès me paraissaient être contraires, non-seulement aux lois de la guerre entre des peuples civilisés, mais encore aux droits de la plus vulgaire humanité. Il m'affirma que c'étaient là des exagérations mensongères que la peur seule avait inventées, et dont le but était d'ameuter contre ses soldats la population des villages réquisitionnés.

» Comme ses dénégations pouvaient provenir de l'ignorance pour lui de ces abominables excès, je lui fis part de l'initiative déjà prise par d'honorables citoyens, pour donner à ses incrédulités le démenti le plus catégorique.

» Il est utile, et j'en remercie tous ceux qui m'ont prêté, dans cette circonstance, le concours de leur dévouement et de leur activité, il est utile, dis-je, de faire connaître à l'Europe entière la conduite des hordes qui pillent notre pauvre France et déshonorent par leurs excès, les traditions de l'honneur militaire.

» Le but de ces exécrables infamies est de porter, dans tous les villages où l'ennemi vient s'abattre comme un oiseau de proie, une terreur qui les empêche d'offrir aucune résistance, par l'exemple du mal qu'il a fait ailleurs.

» Ce n'est pas seulement à This et à Neuville que les scènes constatées par l'enquête se sont accomplies, mais encore à Rouvroy (1), Launois, Vaux-Villaine, etc.

» Enfin, j'ai en main la menace écrite du commandant de ces bandes, d'incendier les villages et de faire fusiller les maires qui ne se plieraient point aux réquisitions et ne les fourniraient point en entier, ce qui, parfois, est d'une impossibilité absolue.

» Ce système odieux a déjà produit son effet : le pillage, l'incendie, la mort et le viol ont porté la stupéfaction dans les malheureuses campagnes des Ardennes.

» La peur d'atrocités imméritées paralyse la résistance; on y redoute, non pas le soldat, mais le brigand.

» Les détails que contient l'enquête n'ont pu être complétés : les femmes violées ont reculé devant une déposition que la pudeur arrêtait sur leurs lèvres.

» On a vu l'une d'elles maintenue par des uhlans, le fer de leur lance sur les yeux de la victime, de façon à lui interdire le moindre mouvement (2).

» C'est sous l'impression de ces cruautés, dignes des soudards du moyen-âge, que d'honorables citoyens, saisis d'une légitime indignation, ont résolu d'en faire certifier la constatation sous la foi du serment, par les victimes elles-mêmes, afin de protester, devant l'Europe, contre ces lâchetés inavouables, et de faire connaître à la France ce qu'est cette armée qui prétend apporter avec elle les véritables principes de la morale et de la civilisation.

(1) Vingt-cinq maisons de ce village des Ardennes avaient aussi été brûlées.
(2) Ce fait abominable est attesté par une autre relation : « A This, les soldats s'attaquèrent aux femmes et aux jeunes filles : trois, quatre, s'acharnaient contre la même, et s'entr'aidaient pour lui faire subir les derniers outrages. » *La Prusse au Pilori*, p. 149.

» Il suffit de lire les faits relevés par le procès-verbal d'enquête pour savoir, désormais, la foi qu'il faut ajouter aux mystiques et pieuses déclarations de nos ennemis.

» *Le préfet des Ardennes,*
» E. D˄LZON. »

On dit que lorsque le duc de Mecklembourg, qui était alors à Reims, eut connaissance de ces atrocités, il ordonna, pour l'exemple, de fusiller cinq des hommes qui les avaient commises ; mais rien n'est moins prouvé.

XI

Les actes dont le détail, à cause de sa monstruosité même, a dû échapper au procès-verbal de l'enquête, furent partout beaucoup plus nombreux qu'on aurait pu le soupçonner de la part de ces pudibonds Allemands, qui, s'il fallait pourtant les en croire, nous laisseraient, à nous autres Français, l'odieux privilège de pareilles brutalités.

C'est une des hontes qu'ils redoutent le plus, sauf pourtant quelques-uns, qui ont le cynisme de s'en vanter :

« Un jeune chirurgien, écrivait, en septembre dernier, le correspondant de la *Pall-Mall Gazette*, a déclaré en ma présence au capitaine Brackenburg, représentant principal de la Société d'Assistance aux blessés, que, dans plusieurs occasions, les Prussiens s'étaient vantés devant lui d'avoir violé des Françaises. »

Mais ces franchises cyniques sont de beaucoup l'exception. Pour les prudes Allemands, comme pour tous les Tartuffes, la cachotterie dans les débauches, surtout celle-ci, est la règle, la précaution de rigueur.

Nous ne mettrons que plus de soin à les y prendre en flagrant délit.

Il est des taches qu'il faut avoir le courage de montrer et de faire ressortir.

Souvent, c'était au moment même où les proclamations du roi Guillaume parlaient le plus haut de la grande Allemagne et de sa mission civilisatrice, que les Allemands venaient le démentir par ces actes, maudits de toutes les civilisations.

« A côté de ces protestations royales, disait-on, par exemple, dans une lettre écrite de Givet, et que *l'Echo français* publia (1), que d'atrocités ! que d'excès ! que d'infamies qui nous ont été révélés par des gens d'une vie toute d'honneur et de probité !

» Pour éviter les détails rétrospectifs, je me contente de citer un fait d'une nature révoltante et qui s'est passé jeudi dernier à Charleville.

» Ce jour-là, à 8 heures du soir, arrivait dans cette ville un corps d'armée prussienne qui ne devait y séjourner que jusqu'à minuit, pour se diriger en hâte sur Paris.

» Mme veuve Prud'homme, âgée de 40 ans, débitante sur le port, ayant besoin d'eau pour le lendemain, alla, vers dix heures du soir, à une pompe voisine en chercher, sans calculer le danger auquel elle s'exposait.

» Rentrant chez elle, elle y fut suivie par trois Prussiens, qui l'enveloppèrent promptement dans leur large manteau et lui interdirent le moindre mouvement. Ils se livrèrent sur sa personne à des actes honteux, abandonnèrent ainsi leur victime en la dépouillant d'un porte-monnaie renfermant une somme de 200 francs.

» Ce ne fut qu'à une heure du matin qu'elle revint à elle et que l'on put alors aller, en déployant toute la promptitude possible, quérir un médecin, qui ordonna certaines prescriptions pour lui sauver la vie. »

(1) N° du 19 janvier 1871.

XII

Il n'y a que l'ivresse pour permettre d'expliquer de si infâmes brutalités ; avec les Allemands, c'est une explication qui vient d'elle-même. A certaines heures, notamment le soir, quand leur service est fait et qu'ils rentrent deux à deux, loin du chef, dans ces logements, qu'ils ont toujours, pour cela, préféré de beaucoup à la caserne où la surveillance ne cesse jamais ; l'ivresse est leur état normal, nécessaire.

Pas un n'y échappe. En ivrognes hypocrites, qui veulent pouvoir se donner le *decorum* de la sobriété, après avoir eu le plaisir de la débauche, ils s'enivrent solitairement, à bas bruit, et ne sortent que lorsque tout est cuvé.

En Bourgogne, nous l'avons vu, où tous les vins, soit fameux, soit médiocres, y passèrent indistinctement dans un même flux d'ivrognerie, ils eurent beau jeu.

En Champagne de même, mieux encore peut-être à cause de la renommée plus européenne des vignobles, et de la perte certaine que nos bons Allemands étaient heureux de faire subir ainsi d'avance à la gourmandise des Russes, qui sont leurs concurrents d'ivrognerie, et pour lesquels, on le sait, sont affermées tous les ans les plus célèbres vendanges de la Champagne.

Les Allemands voulurent avoir, pour une fois, ce que les Russes ont tous les ans ; et, qui plus est, se le donner pour rien. Dans les premiers jours de novembre, l'affaire était déjà faite, et l'exportation commencée.

Les convois, auxquels par précautions d'hypocrisie, qui sont encore du système prussien, on faisait prendre souvent les voies détournées de la Belgique, n'arrivèrent pas tous en Allemagne. Les francs-tireurs se chargèrent de les arrêter au passage.

Ceux de Saint-Quentin, embusqués, le 12 novembre, près de Bussigny, dans l'arrondissement de Cambrai, firent ainsi main basse sur une belle file de cinq fourgons. Dans les deux premiers, à cinq chevaux chaque, étaient les tissus de laine, flanelle, mérinos, etc., le tout pris à Reims ; dans les trois autres, de même provenance, était le vin : un assortiment complet des meilleurs crus de la Champagne, mis en des bouteilles admirablement empaquetées et disposées contre tous les accidents de voyage, excepté pourtant la rencontre des braves gens qui avaient le droit de les reprendre, et qui ne s'en firent pas faute.

Trois jours après, les cinq fourgons entraient à Lille, et étaient remis aux autorités (1).

Vous voyez que lorsque, peu de jours après, M. de Chaudordy écrivait dans sa circulaire : « Partout les caves ont été vidées, les vins empaquetés et chargés sur des voitures et emportés ; » il avait raison : il tenait ses preuves.

Combien pensez-vous qu'à Epernay seulement les Prussiens exigèrent de vin par semaine pendant tout le temps qu'ils y restèrent ? Cinq mille bouteilles, et ils ne rendaient pas le verre !

Les juifs qui les suivaient partout en faisaient leur affaire.

L'Allemand commençait le vol par la consommation ; ils l'achevaient en emportant ce qui ne pouvait s'absorber.

« Ce qu'il y a, lisons-nous dans une lettre adressée de Reims au *Journal du Havre* à la fin de novembre dernier, ce qu'il y a d'aussi redoutable que nos ennemis, ce sont les maraudeurs venus d'Allemagne qu'ils traînent à la suite de leurs armées.

» Ces maraudeurs ont de grandes charrettes dans les-

---

(1) *Echo de Lille*, 15 novembre.

quelles ils emballent, pour les diriger sur leur pays, les objets de toute sorte, comme linge, meubles, vêtements, argenterie, batteries de cuisine, qu'ils volent dans les maisons abandonnées.

» Ces objets sont effrontément emballés sous les yeux des habitants, qui ne peuvent réclamer contre cet immonde brigandage sans s'exposer aux plus durs traitements. »

Ils emportaient, pour rien, ce qui était excellent; puis, en échange, pour doubler le profit, ils apportaient de chez eux, et vendaient à des prix fous, les plus exécrables marchandises.

« Ces maraudeurs, dit la même lettre, apportent d'Allemagne les provisions qui nous font défaut après leur pillage : le tabac, par exemple, à priser, à fumer, les cigares, et, quoique détestables, ils les vendent fort cher aux habitants dépouillés. »

Ils avaient même à leur suite une autre contrebande, mais celle-là pour l'usage exclusif de leurs officiers.

Nous parlons de certaines échappées du demi-monde allemand, qui, à la façon de « ces filles folles, suivant l'armée, » que Brantôme, en son temps, nous apprit à connaître, s'installaient dans les villes avec les garnisons prussiennes, en faisant sonner haut les beaux noms et les nobles titres dont elles s'étaient affublées à la frontière.

Cette ressource de débauche, cette denrée de prostitution, faisait, chez nous, défaut aux Prussiens, et ils s'en plaignaient : « La belle existence! s'écriait l'un d'eux dans une lettre d'ivrognerie expansive, que nous aurons encore à citer; notre bonheur serait parfait si nous avions des filles, mais elles manquent! »

Voilà pourquoi la contrebande en falbalas, dont il est question, fut demandée en Allemagne. Elle arriva, sûre du meilleur accueil, dans notre France débauchée et pourrie; elle y trouva le contraire, comme on va voir.

« Il était venu, dit une lettre du 9 novembre, il était venu à Châlons-sur Marne, pour visiter la garnison prussienne, des personnes d'une conduite plus que suspecte.

» Elles se logèrent, par ordre, dans les plus honorables maisons, et là, s'intitulant baronnes, comtesses, elles se faisaient presque rendre des hommages. Mais on ne tarda pas à connaître, au train de vie que menaient les princesses, leur véritable profession.

» On les jeta à la porte, sans que cette fois les Prussiens aient osé imposer une amende à la ville ou arrêter les notables (1). » C'est heureux !

Les donzelles, gênées dans leur métier, se mêlèrent d'un autre qui ne leur semblait pas moins familier, c'est-à-dire tout de maraude et de recel. Les trafiquants accapareurs, dont nous parlions, n'eurent pas de complices plus habiles et plus rapaces que ces prostituées à la suite, qui, des deux mains, faisaient rafle : grugeant de l'une le Prussien, leur cher ami, et volant de l'autre leur ennemi commun, le Français.

« Presque toutes les villes et les villages de la Champagne, dit la lettre rémoise de la fin de novembre, citée plus haut, ont été ravagés par ces brigands des deux sexes, et, depuis près de deux mois, des convois chargés de leur butin se dirigent vers l'Allemagne. »

Quiconque s'opposait, d'une manière ou d'une autre, à ce brigandage organisé, ou même faisait mine de le désapprouver, ne tardait pas à être expédié en Allemagne.

Plusieurs fonctionnaires de l'Aube ou de la Marne, qui avaient trouvé un peu trop lourde la contribution de 1,600,000 francs imposée à Châlons, et celle de 3 millions dont Reims avait été frappé, durent faire ce voyage forcé.

Trois notables rémois, qui, au nom du conseil munici-

---

(1) Dans un château, près de Gonesse, au mois de juillet dernier, un capitaine des hussards prussiens s'était donné pareille compagnie, et l'avait installée dans les appartements mêmes de la châtelaine : « Dans les allées du jardin, cocotte et Prussien se sont promenés en panier à salade, sans souci de scandaliser des jeunes filles et une mère âgée. » (*Figaro*, 11 juillet.)

pal, dont ils faisaient partie, avaient cru devoir protester contre d'autres mesures tout aussi vexatoires, durent aussi faire leurs malles et partir pour la Prusse.

« Le 17 de ce mois, dit la même lettre, MM. Henriot, Thomas et Bréhant, membres du conseil municipal, furent enlevés pendant la nuit et furent envoyés prisonniers à Magdebourg.

» On trouvait mauvais qu'ils se fussent opposés à ce que le palais de justice de Reims, situé au centre de la ville, fût converti en hôpital; on leur reprochait, en outre, de faciliter les enrôlements des gardes mobiles, que les Prussiens entendent retenir, puis de rester en rapport avec le gouvernement de la Défense nationale. »

Tous ces faits si naturels passaient pour crimes aux yeux des Prussiens.

Leur *Moniteur* de Versailles (1), annonçant l'arrestation de trois conseillers municipaux de Reims et leur internement en Allemagne, dit effrontément qu'ils ont été arrêtés « pour machinations hostiles contre l'occupation allemande. »

Quelquefois il fallait encore moins.

Il suffisait qu'à l'arrivée d'un fonctionnaire prussien, le fonctionnaire français, qu'il venait remplacer, fût encore là, pour qu'on le mît en arrestation.

C'est ce qui eut lieu encore à Reims.

« Les Allemands, dit une autre lettre datée de cette ville, n'ont rien fait pour se faire supporter. Le sous-préfet prussien, lassé du voisinage du sous-préfet français, lui a dit : « Deux sous-préfets ici, c'est un de trop ! » Et il l'a déclaré prisonnier de guerre, et envoyé en Allemagne.

» Nos médecins rémois eux-mêmes, lit-on encore, n'échappent pas à ces vexations. On en a arrêté quatre et on les a expédiés en Allemagne aussi. Pourquoi ? Parce qu'ils soignaient les Français avec plus d'empressement

---

(1) N° du 4 décembre 1870.

que les Allemands ! L'un d'eux a pu s'échapper en route.

» Enfin, il n'est pas jusqu'au comte de Chevigné, le charmant auteur des *Contes rémois*, qui n'ait été accusé faussement et expédié sur Dusseldorf, où il est aujourd'hui ! (1) »

Nous avons dit un mot tout à l'heure des contributions plus qu'excessives imposées à Reims et à Châlons. Toutes les villes et bourgades de la Champagne et des Ardennes en subirent de pareilles, et quelquefois de plus dures. L'arrondissement de Rethel, entre autres, fut écorché encore plus à vif.

Son sous-préfet, M. O'Katte, imagina, par un décret que publia le *Moniteur prussien*, de faire payer d'un seul coup le dernier quart des impôts de 1870 ; et chaque mois, avant le 15, ceux de 1871, « sous peine de toutes les rigueurs des lois militaires. »

De plus, il remplaça les contributions indirectes, par l'impôt plus régulier de 50 francs sur chaque *individu* de la population, avec solidarité forcée du riche et du pauvre.

« Notre localité, écrivait-on de l'un des bourgs de cet arrondissement, compte un millier d'habitants, tous ouvriers, dont plus des deux tiers sont actuellement, faute de travail, sans aucune ressource et dans la plus horrible misère. Notre part sera pourtant de 50,000 francs, *indépendamment des contributions directes ;* et cela, lorsque — je puis l'assurer — on ne trouverait pas dans la commune, dix mille francs !

» Dans cette position, si nous ne pouvons payer, il

---

(1) De quoi l'accusait-on ? Ce ne pouvait-être d'avoir résisté dans son magnifique château de Boursault, près d'Epernay. Les Prussiens y entrèrent comme chez eux et y menèrent tant qu'ils voulurent assez large vie ! Un d'eux, cinq mois après, repassant par là, ne pouvait penser sans regret à ce séjour et à ses bombances : « Après Epernay, je vois le château de Boursault, où j'ai passé en septembre de si beaux jours, en compagnie de MM. les officiers du quartier général. » (Correspondance de l'*Indépendance belge*, du 18 février 1871.)

faudra, après avoir été *pillés* et *repillés*, nous attendre à toutes sortes de vexations. »

Il n'y avait plus qu'à se révolter. Faute de forces, on ne l'essaya pas dans ce pauvre village, ni même à Sedan et à Rethel, mais on l'osa vigoureusement à Reims, où la résistance avait un peu plus le nombre pour elle :

« Un conflit, disait la *France* en décembre dernier, a ensanglanté les rues de Reims, à la suite d'un soulèvement partiel de la population, exaspérée, poussée à bout par les exactions prussiennes.

» La fusillade a retenti dans les rues de la vieille cité gauloise. Il y a eu des blessés et des morts, parmi lesquels une femme.

» Le duc de Mecklembourg ne se croyant plus en sûreté avec une garnison de six mille hommes, a réclamé de nouvelles forces qui lui ont été envoyées sans retard. Aujourd'hui les Allemands, au nombre de dix mille, campent l'arme au pied sur la place de la cathédrale et dans la rue Cérès. La population sombre, irritée, sans armes, erre sourdement autour d'eux.

» Mais que peut-elle faire ? »

XIII

A la fin de l'une des lettres qui précèdent, on lisait :

« Nous ne parlerons pas des notables de la ville qui se voient contraints de monter sur les locomotives, afin de garantir aux Prussiens que les trains qu'ils font partir seront à l'abri de toute tentative de déraillement... »

Nous en parlerons, nous, et avec le plus de détail possible, car de toutes les inventions de la Prusse, qui en eut tant d'odieuses dans cette guerre, il n'en est peut-être pas de plus infernale, et contre laquelle on doive protester plus haut, au nom du droit des gens.

C'est à Reims qu'elle nous semble avoir inauguré cet abominable système de garantie, où il lui faut, comme gages, des vies humaines, pour ne protéger le plus souvent que des munitions de guerre, destinées à combattre les compatriotes, les frères même de ceux qu'elle a pris pour sauvegarde.

La chose se fit tout d'abord avec l'aplomb cynique mis en tout par les Prussiens, et qui donne à leurs mesures les plus odieuses, on ne sait quoi de naturel et d'aisé.

Un jour du mois d'octobre, on put lire sur les murs de la ville :

AVIS OFFICIEL DU COMMANDANT DE LA PLACE.

« Réquisition est faite aux autorités municipales de la ville de Reims d'avoir à fournir tous les matins un notable habitant de la ville, à seule fin de monter sur la locomotive, qui conduira les trains jusqu'à Soissons. »

Le conseil municipal, qui jusqu'alors s'était montré assez patient, ne put cette fois s'empêcher de protester. Il s'indigna de cette mesure, et déclara qu'il ne se prêterait d'aucune manière à son exécution.

Le commandant prussien passa outre. Quand le train fut prêt à partir, il vint sommer le maire, M. Dauphinot, d'avoir à lui désigner le notable « exigé » par l'*avis officiel*. M. Dauphinot renouvela sa protestation, et refusa, mais comme le chef prussien insistait sans réplique possible, il prit le seul parti qui pût tout concilier : son refus, qu'il maintenait, et l'obéissance à laquelle il ne pouvait échapper; il s'offrit lui-même.

Quand le train partit, il y avait bravement pris place, entre deux uhlans, sur le *tender* même de la locomotive.

Tous les membres du conseil municipal eurent à honneur de l'imiter. Un d'eux le paya de sa vie. Sa mort, causée dans le périlleux voyage, non par un de ces déraillements du fait des francs-tireurs, contre lesquels les Prussiens prenaient cette cruelle sauvegarde; mais par un accident ordinaire, fut la plus énergique, la plus éloquente des protestations.

C'est la seconde des deux lettres citées tout à l'heure, qui nous fait connaître ce sinistre :

« L'un des membres du conseil municipal de Reims, obligé, comme notable, à monter sur la locomotive d'un train qui se dirigeait sur Epernay, a été tué dans une collision entre ce train et un autre qui venait vers Reims. Le choc a été le résultat de la maladresse du mécanicien.

» On ne peut ici accuser personne d'avoir voulu commettre un acte de vengeance; l'homme honorable et inoffensif dont je parle n'a donc été victime que du procédé monstrueux employé contre nous par les Allemands. »

En Alsace, ils firent de même :

« Depuis la destruction du pont de la Moselle, à Fontenay (1), écrit d'une façon très-délibérée, un jeune Hambourgeois, comme s'il s'agissait de la chose la plus simple du monde (2), les notables de Saverne, de Phalsbourg et de Strasbourg sont forcés d'accompagner les trains de chemin de fer qui traversent les immenses tunnels des Vosges, dont l'un a trois quarts de lieue de longueur, et a exigé, pour son percement, trois années de travail. »

Dans la Lorraine, — pour laquelle nous n'anticiperons qu'à propos de ce seul fait, réservant à son chapitre même tout ce qui la concerne, — ils perfectionnèrent le système.

Ils eurent, comme on va le voir, des otages de rechange, des relais de notables !

« A Nancy, lisons-nous dans une autre lettre (3), le pre-

---

(1) Commune de 700 âmes, dans le département des Vosges, arrondissement d'Epinal. — Il sera parlé en son lieu de cet événement.

(2) Sa lettre déjà, citée dans notre chapitre sur l'Alsace, a paru dans l'*Indépendance belge*, puis a été reproduite par le *Moniteur universel* de Bordeaux, le 21 février 1871.

(3) Donnée en extraits dans le volume *la Prusse au Pilori*, p. 93.

mier otage a été M. Leclair, président de la cour d'appel.

» Dans une autre occasion, le procureur général, M. Izoard, a été « invité » à faire ce voyage forcé. Escorté par deux gendarmes prussiens, il a dû monter sur le *tender* à cinq heures du matin pour se rendre à Lunéville, où son collègue dans cette ville a pris sa place.

» Le président du tribunal de commerce, un juge et un avocat, ont tour à tour occupé ce poste dangereux. »

Comme à Reims, un simple avis avait prévenu le public de cette mesure.

Le jour même, le *Moniteur officiel* du gouvernement général de la Lorraine, qui paraissait à Nancy, publiait cet *arrêté* signé du marquis de Villers, commissaire civil prussien :

« Plusieurs endommagements ayant eu lieu au chemin de fer, M. le commandant de la 5ᵉ armée allemande a donné l'ordre de faire accompagner les trains par des habitants connus et jouissant de la considération générale. »

Chaque personne choisie avait reçu, avec le journal contenant l'arrêté, un *bulletin d'ordre* pour se rendre à la gare.

Les feuilles étrangères ne pouvaient laisser passer, sans protestation, de tels actes, où le droit européen et l'humanité tout entière sont intéressés.

Le *Standard* (1), entre autres, les signala vertement à l'indignation du monde :

« Si, dit-il, les communications prussiennes sont compromises ou entravées par l'enlèvement des rails d'un chemin de fer, des malheureux qui n'ont aucune complicité, ou sont dans une complète ignorance de ce mode légitime de faire la guerre, sont forcés de partager les dangers des ennemis de leur pays en voyageant avec eux. »

Puis il conclut un peu plus loin, après quelques autres faits qui viendront à leur lieu et en leur temps, par une

(1) Cité dans le *Recueil de Documents*, p. 100.

phrase dont nous recommandons la justesse et la portée : nulle part on n'a mieux précisé le mépris des Allemands pour tout ce qui avait tendu, dans les dernières campagnes de la France, à civiliser la guerre; nulle part on n'a plus directement marqué le recul odieux qu'ils lui ont ainsi fait subir vers les époques où elle fut le plus barbare :

« Tous les actes des Prussiens, dit-il, dans le cours de la campagne actuelle, sont en contravention directe de l'entente convenue depuis les guerres de Crimée et d'Italie, en vertu de laquelle il était stipulé qu'en dehors des véritables combattants, aussi peu de monde que possible aurait à souffrir, même des simples incommodités d'un état de guerre. »

L'argument ne manqua pas son but. On s'en émut à Versailles, chez M. de Bismark. Sous prétexte de répondre à la circulaire de M. de Chaudordy, qui, pourtant, vu la multiplicité des faits à condamner, avait glissé sur celui-ci, on se donna la peine de réfuter les reproches dont il avait été l'objet. On tenait, mais sans les désigner, à répondre aux journaux anglais.

Le *Moniteur* prussien, de Versailles (1), y insista particulièrement, mais sans pouvoir parvenir à être, dans sa réfutation, aussi précis que le reproche, et surtout aussi honnête. Il y mit cependant bien de la philanthropie ! « Si l'on prend, dit-il, cette garantie sur les trains, c'est par pure précaution pour les blessés qu'ils transportent. On ne cherche qu'à sauvegarder les ambulances ! »

La Prusse ne trompa personne par cette belle déclaration d'honnête et philanthropique puissance; elle ne fit, comme partout, que compléter son rôle, déjà bien connu : elle ajouta l'hypocrisie de la justification à l'odieux de l'acte.

(1) N° du 24 décembre 1870.

XIV

Pour terminer ce long chapitre du martyrologe de la Champagne et des Ardennes, nous le reprendrons au point où nous l'avons commencé; nous reviendrons vers Sedan, où il n'y eut d'égals à la honte de l'Empire tombé dans le sang et la boue, que le désastre du pays, théâtre de cette chute, et la misère de nos soldats prisonniers.

Il n'est pas, autour de Sedan, un village qui ne subît, en quelque chose, la catastrophe de Bazeilles, et n'expiât ainsi, comme ce malheureux bourg, les pertes effroyables dont les Prussiens avaient payé leur victoire.

A Bazeilles, une charge à la baïonnette, contre laquelle ils ne tinrent même pas une minute, les avait décimés par milliers. C'est au village qu'ils eurent la lâcheté de s'en prendre. Vous savez de quelle horrible manière sa ruine les vengea.

Les mitrailleuses, à Douzy (1), tout près de là, avaient fait dans leurs rangs des trouées terribles. C'est encore le village qui paya. Tout y fut détruit ou pillé.

De même à la Chapelle (2), à Givonne (3), à Balan (4), où le plus riche propriétaire, M. Laurent-Laporte, un vieillard, eut la tête tranchée par quatre soldats bavarois, qui pillèrent ensuite sa maison, pendant que d'autres condamnaient à être fusillé son frère, curé du village, qui ne dut la vie qu'à une fantaisie de clémence de leur chef.

« La veille, dit M. Charles d'Hulst, aumônier du 12e corps dans une lettre que publia le *Français*, et où il raconte

---

(1) Bourg de 1,200 âmes, à 10 kilomètres de Sedan.
(2) Petit village de 300 âmes à 7 kilomètres de Sedan.
(3) Riche village industriel de 1,300 âmes, à 5 kilomètres de la même ville.
(4) Bourg de 1,200 âmes, plus voisin encore de Sedan; il n'en est qu'à 2 kilomètres.

toutes les péripéties du jugement et de la condamnation du malheureux prêtre, une famille entière, le père, la mère, l'enfant, sont tombés sous les balles prussiennes : Voici les trois cadavres dans les fossés de la route; je les ai vus de mes yeux. »

A La Chapelle et à Givonne, le voyageur qui nous a déjà parlé plus haut de la destruction de Bazeilles, vit un aussi lamentable spectacle. Il avait pour guide, dans ce dédale de ruines, M. Liénart, fermier à La Chapelle même :

« Cet homme, dit-il, a quitté sa commune quand déjà elle était envahie par l'ennemi ; il n'a pas vu les destructeurs à l'œuvre, mais quand il rentra avec d'autres habitants, toutes les maisons étaient dévastées ; il ne restait absolument rien !

» Les meubles étaient ou brûlés ou brisés ; des vieillards, des femmes, des enfants, des porcs, gisaient pêle mêle éventrés dans les pâtures.

» Ce que l'ennemi n'avait pas emporté, il l'avait détruit; il a volé jusqu'au mouvement des horloges, les moulins à café, etc. Ces actes de vandalisme se sont répétés à Givonne, à Balan, etc.

» M. Liénart m'a montré la seule personne de La Chapelle qui a été témoin de tout ce pillage : c'est une femme octogénaire. Cette pauvre vieille a vu massacrer des blessés, entre autres, un turco que quatre Prussiens ont ramassé dans une maison et traîné dans un champ pour le fusiller.

» A Givonne, j'entre dans un estaminet, sur la place. En même temps se présente un Allemand. Il demande si on ne peut pas lui prêter une canne : il va visiter le champ de bataille. « Hélas ! mon bon monsieur, — répondit la » femme, — je ne le peux pas ; les Prussiens m'ont tout » volé. »

» On me conduit ensuite dans le plus grand magasin de la ville.

» Ces braves gens nous racontent le sac de leur maison,

qui a été pillée de fond en comble. Ils venaient de recevoir pour 25,000 francs de rouenneries. Conduits par un officier, les soldats ont enlevé tout ce qui se trouvait dans les rayons, dans les chambres, et placé la marchandise dans des caisses ainsi que les effets d'habillement et de moindre valeur. La pauvre femme les supplia de laisser au moins une paire de souliers et quelques vêtements à son mari. « C'est la guerre ! c'est la guerre ! » répondit brutalement l'officier ; et la femme de rester muette sous la menace d'un pistolet dirigé sur sa poitrine...

» La place de Givonne est encore aujourd'hui encombrée de chariots chargés de caisses renfermant le produit de leur dévastation. Les habitants regardent et pleurent, en songeant que dans quelques jours ces voitures prendront la route d'Allemagne. »

XV

Si vous pensiez, d'après ce qui précède, que l'ingéniosité dans la mal y a épuisé toutes ses ressources, et que rien n'y saurait être ajouté, vous vous tromperiez fort, vous compteriez sans l'art inépuisable des Prussiens pour la cruauté ; sans leur entente infinie du *crescendo* dans la barbarie.

Ce qui nous reste à vous dire sur les traitements infligés à nos soldats prisonniers, pendant la longue semaine qui suivit la capitulation de Sedan, en sera la plus effroyable preuve.

Deux lettres d'origines très-différentes, et qui, cependant, comme vous le verrez, se trouveront toujours d'accord et se compléteront l'une par l'autre, nous serviront de témoignage. La première est d'un Anglais, ancien soldat dans l'Inde et en Syrie, et correspondant du *Daily Telegraph*, pour lequel il l'a écrite à Sedan même, le 6 septembre ;

la seconde est d'un officier français, échappé des premiers à Bouillon, où il l'écrivit, le 9 septembre, à sa sœur, qui la communiqua au *Standard*.

Voici d'abord quelques extraits de la première :

« Jeudi, ou mieux vendredi dernier, environ 80,000 hommes se sont rendus prisonniers. Pourriez-vous croire que depuis, c'est-à-dire cinq jours pleins, tous les hommes de cette armée et beaucoup des officiers qui n'ont pas voulu signer l'engagement de ne plus continuer à porter les armes contre la Prusse ont été laissés dehors, dans la campagne, sans aucune tente ou abri quelconque, et sans une nourriture suffisante?

» Je ne voulais pas le croire. Mais aujourd'hui, en retournant de Florenville, j'ai vu de mes propres yeux, dans un pré, non pas humide, mais positivement inondé, à peu près aussi large que Trafalgar-square, 80,000 hommes qui y sont entassés comme des moutons depuis le moment où ils ont été faits prisonniers.

» Il est impossible d'imaginer une situation plus déplorable. Depuis le 2, jour de la reddition de l'armée, on ne leur a pas donné une once de viande, et chaque homme n'a reçu comme nourriture qu'un biscuit sec pour deux jours.....

» Si les Prussiens avaient manqué de provisions, leurs captifs devaient souffrir aussi ; mais cela n'est pas. Les provisions de l'armée prussienne abondent maintenant à Sedan. Les hommes ont deux bons repas de viande par jour; d'énormes contributions ont été faites par tout le pays et, chaque fois qu'on ne peut y satisfaire, village ou ville est mis au pillage.

» J'ai vu partir environ sept mille prisonniers pour la Prusse, qu'on faisait accompagner de musiques prussiennes jouant les airs les plus triomphants.

» Si l'officier restait un peu en arrière, on le frappait à coups de crosse de fusil pour le faire avancer. Bien que beaucoup fussent faibles, malades, à moitié morts de faim, on les forçait à marcher au pas accéléré.

» Quand j'étais prisonnier des Sykes, ajoute notre Anglais, je n'étais certainement pas bien traité, non plus qu'en Turquie et en Syrie ; mais jamais, sur mon honneur, je n'ai rien vu d'aussi barbare que le traitement des Français prisonniers des Prussiens autour de Sedan.

» Je ne puis comprendre que l'armée d'un peuple civilisé puisse traiter ainsi ses prisonniers. Si l'on me racontait les horreurs que j'ai vues, je ne pourrais y croire. J'ose à peine en croire mes yeux.

» Ayant fait quelques observations à des officiers supérieurs, on me répondit poliment de m'occuper de mes affaires ; et ensuite par des torrents d'injures contre la nation française en général, et ses soldats en particulier.

» Dans l'espoir que ma voix sera entendue, j'ai écrit cette lettre et chacun pourra en vérifier l'exactitude.

» De la frontière de l'Alsace jusqu'au point où ils sont aujourd'hui, ce n'est que saccage et ruine. »

Passons maintenant à la lettre du Français.

Il aurait le droit d'être plus indigné, puisqu'il était de ceux qui souffraient ; il ne sera qu'aussi sincère dans son récit : l'indignation en naîtra d'elle-même. Après avoir raconté comment on les avait traités, plus de 60,000 dans les champs, sans tente, capote, ni feu, par une pluie battante, « mouillés, comme si on les eût trempés dans un fleuve ; » il ajoute :

« Les soldats nous avaient tout volé. Heureusement pour moi, j'avais mon or dans un ceinturon de cuir, et ils ne s'en sont pas aperçus. Dans l'après-midi, ils nous permirent, pour la première fois, de chercher à allumer des feux. J'avais tellement les membres raidis que je pus à peine bouger. Quelques blessés gisaient autour de moi ; ils moururent dans la nuit.

» Les hommes s'appuyaient l'un contre l'autre afin de lutter un peu contre le froid. Dès qu'un homme expirait, les autres lui enlevaient ses vêtements et se les partageaient, dans l'espoir de se soustraire un peu à l'effet de la pluie. Lorsqu'un soldat ou un officier se plaignait trop haut, les Bavarois ou les Prussiens l'assommaient à demi avec la crosse de leurs fusils.

» Le lendemain matin nous eûmes de la soupe, nous fûmes formés en bataillons, et 8,000 ou 10,000 d'entre nous furent mis en marche pour la Prusse, nous dit-on.

» Tu sais que je parle l'allemand avec facilité. Je demandai à un officier prussien, capitaine comme moi, où nous allions ; il me répondit : « Tais toi, cochon de Fran-
» çais, ou bien je te brûlerai la cervelle. »

» La musique d'un régiment prussien jouait des airs nationaux pendant que nous marchions. Une foule immense de Bavarois et de Prussiens nous regardaient, nous lançant au visage de honteux quolibets.

» Lorsqu'un malheureux s'arrêtait, trop épuisé, trop fatigué pour pouvoir avancer, il recevait un coup de crosse, accompagné du mot : *Vorwarts!* (en avant!)

» Si les Français étaient trop malades, trop faibles pour se lever et marcher, on les accablait de coups, jusqu'à ce qu'ils ne pussent plus bouger. Alors on les jetait sur le côté de la route, et on les y laissait...... »

Un correspondant de la *Pall-Mall Gazette*, a assuré, d'après le témoignage des docteurs Franck et Blewitt, des ambulances anglaises, qu'il y avait à Balan plusieurs blessés français, contusionnés ainsi, en pleine figure, des coups de crosse qu'ils avaient reçus des Prussiens, parce qu'ils ne pouvaient marcher :

« L'un de ces malheureux, dit-il, est encore à l'ambulance du café de l'*Harmonie*, il a une horrible blessure à la jambe, et la figure toute bleuie par l'aimable traitement des civilisateurs de Munich et de Berlin... »

On en était à souhaiter pour nos prisonniers le sort de ceux que les Prussiens massacraient, comme à Soissons où à Vitry-le-Français.

Avec de pareils tortureurs, être tué, c'était être épargné.

FLANDRE ET ARTOIS

NORD — PAS-DE-CALAIS.

I

La Flandre et l'Artois, quoiqu'ils aient eu à souffrir, ne furent pas aussi profondément pénétrés par l'invasion que les autres provinces occupées, telles, notamment, que la Picardie leur voisine. On ne s'étonnera donc pas d'y trouver beaucoup moins fort, par comparaison, et beaucoup moins lourd, le bilan des méfaits prussiens: massacres, exactions et vols.

Ce fut pour eux des provinces de passage, plutôt que d'occupation. Ils y prirent moins qu'ils n'y transbordèrent du côté de la Belgique, pour de là gagner l'Allemagne, une partie de ce qu'ils avaient pris.

Ces exportations du vol, à l'aide des voies belges, dont nous avons déjà donné un échantillon à propos des fourgons de vin de Champagne, à destination de Berlin, qui furent saisis du côté de Lille, se complétèrent, dans les mêmes parages, par des importations de contrebande.

Une partie du mauvais tabac dont les Prussiens infectèrent nos départements, après avoir saisi et vendu pour leur compte tout ce qu'ils avaient trouvé dans les magasins de la régie, venait d'Allemagne, par la Belgique, où l'infecte cargaison avait, comme bien vous pensez, plutôt grossi encore que diminué.

Au mois de mars, ce flot de mauvaise marchandise ne s'était pas encore tari, malgré les prescriptions imposées par l'armistice et par les préliminaires de paix. Notre ministre des finances était obligé d'en venir à de très rigoureuses répressions.

La contrebande ne s'en tenait pas là. Jamais la Belgique, même en ses plus beaux temps, ne l'avait vue aussi multiple, que sous cet effort de l'imaginative et voleuse Allemagne, et surtout aussi variée.

En même temps que les fausses marchandises, étaient venues les fausses troupes, les faux soldats français.

La Prusse en avait besoin pour quelques-unes de ses combinaisons. Il lui était, par exemple, nécessaire de rendre nos soldats odieux à leur propre pays, et de discréditer surtout les francs-tireurs, en les faisant passer pour des bandits plus disposés à piller qu'à défendre.

Elle se fit rendre ce digne service par les faux soldats dont nous parlons, qui, sous l'uniforme français, pillèrent, volèrent, massacrèrent en vrais Allemands :

« Dites, écrivait un Américain au *Moniteur officiel* de Bordeaux (1), dites bien haut, pour que la population et les armées françaises le sachent, que, *de mes propres yeux*, j'ai vu des bandes de *Badois* se travestir en *francs-tireurs lyonnais*, aller dans les campagnes commettre mille excès dans le but de discréditer, près des habitants, les patriotes armés pour les défendre et faire tomber dans des piéges les citoyens dévoués qui se montrent disposés à les guider, les prenant pour de vrais francs-tireurs. »

D'autres avaient une autre mission tout aussi prussienne, c'est-à-dire tout aussi infâme. Leur déguisement en soldat français leur servait pour l'espionnage. Ayant à pénétrer plus intimement dans nos campements ou dans

---

(1) N° du 25 décembre.

nos villes, ceux-là avaient besoin de plus de sûretés, et notamment de se munir d'un passeport ou de livrets qui pussent leur permettre d'être admis partout.

En Belgique, au camp de Beverloo, où nos soldats pouvaient pour quelques sous leur vendre leurs livrets, ils devaient trouver leur affaire. Ils y passèrent donc, et de là en France, où, depuis, on ne les a que trop retrouvés partout :

« Une personne *bien renseignée*, revenant de Belgique, disait, en octobre, l'*Echo du Nord*, nous affirme que les Prussiens ont acheté un certain nombre de livrets ayant appartenu à des soldats prisonniers en Belgique, et que, par suite, *plusieurs espions sont entrés en France en se disant soldats français.*

» Avis aux commandants des dépôts et aux colonels des régiments de marche. »

II

L'Allemagne se redonnait ainsi, en pleine guerre, les espions que, pendant la paix, elle avait pu multiplier chez nous si utilement, par mille odieux moyens basés plus ou moins tous sur les violations d'une hospitalité que nous avons toujours faite trop facile et trop large, ou sur les plus ignobles abus de la domesticité.

Que d'exemples on avait eus, dès les premiers temps ! En Alsace, où l'usage de la même langue avait rendu l'intimité, la fraternisation plus aisées, plus naturelles entre l'espion et la famille à espionner ; où peu à peu, dans le seul département du Bas-Rhin, s'était faufilée une population de plus de 14,000 Allemands, ce n'avait été partout que le développement, sans merci ni honte, de l'immense système des secrets à prendre, des routes à connaître, des coffres-forts à sonder, pour que rien n'échappât à l'heure de la conquête et du vol.

L'abus de confiance avait devancé et préparé l'effraction.

A Strasbourg, où nous ramènent un instant ces faits, dont nous retrouverons tout à l'heure les équivalents dans l'Artois, tout était livré avant d'être attaqué. D'anciens protégés de notre administration, toujours si accessible aux étrangers; d'anciens amis de la pauvre ville, avaient dressé tous les plans, et venaient prendre livraison.

Quant aux maisons mêmes, les domestiques s'en étaient chargés : « Nombre d'habitants, dit M. Albert Dumont, ont eu pour garnisaires leurs anciens domestiques, qui entraient chez eux la carabine au poing. »

M. A. Marchand, dans son histoire du *Siége de Strasbourg*, détaille et complète le tableau.

« Le 12 août, dit-il, quand les régiments prussiens et badois se massèrent autour des murs, ils étaient guidés par des officiers qui se faisaient reconnaître aux habitants de la campagne : l'un, comme un élève forestier, l'autre, comme un élève de l'Ecole d'application de Metz; un troisième, comme un ingénieur civil, toutes qualités qu'ils avaient prises pour explorer à leur aise les montagnes, les plaines, les villes de l'Alsace, qui offraient un intérêt stratégique.

» D'autres, qui avaient servi dans les nombreuses brasseries qui sont une des principales industries de Strasbourg et des environs, commençaient dès lors avec une précision et une rigueur implacables, des réquisitions appuyées de menaces brutales ou de fallacieuses promesses.

» Ils donnaient aux habitants dépouillés par eux des bons à toucher... sur le vaincu. »

Ici, toutefois, ils ne dépouillent pas trop, parce qu'ils espèrent rester maîtres ; mais ailleurs, où ils ne sont que de passage, ils n'épargnent rien : l'ancien ouvrier fait rafle de tout où il a travaillé ; l'ancien domestique ne laisse que le vide où il a servi; heureux encore le maître et la maîtresse qu'il ne tue ou n'insulte pas!

Voyons d'abord l'ancien ouvrier. Quelquefois, il se contente de mettre à profit l'expérience acquise pendant qu'il travaillait dans la maison, pour y courir vite aux bons endroits et y guider les autres. A Chablis, deux Allemands, qu'on avait employés de longues années dans l'usine Folliot, où l'on fabrique les bois galvanisés, en agirent ainsi. Pas un coin, même le plus caché, n'y put échapper à la bande conduite par ces maîtres filous, qui s'étaient fait de l'hospitalité accordée et du travail payé, un moyen de tout connaître et de pouvoir tout prendre. Ailleurs, l'ouvrier devenu soldat, procède autrement : c'est en concurrent qu'il rentre dans l'usine ou l'atelier français qui l'a employé; et c'est par simple esprit de concurrence qu'il y vole ou y brise tout. Nous aurons pour type complet de cette variété, tout aussi odieuse que l'autre, le Prussien Hermann Backer, devenu, de simple ouvrier, puis contre-maître en France, fabricant pour son compte dans son pays, et par conséquent en rivalité d'industrie avec son ex-patron.

Ecoutez un peu comment il comprit cette concurrence, dès qu'il fut à même de la pratiquer à sa fantaisie :

« Il avait, dit le journal (1) auquel nous empruntons son histoire très-authentique, été, pendant de longues années, contre-maître dans une importante fabrique de boutons, située en Seine-et-Marne. Depuis deux ans, il avait quitté cette usine et était allé en fonder une semblable dans son pays.

» Ses affaires marchaient tant bien que mal, mais plutôt mal que bien.

» La guerre éclate; il part en qualité de capitaine de la landwehr; le hasard amène son régiment auprès de la fabrique qui l'a salarié et nourri pendant longtemps.

(1) *Petite Presse*, 15 mars 1871.

» Il en profite pour faire emballer et expédier chez lui toutes les machines de son ancien maître.

» De la maison, il ne reste plus que les murs ; il les fait abattre.

» — Voilà quatre ans d'avance de ma fabrique sur la sienne ! dit-il, après que l'œuvre de démolition fut accomplie. »

Nous verrons plus loin, particulièrement en Lorraine, les mêmes procédés de concurrence internationale pratiqués avec tout autant d'aplomb, mais plus en grand.

En attendant, constatons toutefois déjà que c'était un des résultats à prévoir de cette guerre, où, par suite du militarisme universel de la Prusse et des exigences de son régime de *landwher*, tout Prussien en campagne était une sorte d'être double : soldat d'abord venant se battre en France ; puis, en dessous, industriel ou commerçant, avec tous les souvenirs du pays, tous les regrets de l'atelier et de la boutique, auxquels il pense, partout où il passe, pour détruire ce qui, même de si loin, pourrait leur nuire, mais plus encore pour y rapporter tout ce qui, dans ses pillages, lui semblera bon à la prospérité future de ses affaires, à l'aisance de son ménage.

Il y a loin de cet égoïsme armé, de ce caporalisme homme d'affaires, aux belles théories et aux grandes phrases, où il est dit, à propos de la *landwher*, et de son créateur, le hanovrien Scharnhorst, «armurier de la liberté allemande,» que l'armée prussienne, partant en guerre, est une nation libérale en marche, une démocratie qui combat !

Le soldat d'autrefois, comme le nôtre encore, ne voyait que le présent, avec les occasions de se bien battre et de s'amuser un peu.

Celui d'aujourd'hui, tel que l'a combiné et machiné la Prusse, a derrière lui tout un passé, dont souvent les meilleurs jours se sont écoulés dans cette France où il revient en ingrat, après y avoir vécu en espion ; et, devant lui, tout un avenir qu'il se rêve en Allemagne, avec le plus qu'il pourra de nos débris. Par l'un, il s'est renseigné, et il se guide, pour l'autre, aux bons endroits, en ouvrier qui a su voir et se souvient, ou en valet qui s'est donné des envies et des rancunes.

Pour l'avenir, il vole; pour le passé, il se venge.

Ce fut le cas d'un misérable qui, après s'être fait renvoyer comme domestique infidèle d'un château des environs de Bapaume, y revint un an après, pendant la guerre, comme sergent de landwher, avec son escouade.

Le maître du château, qui avait à craindre, car il était fort riche et fort considéré, et nous savons quel danger courait avec les Prussiens quiconque passait pour « notable, » s'était soigneusement caché dans les environs.

Restait la châtelaine, femme de tête, et déjà un peu sur l'âge, ce qui lui fut une sauvegarde contre le drôle dont il s'agit et qui était capable de tout.

Vous jugez de l'entrée qu'il fit dans le château. Il y mit, comme conquérant, d'autant plus d'insolence, qu'il avait eu là, comme valet, plus de bassesse et de platitude.

La dame le reçut sans broncher, en le prenant d'aussi haut que lui, avec la dignité de plus, et l'autorité qu'elle donne :

« — Où est votre mari ? lui cria-t-il, je veux qu'il vienne.

» — Qui vous dit que je ne suis pas veuve ?

» — Moi-même, qui en suis sûr, car vous ne le seriez que depuis un an, et vous n'êtes pas en deuil. Du reste, regardez-moi un peu et vous n'en douterez pas. »

Elle le reconnut et n'en fut que plus dédaigneusement hautaine; il y avait désormais du mépris dans sa fierté. Le drôle, qui le vit bien, fit alors de la violence. Il rangea ses hommes autour de la salle, et debout devant la dame, son sabre d'une main, un pistolet de l'autre, il répéta sa question, avec menace de mort, si elle ne répondait pas. Son silence fut inflexible. Il la fit mettre à genoux de force, et retenir ainsi par deux de ses uhlans, mais elle ne parla pas davantage.

La scène devenait terrible; et tout semblait à craindre, quand le mari, prévenu par un domestique qui avait vu le danger, arriva, et se jeta entre sa femme et le misérable au moment même où, de plus en plus furieux de sa vaillante obstination, il allait la frapper.

« — C'est bien, dit le Prussien, mais il était temps! »

Puis s'adressant à ses hommes :

« — Relevez madame, et empoignez monsieur, et dites qu'on serve! C'est l'heure du dîner, et je sais qu'on mange et qu'on boit bien ici. »

Un instant après il était lui-même, avec tous les siens, dans la salle à manger, et veillait à l'exécution de ses ordres : il fallut que tout fût éclairé, comme au jour des plus grands galas, et que les meilleurs vins fussent montés de la cave à pleins paniers. Quand tout fut prêt sur la plus grande table, avec la plus belle argenterie et le plus beau linge, il fit asseoir tous ses gens et se mit lui-même à la première place.

Le maître et la maîtresse furent chargés de les servir!

Le repas fut long, et Dieu sait ce qu'il y passa de vins et de liqueurs. Tous les uhlans, à la fin, étaient ivres morts, hormis le chef, qui avait voulu garder son sang-froid pour bien mener jusqu'au bout ce qu'il appelait sa vengeance. Il poussa devant lui le maître et la maîtresse, à coups de plat de sabre, jusqu'au galetas où il avait couché, comme laquais, les y enferma, et revint, lui, se jeter tout botté sur le lit de la plus belle chambre.

Cette bombance et ces avanies durèrent trois jours.

Le dernier, il fit empaqueter et mettre dans une des voitures du château, tout ce qu'il put de linge, d'argenterie, de bijoux, de pendules, et pistolet au poing força son ancien maître de lui en faire livraison, par écrit, comme de marchandises bien acquises. Il y joignit tout ce qu'il put trouver d'argent, et sur la quittance qu'il eut l'effronterie de donner, il eut l'effronterie encore plus grande d'ajouter quinze cents francs en or, reçus autrefois, écrivit-il, comme avance!

8

C'était tout juste la somme dont le vol avait été, l'année d'auparavant, la cause de son renvoi.

Voilà, avouez-le, un véritable tour de Scapin, mais de Scapin tragique.

Prendrez-vous après cela des domestiques allemands?

III

Pendant que ce misérable se comportait ainsi dans un des châteaux des environs, la ville de Bapaume, où tout le monde pourra vous conter cette gentillesse prussienne et bien d'autres, était elle-même saccagée, puis brûlée presque entièrement par une bande de ses pareils.

La plupart des bourgs ou hameaux de sa banlieue : Bahagnies, Sapignies, Esvillers, etc., eurent le même sort. Faidherbe, dont le quartier général n'était cependant pas bien loin de là, à Boisleux, n'avait pu les préserver.

Il suffisait toujours qu'un coin de pays se dégarnît de nos troupes, pour que l'ennemi, qu'elles en avaient chassé, mais qui était resté aux aguets par ses espions ou ses éclaireurs, y reparût aussitôt, s'empressât d'y faire de nouvelles ruines, comme revanches des pertes qu'il avait dû subir en s'éloignant une première fois.

A Mouchy-au-Bois, par exemple, cinquante-trois uhlans, qui s'étaient un peu attardés, avaient été pris dans une ferme, sur l'indication d'un petit pâtre du pays, par le capitaine lillois, Delaporte, avec trente de ses francs-tireurs, le maréchal-des-logis Plouvier et cinq dragons.

On les conduisit au général Favre; puis, après avoir planté de front les cinquante-trois lances devant la bicoque où il logeait avec son état-major, on mit les hommes dans une grange bien fermée, et les chevaux à l'écurie. Malheureusement, on négligea de laisser un poste à la ferme où la capture avait été faite. Le lendemain les Prussiens revenaient et elle était en flammes. On pouvait s'en venger sur les uhlans prisonniers ; non, ce sont des façons d'agir qu'on laisse aux Prussiens : on fit tout le contraire.

Vous en allez juger par quelques détails sur cet épisode, que deux Anglaises, Mmes Marie Wicklers et Gabrielle Malley de la Société de secours de Londres, détachées près de la société évangélique française, donnèrent au *Times* (1), dans une lettre datée d'Arras, le 11 janvier. On y excusera, par endroits, la mysticité un peu précieuse de la forme :

« On suspecte parfois, disent-elles, la véracité des faits attribués aux francs tireurs ainsi que ce qu'on raconte des cruautés allemandes ; cette fois-ci nous fûmes témoins, et, comme tels, nous voulons porter à la connaissance du public que le jour après l'escarmouche les Prussiens se vengèrent en incendiant la petite ferme où leurs compatriotes avaient été faits prisonniers.

» Ils faillirent pendre aussi le brave petit garçon de douze ans qui avait fait prendre prisonniers les uhlans ; mais le petit réussit à s'échapper.

» Hier matin, à Arras, nous eûmes le pendant lumineux de cette noire action. Dans l'hôpital Saint-Jean, nous vîmes au lit un jeune comte westphalien, de dix-sept ans, un des uhlans prisonniers.

» Ses traits presque enfantins, baignés de larmes, contrastaient avec la figure bronzée et le corps trapu d'un franc-tireur, qui le soignait comme un frère.

» Ces deux hommes étaient l'un le prisonnier de l'autre ; ils se tenaient par la main, et l'Allemand semblait avoir de la peine à se séparer de son généreux ennemi. C'est que le Prussien avait perdu son compagnon d'armes, un autre officier des uhlans qui était disparu.

» Il a confié sa douleur au franc-tireur, celui-ci a examiné attentivement le portrait de l'ami perdu et vient de

---

(1) N° du 18 janvier 1871.

promettre qu'il le cherchera et le soignera, le protégera s'il est prisonnier ou blessé.

» Quel contraste avec la ferme réduite en cendre et le petit garçon qu'on voulait pendre !... »

IV

Chaque fois que l'on faisait quelques prisonniers aux Prussiens ou à leurs alliés, surtout aux Bavarois, on était sûr, pour peu que ce fût dans un pays riche, et dont ils avaient eu la dévastation en primeur, de les trouver tous copieusement garnis, du sac jusqu'aux poches, d'un butin gros ou menu de la plus grande variété.

Les objets d'argent ou d'or ; bijoux, montres, chaînes, boucles d'oreilles, etc., y étaient surtout en nombre, avec un art d'assortiment parfait.

Quand le pillard en avait trop pris, et ne pouvait tout porter, il confiait le trop plein de son pillage à quelque fourgon de l'armée, et sous la garantie des armes de l'empereur et roi, rendait ainsi son vol officiel, sacré.

Pour que vous jugiez un peu de l'écoulement de bijouterie et d'horlogerie françaises, qui, de cette façon, en toute impunité et sous l'auguste sauvegarde, put se faire, de chez nous jusqu'en Prusse; nous allons vous donner un extrait du procès-verbal de visite, dressé après la prise d'un fourgon prussien, par le colonel Lipowski.

Le reste du détail viendra, quand nous parlerons de Vernon, où se fit cette prise.

Il ne nous faut ici, pour justifier ce qui précède et amener ce qui va suivre, qu'un simple avant-goût de ces pillages.

Dans une des caisses du fourgon, se trouvaient plusieurs paquets, dont un du soldat Allander, avec son nom soigneusement inscrit.

C'est ce paquet recéleur, qui s'était grossi un peu partout, et en particulier à Sedan, que nous allons analyser d'après l'inventaire général de la caisse :

« ALLANDER. — Dans un mouchoir : 1 porte-crayon en or (riche), 1 bague en or formant chevalière, émail noir étoilé ; 1 très-belle montre en or portant dans la boîte l'inscription : « *Nickel, ancre 15 rubis, balancier compensa-« teur remontoir, Berna, à Sedan,* n° 34,594 »; chaîne or, médaillon or et jayet, breloque petit crucifix argent; 10 fr. en timbres-poste de 20 centimes. »

Ce dernier détail, ces timbres-poste mis pêle-mêle avec le reste, suffit à prouver que tout leur était bon et avec quelle gloutonnerie de vol ils procédaient.

Passons au reste du paquet, car il n'y avait pas dans le mouchoir du prussien Allander que de la bijouterie et des timbres-poste.

Il a pensé à sa Gretchen, au ménage qu'il se rêve avec elle, et d'avance il l'a muni, en glanant dans quelque ménage lorrain ou champenois, de tout ce qui peut convenir à d'honnêtes époux.

« 4 cuillers Ruolz, 3 fourchettes Ruolz, 6 cravates neuves en soie, 3 paires de gants soie noire, une chemise de femme marquée L. P., 1 mouchoir marqué M. G., 1 paire de bas neuve, 2 paires de bretelles neuves, 3 cache nez de couleur, laine, neufs, marqués prix de vente *v u e*, 3 foulards de soie neufs, 1 paire de chaussure de femme, neuve, 2 paires de pantoufles moquette. »

Et tout cela, notez-le, était sans préjudice de ce que le prévoyant Allander avait pu mettre dans son sac, ou garder sur lui. Comme tout bon Prussien, il avait de l'ordre dans son pillage, et savait le classer. En outre du gros butin, bon pour les bagages, il avait le menu, le butin de poche.

M. de Chaudordy, dans sa circulaire, n'a oublié ni l'un ni l'autre.

Il les a signalés ensemble et sur preuves, comme on l'a vu et comme on le verra encore :

8.

« Tout ce qui était précieux, dit-il, a été saisi par l'ennemi et entassé dans ses sacs et ses chariots. Des effets d'habillements enlevés dans les maisons, ou dérobés chez les marchands: des objets de toutes sortes, des pendules, des montres ont été trouvés sur les prisonniers tombés entre nos mains. »

Ce qui l'autorisait d'autant mieux à cette dénonciation indignée de sa circulaire du 29 novembre, c'est que, peu de jours auparavant, après la reprise d'Orléans, et la capture d'un grand nombre de prisonniers de l'armée de Von der Thann, à Bacon et à Coulmier, on n'avait que trop bien vu tout ce que des Bavarois peuvent porter de butin.

La visite de leurs sacs et de leurs poches, à l'endroit où ils furent conduits, aurait pu passer pour un immense déballage d'horlogerie et de bijouterie.

Voici ce qu'en écrivait au ministre de la guerre le général commandant la division de Bordeaux :

« 14 novembre 1870.

« Les prisonniers Bavarois arrivés à Oléron sont détenteurs de valeurs importantes en or français, de chaînes de montres, et d'une quantité considérable de bijoux de femmes.

» *Signé :* Foltz. »

L'ordre et le rangement dans le vol allaient chez eux jusqu'à tenir scrupuleusement note de ce qu'ils avaient pris.

A Reims, un jeune officier, gentilhomme, fils d'un juge silésien, mourut des graves blessures qu'il avait reçues au combat de Cuperly. On rendit à son cercueil tous les honneurs militaires, mais on les regretta un peu lorsqu'on eut trouvé dans la poche de son uniforme un carnet où se trouvaient des notes comme celle-ci :

« Déposé à ..... un cachemire pris au château de .....
(France), plus une bague en diamants de même provenance, le tout destiné à ma fiancée (1). »

Plus tard, de nouvelles preuves de ces vols éhontés s'étant accumulées, M. de Loverdo, du ministère de la guerre, se vit obligé de donner un certain éclat à leur constatation, et de mettre tout en œuvre pour qu'aucun ne restât plus ignoré. A l'organisation du vol prussien, il voulait répondre, autant qu'il était en lui, par l'organisation d'un commencement de justice.

En conséquence, il écrivit à tous les chefs de corps :

« Messieurs,

» Des officiers, sous-officiers et soldats, appartenant à l'armée allemande, faits récemment prisonniers, ont été trouvés porteurs de bijoux, de sommes d'argent et d'effets provenant évidemment de pillage.

» De pareils actes de rapine se sont produits dans d'autres villes occupées par l'ennemi ; aussi je crois devoir vous inviter à faire dorénavant fouiller, dès leur capture, tous les prisonniers de guerre, et à m'adresser ensuite (bureau de la justice militaire), avec un inventaire détaillé, les valeurs et objets d'origine suspecte qui auront été trouvés en leur possession.

» Je vous prie de m'accuser réception de la présente dépêche.

» *Le ministre de l'intérieur et de la guerre,*

» Par ordre : DE LOVERDO (2). »

Quelque longue que soit l'enquête qui doit être ainsi

---

(1) Émile Delmas, *De Frœchsviller à Paris*, 1871, in 18, p. 238.

(2) Cet ordre parut pour la première fois dans les journaux, le 14 janvier, mais l'envoi doit en être bien antérieur. Dès le 28 décembre, en effet, M. de Loverdo n'était plus au ministère de la guerre de Bordeaux. Il avait donné sa démission de directeur de l'infanterie et de la cavalerie.

dressée ; quelle que soit la curiosité des faits, cyniques ou odieux, qui s'y trouvent, je doute qu'il y en ait un, dans le nombre, plus effroyablement curieux que celui dont le récit, fait sur place, à quelques pas de notre frontière flamande, a été publié dans le *Peuple Belge* (1) :

« Souvent dans nos colonnes, dit ce journal, nous avons donné l'hospitalité à des faits navrants qui révélaient dans toute sa crudité la féroce barbarie des armées allemandes.

» Aujourd'hui, un fait encore plus odieux que tous ceux que nous avons déjà recueillis nous a été raconté avec les pièces de conviction à l'appui.

» Un soldat français venait de tuer un soldat prussien à quelques pas de notre frontière; deux soldats belges, qui se trouvaient à proximité du lieu de ce sanglant événement, s'élancent au secours du blessé, lorsque, constatant son décès, l'un d'eux se mit à le fouiller.

» Ce qu'il trouva dans ses poches, le sentiment humain se refuse à le deviner.

» Deux oreilles de femme auxquelles étaient encore attachées les pendeloques. Dire la stupéfaction de nos deux miliciens est chose naturellement impossible à décrire.

» Quelque incroyable que soit le fait, nous ne pouvons malheureusement conserver le moindre doute. Il nous a été raconté par une personne qui mérite la plus entière confiance; au surplus, les oreilles mêmes ornées de l'appendice qui a excité la cupidité du soldat allemand sont déposées dans une maison respectable de la ville de Perwez. »

(1) Nous le reproduisons d'après le volume de même nationalité, *la Prusse au Pilori*, p. 70-71.

FRANCHE-COMTÉ.

DOUBS — HAUTE-SAONE — JURA.

I

Nous allons retrouver ici ce que nous avons vu dans la Bourgogne. La Franche-Comté reçoit le contre-coup des désastres de sa malheureuse voisine et y répond par les mêmes plaintes.

Si l'on prend des otages à Dijon, par exemple, pour donner aux Allemands une compensation de la prise de leurs capitaines au long cours, on oblige de même plusieurs villes franc-comtoises : Vesoul, Gray, Lure, etc., à livrer des gages pareils, et à compléter ainsi l'étrange et cruelle garantie.

A Dijon, comme nous l'avons vu plus haut, tout s'était bien passé. La résignation des otages avait empêché tout conflit. A Gray, la lutte fut assez vive. Le général Smerling, représentant de l'autorité prussienne, voulait une liste raisonnée des noms, afin d'évaluer, de soupeser, pour ainsi dire, la valeur des otages à choisir, et de les prendre ainsi au poids de leur fortune. Le maire, M. Jobard, refusa de livrer autre chose qu'une liste alphabétique. On le menaça; pour toute réponse, il se désigna lui-même, en faisant suivre son nom de celui du président du tribunal, M. Vaneston, qui avait demandé cette inscription comme une grâce.

Le général Smerling prit alors le parti de se renseigner lui-même et de dresser sa liste d'après ses propres informations sur les fortunes.

Soit que ce qu'il apprit de la situation financière de MM. Vaneston et Jobard ne lui parût pas assez recommandable, soit que par taquinerie, il ne voulût pas leur laisser le bénéfice de leur généreux mouvement, il les récusa. Par contre, il voulut à toute force mettre en tête de la liste M. Magnin, président honoraire du tribunal, dont l'honorabilité et la fortune lui semblaient précieuses comme gages. Il fallut des supplications sans fin, à propos de l'âge de ce pauvre vieillard de plus de 72 ans, pour qu'il y renonçât.

Il prit à la place M. Versigny, sous-préfet de la ville, et lui adjoignit les conseillers municipaux MM. Dumont et Jœger, tous deux d'une grande importance à Gray, l'un comme négociant et juge au tribunal de commerce, l'autre comme banquier.

Le 2 décembre, la liste était dressée, et les otages de Gray, auxquels on en avait adjoint quelques autres de la Côte d'Or, tel que M. le baron Thénard, dont vous avez vu plus haut l'arrestation, étaient prêts à partir. On se mit en route le matin par un froid glacial.

Le bruit courut (1) qu'à quelque distance de la ville, il y avait eu, sur leur passage, un soulèvement de la population de la campagne, et que, dans la bagarre, ils avaient été délivrés. Rien, malheureusement, n'était moins exact.

Quinze jours après, nous les retrouvons tous prisonniers à Brème, où sont arrivés en même temps les otages de Dijon et ceux de Vesoul; et d'où ils se hâtent d'adresser ensemble à notre Gouvernement une protestation contre l'odieuse mesure dont ils sont les victimes.

Voici un long extrait de cette pièce, qu'une lettre du

---

(1) *Journal de Besançon*, 7 Décembre 1870

préfet provisoire de la Haute-Saône au Ministre, écrite d'après les communications du commandant Sauthier, un des otages, avait devancée, et dans laquelle on lira le récit complet de ce qui s'était passé à Vesoul :

« Les soussignés ont l'honneur d'exposer que, le 2 décembre courant, une lettre du maire de la ville de Vesoul les a invités, par ordre de l'officier prussien commandant la place, à se réunir en l'hôtel de la préfecture, à une heure de l'après midi ; quinze personnes avaient été l'objet de la même convocation, dont le motif leur était absolument inconnu.

» La réunion eut lieu, et l'officier prussien déclara qu'en suite d'instructions à lui transmises par son gouvernement, la ville de Vesoul avait à fournir neuf ôtages, qui seraient conduits à Brème, en représailles de la capture et de l'internement, à Clermont, de capitaines de la marine marchande prussienne.

» Sur une liste dressée dans le plus grand secret, il désigna neuf des citoyens présents et leur enjoignit de se trouver de nouveau, à six heures et demie du soir du même jour, à la préfecture, pour être dirigés sur l'Allemagne, ne leur laissant, dans ce court intervalle, la faculté de rentrer chez eux pour faire leurs préparatifs de départ, qu'à la condition de signer l'engagement de ne pas quitter la ville et de se rencontrer à l'heure dite au lieu indiqué.

» Ainsi, quatre heures à peine étaient accordées à des pères de famille, à des gens d'affaires pour préparer leurs femmes et leurs enfants au malheur qui les frappait, et pour donner quelques instructions concernant leurs plus graves intérêts.

» M. Habert, sous-préfet de Lure, arrêté dans cette ville et conduit au chef-lieu du département, a été réuni aux otages de Vesoul.

» Partis le 2 décembre, les soussignés sont arrivés à Brème le 14, sous la conduite d'un officier prussien, après un voyage des plus pénibles.

» Ils doivent rester à Brême à titre d'otages, et ils y sont traités comme les officiers prisonniers de guerre, avec cette différence qu'il ne leur est alloué aucune indemnité.

» On doit ajouter ici que l'autorisation d'emmener leurs femmes, leurs enfants, leur a été rigoureusement refusée.

» Les soussignés n'ont pas à se préoccuper de la question de savoir si c'est à tort ou à raison que les capitaines de navires marchands prussiens ont été retenus ; ils s'en réfèrent sur ce point à la sagesse du Gouvernement, mais ils croient devoir protester énergiquement contre la mesure qui a été prise à leur égard et que rien ne saurait justifier. »

II

Les Prussiens ne prirent pas que ces otages, en Franche-Comté : au moindre retard dans le payement d'une contribution, ils s'en faisaient livrer un ou plusieurs des plus considérables du pays.

A Recologne-lès-Marnay, dans le Doubs, arrondissement de Besançon, ils s'emparèrent ainsi du propriétaire du château, un ancien pair de France, M. le comte de Chifflet, malgré ses quatre-vingts ans.

Le pauvre village, qui ne compte guère que 550 habitants, n'avait pu payer, en quelques heures, les 48,000 fr. auxquels on l'avait imposé, ce qui élevait la contribution de chacun à plus de 80 francs, somme énorme pour cette population de paysans et d'ouvriers carriers. Aussitôt, sans plus de forme, la fortune de M. de Chifflet pouvant répondre de tout, on était allé l'arrêter dans son château.

A Montbéliard et dans ses environs, il en fut de même. Les Allemands ne furent nulle part plus exigeants, plus ennemis que dans ce riche pays, berceau de quelques-unes de leurs familles princières. Dès le commencement de décembre, ils le ravageaient sans merci, depuis la principale ville jusqu'au moindre bourg.

« Les dames de Montbéliard, lisait-on dans une lettre au *Progrès de Lyon*, qui fut reproduite par *l'Album Dôlois* (1), ont été mises à la porte de leurs chambres. On les fait coucher dans les corridors.

» Messieurs les Prussiens, remplis de vermine, s'emparent ainsi des lits des propriétaires, qui doivent soigner, dès sept heures du matin jusqu'à dix heures du soir, leur cuisine de Gargantua.

» Jugez avec quelle rapidité une ville non ravitaillée s'épuise en nourrissant quelques milliers d'hôtes pareils. Ils exigent 750 grammes de viande et 250 de lard par repas, c'est-à-dire quatre fois la nourriture du Français, quatre fois le nécessaire. »

Il leur fallait tous les jours bombance complète, et malheur à qui les y troublait, ne fût-ce que par un bruit malsain pour leur digestion. Un tuyau de gaz éclata avec fracas pendant les premiers temps de leur occupation à Montbéliard, dans la manufacture du baron de Chabaud la Tour. On l'en punit par une amende de 15,000 francs, avec menace de le fusiller, et de brûler son établissement, si une nouvelle détonation se faisait entendre dans le rayon d'un kilomètre de chez lui.

Tous les villages aux alentours, comme ceux de la zone investie de Belfort, furent ruinés. Les Prussiens y prirent tout : bétail, céréales, fourrages, et l'expédièrent sur Montbéliard, où les églises leur servirent d'étables et de magasins. La misère devint si grande dans toute la partie dévastée, qu'ils furent alors obligés de nourrir eux-mêmes les habitants, avec ce qu'ils allaient voler un peu plus loin.

La ville même de Montbéliard fut bientôt aux abois, malgré tout ce qu'y avaient entassé les Prussiens ; la dévastation complète des environs rendit le ravitaillement

---

(1) N° du 10 décembre 1870.

impossible. Le maire, M. Ch. Lalance, en fit très-humblement l'observation au général prussien, qui s'étonnait de voir baisser les vivres. Ses remarques si discrètes furent traitées comme une résistance, une révolte. On fit réquisition chez lui, à outrance, et on l'en chassa à coups de plat de sabre.

Il ne faiblit pas. Quelques jours après, aux nouvelles colères du chef prussien sur l'insuffisance des approvisionnements, il répondit par les mêmes observations sur l'impossibilité d'en avoir. Alors, on s'empara de lui, et on l'expédia sur Strasbourg, où il fut écroué à la prison du Pont-Couvert.

L'armistice l'en fit sortir, mais au lieu de revenir à Montbéliard, il se rendit à Bâle, fort peu confiant dans cette trêve, qui, pour la Franche Comté surtout, semblait, avec un redoublement d'exigences, bien plutôt continuer la guerre que préparer la paix.

III

C'était là pis encore que dans la Bourgogne, où la situation faite par l'armistice ne fut jamais bien définie, si ce n'est, toutefois, pour les Prussiens. Fort peu accessibles à ce qui les gênait, ils n'acceptèrent les entraves que la trêve pouvait mettre à leurs prises, que lorsqu'ils eurent tout pris.

L'habileté à double jeu de M. de Bismark, assez peu embarrassée, du reste, par celle beaucoup trop simple et plus qu'élémentairement diplomatique de notre ministre Jules Favre, trouva moyen, tant que dura l'armistice, de faire manœuvrer les troupes prussiennes sur tout le terrain où il semblait qu'elles auraient dû être clouées dans une immobilité complète; et, qui plus est, sut les faire vivre plus impérieusement que jamais dans les provinces qui devaient se croire couvertes par cette garantie contre tout retour de réquisitions et de rapines !

Nos généraux qui, sur la foi de la bizarre, de l'incompréhensible trêve, et des ordres de nos ministres qui en prescrivaient l'exécution, avaient tout à coup arrêté les mouvements de leurs troupes ; nos préfets et nos maires de la Bourgogne et de la Franche-Comté, qui, d'après l'autorité du même pacte et des mêmes ordres, criaient contre toute exigence nouvelle des Prussiens, se croyaient, les uns et les autres, en droit de dire qu'ils étaient ainsi dans l'esprit même de l'armistice, et dans la stricte limite de ses conventions : non, il se trouva, en fin de compte, que les seuls qui l'eussent bien compris étaient ceux pour qui M. de Bismark l'avait fait, et M. Jules Favre laissé faire : les Prussiens, dont les mouvements et les réquisitions ne cessèrent pas un instant !

La guerre, telle que l'avait commencée l'Empire, nous avait coûté deux armées, celle de Sedan et celle de Metz. L'armistice, tel que le signa M. Jules Favre, après des entrevues trop célèbres, où l'adresse et la prévoyance du ministre prussien ne devaient rencontrer que leurs contraires chez le soi-disant diplomate de la République, en compromit, en annula deux autres : celle du général de Clinchant, qui ne se sauva que sous le couvert de la neutralité suisse ; et celle du général Victor Pélissier, qui eût été perdue sans un brusque mouvement de recul vers Lyon.

En les immobilisant l'un et l'autre sur les points où ils se trouvaient, l'armistice, qu'ils croyaient comprendre et qu'ils pensaient exécuter en ne bougeant plus, avait failli les perdre tous les deux :

« Une fatale erreur, disait M. de Clinchant à ses soldats avant de les diriger vers la Suisse (1), leur dernier refuge,

---

(1) V. le texte entier de sa proclamation, datée de Pontarlier, le 31 janvier, dans le *Journal de l'Ain* du 10 février.

nous a fait une situation dont je ne veux pas vous laisser ignorer la gravité.

» Tandis que notre croyance en l'armistice, qui nous avait été notifié et confirmé à plusieurs reprises par notre Gouvernement, nous commandait l'immobilité, les colonnes ennemies continuaient leur marche, s'emparaient des défilés déjà entre nos mains et coupaient ainsi nos lignes de retraite. »

M. Pélissier fut tout aussi net, mais avec plus d'amertume, dans ses explications à l'Assemblée, le 21 avril dernier, contre le pacte étrange conclu par la duplicité prussienne avec la complicité de notre incurie.

« Cet armistice, s'écria-t-il (1), acheva la ruine de l'armée du général Clinchant et compromit la mienne. Il était fait avec tant d'imprévoyance et d'ambiguïté, que, tandis que le ministère nous donnait l'ordre de rester en place et de nous entendre avec le général ennemi pour faire cesser les hostilités, le général Manteuffel, qui commandait les Prussiens, se croyait en droit de continuer son mouvement sur Pontarlier et achevait de couper à l'armée du général Clinchant les deux routes qui lui restaient encore à ce moment pour rejoindre Lyon sans passer par la Suisse.

» Lorsque l'armée du général Clinchant eut évacué le sol français, l'armée prussienne se retourna sur moi, marchant en trois colonnes, et cherchant à m'envelopper.

» C'est par une marche de nuit que je parvins à me dérober à l'ennemi, en me réfugiant avec mes troupes dans le département de Saône-et-Loire, l'ennemi reconnaissant l'armistice valable dans ce département. »

---

(1) *Journal officiel* du 23 avril, p. 721.

IV

Si les armées purent échapper, rien au contraire ne sauva les villages. Pendant qu'elles se mettaient à l'abri en Suisse et dans Saône-et-Loire, les réquisitions tombaient comme grêle sur les pays qu'elles venaient de quitter, et que les Prussiens, furieux de n'avoir pu les prendre, forçaient de payer pour elles.

Le malheureux canton de Montbéliard, si éprouvé dès les premiers temps de l'invasion, le fut encore plus vers sa fin.

Le 8 février, il parut un ordre du colonel Bredow, qu'on avait chargé de l'exécution de ce coup de grâce, par lequel il était enjoint aux habitants du canton de payer, avant la fin du mois, la somme de 469,250 francs, dont 323,950 pour la ville seule de Montbéliard.

C'était un peu plus de 50 francs par tête d'habitants, puisque la population n'en compte que 6,400. Nous sommes ainsi bien loin des 25 francs auxquels certains journaux (1) réduisaient cette contribution, tout en la trouvant encore excessive.

Vous jugez s'il y eut des plaintes. Le colonel Bredow, qui les avait prévues, y avait d'avance coupé court par un article qui en avait montré l'inutilité complète.

« Si la somme susdite n'est pas payée entièrement, disait-il, je m'en tiendrai aux biens privés, à l'entier inventaire des fabriques comme aussi aux personnes des propriétaires riches. »

On se le tint pour dit; comme on savait à Montbéliard, par l'arrestation de M. Lalance, qu'avec les Prussiens

---

(1) V. notamment le *Salut Public* de Lyon, 1er mars 1871.

l'exécution des pires menaces ne se faisait pas attendre, on paya.

Dans le Jura, où, comme en Bourgogne, l'occupation prussienne paraissait plus contestable en droit, on mit de la résistance. A Lons-le-Saunier, par exemple, qui se croyait entièrement couvert par l'armistice, il y eut refus formel de payer les 407,000 francs de contribution dont on avait frappé la ville.

Les Prussiens ne contestèrent pas, mais, le lendemain du refus, il s'étaient emparés de douze notables et les avaient enfermés comme ôtages dans la caserne. De plus, pour doubler leur gage et le rendre réalisable en valeurs et marchandises, ils avaient mis les scellés sur les huit principaux magasins.

Alors il fallut bien se soumettre; on paya, comme à Montbéliard.

L'arrondissement dont cette dernière ville est le chef-lieu eut tout entier à souffrir autant et même plus qu'elle-même. On va en juger par les contributions dont furent frappés, dans quelques communes, trois des sept cantons qui le composent, celui d'Audincourt, celui de Blamont et celui de Pont-de-Roide (1).

Il fallut qu'Audincourt, dont la population, toute d'ouvriers briquetiers ou filateurs, ne dépasse pas 2,860 âmes, payât la somme énorme de 79,000 francs.

Valentigney, laborieuse commune de 1,200 âmes au plus, où tout le monde vit des rudes industries du fer et de l'acier, dut, coûte que coûte, trouver 33,000 francs pour la réquisition prussienne.

A Mandeure, qui n'a pas un millier d'habitants, occupés la plupart sur les moulins du Doubs, ce fut encore pis, à proportion : on y exigea 25,000 francs.

Les teinturiers, tissetiers, quincailliers et horlogers qui

---

(1) Nous donnons les chiffres qui vont suivre d'après le journal *La Franche-Comté*, du 10 mars.

forment la population d'Hermoncourt, dans le canton de Blamont, furent taxés suivant la riche variété de leurs industries. Cette commune, qui ne compte pas 1,200 âmes, dut payer 48,000 francs.

Seloncourt, dans le même canton, fut un peu plus épargné : ses 1,400 habitants ne subirent qu'une contribution de 37,000 francs. Que de jours il faudra pour les retrouver, à ces pauvres gens, dont l'ébauchage des montres et le montage des boîtes à musique sont les seuls gagne-pain !

Pont-de-Roide, qui n'a que des brasseurs, des forgerons et quelques meuniers dans sa population de 1,700 habitants, paya 50,000 francs.

Enfin, il n'est pas jusqu'au misérable hameau d'Arbouans, à deux pas d'Audincourt, qui ne fut taxé. Dès leur arrivée, les Prussiens avaient pris tout ce que les 150 habitants de cette bourgade avaient à prendre : un berger qui n'y possédait que deux moutons et un porc n'avait pu rien garder. Après l'armistice, ils revinrent à la charge. Ils exigèrent du hameau 4,500 francs ! Où les trouvèrent-ils ?

Ce qui passe, ce qui stupéfait, lorsqu'on récapitule ces contributions en argent imposées à de malheureuses communes, jetées sur toutes les ressources, sur toutes les économies de populations laborieuses comme autant de pièges et de coups de filet, c'est l'idée patriarcale qu'en toute niaiserie nous nous étions faite du peuple faux bonhomme et faux apôtre qui se repaît de ces pillages et se vautre sur ces ruines ; c'est le souvenir des doctrines d'humanité, qui, chez lui-même, avaient devancé ses vols pour les flétrir de haut et les condamner.

Combattre pour les idées, engager une guerre pour le droit, mais surtout ne jamais la faire pour un gain quelconque, ni l'entretenir par ce gain, par cet argent surpris, telle était entre autres la doctrine du professeur Bluntschli.

« Les lois de la guerre, disait-il il n'y a que bien peu d'années, dans sa chaire d'Heidelberg, n'autorisent point les réquisitions purement pécuniaires.

» L'ennemi, ajoutait-il, ne peut prélever de contributions pour payer ses soldats, remplir ses caisses ou satisfaire la cupidité des troupes ou de leurs chefs.

» Ceux-ci, puisque la guerre n'est pas dirigée contre les communes et les particuliers, n'ont pas le droit de disposer arbitrairement des biens des particuliers et des communes.

» De même que l'ennemi ne doit pas contraindre les habitants à combler le vide de ses cadres et à entrer à son service; de même il n'a pas le droit d'exiger qu'ils lui fournissent l'argent nécessaire à continuer la guerre. »

Voilà le droit nouveau, celui de la guerre moderne telle qu'il semblait qu'on devait désormais la faire en Europe, où elle arrive si vite, par suite des longues relations de fraternité qui l'avaient précédée, à n'être, comme on l'a dit, qu'une sorte de guerre civile.

L'Allemagne en a fait, au contraire, une lutte de barbares.

Reniant par la pratique impitoyable, tout ce qu'avaient dit ses nouveaux docteurs, pour humaniser le combat et ses suites, elle recule, pour se justifier, jusqu'aux doctrines d'un autre siècle.

Hier, lorsqu'elle se faisait encore gloire d'être philanthrope et humanitaire, le doux Bluntchli était son homme. Aujourd'hui qu'elle a jeté le masque, et sous le philanthrope montré le bourreau; sous l'ami du progrès, le spoliateur : quel est son docteur, son apôtre ? Wattel, ce Neufchatelois retors, qui accommoda si bien, il y a cent ans, *le droit des gens*, suivant le goût et l'appétit de Frédéric, son maître et seigneur :

« Tous les sujets de deux Etats qui se font la guerre, disait-il, par exemple (1), même les femmes et les enfants sont ennemis, et demeurent tels en tout lieu, tant pour leurs personnes que pour leurs biens; » et, plus loin (2):

---

(1) *Droit des Gens,...* Neufchâtel, 1758, p. 58.
(2) Id. p. 259.

«Le souverain peut disposer, dans le traité de paix, des choses même qui appartiennent aux particuliers, aussi bien que de leurs personnes. »

Ces belles maximes, créées exprès pour le grand Frédéric et ses vols, ne s'étaient pas usées au partage de la Pologne et à l'accaparement de la Silésie ; elles pouvaient encore servir. Guillaume, plus d'un siècle après, les a donc reprises ; et voilà comment il peut faire dire que le vol de deux provinces, et le pillage sans pitié de huit ou dix autres, sont choses loyales et légitimes.

V

La Franche-Comté, où nous sommes toujours, ne l'oublions pas, fut ravagée dans ses moindres coins. Nous avons vu les Prussiens du côté de Montbéliard ; voyons-les à Gray, à Baume-les-Dames, etc. Nous les y trouvons les mêmes, volant, ravageant, brûlant, et dès qu'on résiste, ajoutant le meurtre à l'incendie.

C'est ce qu'ils firent à Chassey-les-Montbozon, pauvre village de la Haute-Saône, où la population de 700 âmes environ vit chichement à fabriquer de la mousseline brodée.

Voici ce qu'un propriétaire de l'endroit, M. Marcel, écrivit au *Times*, d'après ce qu'il avait vu, et sur l'affirmation de dix autres témoins :

« Dimanche, 25 décembre, vers trois heures, des uhlans sont arrivés au galop dans le village de Chassey (Haute-Saône). Ils voulurent exiger des réquisitions en nature que la pauvreté de ce village rendait exorbitantes. Un vieillard digne et inoffensif osa leur faire quelques observations et résister.

9.

» Alors ils prirent le malheureux vieillard, qui était tremblant de peur et de froid, ils le garrottèrent avec des cordes; puis l'un d'eux mit le feu à sa maison, sous ses yeux, et les autres le poussèrent à coups de baïonnette dans le feu, où il tomba et fut brûlé ! »

Il faut de tels faits, ainsi attestés, pour que d'autres deviennent croyables. Ainsi, nous n'avions pas voulu croire à celui-ci, qui se serait passé près d'Etalans, arrondissement de Baume-les-Dames : Une malheureuse femme aurait été contrainte d'éclairer, avec sa lanterne, un peloton de Prussiens qui fusillaient un jeune franc tireur, son fils!

Après ce qu'ils ont fait au village de Chassey, rien ne dit qu'ils n'aient pas été capables de cette autre monstruosité.

A Dôle, où ils furent, à une première attaque, dans le mois de décembre, très-énergiquement repoussés par les gardes nationaux mobilisés et autres, ils trouvèrent moyen, avant de battre en retraite, de commettre au moins une lâcheté.

Arrivés au nombre de 3 ou 400 cavaliers à l'embranchement de la route de Gray et du chemin de fer, ils commencèrent par sommer, sous peine de mort, le garde-barrière d'aller chercher le maire et le sous-préfet pour traiter des réquisitions.

Auparavant, les gardes nationaux en armes accoururent, prévenus par le tocsin. Que firent les Prussiens? ils s'étaient déjà donné un gage, une sauvegarde, contre la fusillade, qui commença très-vivement :

« Après avoir envoyé le garde-barrière en ville, lisons-nous dans une lettre de l'un des combattants, que donna le *Publicateur de Dôle* (1), ils attachèrent son beau-père à un poteau de la barrière, de sorte qu'il était exposé à notre feu.

» Bien plus, quand ils se mirent en retraite, ils lièrent

---

(1) N° du 19 décembre.

ce malheureux vieillard à la queue d'un cheval, et le traînèrent ainsi fort longtemps, malgré les supplications de sa fille, qui demandait qu'on épargnât au moins à son père cet indigne supplice. »

Le tocsin, qui fut ici l'appel d'une si belle résistance, était partout une de leurs terreurs. Aussi, gare à quiconque se trouvait dans les clochers, ou qu'ils soupçonnaient d'avoir voulu donner ce maudit signal !

A Cussey-sur-l'Oignon, dans le Doubs, ils surprirent Michaud l'instituteur, au moment où il était allé remonter l'horloge. Dix heures sonnaient. L'officier crut que c'étaient les premiers coups du tocsin, il fit saisir Michaud, et malgré les supplications du curé pour ce malheureux, père de deux enfants, on le fusilla.

Ailleurs, les curés furent eux-mêmes très souvent victimes. Celui de Semange, dans l'arrondissement de Dôle, qui avait voulu défendre sa pauvre petite paroisse contre les réquisitions, fut si brutalement maltraité, qu'il en mourut peu après.

A Saint-Georges, dans l'arrondissement de Beaume-les-Dames, ce fut bien pis encore, et pour une aussi légitime résistance : « Le curé, le maire et trois gardes nationaux, dit un témoin (1), furent éventrés à coups de baïonnettes. Leurs entrailles, arrachées pendant qu'ils vivaient sans doute encore, furent jetées dans la rue. »

VI

L'ivrognerie eut sa honteuse part dans ces horreurs, devant lesquelles, étant de sang-froid, tout soldat, même prussien, eût reculé. Or, soit hasard, soit plutôt prémédi-

(1) *Recueil de documents...*, etc., p. 21-22.

tation de la part de l'ennemi, qui put, de cette façon, ruiner plus vite et plus sûrement le pays, il arriva que toute la région des vignobles du Jura et de la Haute-Saône fut justement occupée par les plus ivrognes de l'armée alliée, les Prussiens-Polonais, par exemple ; ou par d'autres, moins gloutons, mais plus spéculateurs, tels que les Badois, qui, ayant pris de longue date, en les payant cher, le goût des vins francs-comtois, trouvèrent, cette fois, commode de s'en faire gratis une large fourniture : les uns pour s'en régaler chez eux, au retour ; les autres pou les revendre.

Les Polonais-Prussiens y mirent moins de façons : ils consommèrent sur place. A Vesoul, qu'ils occupèrent longtemps, au nombre de 6 à 800 hommes, et où ce qu'ils cherchaient d'abord partout se trouvait à flots dans les magasins du commerce et à l'entrepôt de la ville, on peut dire qu'ils ne passèrent pas un jour, pas une nuit sans être à peu près tous ivres-morts. C'étaient pourtant des hommes de la landwehr, et tous mûrs ; mais ce qui est l'âge de la raison pour les sobres, est celui de l'ivrognerie pour les ivrognes :

« Nous avons aujourd'hui à Vesoul, écrivait un habitant au journal de Lyon, le *Progrès*, des Prussiens-Polonais. C'est une horde de coquins et d'ivrognes qui n'ont ni foi ni loi. Ils ne respectent rien, pas plus les vieillards que les enfants.

» Ils frappent partout, quand ils ne trouvent pas à satisfaire leur ignoble passion pour l'ivrognerie. Ces brutes sont de la levée de trente-cinq à quarante-cinq ans. »

Cet état d'ivresse continuelle les tenait en haleine pour les mauvais coups à faire : pillages ou incendies. Le moins qu'on avait à craindre, c'était les accidents. Ils furent nombreux.

A Choye, dans l'arrondissement de Gray, où une de leurs escouades passa cinq nuits, et ne partit qu'après avoir pris seize bœufs, mille doubles décalitres d'avoine, et bu vingt pièces de vin, il y eut une de ces imprudences d'ivrogne à déplorer. La bande venait de manger et de boire à n'en pouvoir plus. Le chef alors voulut rire. Il prit, en trébuchant, le fusil d'un de ses hommes, et dit qu'il allait faire voir comment on tirait sur les Français. Le fusil était chargé, il l'arma ; et, soit qu'il le voulût, soit autrement, le coup partit. Il frappa en pleine poitrine une pauvre jeune femme qui desservait la table, et la tua raide. Les Allemands, un peu dégrisés, se levèrent et partirent, sans autrement s'inquiéter de cette mort qui faisait deux orphelins.

Du côté de Mouchard et d'Arbois, où comme son sait, les vins sont célèbres et méritent de l'être, ce sont les Badois qui firent les réquisitions. Ils s'y prirent en habiles gens qui connaissaient le pays, le savaient très-riche, et y venaient pour n'y rien laisser.

Leur conduite fut celle de vrais bandits. Un membre de l'Institut, M. Pasteur, qui habitait alors Arbois et fut témoin de leurs actes de pillards sauvages, en conçut un tel dégoût pour l'Allemagne, et pour celui qui la menait à cette indigne curée, qu'il renvoya au doyen de la Faculté de Médecine de Bonn, dans la Prusse-Rhénane, le diplôme en latin qui l'avait, d'office, nommé docteur de cette Faculté :

« Aujourd'hui, disait-il dans la lettre indignée qu'il écrivit d'Arbois, le 18 janvier, pour lui notifier ce renvoi, aujourd'hui, la vue de ce parchemin m'est odieuse, et je me sens offensé de voir mon nom et la qualification de *virum clarissimum*, dont vous le décorez, se trouver placés sous les auspices d'un nom voué désormais à l'exécration de ma patrie, celui de *rex Guillelmus* (1). »

Le pillage du pays d'Arbois fut, nous l'avons dit, complet et digne de cette patriotique colère.

Grains et fourrages furent enlevés tout d'abord. Vint en-

---

(1) Cette lettre fut publiée dans le *Moniteur* de Bordeaux, du 25 janvier.

suite le tour de l'argent. Les contributions s'en chargèrent : elles furent terribles. Telle bourgade, où il y eut un semblant de résistance, fut taxée à 30 francs « par tête et par jour ! »

Le vin flairé dès l'arrivée fut pour la fin, pour la bonne bouche. Ce fut le dessert de cette bombance de pillage. Il n'en resta pas une goutte dans toute la contrée.

Une lettre datée d'Arbois, au commencement de mars, parle ainsi de cette livraison gratuite et en grand que se firent les Badois, et dans laquelle, comme nous l'avons dit, la spéculation, qui sait ce qu'elle fait, fut bien plus que l'ivrognerie, qui déraisonne :

« Vous n'ignorez pas que les vins d'Arbois sont délicieux, mais ce que vous ignorez peut-être, c'est que le commerce de ces vins s'est fait, jusqu'à la guerre, et dans des proportions considérables, avec le sud de l'Allemagne.

» Aussi, quand les Badois sont arrivés dans le pays, se sont-ils empressés de rendre visite à toutes les caves.

» En moins de huit jours, ils ont expédié pour l'Allemagne plus de *mille muids* de vin rouge (le muid contient 300 litres), et près de cent mille bouteilles de vins rouge, blanc et rose.

» Quelques marchands sont absolument ruinés, et la plupart des vignerons, qui ne vivaient que du produit de leur récolte, sont aujourd'hui sans ressource aucune. »

Vous savez maintenant comment l'Allemand qui a chez lui une cave à remplir, ou un débit de vin à exploiter, comprend le commerce, et procède à la fourniture, dès qu'il se trouve chez les autres.

Ici encore, il est en contradiction flagrante avec ses docteurs. Ce qu'il y a de violent ou de calculé dans ses pratiques de pillard est la plus révoltante infraction à leurs théories de légistes. Jamais, il faut le répéter, la guerre n'a été plus humainement, plus honnêtement réglementée que dans les livres des professeurs de l'Allemagne moderne ; et jamais non plus, elle n'a été faite d'une façon plus inhumaine et plus indigne, au point de vue même de la simple honnêteté, que par les Allemands d'aujourd'hui.

Que dit entre autres choses leur docteur Lieber, qui écrivit pour la dernière guerre des États-Unis ces *Instructions américaines* si rigoureusement suivies alors par les deux armées belligérantes? « Ni les officiers, ni les soldats ne sont autorisés à profiter de leur position ou de leur pouvoir en pays ennemi pour se procurer un gain particulier, pas même par des transactions commerciales qui seraient d'ailleurs légitimes en elles-mêmes. Les officiers seront dégradés ou subiront toute autre peine exigée par la nature de l'infraction. »

N'est-ce pas, avec indication de la peine, la condamnation la plus formelle des Badois de tout à l'heure, officiers négociants en gros, soldats débitants au détail, qui vinrent tambours et clairons en tête, faire leur fourniture, sans payer que d'injures et de coups, dans les caves des vignerons d'Arbois? Et où avons-nous vu qu'on en ait puni un seul?

Nos prétendus soudards de la première République n'étaient pas si gourmés, mais bien plus honnêtes gens dans leur débraillé. Voulez-vous savoir, rien que pour le chapitre du vin volé — ce qui regarde les autres genres de pillage viendra plus tard — quel était, en l'an II (1794), le code pénal du tribunal militaire de l'armée du Rhin? Deux arrêts, contresignés de l'adjudant général (1), vous en feront juger :

« Au quartier général à Landau, le 3 ventôse an II de la République française, le tribunal militaire a condamné.... Charles Borel, caporal des grenadiers; Pierre Dejemtel; Antoine Terrain, Benoît Edain et Benoît Bucourt, grenadiers du 4ᵉ bataillon de la Seine-Inférieure, à trois mois de prison, par forme de discipline, et condamné, en outre,

---

(1) Ils ont été publiés, d'après les copies authentiques, par M. G. Pauthier dans *Paris Journal*, 14 mars 1871.

Borel, caporal, à la destitution de son grade, pour s'être fait donner, étant de patrouille, du vin, sans payer, chez un citoyen.

» *L'adjudant général,*
» Donzelot. »

« Au quartier général, à Lachen, le 10 ventôse, l'an II de la République française, une et indivisible (28 février 1794),

» Le tribunal militaire, séant à Landau, a condamné à la peine de mort, dans la séance du 7 ventôse (27 février 1794), les nommés Buffard, Mercier, Sonné, Pois et Godard, tous soldats du 21e régiment d'infanterie, pour avoir enfoncé une cave, pris et répandu le vin.

» *L'adjudant général,*
» Donzelot. »

Lieber veut aussi, dans ses *Instructions*, que, comme ici, au tribunal de notre vieille armée du Rhin, « tout vol tout pillage... soit puni de mort. » Si nous avons vu partout des soldats allemands coupables du délit, où avons-nous trouvé quelque part une cour martiale allemande pour faire le jugement et appliquer la peine?

En 1815, Wellington se défiait déjà de l'indulgence de la justice militaire prussienne pour les pillards prussiens; aussi quand ses soldats en prenaient quelques-uns ne se fiait-il qu'à lui-même, ou aux siens, pour leur punition.

Parmi ses lettres, jusqu'alors inédites, publiées par le *Standard* au mois de mars dernier, il en est une où il ordonne à l'un de ses colonels de ne pas remettre aux autorités prussiennes, trois soldats prussiens pris en flagrant délit de vol : « Ils ne seraient pas punis comme ils le méritent. De pareils misérables doivent être jugés par un conseil de guerre anglais, et pendus haut et court. »

Fort bien jugé ! Aussi — surtout si Wellington vivait encore — renverrions-nous volontiers toute l'armée allemande devant un tribunal anglais.

ILE DE FRANCE

SEINE-ET-OISE. — SEINE. — SEINE-ET-MARNE.

I

Dans cette partie de la France, plus que dans le reste encore peut-être, rien n'a manqué aux désastres de l'invasion. Les Prussiens se sentaient là au cœur du pays; aussi est-ce là, juste au cœur, que pour le tuer mieux, ils l'ont surtout frappé et torturé.

Leur violence y prit toutes les formes, depuis le vol simple, à la façon du *pick-poket,* qui fait sa main dans les maisons et dans les boutiques où il s'est glissé ; jusqu'à la dévastation la plus éhontée et la plus brutale, à la manière des Vandales et des Huns ; jusqu'à l'incendie, qui suit le vol et le sert en effaçant ses traces ; enfin jusqu'au sacrilège, jusqu'à la plus odieuse profanation des tombeaux !

A peine, dans le mois de septembre, avaient-ils paru aux environs de Paris, que la désolation était déjà partout. En moins d'une semaine, deux villages brûlés sur deux points opposés du département de Seine-et-Oise : l'un, celui de Draveil, près de Juvisy, en remontant la Seine; l'autre, celui de Mézières, en la descendant, criaient assez haut : les Prussiens sont ici, prenez-garde, tout est à craindre.

Draveil et Mézières avaient en effet tout subi, tout souffert.

C'est le 15 septembre, en s'avançant pour investir Paris, qu'ils brûlèrent Draveil. Six uhlans y étaient arrivés par la forêt de Sénart, et avaient voulu passer la Seine, un peu plus loin, au bac de Juvisy. Le passeur donna l'éveil, et bientôt quelques paysans armés, conduits par le garde-chasse du château de Madame Séguin, par son jardinier et un autre domestique, accoururent. Ces uhlans furent salués d'une vive fusillade, au moment même où ils mettaient le pied dans le bac ; cinq tombèrent à l'eau, mais le sixième, qui n'était pas atteint, se sauva.

Une heure après un détachement arrivait à toute bride et le château était envahi. Le garde-chasse fut immédiatement arrêté, et pendu à la grille ; le jardinier et le domestique, pris avec lui, furent fusillés. Le passeur aurait eu le même sort, s'il n'était parvenu à se cacher dans un coin du bois, d'où, le lendemain, il gagna Paris.

Après le meurtre, l'incendie : le feu était déjà mis, le château et quelques maisons les plus importantes du village flambaient. Les pompiers vinrent de tous côtés : de Draveil, de Savigny, etc. C'est à coups de mousqueton que les uhlans les accueillirent ; ces gens-là gênaient leur vengeance, en voulant éteindre la flamme ! Deux furent même saisis et fusillés sur place, puis les Prussiens s'arrêtèrent : ils avaient leur compte. Ces deux pompiers fusillés, le garde-chasse pendu, et le jardinier passé par les armes avec le domestique, complétaient le nombre de morts qu'il leur fallait pour venger les cinq uhlans jetés à l'eau par la fusillade. Quant à l'incendie du château et des maisons du bourg, c'était, comme on dit, par-dessus le marché !

Quelques jours après, les uhlans étaient à Mézières, près de Mantes, et pour la même cause, ils y reprenaient la même œuvre de répression impitoyable.

Ils avaient dans une première visite réquisitionné en masse fourrages et provisions, et de plus, ordonné qu'on tînt prêts à prendre tous les fusils des gardes nationaux.

La commande faite ils étaient partis, en prévenant qu'ils

prendraient livraison du tout le 23 septembre. Ils furent exacts, mais au lieu des paysans qui devaient tout livrer, ils trouvèrent des francs-tireurs prêts à tout défendre.

La lutte fut vive; elle finit par le sauvetage au moins partiel des provisions et des fusils, et par la fuite des uhlans, qui malheureusement revinrent bientôt, et comme toujours, en bien plus grandes forces. Ils ne se hasardèrent pas cependant à un nouveau combat. L'incendie sommaire valait mieux, avec moins de risques. Mézières fut bombardé. Ce pauvre bourg, qui n'a pas 900 âmes, fut criblé de bombes comme la ville la plus forte et la plus imprenable. Moins d'une heure après, ce n'était qu'un immense foyer, dont la flamme s'apercevait à plus de 24 kilomètres.

En repassant par Mantes, pour monter à Vernon, d'où ils étaient venus, les Prussiens de cette noble et vaillante expédition eurent un moment d'alerte. Les employés de la gare s'étaient armés et firent feu ; un Prussien tomba.

Les autres alors dressèrent leur batterie, et, comme Mézières, Mantes fut bombardé : la gare, l'hôpital, plusieurs maisons étaient déjà atteints et fortement endommagés, quand le corps municipal vint supplier les chefs d'arrêter cette exécution de toute une ville, pour un seul homme mort. Ils consentirent, mais à la condition d'un impôt de 300,000 fr. qu'il fallut promettre séance tenante et payer le lendemain.

Dans tous les environs, les villages qui ne furent pas détruits par le feu, furent ruinés par les réquisitions. Le correspondant de la *Pall-Mall Gazette*, qui habitait Saint-Germain, témoigne plus d'une fois de ces ravages sans merci, dont l'incendie du bourg de Mézières avait été le prélude et resta l'exemple le plus navrant : «Le cercle se resserre de plus en plus, écrivait il à la fin d'octobre, bientôt tout sera dévoré par l'armée qui le forme. A quelques milles de Saint-Germain, ajoute-il, se trouvent les villages de Fresnet et de Flins-sur-Seine. Les habitants se tiennent tristement sur leurs portes. Ils sont seulement ruinés ; leurs maisons n'ont pas été brûlées. Mais plus loin sont des décombres, qui, il y a six semaines, étaient un village, celui de Mézières... cela fend le cœur de voir les malheureux encore s'abriter dans ces ruines. »

Pontoise faillit passer par les mêmes épreuves. Il en fut quitte pour le pillage, qui, il est vrai, fut complet :

« Que voulez-vous, dit le général de Falkenstein, au maire qui se plaignait? en guerre, le droit qui prime tout c'est la force ! »

Le pont avait été détruit par les troupes, et faisait faute aux Prussiens pour leurs mouvements. Falkenstein donna vingt-quatre heures au conseil municipal pour que les fonds nécessaires à sa reconstruction fussent votés. Ils le furent. La menace de bombardement, qui aurait commencé aussitôt, en cas de refus des fonds, avait hâté le vote (1).

Ce qui n'avait été qu'une menace pour Pontoise, fut une effroyable réalité pour le village d'Ablis, près de Dourdan : tout y fut détruit, sous prétexte que les habitants avaient pris part à une attaque de francs-tireurs, et tué trois hussards allemands, ce qui se trouva complétement faux, comme on va voir.

C'est dans la nuit du 7 au 8 octobre, que les francs-tireurs, au nombre de 126, et tous du bataillon de Paris, avaient tenté leur surprise. Elle réussit au mieux, bien que le village fût gardé par tout un escadron du 16e régiment des hussards du Sleswig et deux compagnies d'infanterie bavaroise.

Une patrouille de 60 hommes, mise en vedette en avant de l'escadron, fut d'abord attaquée vers trois heures et demie du matin, et rejetée en arrière. Les barricades, dont les Allemands avaient fermé la principale rue du village, furent ensuite emportées, puis l'attaque principale commença de trois côtés à la fois. Elle se concentra principale-

---

(1) V. à ce sujet, dans *le Temps*, une lettre de Pontoise du 9 octobre.

ment sur les écuries, où les hussards surpris s'étaient précipités pour seller leurs chevaux et déguerpir. Les francs-tireurs firent un feu terrible par les fenêtres et par la porte qu'ils avaient défoncées. Le chef d'escadron fut tué, et presque tous les officiers avec lui, ainsi qu'un certain nombre d'hommes. Il n'y eut plus alors qu'à pénétrer dans les écuries : on y prit le reste, 70 hommes à peu près.

C'était là, certainement, un très-beau coup de main.

Dès le lendemain, il était vengé sur le village même, bien que personne n'y eût pris part à l'action, en se mêlant aux francs-tireurs. Nous dirons tout à l'heure quels mensonges les Prussiens imaginèrent pour justifier la lâcheté de ces représailles. Nous devons, auparavant, laisser parler un des hussards qui furent de cette exécution, et qui, malgré lui, ne peut contenir ce qu'il en éprouve d'horreur.

Sa lettre, datée du 9 octobre, à Rambouillet, où campait la brigade qui fut chargée de ce mauvais coup, parut dans le *Kreisblatt*, et fut reproduite dans le *Times* (1), à qui nous en empruntons un fragment.

Le hussard vient de raconter l'attaque des francs-tireurs ; il ajoute :

« Nous fûmes très-alarmés lorsque cette nouvelle nous fut apportée ; et aussitôt la brigade entière, avec de l'artillerie et une compagnie de chasseurs bavarois, marcha sur le village qui était éloigné de deux milles et demi (6 kilomètres).

» Là, l'ordre fut donné de piller et de détruire toutes les boutiques, les provisions et les fourrages, ainsi que les vaches.

» Alors nos hussards mirent le feu à toutes les maisons, aux granges, aux meules de foin et de paille. Le village entier ne fut plus qu'un amas de ruines.

» Les femmes, les enfants et les vieillards reçurent la

(1) N° du 2 novembre.

permission de partir une demi-heure avant qu'on ne mît le feu, pendant qu'il était encore temps de sortir.

» Les hommes ne furent pas épargnés ; ils furent tués et taillés en pièces, et très-tard dans la nuit les flammes s'élevaient encore dans le ciel.

» Ce fut un jour comme on en a vu rarement dans l'histoire du monde, et, en vérité, il y a eu une clameur universelle contre ce fait. »

Venons maintenant à ce que purent dire les Prussiens pour donner une apparence de motif, sinon de raison, à cette exécution effroyable.

Ils prétendirent, c'est le hussard qui nous l'apprend à la fin de sa lettre, que les Allemands avaient été lâchement fusillés par les francs-tireurs, et que leurs cadavres, placés ensuite dans des chariots, avaient été portés à la ville, pour qu'on y payât, suivant le tarif, 50 thalers (200 francs) par chaque corps de Prussien. De tels faits, qu'il faut ajouter au long roman des spéculations barbares que les Allemands nous ont prêtées pour justifier leurs propres cruautés et leurs calculs, n'ont pas besoin d'être réfutés.

Eussent ils d'ailleurs été vrais, qu'il eût été souverainement injuste de les retourner, pour en tirer vengeance, contre la population d'Ablis, qui n'y avait pris aucune part.

Ils le sentirent, aussi doublèrent-ils leur première invention d'un second mensonge, d'une nouvelle accusation tout aussi fausse que l'autre, mais qui, du moins, tâchait nettement d'établir la complicité d'Ablis. Ils soutinrent qu'après la retraite des hussards, trois d'entre eux qu'ils nommèrent, étaient restés entre les mains des paysans qui les avaient massacrés.

Ici, le démenti fut encore plus net, plus positif que pour le reste. Non seulement les trois hussards n'avaient pas été tués par les gens du village, mais ils ne l'avaient été par personne : ils n'étaient pas morts. Comme les 67 autres emmenés après le combat, ils étaient prisonniers.

Nous lisons dans une note publiée quelque temps après :

« Il résulte de renseignements officiels fournis au ministre de la guerre, que les trois cavaliers dont la mort violente aurait motivé les représailles si cruelles de l'ennemi, et qui se nomment Nummels, Hazeloff et Schrœder, se trouvent actuellement au dépôt de l'île d'Oleron (Charente-Inférieure).

» Ils viennent même d'écrire, pour prouver leur existence, une lettre collective qui sera transmise, par les soins de M. le préfet d'Eure-et-Loire, au commandant de la 6e division de cavalerie prussienne. »

Les Prussiens eurent longtemps à cœur cette affaire d'Ablis, non comme remords, mais comme crainte d'une surprise pareille. Pour n'en pas courir une seconde fois le danger, ils voulurent tout mettre en œuvre, même la dénonciation.

Pour cela, ils s'adressèrent assez mal, comme on va voir.

M. de Fontanelle, sous-préfet de Rambouillet, fut mandé à la préfecture prussienne de Versailles. Il nous a lui-même dit tous les faits. Jamais nous ne pourrons oublier ce qu'il nous conta de la rage folle des Prussiens, courant la nuit les rues de Rambouillet, après le coup de main des francs-tireurs, et se faisant de force ouvrir les boutiques en criant : « Donnez-nous du pétrole pour brûler Ablis ! »

C'est pour lui parler de toute cette affaire que M. de Brautschich l'a mandé à Versailles. Après l'avoir sommé de le reconnaître pour préfet de Seine-et-Oise et pour son supérieur, ce qui lui valut un premier refus très-net; après lui avoir donné l'ordre de faire préparer les vivres nécessaires pour tout le corps de cavalerie campé au Mesnil Saint-Denis, ce qui lui attira un second refus non moins catégorique; M. de Brautschich, en vint aux francs-tireurs.

Il savait, dit-il, qu'ils étaient en grand nombre dans la forêt, et que le jeune duc de Luynes avait quitté son château de Dampierre pour les commander ; il lui intimait donc l'ordre formel de se mettre lui-même à leur recherche et de les lui livrer.

M. de Fontanelle, qui s'était contenté de sourire et de hausser les épaules en s'entendant dire que le jeune duc, alors dans l'armée de la Loire, où il mourut en héros, se cachait, avec les francs-tireurs, dans les bois de Rambouillet, leva brusquement la tête à l'ordre plus qu'étrange qui lui était donné de dénoncer des Français et de les livrer à l'ennemi :

« — Vous me prenez donc pour un misérable, dit-il au préfet prussien, en le regardant en face ; et vous, qui me donnez un pareil ordre, vous seriez donc capable de l'exécuter ! »

Un coup de sonnette et ces simples mots aux deux soldats qui arrivèrent : « Enlevez cet insolent ! » furent la seule réponse que le Prussien sut faire à cette parole si fièrement, si noblement française.

M. de Fontanelle fut emmené de brigade en brigade jusqu'en Allemagne, à la forteresse d'Ehrenbreisten, et y fut très-durement traité, comme homme dangereux. Il n'en est revenu qu'en avril, plus heureux encore que plusieurs habitants d'Ablis, enlevés pendant l'incendie de leur village, et qui, au commencement de juin, étaient encore prisonniers à Custrin, au fond de la Prusse !

Dans les mêmes parages, vers Poigny, se passa un fait tout aussi atroce que celui d'Ablis, mais avec moins de victimes. Poigny était une commune dénoncée. Dès les premiers jours d'octobre, les Prussiens s'étaient mis en tête que l'on y conspirait contre eux et que des coups de feu avaient été tirés sur leurs soldats.

Deux fois ils avaient même envahi le village, en vrais furieux : la première, ils se contentèrent de forcer les portes, de fouiller les maisons, et de menacer le maire le sabre sous la gorge ; la seconde, ils pillèrent tout sous prétexte de réquisition d'avoine, puis ils se jetèrent dans les bois des environs, où ils pensaient qu'avaient dû se cacher les paysans armés, qu'ils n'avaient pu encore trouver dans le bourg. C'est dans un de ces coins de forêt, que se passa l'horrible scène que nous voulons vous faire connaître et dont nous prendrons les détails dans l'*Enquête sur l'occupation allemande dans le département de Seine-et-Oise*, qui a été provoquée et dressée par un journal de Versailles, l'*Union libérale :*

« Deux habitants de la ville de Rambouillet, y est-il dit, qui avaient emmené leurs vaches pour les soustraire aux réquisitions prussiennes, gardaient leur bétail dans la forêt, près de la route de Houdan, sur le territoire de Poigny. Ces braves gens s'étaient construit une sorte de hutte pour se mettre à l'abri et y cacher leurs provisions.

» Les Prussiens les ayant aperçus, pénétrèrent dans le bois, les saisirent, entrèrent dans la hutte et y ayant trouvé, entre autres objets, un fusil de chasse que ces hommes avaient probablement emporté pour tuer quelque gibier, prétendirent qu'ils s'en étaient servis pour tirer sur eux : ils les condamnèrent à mort.

» La sentence reçut aussitôt son exécution, malgré leurs protestations d'innocence. Après leur mort, ils furent dépouillés de leurs vêtements et pendus par les pieds aux branches des sapins qui bordent la route.

» Ce n'était pas encore assez pour les Prussiens, leur soif de sang n'était pas assouvie : ils eurent la cruauté de mutiler à coups de sabre la tête de ces malheureux, de leur ouvrir le ventre, d'en arracher les entrailles et de les répandre sur le sol. »

A Nemours, c'est plus en grand qu'ils procèdent; nous y retrouvons, et plus étendues encore, plus raffinées, les atrocités d'Ablis; seulement, comme il ne s'agit plus d'un bourg, mais d'une ville, c'est un prince qui dirige la destruction et préside à l'incendie: « c'est, lit-on dans une lettre écrite peu de jours après de Nemours même au Ministre de l'Intérieur, c'est le prince de Hesse qui, du bout de son sabre, marquait les maisons à brûler. »

Il vous faut le récit complet de ce sinistre, qui ne fut pour les Prussiens qu'une longue orgie d'horreurs; le voici d'après une lettre plus détaillée encore que l'autre, et qui fut publiée presque aussitôt par le journal la *France*, alors à Tours.

« Le dimanche soir, 13 novembre, 47 uhlans arrivèrent à Nemours, et s'y logèrent sans façon à l'hôtel Saint-Pierre. Dans la nuit, grâce à un coup de main hardi de nos mobiles, au nombre de 150, les uhlans, après un semblant de résistance qui leur coûta trois des leurs, furent faits prisonniers et emmenés vers Montargis.

» Le lendemain lundi, 5,000 Prussiens entouraient Nemours. Mardi matin, ils pénétrèrent au nombre de 1,200, infanterie et cavalerie, appuyés de pièces de canon. Toute résistance était impossible.

» Le sabre au poing, ils traversèrent la ville, ordonnant à chacun de rentrer chez soi. Les chefs allèrent à la mairie, et prirent avec eux les employés qui s'y trouvaient. Ils exigeaient deux heures de pillage et l'incendie du quartier théâtre de l'affaire de l'avant dernière nuit. Ils voulaient brûler aussi les demeures de tous les membres du comité de défense, à l'instigation duquel on croyait qu'avait eu lieu l'enlèvement nocturne du détachement de uhlans. A force de supplications, les autorités obtinrent que le quartier de l'hôtel serait seul brûlé.

» Alors ils cernèrent ce malheureux quartier, et mirent le feu avec du pétrole et des bombes incendiaires. Les deux gares des voyageurs et des marchandises, et une quinzaine de petites villas, tout ce que Nemours avait de mieux, ont été la proie des flammes.

» Ils ont poussé la barbarie jusqu'à exiger que les membres du comité de défense fussent en avant des rangs des soldats formant cordon autour de l'incendie, pour être témoins de cette exécution digne du moyen âge, et défense expresse était faite à qui que ce fût d'approcher. Ma plume ne saurait vous rendre l'horreur de ce spectacle.

» Les Prussiens faisaient de la musique autour de l'incendie, puis se faisaient servir à manger et à boire.

» Une malheureuse famille, la bonté, l'honnêteté même, le père malade, la mère, deux jeunes filles, dont l'une est malade, ont vu mettre le feu à leur demeure. La mère, plus courageuse que forte, s'est jetée aux genoux d'un officier pour demander grâce ; elle a été relevée par deux soldats qui l'ont conduite près du chef de détachement. Hélas! à son humble supplication il fut répondu : « J'ai
» des ordres, je les exécute ! »

» La plus belle propriété de Nemours, le Bourdon, a été pillée; tout est brisé, et c'est grâce aux prières d'un ami du propriétaire absent, que le feu n'y a pas été mis. Chez le commandant de la garde nationale sédentaire, ils ont pillé, cassé, vidé la cave, et tout ce qui n'a pas été bu a été répandu sur les parquets.

» Vers quatre heures, quand ils ont vu que leur œuvre pouvait s'achever sans eux, ils ont quitté le pays, emportant leurs trois morts, qu'ils avaient fait déterrer, et quatre habitants de Nemours : le maire, avec trois membres du comité. Que vont-ils en faire?

» On dit qu'ils demandent 100,000 francs pour les ramener. Où Nemours les prendra-t-il? Le pays est épuisé. Tout ici est plongé dans le plus affreux désespoir et la misère la plus profonde. »

Le tableau de l'invasion ne gagne pas à se rapprocher de Paris. Ses horreurs s'y doublent même par le contraste des souvenirs : par ce qu'on se rappelle des gaîtés de cette banlieue de jardins et de villas, si charmante encore, si remplie de rires et de fleurs pendant les saisons qui précédèrent ce triste automne et ce plus douloureux hiver. Bougival, cette fraîche bourgade de cottages artistes et de canotiers, a maintenant des ruines au milieu de ses jardins et un drame mêlé à ses chansons.

La première sortie un peu sérieuse qui se fût faite contre les Prussiens de Versailles, dont la peur ce jour-là, soit dit en passant, alla d'une simple alerte jusqu'à la panique la plus affolée, avait eu son principal effort, le 21 octobre, et son effet réel, qu'un rien eût peut-être rendu décisif, du côté de Bougival et de La Jonchère. Les paysans y virent les Prussiens en déroute ; et, trouvant la partie belle, ils s'en mêlèrent plus ou moins, mais surtout en y applaudissant.

C'est alors que, suivant une absurde correspondance du *Standard* (1), dont la haine prussienne se fit un article de foi, ils se seraient servis de fusils à vent, comme si de tels outils de science avaient jamais été dans ces rudes mains ! « S'imaginant, dit l'Anglais, que la retraite momentanée des avant-postes prussiens indiquait la défaite entière et finale de l'ennemi, ils prirent quelques fusils à vent et tirèrent plusieurs coups avec cette arme quelque peu antique. »

Rien de plus absurde encore une fois, mais les Prussiens avaient besoin d'une revanche de terreur dans le village qui les avait vus fuir, et comme cette version, toute ridicule qu'elle fût, conciliait ce qu'ils voulaient croire d'une prétendue attaque des gens de Bougival, avec l'absence de tout bruit d'armes à feu dans leurs mains, ils l'acceptèrent et s'en firent un prétexte pour l'exécution qu'ils méditaient.

Dix-neuf personnes furent arrêtées et conduites devant une cour martiale. Dans le nombre étaient M. Baudron, le docteur du Borgia et un commis de M. Pointelet, nommé Martin. C'est sur celui-ci que pesaient les plus terribles charges. Il fut très-brave. On l'accusait d'avoir tiré sur les Prussiens, il le nia ; puis d'avoir, avec un jardinier pris sur le fait et fusillé, coupé les fils du télégraphe ; il en convint, et, sans plus de forme, il fut condamné à mort. On le mena sur la place ; là, les Prussiens, qui sont toujours gens de calcul et d'argent même avant d'être hommes de sang et de meurtre, firent une proposition. Ils promirent de ne pas fusiller Martin si l'on payait pour lui une rançon de 10,000 francs. On se consultait dans la foule, et l'on allait

---

(1) N° du 3 novembre, *correspondance de Versailles*, du 26 octobre.

sans doute trouver la somme, quand Martin leur cria : « Ce n'est pas la peine de discuter. Si vous payez aujourd'hui, je recommencerai demain. »

Il fut immédiatement fusillé. La caisse prussienne n'y perdit rien. Une amende de 50,000 francs, c'est le correspondant du *Standard* qui le dit lui-même, fut imposée au village. Ensuite, pour compléter l'exemple, ils brûlèrent quelques maisons jusqu'au ras du sol et prirent plusieurs otages qu'ils emmenèrent en Allemagne, entre autres le docteur du Borgia.

A Marly-le-Roi, autre scène tout aussi terrible ; autre exécution, mais moins sommaire, avec plus de raffinement et d'appareil. Il s'agissait de venger un officier prussien trouvé mort dans les bois.

« Tous les hommes du pays furent arrêtés et conduits à Saint-Germain. Ils restèrent un mois en prison, sans autre nourriture que du pain et de l'eau. Enfin, on les relâcha, sauf un toutefois, auquel on fit subir les plus infâmes tourments.

» On le condamna à mort. On mit la bière qui lui était destinée dans sa cellule pendant toute la nuit qui précéda l'exécution.

» Au matin, on le fit sortir, et, pendant qu'on le conduisait au lieu du supplice, la bière suivait dans une charrette. Il fut passé par les armes en présence de plusieurs habitants et son cadavre jeté dans le premier trou venu (1). »

A Bellevue, à Saint-Cloud, dont nous aurons tant à parler, quand nous serons au chapitre des dévastations et à celui des vols, les brutalités n'avaient pas été moins odieuses, les violences moins révoltantes. Les pauvres gens que l'invasion chassait et refoulait par troupeaux éplorés jusqu'à Versailles, en furent les premières victimes, les plus nombreuses aussi et les plus à plaindre : « Dès les premiers

---

(1) *Gaulois*, du 15 mars 1871.

jours de septembre, dit un témoin que nous aurons souvent à citer (1), on vit arriver de tous les villages envahis des bandes de fugitifs chassés de leurs maisons, mourant de faim, à demi-nus, escortés comme des prisonniers par des piquets de soldats, la baïonnette au bout du fusil.

« A Bellevue, des vieillards infirmes avaient été jetés à bas de leur lit, et jetés dehors à coups de crosse; à Saint-Cloud, des malades, des femmes en couches avaient été forcés de se lever et de faire deux lieues à pied, sous la pluie, à dix heures du soir. »

Qui pis est, suivant le même témoin, à Versailles, qu'il ne quitta pas un jour pendant l'occupation, les brutalités de toutes sortes ne manquèrent pas, en dépit de la présence du roi, des princes et des ministres. Quant aux vols, qui viendront à leur tour, ils se multiplièrent encore plus, et moins gênés que le reste par ces illustres présences, puisque ministres et princes en eurent, comme on le verra, leur part. Tout fut nié par les Prussiens, et même par leurs complaisants des journaux Anglais.

C'est à ceux-ci que notre témoin de tout à l'heure va répondre :

« Que tel correspondant du *Times*, dit-il (2), admirateur de la réserve et de la modération germaniques...., s'informe, lui qui n'a jamais vu dans la rue un soldat allemand en état d'ivresse, par quelles mains un capitaine blessé et prisonnier, M. Ritouret, a été roué de coups à deux pas d'un poste.

» Qu'il aille vanter la sobriété prussienne à ce chef d'ambulance bien connu à Versailles, M. Roche, qui, attaqué par toute une escouade, frappé par derrière, et sans provocation, jeté sanglant sur le pavé, a vu les autorités militaires lui refuser justice et nier l'agression dont il porte encore les traces.

---

(1) *Revue des Deux-Mondes*, 1er avril 1871, p. 485.
(2) Id. p. 487.

» C'est la guerre! répondront les docteurs en droit de l'Université de Berlin. Oui, c'est la guerre allemande; mais la guerre, ainsi comprise, est un opprobre pour le monde civilisé, qui n'a pas osé protester, et une leçon pour ceux qui se flattaient de concilier les nécessités de la lutte avec les lois de l'humanité. »

II

Partout les violences contre les personnes se combinèrent avec les atteintes les plus brutales aux fortunes et à la propriété : réquisitions sans raison ni merci, exactions, déprédations, etc.

Au moindre signe de résistance, ne fût-ce que dans une seule ferme, dans une seule maison, tout un village était mis à sac, tout un pays devait payer cette ombre de révolte avec tout ce qu'il possédait.

Dans le canton de la Ferté-sous-Jouarre, tout près de Chamigny, six uhlans s'étaient présentés, le 20 octobre, dans une ferme pour prendre deux chevaux; les habitants de Chamigny s'ameutèrent, on sonna le tocsin, la cour de la ferme fut bientôt pleine de monde, on ferma la porte, et les six uhlans se trouvèrent ainsi prisonniers de la foule furieuse. Ils mirent le sabre à la main et firent mine de vouloir charger. « Ne bougez pas, crièrent les paysans, si vous avez vos sabres, nous avons nos fourches. »

Ils restèrent en place, et comme l'un d'eux parlait français, on s'entendit. Ils rendirent les deux chevaux, on rouvrit la porte, et ils partirent ventre à terre du côté de Citry, à six kilomètres de là. Il revinrent bientôt, car tout n'était pas fini, comme on aurait pu le croire. Il fallait qu'on expiât dans le village la fantaisie qu'on avait eue de ne pas se laisser voler :

« Le lendemain, lisons-nous dans une lettre qui fut écrite peu après au *Journal de la Vienne*, vers neuf heures du matin, nous vîmes passer à la Ferté environ cent cavaliers, le pistolet au poing, escortant quatre grands chariots de l'Alsace, attelés de deux chevaux. Dans chaque chariot il y avait au moins vingt fantassins.

» Tout le monde se demandait ce que cela voulait dire. On sut bientôt qu'ils se rendaient à Chamigny pour piller les habitants, qui leur avaient tenu tête la veille.

» Ils ont commencé par y prendre tout le monde et l'enfermer dans l'église. Ceux qui ne voulaient pas aller de bon gré étaient frappés à coups de crosse de fusil et de plat de sabre; plusieurs ont été blessés.

» Un jardinier a eu le bras cassé d'un coup de plat de sabre; un autre habitant ne voulant pas se laisser voler ils l'ont saisi et torturé; la femme, accourue au secours de son mari, a été traitée de même : elle a reçu un coup de crosse en pleine poitrine. Ils ont pris son enfant dans le berceau, l'ont jeté à terre et foulé aux pieds...

» Ils ont dévalisé complétement un château tout près de là.

» Vers quatre heures tout était fait; le convoi repassait à la Ferté. Des soldats conduisaient un troupeau de moutons, d'autres de vaches. Le plus beau cheval du château pillé était tenu en laisse, garni de ses harnais. Derrière, venait un superbe coupé attelé d'un vieux cheval de labour qui pouvait à peine se tenir sur les jambes. Dans les quatre chariots étaient des porcs, lapins, volailles, etc.

» Enfin, entre deux escouades de cavaliers ivres, marchait une voiture où se trouvaient le curé et le maître d'école avec quelques soldats pour les garder. On les a retenus l'un et l'autre en otages jusqu'à ce qu'ils aient livré les auteurs de ce que les Prussiens appellent une révolte.

» Ils ont haché le coupé en mille morceaux. Les plus ivres de cette bande d'ivrognes étaient les officiers. »

Parmi les réquisitions de toutes sortes dont furent frappés tous les villages, toutes les villes, les plus cruelles, les plus odieuses furent celles qui se prirent aux hommes mêmes, obligés de travailler pour l'ennemi ou de se mettre à son service pour le charroi des munitions de guerre.

« Un fait qui va vous paraître monstrueux, écrivait-on au *Courrier de l'Eure*, c'est l'enlèvement dans une partie de l'arrondissement de Mantes, et dans un rayon de trois à quatre lieues, de plus de cent soixante charretiers avec leurs attelages, dirigés sur Versailles, pour servir aux transports de l'armée allemande...

» Ces malheureux se sauvent nuitamment, abandonnant chevaux et voitures pour venir rejoindre leurs familles sous l'horrible menace d'être fusillés si l'on peut les reprendre.....

» Plusieurs, continue le correspondant, avec lesquels je me suis entretenu, m'ont dit avoir été envoyés à la Ferté-sous-Jouarre, et même plus loin, pour chercher des munitions, poudres et boulets, et des madriers destinés au bombardement de Paris..... »

La ville de Mantes et ses environs, pendant qu'on les dépeuplait par cette levée forcée de travailleurs, étaient eux-mêmes écrasés et serrés à la gorge d'une autre façon. Mantes, quoique l'état-major prussien semblât lui devoir être une sauvegarde, était littéralement en proie à toutes les sortes de ruine :

« Chaque habitant, lisons-nous dans la même lettre, est tenu de nourrir et de loger jusqu'à huit ou dix soldats. Les hôtels et les restaurants nourrissent les officiers, qui n'ont pas payé un centime à leurs hôteliers, depuis six semaines. Notre petite ville en outre, a dû supporter, jusqu'à présent, plus de 200,000 fr. de réquisitions, tant en argent qu'en nature.

» Jugez, par ce fait, quelle doit être la situation des villages avoisinants, qui ne sont pas, comme nous, protégés par l'état-major ! »

A Saint-Cloud, à Bellevue, nous l'avons dit plus haut,

à Garches, à Sèvres, à Villeneuve-Saint-Georges, etc., presque toute la population qui restait avait été enlevée de force, et conduite de nuit, soit à Versailles, ainsi qu'on l'a vu, soit à Corbeil. Quelques habitants des plus valides, et la plupart ouvriers, avaient seuls été gardés par les Prussiens. Pourquoi ? pour travailler à leurs redoutes, et s'y tenir la pioche en main, au premier rang, sous le feu de nos batteries, faisant ainsi tout à la fois, pour les Prussiens, fonction de machine à terrassement et de bouclier !

Un de ces hommes, nommé Pierrat, qui habitait ordinairement Saint-Cloud, et qu'ils avaient ainsi gardé, put rentrer à Paris dans les derniers jours de novembre. Ce n'est pas qu'il se fût échappé, mais il avait été pris assez gravement de la petite vérole ; les Prussiens, qui craignaient la contagion, nous en avaient donné la préférence, en le conduisant eux-mêmes, deux jours après que le mal se fût bien déclaré, en vue de nos avant-postes, d'où il fut porté à l'hôpital Beaujon.

C'est là qu'il raconta tout ce qui était arrivé, à lui et à tous ceux qui avaient partagé son odieux travail et ses dangers.

« Nous avons écouté avec indignation, dit un des journalistes qui purent l'entendre (1), le récit des cruautés que subissent les malheureux paysans qui, n'ayant pas fui devant l'invasion de ces barbares, sont restés leurs prisonniers et travaillent chaque jour à leurs ouvrages sous le feu de nos forts.

» Pierrat a eu pour compagnons d'infortune plusieurs habitants de Bagneux, Châtillon et Clamart, qui actuellement sont employés aux rudes travaux de terrassement qu'exécutent nos ennemis à Montretout.

» Chaque soir, paraît-il, ces pauvres paysans sont conduits dans les caves de l'hospice de Saint-Cloud, où ils passent la nuit, après avoir mangé une maigre ration de viande salée.

---

(1) *Petit Moniteur universel*, du 27 novembre 1870.

» Le lendemain, escortés par des escouades de vingt hommes, ils reprennent leur rude labeur sous le feu du Mont-Valérien.

» Pierrat nous affirme qu'il y a huit jours le nommé Rué, de Clamart, en traînant une brouette derrière une batterie de Montretôut, a été tué par un obus de notre forteresse. »

Les réquisitions d'argent eurent parfois les motifs les plus futiles, ou les plus bizarres.

A Étampes, pour un fil télégraphique rompu, combien pensez-vous qu'on imposa à la ville, quoique rien n'eût prouvé que cette rupture était le fait de la malveillance ? 40,000 francs. Dix membres du conseil municipal furent pris en otages, et emmenés à Orléans. Après bien des instances, dont le demi-succès fut dû surtout à l'un des prisonniers, M. Breuil, les Prussiens voulurent bien se contenter de la moitié de la somme.

A Chantilly — que nous laisserons, comme il y fut si longtemps, dans l'Ile de France, quoique sa position dans l'Oise en fasse à présent une ville de Picardie,— à Chantilly, ce fut plus fort : pour un chien perdu, l'officier auquel il appartenait fit menacer la ville d'une imposition de 2,000 francs, si on ne le retrouvait pas. Comme toutes les recherches furent inutiles, on paya.

Ce qui s'y passa, quelques jours après la capitulation de Paris, à propos d'une chasuble, fut plus grave.

« La ville de Chantilly, lisons-nous dans une lettre écrite peu après, avait été imposée d'une somme de 25,000 fr., parce que le curé s'était refusé à prêter sa chasuble et le concours de ses enfants de chœur à l'aumônier d'un régiment posnanien qui voulait célébrer un *Te Deum* pour fêter la capitulation de Paris.

» La malheureuse ville si éprouvée ne pouvait réunir la somme exigée par le commandant prussien.

» Déjà le maire, les adjoints et plusieurs habitants avaient été incarcérés, quand un officier anglais, M. le colonel M. D..., propriétaire à Chantilly, offrit spontanément d'avancer ladite somme à la commune.

» Il s'est, en effet, empressé de venir à Paris pour toucher 25,000 chez son banquier et est reparti immédiatement pour Chantilly, afin de verser la rançon des malheureux édiles.

» Tout en payant, il paraît que le colonel M... ne s'est pas gêné pour caractériser les procédés de l'ennemi. « J'ai fait la guerre dans les Indes, aurait-il dit, et dans » d'autres pays, mais nulle part je n'ai vu le pillage orga» nisé comme dans l'armée allemande. »

III

Le chapitre des dévastations sera, pour cette partie de la France comme pour les autres, le plus étendu, le plus varié : dévastations avec destruction complète, à l'aide de l'incendie, pour faire disparaître les traces du pillage, et laisser croire à l'anéantissement et non au vol des choses enlevées, dévastations avec souillures, presque toujours la même, et les plus immondes, les plus déshonorantes pour ceux qui ne rougirent pas de se les permettre ; dévastations avec profanation et même sacrilége : tout y fut.

Il y en eut même, par endroits, sans but défini, pour le brutal plaisir de briser et de démolir, cas assez singulier, mais qui n'étonne pas plus de la part d'un barbare, qu'il ne surprend de la part d'un enfant.

Lessing l'avait prévu dans une de ses fables, sans se douter certainement que ses compatriotes y pourraient servir de déplorable exemple, et que la civilisation en tirerait contre eux une assez triste morale :

« Mais parle, disait le saule au buisson, pourquoi donc as-tu tant d'avidité pour les habits des passants? quel secours en peux-tu tirer? — Aucun, dit le buisson, aussi je ne prétends pas à les prendre, je ne veux que les déchirer. »

C'est ce que firent souvent les vandales de la Prusse, aux environs de Paris; mais plus souvent encore, ne l'oublions pas, « ils prétendirent à prendre, » en dévastant, et s'en acquittèrent bien.

Leur pillage avait ses nuances, ses catégories ; ils avaient mis, avec l'aplomb goguenard qu'ils prennent quelquefois, pour égayer leurs jeux de vandales et de huns, je ne sais quel ordre dans leur abominable désordre.

Le *Times*, qu'il faut toujours croire, quand par exception il ne les vante pas, nous renseigne sur leur façon d'étiqueter, après la dévastation, et suivant la dîme prise, les malheureuses bourgades dévastées :

« Rien, dit-il (1), ne peut donner une idée de l'état des villages et des hameaux dans les environs de Paris.

» Ils sont maintenant divisés en catégories. Les Allemands les désignent familièrement par les expressions suivantes :

» N° 1, la ville de A : *assez joliment pillée*.

» N° 2, la ville de B : *modérement pillée*.

» N° 3, la ville de C : *complétement nettoyée*.

» Il faut parfois, ajoute avec mélancolie le correspondant anglais, un coup d'œil sûr, et une grande expérience pour distinguer les différences qui constituent les degrés de la misère. »

La catégorie 3, celle des villages « complétement nettoyés, » comme disaient ces élégants voleurs, fut la plus remplie. Je ne vois même pas trop quels bourg et quels hameaux, quelles maisons de campagne ou quels châteaux placer dans les deux autres.

Est-ce Bourg-la-Reine? est-ce l'Hay? est-ce Sceaux? est-ce Villeneuve-Saint-Georges? est-ce Plessis-Piquet

---

(1) N° du 30 décembre 1870.

est-ce Sainte-Geneviève-des-Bois ? qu'il faut ranger dans la catégorie 1, des villes « assez joliment pillées?» Oui, si par joli pillage, ces messieurs entendent dévastation complète et vol sans merci.

D'un autre côté, est-ce Maisons-Laffite ? est-ce Roquencourt ? est-ce Chambourcy ? est-ce Queue-en-Brie ? est-ce Livry ? est-ce Ecouen ? est-ce Enghien ? est-ce Louveciennes ? est-ce Bougival ? est-ce Meudon? est-ce Bellevue ? est-ce Velizy ? est-ce La Celle Saint-Cloud ? est-ce Montretout? est-ce Viroflay, est-ce Sèvres? est-ce Ville d'Avray ? est-ce Saint-Germain ? est-ce Saint-Cloud ? est-ce Saint Cyr ? est-ce Versailles même, qu'il faut mettre dans la catégorie 2 : « les villes modérément pillées ? »

Non, car dans tous ces endroits, si nous ne trouvons pas le pillage absolu du pays entier, nous y trouvons du moins, en de très-nombreuses parties, les plus riches toujours, et les plus importantes, ce que ces messieurs appellent « le nettoyage complet. »

On se salit étrangement à nettoyer ainsi !

IV

A Corbeil, un de leurs premiers points d'arrivée aux environs de Paris, ce fut un beau début de pillage : ils commencèrent par enfoncer les portes des maisons à coups de hache, puis ils firent main basse sur les meubles, les pianos, les glaces, les pendules, le linge, etc. Quand l'entassement du butin fut fait, les officiers y vinrent lever leur dîme. Ils prirent tout ce qui était à leur convenance, et le firent charger sur des voitures, venues exprès. Les soldats enlevèrent le reste, ou le brûlèrent (1).

---

(1) *Recueil de Documents*, etc., p. 34

Plus tard, après l'armistice, la ville qu'ils n'avaient cessé de presser, fut saignée encore et cette fois à blanc, comme on dit. Après une dernière contribution communale de 37,000 francs, elle se croyait quitte ; mais les garçons de recette de la Prusse revenaient dès le lendemain, avec une nouvelle traite : il s'agissait de 101,000 francs !

La veille, la commune avait payé son propre impôt ; il lui fallait payer à présent sa contribution d'arrondissement, sa part dans les réquisitions imposées au département de Seine-et-Oise ; et qui plus est, se constituer responsable des sommes qui seraient ainsi réclamées à l'arrondissement tout entier.

Elle refusa d'abord, mais sur la menace que sa garnison serait doublée, avec haute solde à ses frais, pour les officiers et les soldats, elle se soumit au payement. Les seules concessions qu'on lui fit, c'est qu'elle ne payerait que pour elle-même, et en trois fois, avec quelques jours d'intervalle pour le versement de chaque tiers. Le dernier fut payé le 14 mars.

Longjumeau, qui après une occupation de plus de quatre mois, avec réquisitions presque quotidiennes, s'était trouvé hors d'état de fournir à cette suprême et impitoyable saignée, subit le sort dont Corbeil n'avait eu que la menace. Le lendemain de la dernière sommation, la garnison prussienne y était doublée, et l'on exigeait de la pauvre petite ville, tant pour les nouveaux garnisaires que pour les autres, une solde de 6 francs chaque jour par officier, et 2 francs par soldat !

A Antony, les contributions supplémentaires, seul bénéfice que nous eût valu l'étrange armistice signé par M. Jules Favre, se compliquèrent, comme en bien d'autres endroits que nous signalerons, d'un surcroît de dévastation et de pillage. Les Allemands sentaient la paix venir, et ils se hâtaient d'emporter, sous le couvert de ses prémices, ce qu'ils n'avaient pas eu le temps de prendre pendant la durée des hostilités.

Peu leur importait que les grands Docteurs du droit des gens, Grotius et même Wattel, qui est leur apôtre ordinaire, mais qu'ils n'écoutent bien que quand il conseille mal, eussent formellement dit que pendant tout armistice ou trêve, il doit y avoir interdiction absolue d'actes hostiles aux biens et aux personnes (1) : ils ne pillèrent que mieux. Après la signature des préliminaires ils pillaient encore.

Un propriétaire d'Antony, M. Tellier, les trouva, chez lui, qui commençaient de cette façon, à grand renfort d'emballage, la mise à exécution du traité : meubles, objets d'art, tableaux, linge, literies tout y passait, tout s'escamotait sous l'adroite main des Bavarois, qui furent toujours les plus habiles pour la prestidigitation du pillage.

M. Tellier fit les remontrances et les réclamations qu'il fallait; mais quand il vit que les pillards n'en allaient que plus vite et que bientôt tout aurait disparu dans les immenses caisses apportées par les maraudeurs « suivant l'armée, » qui semblaient avoir pris toute cette dévastation à l'entreprise; il courut chez l'officier supérieur, qui commandait la division. L'unique réponse à ses plaintes fut un gros ricanement, et quelques mots, où il crut comprendre que si la guerre était finie, son droit durait encore (2).

Il n'est pas la seule chose funeste qu'elle ait perpétuée, cette guerre maudite. Dans ces mêmes parages, un autre fléau menace de renouveler et d'éterniser le sien. Après les massacres, les Prussiens en partant, ont laissé, à dessein, des amas d'infection, d'où la mort peut encore sortir.

« Le pays, écrivait le 9 mars dernier un habitant d'Antony, est entièrement saccagé, mais non contents d'avoir enlevé tous les meubles et pillé les maisons, les Prussiens

---

(1) Grotius, Liv. III, ch. 21, § 6. — Vattel, § 255.
(2) M. Daffis, l'éditeur, retournant à sa maison, près d'Antony, où ils étaient encore, y fit remarquer l'absence de plusieurs meubles : « Ils sont chez le voisin, » lui dit-on. Il y alla sans rien trouver. Le voisin, c'était l'Allemagne.

ont empoisonné les puits de chaque maison, en y jetant des tripes de bœuf et de mouton, puis ils les ont remplis de fumier; de sorte qu'il est difficile de se procurer de l'eau potable pour le moment.

» Sera-t-il possible de les désinfecter? c'est douteux.

» Ils ont aussi accumulé au pont de la rivière de Bièvre, qui passe à Antony, une telle quantité de détritus de viande et de saletés, que l'écoulement des eaux est intercepté.

» Si l'administration ne s'en occupe au plus vite, il ne sera plus possible d'habiter le pays à cause des émanations putrides. »

Je ne sais si Bourg-la-Reine, comme Antony, sera achevé par cette peste imminente, mais quand je le vis, le 3 février, cinq jours après la signature de l'armistice, il était bien malade. Pauvre bourg, naguère si riche et si charmant, de notre chère Ile de France! il n'avait plus figure française. Le Bavarois s'y trouvait partout, du château à la chaumière, et de la ferme à l'auberge. C'était l'hôte unique, inévitable. Les rues mêmes n'avaient plus leurs anciens noms. Pour compléter le travestissement en bourgade prussienne de ce malheureux village de la banlieue de Paris, on avait barbouillé au coin des rues principales ces inscriptions : rue Moltke, rue Bismark!... C'était navrant à voir, mais ce l'était encore plus d'entendre le concert que ces enragés de musique se donnaient, à journée faite, dans la grande salle du restaurateur de la Grand'Rue, où ils avaient transporté tous les pianos qu'ils n'avaient pas brisés ou brûlés, car ils brûlèrent et brisèrent beaucoup à Bourg-la-Reine.

Quant à voler, cela va sans dire : il en faut d'autant moins douter que les occupants, comme on l'a vu, étaient des Bavarois.

Un habitant, avant de partir, avait eu soin d'étiqueter tous ses meubles. Sur chacun, il avait collé par derrière ou dessous son nom et son adresse. Au retour, il n'en retrouva pas un chez lui; il s'en doutait, et il alla de maison en maison à la recherche de ses épaves. Il retrouva les plus grosses, ses meubles les plus lourds; mais tout ce qui était facilement transportable avait disparu et était bien loin. Il avait compté sur un déplacement d'une rue à l'autre, mais non sur un déménagement de France en Bavière !

Un pensionnat de demoiselles, tenu par des sœurs et célèbre dans le pays, avait paru, pendant quelque.temps, n'avoir rien à craindre. La supérieure se croyait, elle et ses élèves, en toute sécurité, avec ces bons Bavarois, catholiques des plus fervents, qui tenaient l'église dans un état de propreté parfaite, et qui, tous les dimanches, y exécutaient une belle messe militaire, avec accompagnement de trombones.

Sa confiance, comme on va voir par le récit suivant, que nous empruntons à l'*Opinion nationale*, était mal placée. Hâtons-nous pourtant de dire qu'elle en fut quitte pour la peur... et pour un vol.

« Un jour, le commandant prussien se présente et la prévient qu'il ne saurait plus répondre de la discipline de ses soldats; que religieuses et pensionnaires pourraient bien courir tous les dangers imaginables, et qu'enfin il lui conseille, à elle et à tout son monde, un prompt départ.

» Il les engage à se réfugier à Longjumeau.

» La supérieure émue, fit d'abord quelques objections. Elle confia à l'officier que la maison était dépositaire des effets précieux d'une partie des habitants, et demanda si elle pouvait compter qu'une fois les religieuses parties, la maison, avec ce qu'elle contenait, serait au moins respectée.

» L'officier assura qu'on ne toucherait à rien, et les pauvres sœurs se mirent en route.

» Elles étaient à peine hors de vue, qu'une nuée de soldats s'abattit sur le couvent et le mit au pillage. »

La règle de ces larrons, qui avaient discipliné le vol, ou qui tout au moins y avaient admis des nuances, était que si l'on devait des égards à une maison habitée, l'on n'en devait aucun à une maison désertée. Pour piller le pensionnat de Bourg-la-Reine, tout à l'aise et comme on voulait, il fallait donc qu'il fût abandonné.

L'avis obligeant du chef n'avait pas d'autre but, il réussit : il eut pour effet l'évacuation du couvent, qui une fois vide, devint une proie presque légale, d'après leurs principes, et fut, comme tel, pillé en conséquence.

Ainsi, tout était réfléchi et de sang-froid dans ces actes que l'irréflexion d'un emportement quelconque serait seule capable de justifier un peu.

Un autre genre de calcul, dont nous avons déjà des exemples, celui de l'industriel allemand, profitant de ce qu'il a la force, comme soldat, pour ruiner sur place un concurrent français, eut aussi là son odieuse satisfaction.

Une des usines les plus importantes de Bourg-la-Reine était la grande fabrique de bougies. Parmi les chefs de la landwher bavaroise, il s'y trouva sans doute, en garnison, quelque gros industriel de Nuremberg, de Stein, de Schwabach ou d'Augsbourg, qui travaillait dans le même genre, et à qui cette fabrique rivale s'était dénoncée de loin par un succès qui lui faisait envie.

Ce qui est certain, c'est qu'un jour elle se trouva détruite : moules, outillage, tout avait disparu. Les avait-on brisés, ou emportés en Bavière ? Ce dernier cas est le plus probable ; on n'en sera sûr que lorsque le *landwheriste*, redevenu fabricant, osera nous envoyer de ses produits perfectionnés avec l'outillage volé à Bourg-la-Reine.

« La guerre qu'ils nous font, dit avec raison pour conclure le journal cité tout à l'heure, est aussi une guerre industrielle et commerciale. »

Choisy-le-Roi, où tout fut aussi impitoyablement pillé, et qui eut, pour surcroît, la douleur de voir s'installer dans ses boutiques, à la place des marchands, les juifs de tous métiers et de tous trafics, dont les tribus suivaient l'armée allemande, Choisy servait comme d'entrepôt pour le pillage. C'était le quartier général du vol et du recel.

C'est là que tout affluait, des mille points de cette banlieue dévastée, pour être emballé et expédié en Allemagne.

Une grande partie du mobilier d'un riche propriétaire de la route de Bourg-la-Reine à l'Hay s'écoula par là.

D'abord, il avait été transporté à Bourg-la-Reine même, pour y meubler la *commandature* bavaroise. Après les préliminaires de paix, lorsqu'il dut être rapporté à son propriétaire, ce qui s'y trouvait de plus facile à enlever se trompa de route, s'en alla vers Choisy, et, de là, jusqu'en Allemagne, après une simple halte d'emballage.

L'admirable collection que le docteur Hache, beau-frère de M. Ingres, avait à l'Hay, prit le même chemin. Rien ne resta du trésor qu'il s'était fait avec les tableaux, les dessins, les portraits de famille, laissés par le maître.

Sceaux, qu'on avait cru d'abord tout à fait épargné, ne l'avait été que peu de temps, pour être ensuite d'autant plus ravagé. Le général bavarois dont la présence y servait de sauvegarde, était parti, à peine installé, pour Orléans, où il resta ; dès lors Sceaux eut le sort commun (1).

Sous prétexte de défenses, dont ils n'eurent jamais besoin, les Prussiens y crénelèrent tous les murs extérieurs, et qui pis est, détruisirent tous les intérieurs. Il leur fallait, en cas de fuite, des communications d'une maison à l'autre. Ils les multiplièrent à tel point que, dans la plupart des ues, on peut faire un long trajet en traversant d'enfilade toute une ligne de maisons.

La recherche de l'argent fut leur plus active occupation :

---

(1) Auprès est le château de M. Textoris. Le comte de Lissa, qui le prit pour lui, s'étonna de n'y trouver ni tapisseries, ni tableaux, et fit tout remettre en place. La vue lui en fut si agréable, que, partant pour une autre destination, il les fit porter dans les voitures du maître, avec promesse de tout renvoyer : on attend encore tapisseries, tableaux et voitures ! — Du même côté, la collection de M. de Bastard, l'architecte, eut le même sort. De plus, il la vit emballer. Il demanda qu'on lui laissât prendre au moins le dessin, son prix de Rome et le portrait de sa fille : « Impossible, lui dit-on, c'est catalogué. »

le terrain des caves bouleversé, les murailles entaillées en tous sens, à coups de pic, les placards défoncés, les feuilles de parquet enlevées, sont une preuve de l'ardeur qu'ils apportèrent dans cette honorable perquisition.

Quand un parquet avait été ainsi sondé et effondré, ils se gardaient bien d'en remettre les débris en place ; ils les brûlaient ; souvent même ils arrachaient les lambourdes pour les brûler aussi. Le bois, pourtant, ne leur manquait pas ; ils avaient mis en coupe tous les taillis de Verrières, mais ils le trouvaient beaucoup trop vert, et ils craignent la fumée. La coupe des taillis n'avait été pour eux qu'affaire de défense : ils enlevaient ainsi un repaire aux francs-tireurs qui auraient voulu les surprendre. En taillant d'ailleurs en pointe, comme ils l'avaient fait, tous les jeunes arbres à un mètre du sol, ils rendaient toute approche difficile sur le terrain ainsi hérissé.

Ils étaient vandales jusque dans leurs précautions.

Quoique grands admirateurs de la Bible, où Moïse, dans un passage recommandé par Grotius, dit que les ravages de la guerre ne doivent pas s'étendre jusqu'aux arbres fruitiers, et que les deux armées en campagne doivent, autant que possible, les préserver; ils ne se faisaient pas le moindre cas de conscience de couper au ras du sol des vergers entiers, des pépinières considérables.

Dans un des faubourgs d'Orléans, où cette culture est faite avec un soin tout artiste, nous avons vu des barricades longues d'un demi-kilomètre, construites en entier rien qu'avec les abatis de ces arbres utiles ou précieux. De même à Sceaux. Tout ce qu'ils y trouvèrent d'arbres dans les jardins et les vergers fut jeté bas sans examen et entassé pour couper les routes ou les sentiers.

Pour leurs redoutes, ils trouvaient mieux, sans avoir besoin de quitter les jardins : « Afin d'aller plus vite, les artilleurs les ont bâties avec des caisses d'oranger, l'arbre rasé au bas du tronc. »

Nous trouvons ce détail et bien d'autres, dans une lettre écrite au journal le *Temps*, où un homme de beaucoup de savoir et d'esprit a raconté la première et douloureuse visite qu'il fit, après le siége, au petit bien patrimonial qu'il possédait à Sceaux.

« Quel spectacle en arrivant, dit-il, jardin sans clôture, grille arrachée, arbres coupés, ustensiles, papiers, livres épars sur l'herbe et dans les lierres. Au bas du perron, en mille morceaux, le marbre blanc d'une grande table. J'entre : plus un meuble ! Plus une feuille des parquets ! Les boiseries de la salle à manger arrachées ! Les armoires des murs anéanties ! Pas une persienne, pas même un châssis de fenêtre ! Arrachés les chambranles des portes ! Dans la cuisine, ils ont renversé la fontaine, descellé et brisé la pierre d'eau, tordu des robinets, et à demi détruit, mais pourquoi faire ? l'un de ces robustes fourneaux qu'on est si heureux, dans les ménages, d'avoir à la campagne.

» Au premier étage, c'est bien plus triste. Je comprends qu'on ait enlevé des chaises, des tables, même des lits. Moi, on m'a tout emporté, jusqu'aux vieilles armoires à linge, le meuble héréditaire. A la lettre, il ne m'a pas été laissé large comme la main de ce que je possédais.

» Mais mes papiers, mes cartes, mes livres, qu'est-ce que cela leur avait fait ? A quoi cela pouvait-il leur servir ? De cinq mille volumes, il en reste quelques centaines déchirés, salis, traînés de pièce en pièce et pêle-mêle, imbibés d'eau, de poussière et de plâtre.

» Ces gens ne pouvaient pourtant me croire riche. J'avais, en effet, des livres rares et même de presque uniques, fruit de quinze ans d'économies et de recherches ; mais la parure n'y était pas. C'était plus tard que je devais les habiller, si Dieu voulait le permettre. De modestes rayons de sapin courant autour de deux pièces témoignaient de la médiocrité de ma fortune. N'importe, ils ont tout pris, et je ne saurais peindre dans quel état vraiment se trouve ce qui a été laissé sur place.

» Des excréments bavarois souillent les pages ouvertes de l'édition originale de *Jocelyn !* »

C'est le dernier mot de la barbarie immonde, de la sauvagerie dégoûtante et bête.

Nous n'en trouverons pas qu'ici les traces ignobles ; et, quoi qu'il nous en coûte de relever de telles ordures, partout où elles seront, nous les montrerons du doigt. Il faut avoir le courage de prendre le Prussien sur le fait de ses actes, même les plus répugnants, et comme on dit, de lui mettre le nez dans toutes ses hontes.

En attendant, suivons jusqu'au bout notre guide dans les ruines de sa maison ; écoutons la fin de la page navrante qu'il y a écrite :

« L'escalier était rompu à partir du premier. Il a disparu entièrement.

» Je n'ai pu aller dans la chambre de ma fille, mais je sais à quoi m'en tenir sur l'état des lieux. Le pillage avait fait le vide avant de descendre......

» Il n'y a pas plus de fenêtres à cet étage qu'aux autres, et le vent et la pluie seuls y sont chez eux. »

Prendre tout ce qui s'emporte, gâter et souiller tout ce qu'on laisse, comme inutile : voilà le programme allemand. Il fut exécuté, pour le second point, avec la saleté réglementaire, dont vous venez de voir un exemple ; et, pour le premier, avec un soin, une minutie de rapacité sans pareils.

Rien de ce qui avait du poids ou du brillant, et pouvait se vendre en bloc ou au détail ne leur échappa. Le moindre morceau de cuivre doré les attirait, comme les sauvages la verroterie. Guéridons, commodes, secrétaires où ils en trouvaient, comme ornements, en boutons ciselés, entrées de serrures, etc., étaient aussitôt dépouillés. Faute du meuble, trop lourd à emporter, ils en enlevaient au moins la garniture. Les juifs ferrailleurs qui les suivaient en faisaient d'ailleurs on ne peut mieux leur affaire ; ils les achetaient au poids un assez bon prix. Il n'est pas resté dans toute la ville de Sceaux et ses environs un seul meuble avec ses ferrures, une seule fontaine avec ses robinets, une seule pompe avec ses tuyaux de plomb. Les fourgons de l'armée bavaroise, quand ils en partirent, avaient l'air du quai de la Ferraille ou de la rue de Lappe en déménagement.

L'argent s'en était allé le premier. Dès l'arrivée, tout ce qu'il était possible d'en réquisitionner avait été pris, ce qui n'empêcha pas qu'au départ, les Prussiens en voulurent encore.

Lorsque sous la protection, à peu près dérisoire, de l'armistice, Sceaux se fût tant bien que mal repeuplé, les Prussiens, voyant revenir des habitants et du butin, se dirent qu'avec quelques exigences utilement faites, ils pourraient encore fort bien saigner cette nouvelle proie ; et ils exigèrent. Sceaux fut frappé d'une contribution de 350,000 fr. Il y eut résistance, mais aussitôt menace de pillage. Le conseil municipal prit alors le parti de se résigner : il se fit prêter la somme par un banquier de Paris, et paya.

Il en fut ainsi pour presque tous les villages de Seine-et-Oise et de Seine-et-Marne, pendant cette trêve plus ruineuse que la guerre, dont elle aurait dû pourtant arrêter ou du moins suspendre les calamités. Jusqu'à Meaux, sur toute la ligne, les villages, même ceux qui relativement n'avaient pas encore trop souffert, furent écrasés pendant l'armistice. Contributions, réquisitions, y plurent comme grêle, s'attaquant aux caisses municipales d'abord, puis à la bourse et aux granges des particuliers.

Pour chaque bourg de huit cents âmes, la contribution n'allait jamais à moins de 40,000 fr. : c'était le tarif.

Pour une population moindre, on demandait la moitié ou plus. Ainsi, Villenoy, près de Meaux, pauvre petit village qui ne vit guère que du commerce des feuilles de mûrier pour les magnaneries voisines, fut imposé à 22,000 fr.

Son conseil municipal refusa, car où les trouver? Les Prussiens alors se saisirent du maire, et l'emmenèrent en jurant qu'ils ne le rendraient que contre la somme exigée. C'était le 20 février, ils donnèrent jusqu'au 24 pour la trouver, et dirent que si elle n'était pas prête quand ils reviendraient, ils engloberaient dans un seul encan tous les meubles du village ; les juifs à leur suite se les feraient adjuger, jusqu'à concurrence des 22,000 fr. requis, et les chargeraient pour l'Allemagne, dans leurs charrettes.

On fit à Villenoy, ce qu'on avait fait à Sceaux : la somme fut empruntée chez un banquier de Paris, et voilà le malheureux bourg endetté pour bien des années !

A Villeneuve-Saint-Georges, les Prussiens n'eurent pas plus de pitié. Ils s'y attaquèrent surtout au château de Beauregard, si bien en vue au-dessus du village. Un grand nom, le nom de Balzac, dont la veuve en a fait une habitation princière, aurait dû lui être une sauvegarde. Au contraire, ces érudits, ces lettrés, qui sont arrivés à la littérature sans passer par la civilisation ; ces savants, qui n'ont appris que pour savoir où mieux détruire et où mieux prendre, ne virent là qu'une occasion de satisfaire tout à la fois leur rapacité et leur haine. Le nom de l'homme dont ils allaient piller la veuve ne leur fut qu'un encouragement, un aiguillon de plus. En mettant tout au pillage, ils piétineraient là sur une gloire française : c'était double plaisir, double triomphe !

M. Jules Lacroix, qui est, par sa femme, le beau-frère de madame de Balzac, a déjà fait bonne justice de leur ignoble conduite à Beauregard dans une lettre éloquente et indignée à notre confrère Sarcey. Bertall en a parlé à son tour, et avec plus de détails, dans une chronique du journal le *Soir*. Nous en détacherons quelques lignes, dont il nous a de vive voix confirmé l'entière vérité:

« En un clin d'œil, tout fut à bas : les chevaux furent

logés dans les salons du rez-de-chaussée ; les tableaux emmagasinés, les serres détruites, les arbres coupés.

» Un magnifique buste en marbre blanc de Bartolini, le grand sculpteur italien, un chef-d'œuvre, le portrait de madame de Balzac encore jeune, fut précipité sur le sol, brisé à coups de sabre et à coups de marteau.

» Le mobilier fut enlevé, dispersé ; tous les objets d'art émigrèrent, comme par enchantement, dans toutes les malles, dans toutes les poches.

» Fenêtres, persiennes, tout disparut ; le sang macula les dalles, le feu rongea les parquets, brisa les glaces, lécha furieusement les boiseries, fit éclater les plafonds et les murs.

» Le château devint une ruine. »

Cela se passait en octobre.

Un mois après, le 27 novembre, les Allemands étaient encore là, qui vivaient sur leur pillage, brisant ce qui restait à briser, emballant ce qui restait à emballer. Deux nouveaux étrangers arrivèrent, l'un en habit bourgeois, l'autre en uniforme d'officier supérieur. Ils venaient pour quelques heures seulement, comme simples visiteurs. Ils parcoururent toute cette dévastation et parurent en avoir le cœur navré ; l'un d'eux surtout, celui qui n'avait pas d'uniforme, en pleurait presque.

Il ramassa au hasard un livre, parmi quelques volumes jetés sur le parquet, et seuls survivants des vingt mille au moins qui formaient la bibliothèque, dont l'emballage pour l'Allemagne avait été fait des premiers. Sur la garde de ce livre, qui était l'*Estelle* de Florian, une bucolique au milieu du plus affreux drame, il écrivit quelques lignes au crayon et le remit à l'homme de confiance que madame de Balzac avait laissé comme gardien du château, et qui n'avait pu être que le témoin impuissant de son pillage. « Vous porterez ce volume à madame de Balzac le plus tôt que vous pourrez », lui dit-il ; et il partit.

« Sur ce livre, continue M. Bertall qui l'a tenu dans ses

mains et a même photographié l'autographe qui le rend si précieux, sur ce livre de pastorale, ramassé au hasard, comme par une de ces moqueries sinistres du sort, au milieu des incendies, du sang et des ruines, on lit ces mots :

« Chère madame de Balzac, ce 27 novembre j'ai visité
» les *ruines* de votre château. *Et dire que nous vivons au*
» *dix-neuvième siècle !*

» Votre protégé,

» D. D. HOME. »

» C'était le célèbre spirite américain D. Home, qui fut jadis protégé, comme il le dit, par la famille de madame de Balzac, dont l'un des membres avait pourvu à son éducation et l'avait aidé dans les commencements de sa carrière.

» Il était venu avec quelque personnage de grande position essayer d'arracher ce toit hospitalier aux fureurs de la guerre.

» Trop tard! il n'avait trouvé que des décombres. »

Le château de la Cour de France, qui n'est pas très-loin de là, auprès de Juvisy, fut un peu plus épargné, sauvegardé qu'il était par l'état-major dont ce fut, jusqu'en février, époque où j'y passai, le quartier général; mais, comme partout, il n'y eut là cependant qu'un sauvetage très-relatif. Quelques parties des communs, entre autres le petit batiment du concierge de la grille sur la route d'Italie, n'en furent pas moins complétement incendiées, le parc ravagé, les statues de marbre du jardin presque toutes jetées à bas de leur piédestal et brisées. Quant à la magnifique galerie de tableaux que s'y était faite le propriétaire actuel, M. le comte de Montessuy, il va sans dire qu'en février, il y avait déjà longtemps qu'elle était partie pour l'Allemagne.

A Villeneuve-Saint-Georges, la belle bibliothèque dont M. Duruy s'était fait suivre dans son château avait émigré tout aussi vite, et celle de M. Cocheris, à Sainte-Geneviève-des-Bois, n'avait pas tardé davantage. Quand le laborieux érudit put quitter Paris, où ses devoirs de bibliothécaire l'avaient retenu pendant tout le siége à la bibliothèque Mazarine, et retourna dans la commune de Sainte-Geneviève, dont il est maire, il ne retrouva pas un seul volume de la riche collection qu'il avait amassée avec tant de soin, de travail, d'amour.

Il y eut là, nous a-t-il dit lui-même, pour soixante mille francs au moins de livres perdus; et avec eux, ce qui lui saignait surtout le cœur, pour combien d'années de cher travail et d'irréparable bonheur! Ses manuscrits avaient disparu comme le reste : un glossaire latin presque achevé, qui eût été la suite, le complément de celui de Ducange; la plus grande partie des notes toutes prêtes pour l'achèvement de l'édition, si richement augmentée, de l'*Histoire du diocèse de Paris*, par l'abbé Lebeuf, dont il ne nous a encore donné que les quatre premiers volumes; un grand travail géographique sur la France du moyen-âge, etc., etc.

Soyez sûrs qu'un de ces travaux tout prêts nous reviendra quelque jour de Bavière — ce sont des Bavarois qui occupaient Sainte-Geneviève-des-Bois — signé de quelque gros nom tudesque.

Autrefois, les Allemands se contentaient de fourrager dans les mémoires de notre *Académie des Inscriptions* et d'y prendre toute faite l'érudition qui a commencé leur renommée de savoir, et entre autres établi à peu de frais l'originalité de leur Niebhur. Aujourd'hui, ils ne pillent plus seulement nos savants dans leurs livres; ils les pillent chez eux.

Le pédantisme, qui est, avec l'esprit de rapine, un de leurs plus chers instincts, aura, lui aussi, trouvé ainsi sa satisfaction dans cette guerre; à tous les autres genres de vol, il aura ajouté l'un des plus honteux et des plus lâches, le plagiat.

A Plessis-Piquet, chez M. Bréton, l'un des gendres et des successeurs du riche libraire Hachette, le pillage se fit assez tard. Les Bavarois avaient voulu jouir sur place des meubles, des livres, des tableaux de la magnifique villa, avant de les emporter.

Quand, le lendemain de l'armistice, M. Bréton y accourut, l'emballage ne faisait que commencer. Il trouva sa cour pleine d'Allemands de tous baragouins, Bavarois et Juifs, qui mettaient en caisse ses collections, ses livres, ses pendules, etc. Il réclama, il s'emporta, on feignit de ne pas entendre son français. Le général qui résidait à Choisy-le-Roi, et près duquel il se rendit alors, mit un peu plus de bonne grâce à le comprendre, mais non à lui répondre. Il n'en put tirer que ces mots plus que brutaux : « Tant pis pour vous ! il fallait ne pas quitter votre maison pendant le siége ! »

Il est vrai qu'entre le propriétaire qui était resté pour garder sa maison, et celui qui s'en était absenté, la laissant à l'aventure, il y avait quelque différence, mais bien faible le plus souvent : une simple nuance. On en va juger par une lettre que traduisit du *Times* (1) le journal le *Français*, et dans laquelle un propriétaire de ces mêmes parages raconte ce qu'il advint de sa maison où il était resté, et des habitations voisines que leurs maîtres avaient abandonnées. On verra que le pauvre homme ne gagna guère à être resté si fidèle à son foyer ; l'avantage d'être un peu moins pillé se compensa amèrement, pour lui, par une douleur qui, d'après ceux qui l'ont subie, était, m'ont-ils dit, la pire de toutes, celle d'assister à son propre pillage et de n'avoir le droit ni de s'y opposer, ni même de s'en plaindre.

« Dans les maisons abandonnées par les habitants, le pillage est complet; pas un meuble qui ne soit brisé; les glaces, les tables, les chaises sont en morceaux. Tout le

---

(1) N° du 24 octobre.

meilleur linge est emporté : les habits, les matelas, les objets de valeur... Et quant aux caves !...

» Le tout est vendu par les soldats aux juifs qui suivent l'armée comme des vautours, et envoient leur butin en Allemagne.....

» Mon voisin N... a dû payer son absence très-cher. On a fait réunir sa vaisselle en tas, et une quarantaine d'individus viennent chaque jour choisir dans ce tas ce qui est à leur convenance. Les voitures des juifs attendent à la porte, et le trafic se poursuit en plein jour. Un soldat vend un lit de fer 1 fr., un matelas 3 fr., un paletot 5 fr., etc. Le fer lourd est emporté dans des charrettes. C'est honteux. »

Voilà pour les absents, qui n'eurent jamais si grand tort qu'avec ces pillards de l'Allemagne. Passons maintenant à ce que le pauvre homme, qui est resté, va nous dire de lui-même et de sa maison, au milieu de ce saccagement :

« Il n'y a plus ici ni bouchers, ni boulangers. Tous les établissements sont occupés par les Prussiens, dont nous sommes, pour ainsi dire, les prisonniers. Nous ne pouvons pas même aller dans un village voisin sans être munis d'un laisser-passer du général, lequel est souvent refusé. Il n'y a plus de vaches, et, par suite, ni beurre ni lait...

» J'ai failli être tué l'autre jour. Dimanche, après-midi, pour commencer, il est arrivé plus de 6,000 hommes. Ils ont envahi ma maison et même la chambre où se trouvait ma pauvre femme malade...

» Ils m'ont pris toutes mes bottes, tous mes souliers, ne me laissant que les chaussons que j'ai aux pieds.

» Ils prennent tout. Ils ont pris mes jambons, mes conserves, une centaine d'œufs que j'avais mis de côté, les chemises qui leur convenaient, mon sucre, mon café, mon chocolat, mon cirage, etc., etc. Enfin la dévastation a été complète.

» Mes vaches ont été tuées et les quartiers distribués, en même temps que mon vin, dans la cour.

» Ils ont pris tout le pain et toutes les provisions, se sont établis dans la cuisine, ont apporté de la paille dans la salle à manger et ne se sont couchés que vers minuit.

» Alors seulement nous pûmes manger les restes d'une fricassée de lapin, sans pain et sans rien boire.

» Vers deux heures, une alarme fut donnée; ils partirent aussitôt, se dirigeant du côté de Paris, où grondait le canon. Ce départ fut si précipité qu'ils ne prirent pas le temps d'éteindre les chandelles coupées par eux en plusieurs bouts, et qui éclairaient la place de tous côtés.

» Mes greniers, mes écuries, ma remise, tout était illuminé comme pour un jour de gala; et un miracle seul a pu me préserver de l'incendie...

» Le dommage éprouvé par notre pauvre petite localité est incalculable. Chaque jour passent des convois de bœufs et de moutons, et des charrettes chargées de fourrage et d'avoine. Mon cœur saigne quand je pense que tout cela vient de mon pauvre pays de Beauce qu'ils tiennent à rançon.

» Avis vient d'être donné que tout habitant trouvé dans les bois sera fusillé.

» Il est exact que les Prussiens ont employé jusqu'à deux cents habitants à la fois comme rabatteurs, et qu'ils vont à la chasse, à la façon des riches propriétaires.

» J'ai établi une ambulance dans une maison qui me procure un peu de tranquillité. J'obtiens de cette façon un peu de soupe pour ma femme et un peu de viande. Mais si cet état de choses se prolonge, nous aurons bientôt la famine au milieu de nous.

» Il faut espérer que les Prussiens voudront bien consentir à nous vendre le pain et la viande qu'ils nous ont volés. »

V

Vous avez remarqué que dans tout ce pillage, le pauvre homme pillé n'a pas parlé du vin. Il s'est contenté de dire :

« Quant aux caves !... » et il a passé, bien certain que son ami comprendrait. Nous devrions en faire autant, et nous en tenir à cette réticence significative, qui dit tout sur l'ivrognerie larronne et insatiable des Allemands, en n'en disant rien. Mais ce serait, réflexion faite, d'une justice trop expéditive. Il est bon que celle que nous tâchons de faire soit plus détaillée, au risque même de quelques redites. Vous n'en avez donc pas fini avec cette partie de leurs prouesses gourmandes et voleuses.

Pour recommencer, voyons ce qu'ils firent à Maisons-Laffite, chez la châtelaine, Mme Thomas de Colmar, dont le nom, quoique d'origine alsacienne, ne leur inspira ni respect ni retenue.

« Au château de Maisons-Laffitte, lisons-nous dans une lettre particulière, ils ont fort maltraité le pauvre garde, qui n'avait rien à leur donner.....

» Ils l'ont conduit à coups de trique à la cave, et là, le pistolet sur la gorge, l'ont forcé à briser tous les cadenas des caveaux, pour prendre 800 bouteilles de bon vin qui s'y trouvaient ; ils ont bu tout ce qu'ils pouvaient, et ont soigneusement emporté le reste, ainsi que les couvertures ; ils ont brisé le secrétaire de la propriétaire, mais, Dieu merci, bien inutilement. »

La lettre ne dit pas de quel grade étaient les voleurs, s'ils étaient simples soldats ou officiers. D'après la valeur du vin, et le soin mis pour l'emporter, je les croirais volontiers d'un assez haut rang dans l'armée allemande.

Les belles proies comme celle-ci n'étaient que pour les beaux grades. Le soldat ne prenait, en pareil cas, que par ordre, et non pour lui. Parfois même, soit honte, soit plutôt mécontentement, il semblait répugner à cette application étrange et perfectionnée du *sic vos non vobis*.

L'écrivain de la *Revue des Deux-Mondes* que nous avons déjà cité, M. H. Pigeonneau, parle de ces vols avec consigne, où le soldat tire les marrons pour que l'officier les croque ; de là il passe à ceux que ces dignitaires galonnés ne dédaignèrent pas de commettre eux-mêmes, de leur noble main ; et il ajoute, pour notre très-vive satisfaction, que partout, en vue d'une enquête générale, bonne note a été prise de ces gentillesses, avec le nom, le grade, et même le numéro du régiment des jolis officiers qui se les sont permises.

Quelque jour tout cela sera écrit et imprimé. La publicité fera sa justice, en attendant l'autre, qui ne manquera certainement pas non plus. Parmi les innombrables volés qui, en ce moment, ramassent leurs morceaux dans toute la France, il s'en rencontrera pour le moins un qui osera traduire en police correctionnelle ou en cour d'assises, pour vol qualifié, quelques-uns de ces triomphateurs. Qu'en résultera-t-il ? je ne sais. Trouvera-t-on un tribunal pour faire le procès ? je l'espère. En tout cas, si j'étais de ces victimes, je tenterais l'aventure, coûte que coûte et par tous les moyens.

Laissons maintenant, pour quelques instants, la parole à l'écrivain, notre guide, en nous réservant de revenir ensuite sur quelques-uns des pillages dont il va nous parler, notamment sur celui de Ville d'Avray :

« Les propriétés abandonnées, dit-il, avaient été saccagées les premières. Les maisons habitées le furent quelques jours après, et il serait trop facile de compter celles que la présence des propriétaires préserva à demi du sort commun.

» Ce qui donnait au pillage son véritable caractère, c'est que le soldat semblait n'être dans cette œuvre de destruction qu'un instrument passif et quelquefois honteux de la consigne qu'il exécutait.

» Partout les officiers se montrèrent les plus âcres à la curée, ou autorisèrent, du moins par leur silence, ce que bien peu auraient rougi d'encourager par leur exemple.

» Malgré les précautions prussiennes, ces déprédations niées avec tant d'impudence n'échapperont pas à la publicité.

» On sait quels sont les officiers supérieurs du 47ᵉ et du 58ᵉ qui, à Ville d'Avray, faisaient vider les caves et emballer les pianos sous les yeux des propriétaires, briser et souiller d'ordures le buste de M. Corot, après avoir dévasté sa maison qui cependant était habitée.

» On sait quels sont les gentilshommes qui ont volé l'argenterie dans la propriété de Mᵐᵉ Furtado, à Roquecourt.

» On sait à quelle famille appartient l'officier qui, après avoir fait main basse sur les statuettes et les objets d'art du château de Champbourcy, invitait ses amis à faire un choix, et à emporter un souvenir de la campagne de France.

» On sait d'où venaient les charitables diaconesses qui, le 8 décembre, dans l'ambulance de la Queue-en-Brie, jetaient au feu les tableaux et les chaises, tandis que les cours étaient pleines de bois sec. »

Ce dernier fait était à peine à relever tant il fut commun. Les Prussiens s'en vantaient eux-mêmes. Ainsi, nous lisons dans une lettre du 2 janvier 1871, à la *Nouvelle-Gazette :* « Nos troupes, qui sont cantonnées dans les villas abandonnées des riches Parisiens, cassent les meubles, chaises, tables, pianos, et les brûlent pour se chauffer. »

Ce n'est donc qu'un cas des plus véniels, surtout par comparaison avec le reste.

Ce qui ne l'est pas, ce qui passe même tout ce qui se fit de plus odieux dans cette guerre, et restera, je crois, comme le dernier mot de l'abomination, c'est l'acte sacriége des Saxons dans le parc du château de Livry.

Nous connaissons assez déjà l'armée allemande pour savoir que rien ne lui est sacré ; jusqu'ici, cependant, nous n'y avions pas trouvé de violateurs de tombes, d'insulteurs de morts. C'est pour les sépultures des environs de Paris qu'ils se réservaient. Au hameau de Fleury, près de Meudon, ils forcèrent le tombeau de la famille Pastoret, et prirent tout ce qui s'y cachait de précieux. A Vélizy, près de Châville, pauvre village de soixante feux, où ils campèrent quinze cents hommes, après avoir tout fouillé, tout profané, même l'église qui, dortoir de plus de cent cinquante d'entre eux, pendant trois mois, leur prêtait ses fonts baptismaux pour éplucher leurs pommes de terre et son maître-autel pour table à manger : ils finirent aussi par chercher jusque dans les cercueils.

Quand les habitants revinrent, après l'armistice, ils trouvèrent leur petit cimetière remué partout, et, au milieu des fosses défoncées, quatre corps morts restés à découvert!

Le sacrilége dont nous voulons parler est encore plus horrible. L'odieux détail, que des personnes du pays nous ont confirmé, en a été donné par un chroniqueur de la *Presse*, d'après l'enquête faite sur les lieux au moment même :

« A Livry, dit-il, près Montfermeil, occupé pendant le siége par les troupes saxonnes, la tombe de l'amiral Jacob a été forcée.

» Le cercueil a été brisé et le corps couvert d'ordures, à plusieurs reprises. Les Prussiens ont ouvert également le cercueil de la femme de l'amiral, le corps a été dépouillé, même de ses derniers vêtements ; des lambeaux d'un châle de cachemire ont été retrouvés sur le sol du caveau et à quelques centaines de pas du lieu de la profanation, sous les fenêtres de l'appartement qu'occupait le prince Albert de Saxe.

» La morte portait au bras un bracelet : il a été enlevé, et, comme les chairs tuméfiées par vingt-deux ans d'embaumement ne laissaient probablement plus glisser le bijou, un coup de sabre a enlevé le dessus de la main.

» Nous avons sous les yeux le procès-verbal de constatation de ce souvenir de l'invasion prussienne ! »

Passons vite sur ces horreurs, très-rares heureusement, même dans cette guerre, qui les prodigua et les commit toutes. Revenons au vol simple, qui en fut le détail le plus ordinaire, j'allais presque dire le plus naturel, tant les Allemands y mettaient d'aplomb, de sans gêne et presque de bonhomie. Parcourez la vallée de Montmorency, on vous dira que dans chaque maison de campagne ou château, ils volaient, comme on se déménage soi-même, avec autant d'aisance et de liberté de mouvements.

Les juifs à leur suite enlevaient les meubles des chambres, les étiquetaient, les emballaient et les expédiaient en Allemagne, sous les yeux « et pour le compte de messieurs les officiers, » avec autant de calme et une aussi parfaite sérénité de conscience que s'ils eussent été des employés de la grande entreprise des déménagements, faisant par ordre du propriétaire même, le transport de ses meubles, de sa maison de campagne à Paris. Où la scène variait un peu, c'est quand il se trouvait une glace trop lourde à emporter. Le propriétaire l'eût laissée; l'Allemand la brisait. Dès qu'il avait été reconnu qu'on ne pouvait utilement l'enlever de place, quelques coups de crosse la mettaient en pièces. Le programme de l'Allemand était de ne rien laisser pas même ses restes !

Dans Enghien, où tant de beaux mobiliers, entre autres celui de M. de Villemessant, devinrent la proie de cette *landwher* déménageuse, qui n'allait en guerre que pour se mettre dans ses meubles, il en fut ainsi pour chaque habitation petite ou grande.

Sannois ne fut pas plus heureux. Le moins qu'on y prit chez tous les habitants ce fut la batterie de cuisine et le linge. Quelquefois, notamment chez M. Paul Chéron de la Bibliothèque nationale, qui ne s'en fût pas consolé, on laissa les livres; mais le linge jamais.

Les va-nu-pieds d'Allemagne avaient encore plus besoin de chemise que de science !

Les réquisitions, pour tout le reste, allaient en même temps leur train. Elles furent énormes dans toute cette riche vallée. Le canton d'Ecouen y fut un des plus écrasés, jusqu'en ses moindres recoins; mais comme si ce n'était pas encore assez, les Allemands, après l'armistice, presque au moment de partir, le frappèrent d'une nouvelle contribution de 291,260 francs, calculée, à vingt sous près, sur le nombre des habitants.

Les maires se réunirent pour statuer sur ce que chaque commune aurait à donner. Or, on jugera par une seule, celle de Saint-Brice-en-forêt, quel nouveau désastre ce dut être pour toutes. Cette commune de 800 âmes au plus, à laquelle le chômage de sa fabrique de blondes, et la ruine de ses pépinières avaient déjà fait perdre au moins un million, dut, sur la somme totale, payer 21,000 francs, qui l'achevèrent.

Il n'est pas un endroit qui n'ait eu ses victimes. Même dans les villages qu'on a cru épargnés, pour peu qu'on regarde mieux, on trouve les traces des vols les plus éhontés. Aucun de ceux que les journaux firent connaître ne fut démenti. Bien plus, quand ils nièrent qu'une maison eût souffert, c'est un démenti tout contraire qui leur arriva.

La *Liberté* avait dit, par exemple, qu'à Louveciennes, le joli cottage de notre ami Francis Wey n'avait subi qu'un déménagement provisoire de ses meubles, portés dans un château à 3 kilomètres de là, où il avait été facile d'aller les reprendre. Francis Wey reçut à ce propos des lettres, dont les compliments le surprirent fort, une entre autres d'un de ses amis, qu'il croyait mieux instruit de son vrai désastre, et auquel il se hâta de répondre :

« Je ne comprends rien à vos félicitations ; vous savez, par moi-même, que j'ai été pillé et volé à fond....

» Il reste chez moi des paperasses foulées aux pieds, une commode sans tiroirs, un buffet sans portes, pas trace de linge ni de vêtements, ni même d'armoire ; pour toute vaisselle un coquetier !... »

Dans la vallée de Chevreuse, à Magny-les-Hameaux, même aventure à peu près, et même démenti. On avait beaucoup souffert dans tous ces parages, notamment à

Dampierre, où les Prussiens prirent le maire en otage, et brûlèrent deux moulins pour venger deux de leurs soldats qu'ils prétendaient avoir été tués. Le bruit courait cependant que plusieurs propriétaires n'avaient pas eu à se plaindre, entre autres, à Magny, notre habile sculpteur d'animaux, Auguste Bonheur, dont la maison, au dire du *Gaulois*, n'aurait pas même été touchée. Savoir qu'on vous dit sauvé et sans aucune perte, quand, au contraire, vous avez tout perdu, est chose pénible, et presque autant que la perte même. Aussi, M. Bonheur ayant plus tard à écrire au *Gaulois* pour un autre fait, ne manqua pas de lui dire :

« Je profite de cette occasion pour vous prier de rectifier une erreur insérée dans votre journal, pendant la guerre, et répétée par plusieurs journaux de province : ma propriété n'a pas été épargnée par les Prussiens ! c'est, au contraire, celle de la localité qui a le plus souffert. »

Le plus douloureux dans cette invasion sans fin et à recommencement continu, pour ainsi dire, c'est que lorsqu'on se croyait délivré on ne l'était pas ; et que lorsqu'on se disait dans quelque coin, jusqu'alors à l'abri des Prussiens : « Nous du moins, nous ne les aurons pas ! » on les voyait arriver, et aussi avides, aussi ardents à piller que s'ils ne s'étaient pas repus ailleurs.

Ce fut le cas pénible de tous les endroits plus rapprochés de Paris, que la guerre ne leur avait pas livrés, mais que l'armistice leur abandonna, en leur permettant d'entrer dans nos lignes. Dans toutes ces localités, où ils n'arrivaient que de par le droit de la paix en espérance et déjà presque conclue, ils furent d'une rapacité aussi insatiable, aussi impérieuse que dans les autres où ils s'étaient installés auparavant, de par le droit de l'invasion.

Que ne prirent-ils pas à Vincennes, dans le village et au fort, où ils n'étaient pourtant que des hôtes de passage, et non des conquérants !

Ils dépecèrent les gouttières de plomb des casernes, ils dépouillèrent les portes de leurs ferrures, ainsi que les fenêtres; ils ramassèrent brin à brin, éclat par éclat les débris d'obus, et livrèrent toute cette ferraille à l'ignoble marchandage dont les juifs, qu'on retrouve partout à leur suite, fournissaient l'argent.

Ils ne pouvaient faire le même trafic pour les gros morceaux trop lourds à emporter, tels que les madriers des plates-formes pour le roulage des pièces, la machine du Polygône pour l'essai des canons, etc.; ils ne les démontèrent pas moins, et ne pouvant les faire enlever utilement ils allaient les détruire, quand l'administration de notre artillerie, passant sur la honte d'un pareil marché, prit le parti de les leur racheter. On leur paya de même, pour en empêcher la destruction, toutes les baraques du camp de Saint-Maur, qui ont coûté plus de 700,000 francs, et dont ils avaient déjà en grande partie arraché les planches pour les vendre ou pour les brûler.

Asnières qu'ils occupèrent en vertu de la même trêve, et par conséquent aussi sans y avoir aucun droit de pillage, fut dévasté cependant avec un soin tout pareil. Nos maraudeurs y avaient passé, et ce fut un crève-cœur pour les nouveaux pillards de voir qu'on leur avait écrémé cette proie. Ils furent assez éhontés pour s'en plaindre!

« Nous arrivons à Asnières, lit-on dans une lettre écrite alors du quartier général prussien, et publiée par l'*Indépendance belge;* nous visitons la maison de l'excellent docteur Levysshon, ce journaliste si estimé de la presse parisienne. Sa maison a été mise à sac par ces pillards de Français. D'un magnifique piano d'Érard il ne reste plus que les morceaux, etc. »

Ici, la dévastation avait été intelligente : elle nous vengeait. Cet « excellent » docteur Levysshon, à qui elle s'était attaquée, n'avait jamais été chez nous qu'un agent prussien. A ce moment même, il travaillait au *Moniteur* de M. de Bismark, à Versailles. Auparavant, pendant de longs mois, comme factotum de M. Bamberg, consul de Prusse, comme correspondant de la *Gazette de Cologne* il n'avait été à Paris qu'un de ces mille espions de l'Allemagne, qui lui préparèrent sa facile victoire, et qui, par contre, ont pour jamais empêché qu'une paix entre leur pays et la France soit sincère et durable.

Une des raisons en effet, que donne très-sagement Bluntchli dans une de ses leçons de *Droit International*, pour condamner la pratique de l'espionnage de peuple à peuple en temps de paix, « c'est que, dit-il, cette pratique pernicieuse rendrait trop difficile la réconciliation de deux nations ennemies, après une guerre. »

La façon dont les Allemands vengèrent le pillage de la maison du docteur, en faisant à fond pour leur propre compte celui de tout le village d'Asnières, aurait suffi à prouver combien il était des leurs. Ils n'y laissèrent rien.

C'est le 8 mars qu'ils en partirent, et le jour même un rédacteur du *Siècle* écrivait :

« Ce matin, les Allemands quittent Asnières, mais en ayant soin d'emporter avec eux tout ce qu'ils peuvent ramasser dans les maisons : meubles, linge, objets de literie, batteries de cuisine, objets d'art, tout y passe.

» Ils chargent leur butin sur des voitures qu'ils se sont procurées au même prix dans les diverses habitations d'alentour.

» Le maire d'Asnières, qui assistait à l'un de ces déménagements, voulut y mettre ordre, et, en attendant qu'il fût allé chercher main-forte, il pria l'un des habitants du pays d'empêcher les pillards d'emmener leur butin ; mais seul contre tous, que voulait-on qu'il fît ?

» Les braves Allemands huèrent le délégué du maire ; ils répondirent à ses protestations par des coups de crosse de fusil, et partirent en poussant des hourras d'allégresse. »

A Saint-Denis, ils procédèrent par voie de réquisition et de taxes. Ils en créèrent — de celles-ci notamment — qui étaient fort singulières. D'après un règlement de leur commandant de place, les portes de la ville devaient être fermées à six heures, et défense était faite à tous les habitants de se trouver dans les rues après sept heures, sous peine d'être mis au cachot. Tout cela est bien du code disciplinaire prussien ; voici maintenant le commentaire, où vous ne les reconnaîtrez pas moins. La discipline ordonne, l'intérêt commente, et met le correctif à la correction : moyennant dix francs donnés au commandant inflexible, on pouvait rentrer à sept heures et se racheter du cachot.

La commandature y gagna beaucoup. Dans un seul jour de la première semaine, il y eut plus de trois cents retardataires, qui payèrent la taxe de leur retard, et ajoutèrent ainsi 3,000 francs d'un seul coup à la caisse prussienne.

Une autre taxe plus étrange encore, et surtout beaucoup plus odieuse, est celle qu'ils imposèrent sur tous les objets ou toutes les valeurs enfouis, dès qu'ils surent qu'on les leur avait dissimulés.

C'est au moment de l'armistice, lorsqu'il eut un peu moins peur, que l'argent se mit peu à peu à sortir de terre.

Les propriétaires refugiés à Paris rentrèrent dans leurs maisons de campagne, et tout d'abord coururent à la cachette où ils avaient déposé ce qu'ils n'avaient pu emporter, et qui se dérobait invariablement sous une lame de parquet ou dans un coin de jardin. Plusieurs furent trop pressés pour être prudents. Ils ne prirent pas la précaution de se garder des Prussiens en faisant leur recherche, aussi chaque fois qu'elle fut heureuse, les Prussiens la leur firent-ils payer. Ils voulurent leur part du magot retrouvé, et au ton qu'ils mirent dans cette réclamation, on voyait qu'ils l'estimaient très-juste et plus que modeste : on leur avait volé tout ce qu'on avait mis à l'abri de leur vols, et c'était bien le moins qu'ils prissent une partie de ce qu'autrement ils auraient pu prendre tout entier ! N'exiger qu'un dixième — c'est le taux qu'ils fixèrent — c'était donc d'après cet admirable raisonnement, la justice et la modération mêmes.

Les propriétaires, comme bien vous pensez, ne l'entendirent pas ainsi; ils résistèrent fort et ferme aux prétentions de ces épilogueurs du bien d'autrui, de ces casuistes du vol. On faillit maintes fois en venir aux coups, notamment chez un propriétaire de Clamart, que les Prussiens d'une maison voisine avaient surpris, au retour, exhumant son magot, et qu'ils avaient aussitôt sommé de leur en payer la dîme. Sans un sous-lieutenant de la garde nationale, M. Stiebel, qui s'interposa, les choses fussent allé fort loin. Pour y couper court, il conduisit le propriétaire et les deux Allemands devant l'officier qui commandait le village. Là, nouvelle contestation, car l'officier partageait la doctrine de ses hommes et la soutenait. Il consentit toutefois à une diminution. Moyennant vingt francs, le propriétaire fut quitte de cette contribution de guerre si nouvelle, et encore plus inattendue.

La vraie raison qui rendait les Allemands furieux contre ce système de cachettes, où ils perdirent tout ce qu'ils manquèrent à voler, se devine de reste; mais il va sans dire qu'ils ne l'avouaient pas. Ils en alléguaient une toute différente : c'est, à les entendre, la défiance, trop visible dans ce procédé, qui les fâchait ! Ils y voyaient une insulte, et ils la faisaient payer. Pourquoi ne se livrait-on pas tout simplement? n'étaient-ils pas bonnes gens? Pourquoi n'avait-on pas confiance ?

Un propriétaire de Viroflay, M. de Kallac, voulut bien se laisser aller à ce sentiment. Voyons comment il en fut récompensé par le colonel prussien auquel il s'était fié, et qui s'appelle Wenzerrs; retenez bien ce nom.

C'est d'après la lettre d'un voisin que nous allons vous conter ce qui lui arriva.

« A la veille de l'investissement, M. de Kallac avait cru devoir expédier sa famille en province, et il se trouvait ainsi le seul gardien de sa vaste maison, quand les bandes allemandes arrivèrent dans le village.

» Pour éviter des discussions et des réquisitions ultérieures qu'il ne prévoyait que trop, il mit à la disposition du colonel tout le corps de logis; il se réserva seulement un petit cabinet de travail et une chambre à coucher, en faisant observer que, dans tout le reste de la maison, les meubles et les tentures étaient confiés à la loyauté et à la probité des nouveaux arrivants.

» Le colonel promit de veiller sur tout et le remercia.

» Quelques jours se passèrent.

» Un matin, M. de Kallac eut la fantaisie de visiter les appartements occupés par ses nouveaux locataires. Quelle ne fut pas sa surprise, quand il trouva les ordonnances, brosseurs et valets du colonel, s'évertuant à fermer des malles tellement bourrées, que le couvercle résistait à tous leurs efforts.

» Comment expliquer cette confection de malles, en pleine guerre ?

» Il demanda aux emballeurs, d'un air indifférent, s'ils partaient, s'ils emportaient des provisions, etc... Eux, de sourire, et d'ouvrir une des caisses en partance.

» M. de Kallac resta muet : il venait de reconnaître, soigneusement pliés, ou symétriquement étalés, les plus élégants vêtements de sa femme et de ses filles, tout le plus beau de leur garderobe, qu'il n'avait pas songé à retirer des armoires, en les mettant, avec le reste, sous la garde de la probité et de la loyauté prussiennes ! »

A Ville d'Avray, autre colonel prussien en qui l'on a confiance; autre voleur qui en abuse, et non pas comme à Viroflay, aux dépens d'un seul propriétaire, mais aux dépens de cinq cents pour le moins.

Plusieurs étaient protestants, et voyant dans les Prussiens des coréligionnaires, ne se défiaient pas : ils leur supposaient tout naturellement, d'après la même religion, la même conscience, la même probité. Ils se croyaient sûrs qu'avec ces honnêtes disciples de l'évangélisme prussien, le village n'aurait rien à craindre, et qu'on pouvait le quitter sans la moindre peur pour ce qui resterait. Ils communiquèrent cette quiétude aux autres habitants, et tous partirent. A leur retour, ils ne trouvèrent que les traces d'un pillage général. Jugez de leur stupéfaction et de leur deuil ! Jugez surtout de la colère de ceux qui, trop confiants, avaient conseillé ce départ, cette désertion tranquille, à laquelle le malheureux village devait d'avoir été, sans sauvegarde, la proie de cette dévastation.

Un d'eux, au nom de la petite colonie protestante de Ville d'Avray, écrivit au colonel, encore établi dans le château, une lettre toute remplie de l'indignation la plus éloquente (1). Après avoir demandé pardon à Dieu et à ses concitoyens « de sa confiance imbécile, » dans les Allemands qu'il croyait des chrétiens et de dignes disciples de la grande Réforme, il s'écriait :

« De quel nom les appeler aujourd'hui, ces hommes de rapine, qui n'ont pas même respecté la demeure du pauvre, qui ont tout dévasté, saccagé, tout souillé, tout pillé ? Pour qui donc est fait le nom de brigands, si ce n'est pour ceux que vous appelez vos soldats, colonel ?

» Il n'est pas resté un seul meuble dans nos maisons, pas une pièce de linge, pas un vêtement, pas un ustensile de cuisine. Les portes extérieures et intérieures, les clôtures, les armoires, les placards ont été brûlés, les parquets arrachés, les carreaux soulevés, les marbres des cheminées brisés, les murs sondés par les chercheurs d'or et de bijoux, les livres brûlés ou mis en lambeaux, les pipes allumées avec les titres et papiers de famille.

» Des fourgons que l'on a vu s'arrêter à nos portes ont emporté en Allemagne celles de nos dépouilles qui n'ont pas été vendues sur place à de vils recéleurs. Jamais le pillage n'a été organisé sur une plus large échelle, avec un cynisme aussi révoltant, sous l'œil des chefs qui punissent comme un crime tout acte du soldat contraire à la

---

(1) Cette lettre datée du 7 février 1871, a été publiée dans l'*Opinion nationale* du 8 mars suivant.

discipline, mais pour lesquels il n'y a pas de crimes commis envers les Français.

» Oui, colonel, les chefs ont tout su, ont tout vu, tout permis, disons mieux, tout ordonné. Odieuse tolérance ou infâme complicité !

» Nous savons aujourd'hui qu'il est dans la mission *historique* de la Prusse non pas seulement de tuer, mais surtout de voler.

» Que prêchent donc vos cafards évangéliques à ces bandits réunis le dimanche autour de leur chaire? Pour conformer la liturgie aux mœurs de la sauvagerie prussienne, ils ont dû en arracher ces deux commandements de Dieu :

» *Tu ne tueras point*, car leurs ouailles fusillent le paysan coupable d'avoir défendu son foyer;

» *Tu ne voleras point*, car vous êtes, Prussiens, le vol incarné.

» Dieu nous a punis par vos mains d'avoir mis ou supporté sur le trône un misérable aventurier. Mais il ne vous a pas commandé toutes les abominations dont vous souillez vos victoires. Vous en restez responsables devant lui et devant le monde civilisé. Il vous était facile de n'emporter que notre haine ; mais vous avez voulu y ajouter notre juste mépris, qui, je vous le jure, passera la frontière, accru du mépris universel, et vous atteindra au sein de la patrie allemande.

» Vous êtes ivres, maintenant, de notre vin et de vos triomphes. Mais nous prenons patience : le procès de cette guerre sera jugé aux grandes assises de l'opinion européenne, et votre gloire en sortira si sale et si honteuse, que les vaincus n'auront pas à regretter leur infortune, plus pure et plus enviable que votre insolente prospérité.

» Sachez-le bien, colonel, dès que Ville d'Avray, où vous ne laisserez que des ruines et l'honneur de vos soldats, sera purifié de leur présence, notre premier soin sera d'élever à l'entrée de notre village un poteau infamant qui fera vivre le souvenir de vos dévastations et de vos pillages.

» Que de piloris à dresser en France, où sera cloué votre aigle noir, l'oiseau de proie qui conduit vos reîtres au meurtre et à la rapine !

» Vous connaissez, colonel, l'histoire de votre pays. Lorsque, en 1806, 170,000 Français ont conquis la Prusse en un mois, ils ont pu arroser leurs victoires de votre vin en mangeant vos comestibles ; mais leurs mains triomphantes n'ont ramené en France que vos drapeaux et vos canons. Ils n'ont point volé les berceaux de vos enfants, es robes de vos femmes et les pianos de vos filles.

» Il vous appartenait à vous, Prussiens, si fiers de votre civilisation et de vos lumières, de rester fidèles à votre origine barbare, et de bien constater, aux yeux du monde, que vous êtes les dignes fils des Vandales.

» Agréez, monsieur le colonel, les salutations de l'un des cinq cents propriétaires de Ville d'Avray, saccagés et pillés. »

Cette lettre est remarquable à tous égards : comme vérité, même dans la colère ; comme justice dans l'indignation.

Je ne crois pas — et il nous plaît que la sévère sentence vienne ici d'un protestant, — je ne crois pas qu'on ait nulle part plus vertement condamné, par exemple, l'hypocrisie de ces pillards, qui, parlant toujours de Dieu, et l'invoquant partout, le mettent de moitié dans leur vol.

N'ont-ils pas été jusqu'à faire écrire sur leur médaille de cette campagne, autour du W héraldique de leur roi Wilhelm (Guillaume), cette inscription : « Dieu était avec nous, à lui l'honneur ! »

Je ne lui fais pas compliment de cet honneur-là.

La dernière partie de la lettre, où la conduite de nos soldats vainqueurs de la Prusse en 1806, est comparée avec celle des Prussiens, chez nous, en 1870, après soixante-quatre ans de civilisation, est tout aussi vraie, tout aussi juste.

Napoléon, général ou empereur, en Italie, ou en Prusse, ne voulut jamais de voleurs dans son armée ; s'il s'en trouva, il fut le premier et le plus sévère à les punir.

Il écrivait, le 17 mai 1796 :

« Le général en chef désire trop vivement conserver l'honneur de l'armée pour souffrir qu'aucun individu se permette d'attenter aux propriétés (1). »

Le 22 avril de la même année il écrivait encore : « Les généraux de division sont autorisés par la nature des circonstances à faire fusiller sur-le-champ les officiers ou soldats qui, par leur exemple, exciteraient les autres au pillage et détruiraient par là la discipline, mettraient le désordre dans l'armée, et compromettraient son salut et sa gloire (2). »

Tels étaient, en Italie, ses principes de général et de vainqueur. Il ne les avait pas désappris dix ans après, quand il fit sa campagne de Prusse.

M. Thiers va nous dire comment, à une époque de soixante-quatre ans moins avancée, qui n'avait pu, comme la nôtre, civiliser la guerre par les progrès et les lumières d'une longue paix, Napoléon sut se conduire envers nos conquérants d'hier, qui étaient alors les vaincus de la veille, humbles et écrasés :

Après avoir exposé que la contribution de guerre imposée à la Prusse était de 200 millions, M. Thiers ajoute : « A ce prix l'armée devait se nourrir elle-même, et ne rien consommer sans le payer. De nombreux achats de chevaux, d'immenses commandes en habillements, chaussures, harnachements, voitures d'artillerie faites dans toutes les villes, mais plus particulièrement à Berlin, dans le but d'occuper les ouvriers et de pourvoir aux besoins

---

(1) *Correspondance de Napoléon*, édit. in 4º, t. I, p. 352.
(2) Id., p. 204-205.

de l'armée française, furent acquittées sur le produit des contributions tant ordinaires qu'extraordinaires.

» Ces contributions, fort pesantes sans doute, étaient cependant la moins vexatoire de toutes les manières d'exercer le droit de la guerre, qui autorise le vainqueur à vivre sur le pays vaincu, car au gaspillage du soldat, on substituait la perception régulière de l'impôt.

» Du reste, — et c'est ici que la comparaison de la conduite de nos soldats en Prusse, avec celle des Prussiens en France devient accablante pour ceux-ci — la discipline la plus sévère, le respect le plus complet des propriétés privées, sauf les ravages des champs de bataille, heureusement réservés à bien peu de localités, compensaient ces inévitables rigueurs de la guerre.

» Et assurément, si l'on remonte dans le passé, ajoute encore M. Thiers — qui, à plus forte raison aurait pu prendre à témoin ce qui devait arriver plus tard, s'il avait pu le prévoir, — on verra que jamais les armées ne s'étaient comportées avec moins de barbarie et leurs chefs avec autant d'humanité (1). »

VI

Ce qui révolte dans la guerre systématique des Allemands, c'est le double jeu cafard qu'ils y jouent sans cesse, volant d'une main, se signant de l'autre ; agissant comme les pires bandits, mais en même temps, par toutes sortes de faux semblants de police et de précautions de publicité, tâchant de se faire passer aux yeux de l'Europe pour les plus doux, les plus honnêtes vainqueurs.

Dieu, qu'ils croyent avoir mis avec eux, ne leur suffit pas, ils veulent avoir aussi le monde et son estime.

(1) Thiers *Histoire du Consulat et de l'Empire*, t. VII, p. 249-250.

Vous avez vu comment ils vivent sur le pays, en l'écorchant jusqu'au sang. A les en croire pourtant, c'est le pays qui les aurait pillés ; ce sont les vaincus des campagnes et des villes qui les auraient écorchés. Ils ont même trouvé moyen, tant ils ont bien donné le change, de se faire adresser à ce sujet toutes sortes de félicitations par un étranger, dont le témoignage devait leur être précieux :

« J'ai appris, dit le docteur Charles Braun, de Wiesbaden, au chapitre III de son livre récent et tout apologétique pour l'Allemagne, *la France et le droit des gens*, j'ai appris de la bouche d'une personne qu'une mission diplomatique attachait à Versailles, une parole remarquable du général Shéridan.

» Quelle singulière guerre, a dit le général américain, dans laquelle le vainqueur est pillé par le vaincu. Les Allemands payent ici deux francs pour une bougie de stéarine, trois francs pour une livre de bœuf, et douze francs pour une bouteille de Champagne, et encore sont-ils très-reconnaissants aux vaincus de ne pas demander davantage, et payent en monnaie sonnante ; en Amérique nous nous y sommes pris autrement ! »

Soit, général ; mais en agissant autrement, vous agissiez mieux. Vous viviez sur le vaincu, mais franchement, et sans le prendre en traître : vous n'alliez pas hypocritement, à la prussienne, payer le marchand dans sa boutique, sur son comptoir, pour après lui voler le double dans sa chambre, sa cuisine ou sa cave. On savait à quoi s'en tenir sur vos façons, et quand vous étiez partis, après avoir pris tout ce qu'il vous fallait, on pouvait se dire : c'est fini !

Avec les Prussiens, rien de pareil. C'était toujours à recommencer. Sous prétexte que tous les jours ils payaient, tous les jours aussi ils pillaient tout, et dans la proportion que j'ai dite, chez le marchand lui-même, ou mieux encore, chez le bourgeois son voisin. Pour quelques bouteilles de vin ou d'eau-de-vie qu'ils payèrent de cet argent, qu'ils font sonner si haut, et qui n'était aussi le plus souvent que de l'argent volé, combien n'en prirent-ils pas par centaines et par milliers.

Qu'on demande à M. Berthélemy, le riche propriétaire de la rue Colbert, à Versailles, ce que sont devenues les sept ou huit cents bouteilles de vin de Bordeaux que contenait sa cave. Le ministre de la guerre, M. de Roon, était son locataire. M. Berthélemy paya de tout son vin cet honneur insigne. Le vieux ministre le trouvait si parfait qu'il n'en voulut pas perdre une goutte. Après un grand repas donné à son roi, qui daigna célébrer chez ce vétéran des fonctionnaires la cinquantaine de son entrée au ministère, M. de Roon trouvant que les rasades royales avaient fait une trop forte brèche au vin de son choix, pensa prudemment que s'il voulait en avoir encore à Berlin, il serait bon de couper court à la consommation. Il y renonça donc jusqu'à la fin de la guerre, et, pour se mieux mettre en sevrage, fit apposer sur la porte de la cave de larges scellés de cire verte, dont elle porte encore les traces.

Ces scellés, qui ne ressemblaient que pour la forme à ceux qu'on met d'ordinaire par crainte des voleurs, et qui étaient même d'un tout autre usage, ne furent levés que le jour de l'emballage, auquel on apporta un soin tout prussien.

M. Berthélemy, de qui nous tenons tous ces détails, n'a pas revu une seule goutte de son vin de Bordeaux, mais M. de Roon en boira encore quelque temps.

C'est ainsi que dans l'armée prussienne, on paye en bon argent tout ce qu'on mange, et même tout ce qu'on boit : avis au général Shéridan et au docteur Charles Braün!

On y rend aussi tout ce que l'on trouve. Lisez le *Recueil officiel du département de Seine-et-Oise*, vous n'en douterez pas : vous y verrez dans le n° 2, celui du mois d'octobre, page 21, une liste, en cinq articles, d'objets plus ou moins précieux trouvés à Massy, Arly, Choisy le-Roi, et que le préfet prussien de Versailles, M. de Brauchitsch devait rendre, sur simple réclamation, à qui de droit, dans un délai de quinze jours.

Il est vrai, qu'informations prises, c'est le contraire qui avait lieu : on prenait tout ce qu'on trouvait, et mieux, tout ce qu'on déterrait. On prélevait même, vous en avez eu la preuve, un dixième sur les cachettes et leurs magots. L'avis du préfet prussien n'était donc que pour la montre; une réclame d'hypocrite honnêteté, un certificat de bonne vie et mœurs que tâchaient de se donner les pillards allemands, pour ne voler que mieux sous ce couvert; mais qui ne trompa personne.

Certain article du *Moniteur* de Versailles (1), où l'on s'indignait du vol de deux pauvres croûtes, disparues de je ne sais quel coin du Musée, était une grimace de la même mascarade : Fi donc! semblait-il dire avec ses beaux cris d'honnêteté effarouchée, est-ce qu'on est capable de pareilles choses dans l'armée allemande! Voler des tableaux, des livres, des objets d'art, quelle honte!

Or, dans le même moment on voyait disparaître, effrontément escamotés dans les emballages prussiens : à Saint-Cloud, chez un riche Espagnol voisin du château des Béars, toute une magnifique collection de tableaux d'Eugène Delacroix; chez l'Anglaise, Mme Moray, dont les deux maisons furent brûlées, une collection, non moins curieuse, de livres et de tableaux; à Bougival, la bibliothèque de M. Boucher, et tous les objets d'art délicatement amassés par sa femme; dans une maison de campagne, près de Saint-Germain, de très-beaux tableaux encore, mis pêle mêle dans une immense voiture en partance pour Berlin avec tout le linge et l'argenterie du propriétaire; à l'école de Saint-Cyr, toutes les collections en masse : instruments de physique et de photographie, modèles de topographie, de géométrie, de fortifications, et, sauf quel-

---

(1) N° du 29 novembre.

ques volumes, toute la bibliothèque, dont mon ami Louis Dussieux, de qui je tiens ces faits et bien d'autres, nous dira quelque jour en détail le prix et l'importance.

A Sèvres, dont les richesses n'avaient malheureusement été sauvées qu'en partie, et déposées au Louvre, au Garde-meuble, ou au ministère des travaux publics, il en fut de même.

L'ancienne manufacture fut seule en grande partie sauvée, grâce à MM. Riocreux et Robert, dont le dévouement ne fut heureusement pas entravé par le major Kruguer, qui les laissa faire, écoutant plutôt sa conscience que sa consigne.

Ils furent aussi aidés par M. Eudore Soulié, directeur du musée de Versailles, qui mit, au palais, sous la même sauvegarde que la Bibliothèque et les collections du directeur de Sèvres,—un peu trop prompt, par parenthèse, à se sauver lui-même et à garantir tout ce qu'il possédait—les épaves, trop rares, du précieux établissement.

Quant à la nouvelle manufacture, dont l'installation n'était pas achevée, elle fut complétement ravagée et détruite. Tout en disparut, par l'anéantissement ou le vol : modèles de groupes et figurines historiques, modèles en cire de bas-reliefs, moules, etc.; sans compter pour plus de 350,000 francs de porcelaines d'art : vases, cabarets, etc., qui étaient dans les travaux.

Quelqu'un, dont on sait et dont on dira plus tard le nom, qu'une longue habitude du brocantage parisien avec l'Allemagne rendait expert à ces sortes de coups de main, dirigeait le pillage, fort bien servi en cela par ses anciennes relations d'artiste avec la dernière ambassade de Prusse à Paris. Versailles fut l'entrepôt du butin.

C'est là que les plus nobles héros de l'armée s'en firent le partage. « Les porcelaines, qui étaient restées à la manufacture, lisons-nous dans une relation de cette mise à sac des environs de Paris, écrite au mois de novembre (1), ont été enlevées, emballées et sont encore au château de Versailles dans des caisses qui portent sur les étiquettes les noms du *Prince Royal,* du prince de Reuss, du duc de Saxe-Cobourg, du prince de Wurtemberg, du grand duc de Mecklembourg, etc. »

Tous ces grands noms font une assez étrange figure accolés à de pareils actes. On est surpris surtout d'y trouver celui du prince royal, dont la renommée passait jusqu'ici pour être assez pure. Mais on s'en étonne moins cependant, et l'on met le tout au compte des traditions de race. quand on se rappelle que l'honnête prince est de la famille du grand Frédéric, qui ne se conduisit pas autrement à Dresde, le 10 septembre 1756, avec les collections de l'Electeur de Saxe.

Voltaire le savait, aussi riait-il volontiers quand on gratifiait du nom d'Alexandre ce glorieux coquin : « Alexandre! Dieu vous bénisse, écrivait-il à d'Argental (2), Alexandre n'a pas crocheté les armoires de Darius. »

A côté de ces rafles princières, se faisaient celles des officiers et des soldats, qui n'ayant pas d'équipages particuliers, comme leurs très-hauts seigneurs, pour le transport du butin, s'en remettaient aux fourgons de l'armée ou aux charrettes des juifs. Ceux-ci en effet étaient là, comme partout, mettant la main dans chaque coup à faire, et palpant leur dîme dès qu'il était fait.

Quel beau commerce ils organisèrent, par exemple, avec les réquisitions de Versailles! Un jour on exige de la ville 6,000 couvertures et 2,000 paires de bottes; et le lendemain le tout est livré.

Les juifs arrivent, sachant bien que les soldats pour qui toute cette fourniture avait été faite n'en avaient pas besoin, et qu'ils revendraient tout à vil prix. Il les guettent

---

(1) *Recueil de Documents,* etc., p. 33.
(2) Lettre du 25 février 1758.

au retour de la distribution, et leur achètent les plus belles couvertures pour 2 francs, les meilleures bottes pour 1 fr. 50 la paire.

Quand une maison un peu importante était à dévaliser dans les environs, ils s'entendaient avec les locataires que la *commandanture* y avait mis, prenaient jour pour le déménagement, et ne manquaient jamais d'arriver à l'heure dite, avec leurs charrettes prêtes à remplir.

Un de ces beaux pillages, immédiatement voiturés, se fit aux environs de Versailles, dans une grande villa où le régisseur était resté comme seul gardien. Le jour où dix ou quinze officiers prussiens, vrais bandits avec billets de logement, lui arrivèrent, et qu'il vit à leur façon de tout examiner et de se mettre dans les meubles du propriétaire, comment ils entendaient l'hospitalité, le pauvre homme voulut prendre quelque précaution de résistance. Un revolver qu'on lui fit voir de très-près lui prouva que ce serait inutile et dangereux. Il dut laisser faire : l'argenterie d'abord, puis les tableaux, le linge, les bijoux, les dentelles, les meubles, tout y passa jusqu'à la correspondance particulière du maître de la maison.

Les déménageurs attendaient à la grille : « Des juifs, dit une lettre où nous avons trouvé ces détails, entretenus tout exprès pour cette sorte de service à la suite de leur corps, vinrent se ranger avec leurs voitures devant la maison. Chaque officier leur remit pièce à pièce ce qu'il avait pris, en ayant soin de s'en faire délivrer un reçu pour pouvoir le réclamer plus tard en argent ou en nature. »

Ces messieurs, comme on voit, avaient de l'ordre. Ils faisaient de la comptabilité régulière avec leurs vols. Le préfet, M. le comte de Brauchitsch, fit de l'administration avec les siens.

De compte à demi avec un juif de la plus haute volée, qu'on avait longtemps connu à la Bourse de Paris, mais qu'on n'y voulait plus connaître, et pour cause, il s'était avisé d'affermer pour chaque mois, à raison de 300,000 francs payés d'avance, les vivres nécessaires à la garnison de Versailles : il se chargerait de les faire venir lui-même d'Allemagne. La municipalité ne contesta pas, même pour ce dernier point, quoiqu'il fut très-préjudiciable au commerce de la ville et des environs. Elle demanda seulement qu'un syndicat de négociants fût organisé parmi ceux de Versailles pour régler l'opération, faire l'achat des marchandises et surveiller leur répartition. La demande était d'une telle équité que le préfet prussien ne put aller contre, quoique ses calculs en fussent singulièrement contrariés.

Il consentit, mais avec certaines réserves et conditions qui lui permettraient de regagner tout ce qu'il perdait à ne pas opérer seul avec son compère. Il fixa des délais sans remises et stipula de fortes amendes en cas de retard. Si, à la date marquée — c'était le 25 décembre — les approvisionnements n'étaient pas arrivés, la ville payerait 50,000 francs ; s'ils tardaient de dix jours encore, elle en payerait 125,000.

Ils n'arrivèrent pas, bien entendu, quoique les syndics fussent cependant certains de n'avoir rien négligé pour leur arrivage. Le préfet, jouant alors la plus belle colère, exigea l'amende de 50,000 francs.

Le conseil allait se réunir et les voter, quand, en réponse à une dépêche qu'il avait aussitôt expédiée, il apprit que tout s'était mis en route suivant les prescriptions des syndics et qu'il n'y aurait pas eu le moindre retard, si, depuis huit jours, le convoi de vivres n'avait été arrêté au-delà de Châlons. Et pourquoi? Comment? « Par ordre supérieur venu de Versailles! »

Le jeu du préfet, qui tenait au retard pour toucher l'amende, et à l'amende pour rattraper avec elle le bénéfice que l'intervention des syndics lui avait fait perdre, apparaissait dans toute sa vilaine clarté. Le conseil, indigné, refusa de s'y laisser prendre : il ne vota pas les 50,000 francs. Le préfet, pour n'être pas en reste, fit aussitôt arrêter et mettre en prison, « comme malfaiteurs, » M. Rameau, le maire, et trois conseillers municipaux.

Grande rumeur alors dans toute la ville et même parmi les Allemands, qui, dès qu'ils surent l'affaire plus au fond, en eurent presque honte. Le commandant de place, M. de Voigts-Rhetz, qui fut d'ailleurs en ceci, comme en tout le reste, l'homme le plus honnête et le moins exigeant de cette administration prussienne, vint voir les quatre prisonniers et aida de son mieux à leur mise en liberté sept jours après.

Ils ne sortirent pas, toutefois, sans que le préfet en eût quelque chose. Si les verroux avaient glissé, si la porte avait roulé plus vite sur ses gonds, c'est qu'en fin de compte les syndics avaient, à la suite d'une transaction plus ou moins forcée, donné les 50,000 francs (1).

C'était ainsi toujours : aux Prussiens, en chaque affaire, le dernier mot, traduit par un bénéfice quelconque, amiable ou forcé, accordé ou pris. On avait beau résister, l'on y passait d'une façon ou d'une autre, en y laissant de ses plumes.

Un des brocanteurs à la suite dont nous avons déjà tant parlé, le juif Fremdenthalh, s'était chargé, pour le marché qui précède, du voiturage des vivres depuis Lagny jusqu'à Versailles. Les voitures lui manquaient. Il les prit n'importe où et de toutes formes. Un aubergiste de la rue de la Paroisse en logeait une sous sa remise, qui lui avait été laissée en garde par un fermier des Loges-en-Josas, quelque temps avant l'occupation. Le juif, un beau matin, voulut se la faire livrer. L'aubergiste refusa : d'abord, parce que cette voiture ne lui appartenait pas ; ensuite, parce qu'elle ne pouvait servir à ce qu'en voulait faire Fremdenthalh, puisque c'était une voiture de promenade, une tapissière,

---

(1) Nous répondons de l'authenticité de cet épisode ; nous l'avions trouvé raconté dans l'article de la *Revue des Deux-Mondes*, puis reproduit dans le journal de la Mairie de Versailles, *l'Union libérale* du 30 avril, qui, par ce seul fait, le confirmait ; nous sommes en outre allé aux renseignements ; nous les avons trouvés conformes au récit de la *Revue*.

et, enfin, parce qu'il la demandait sans droit, n'ayant pas d'ordre de réquisition. Fremdenthalh voulut bien tenir compte de cette dernière objection, et, sur le tantôt, vers deux heures, il revint tenant l'ordre. La voiture n'y était plus. Les Loges ne sont pas loin de Versailles ; on était allé au galop prévenir le fermier, qui, au galop aussi, était venu la chercher et l'avait remmenée. Grande colère du juif ! Il alla se plaindre à la *commandanture*, où il faisait trop d'affaires pour qu'on lui refusât rien. Le soir, l'aubergiste recevait sommation de livrer la voiture dans les vingt-quatre heures, « sous peine d'exécution militaire. » Il se livra lui-même plutôt que d'envoyer aux Loges pour la reprendre, et il resta trente heures en prison chez le commandant de place. Cependant, deux uhlans couraient chez le fermier, et le ramenaient à Versailles pieds et poings liés dans sa voiture même, qu'aussitôt arrivés ils laissaient au juif, en même temps qu'ils jetaient au cachot son propriétaire, qui ne la revit plus. Ainsi, pour un peu de résistance, deux hommes en prison et une voiture perdue !

Se plaindre d'un vol ne valait pas mieux que résister aux voleurs, et n'aboutissait pas davantage. « On m'a pris ma montre chez moi, s'en vint dire un jour à la commandanture de Versailles, le marbrier M. Bouteiller. — Ce n'est pas possible, lui répondit-on, il n'y a pas de voleurs dans l'armée allemande. — Mais j'ai des preuves. — Ces choses-là ne se prouvent pas. — Oui, j'ai des preuves, et je les ferai voir. — Alors, gare à vous ! »

Sur ce mot-là, que faire ? rester coi ; c'est ce qu'il fit.

Un horloger de la rue des Réservoirs, M. Claquesin, dut se soumettre de même, non pour lui, mais pour ses trois fils, tous soldats et prisonniers en Allemagne. Deux montres lui avaient été prises par un de ces coups de *pickpoket* qu'on exécute dans l'armée prussienne mieux encore que chez les filous de Londres. Ils étaient venus, cinq ou six, pour marchander dans sa boutique, étaient partis sans rien acheter, mais non sans rien prendre : deux montres manquaient. Un des faux chalands les avait escamotées, pendant que les autres entouraient et occupaient le marchand. Il ne souffla mot; seulement, sachant fort bien, comme tout horloger qui a de l'ordre, le numéro gravé dans la cuvette de toutes ses montres, il nota sur son registre, après avoir passé la revue de celles qui lui restaient, le chiffre exact de celles qui avaient disparu.

Quelques jours après, au moment où un officier d'état-major, qu'il voyait quelquefois, et à qui il avait même recommandé le sort de ses fils, se trouvait dans sa boutique, un soldat de la landwehr entra, tenant une montre à raccommoder.

L'horloger n'eut qu'à la prendre pour la reconnaître : c'était une des deux qu'on lui avait soustraites. Il la fit voir à l'officier, en lui contant l'histoire. Comme il doutait, il lui dit d'avance, d'après son registre, les deux numéros dont l'un ou l'autre devait être gravé dans l'intérieur de la montre. L'un des deux chiffres s'y trouvait en effet.

C'était convaincant : il fallait enfin qu'un officier prussien avouât qu'un soldat prussien avait pu voler ! De l'interrogatoire qui suivit, il résulta que celui qui apportait la montre n'était pas un des voleurs; il l'avait achetée d'un autre, qu'il proposa d'indiquer. C'eût été toute une affaire. A la mine que fit l'officier, l'horloger vit bien qu'il y aurait peut-être pour lui, et surtout pour ses fils, que les Prussiens tenaient chez eux, quelque danger à pousser la chose plus loin; il aima mieux y couper court, en rachetant la montre au soldat pour deux ou trois thalers de plus qu'il ne l'avait payée.

Le directeur du théâtre de Versailles, M. Ludovic, qui n'avait d'ailleurs à risquer que pour lui-même, ne céda pas si facilement aux Prussiens dans les affaires qu'il eut à traiter avec eux. Ils finirent par le lui faire payer à leur façon.

Sa conduite, toute de résistance, calme et ferme, lui valut en retour l'estime de la ville entière et l'approbation du Conseil municipal qui le maintint dans le privilége du théâtre qu'il avait si bien défendu.

« Le Conseil, dit le journal qui en est l'organe presque officiel (1), était tenu de reconnaître la conduite patriotique et désintéressée de M. Ludovic, pendant l'occupation allemande.

» On sait, ajoute-t-il, que, faisant à la dignité de la ville le sacrifice de ses intérêts personnels, M. Ludovic, malgré les influences et les promesses, les réquisitions et les menaces de l'autorité prussienne, a constamment refusé de jouer et de laisser jouer sur son théâtre. »

Ces derniers mots qui sont, comme le reste, de la vérité la plus absolue, veulent qu'on les explique. Les Prussiens demandaient que le théâtre s'ouvrît, et, sur un premier refus de M. Ludovic, alléguant l'absence de ses artistes, ils insistaient, en lui apportant la liste très-complète de tous les acteurs et actrices qui résidaient à Versailles, où leur police les avait dénichés.

Il continua de tenir bon, prouva que sans lui, sans son concours de directeur, d'acteur et de metteur en scène, qu'il ne prêterait à aucun prix, toute représentation serait impossible, et, en un mot, fit si bien ainsi, que les Prussiens lâchèrent prise.

Comment, ayant de cette façon refusé de jouer, put il aussi refuser de laisser jouer ? Le voici :

Un matin, vers midi, rentrant au théâtre où il habite, il trouva toutes les portes ouvertes et le concierge en grand émoi : une troupe d'officiers prussiens de l'état-major du roi étaient entrés de force et s'étaient installés sur la scène, où ayant fait apporter une table, des verres et du vin de Champagne, ils répétaient entre eux une idylle de circonstance et de leur crû : *une Chaumière à Vaucresson*, qu'une farce, aussi d'à-propos et de la même provenance,

---

(1) *L'Union libérale de Seine et-Oise*, 30 avril 1871.

une Chambre au palais de Versailles, devait suivre, pour terminer le spectacle.

M. Ludovic se jeta, sans dire gare, au milieu de cette aimable orgie de sentimentalité et de grivoiserie allemandes, égayées, pour seul esprit, par du vin français. Comme on continuait de rire, en le priant d'y prendre part, au moins le verre à la main, il demanda très-nettement à ces messieurs, avec le sérieux le plus ferme et le plus digne, de quel droit ils étaient chez lui, et les pria de lui faire voir, à défaut de billets de répétition, leur billet de réquisition.

Ils n'en avaient pas. Se voyant pris au dépourvu, ils décampèrent, mais pour revenir le lendemain, bel et bien en règle. S'ils s'étaient hâtés d'agir, M. Ludovic n'avait pas non plus perdu son temps. Il avait fait parler, et la chose était ainsi allée jusqu'au roi Guillaume, qui se fâcha de ce qu'elle avait d'intempestif, de scandaleux, et fit sévèrement défendre aux officiers d'y donner suite. Il envoya même quelqu'un de sa maison pour les excuser auprès du directeur, et payer les frais, s'il y en avait. M. Ludovic fit donner quelques thalers au concierge, qui les méritait bien pour la belle peur qu'il avait eue, et ce fut tout; il était content.

L'état-major l'était moins, et le prouva quelques jours après. Sous prétexte que le théâtre avait un magasin d'armes, il y ordonna une visite à fond, depuis les dessous jusqu'aux combles. Le directeur s'y prêta de bonne grâce, et s'offrit même pour guider les soldats; c'était le moyen de les égarer tout à son aise dans les corridors. Il les fit passer deux ou trois fois dans le même, et put ainsi éviter celui où se trouvait la chambre des armes.

Quand il les reconduisit à la porte, il croyait que cette seconde partie était gagnée comme la première. Point du tout : quelques-uns des plus madrés s'étaient détachés des autres, pour se perdre exprès du côté de sa chambre et de son cabinet. Vous jugez si, en remontant, il y trouva un beau désordre. Les fausses clés, dont ces héros sont toujours munis, avaient joué leur jeu : bureau, secrétaire, armoires, placards, tout était ouvert et dévalisé ; la cheminée même était dépouillée de ses bibelots et de ses chinoiseries, et tout cela en deux minutes au plus, en un tourne-main. Les Prussiens sont si habiles !

Vous vous êtes sans doute étonné de ce théâtre réquisitionné pour les ébats comiques et sensibles de ces messieurs. Nous en verrons bientôt d'autres, et à Versailles même, dans l'intarissable chapitre des exigences et des caprices prussiens. M. H. Pigeonneaux va nous en parler à l'une des plus curieuses pages de son curieux article de la *Revue des Deux-Mondes*, sans oublier quelques-uns des détails que vous connaissez déjà, mais que nous lui laisserons redire, comme affirmation de ce qui précède :

« Les réquisitions, écrit-il (1), d'abord assez modérées, prenaient, à mesure que l'occupation se prolongeait, des proportions plus larges et des formes plus étranges.

» Tel jour, l'intendance allemande sommait le conseil municipal d'avoir à livrer dans les vingt-quatre heures, sous peine d'amende et d'exécution militaire, 6,000 couvertures, 600 lits et 2,000 paires de bottes. »

Vous avez vu le joli commerce qui en fut fait par les soldats avec les juifs, leurs compères. Continuons :

« Le lendemain, Son Altesse Royale le grand-duc de Bade, réclamait 3 balais d'écurie, ou l'intendant de M. de Bismark intimait au nom de son maître une autre réquisition plus grotesque encore, et dont l'original, déposé aux archives de la ville, est à la disposition des amateurs d'anecdotes et d'autographes. »

Le meuble que l'écrivain ne veut pas nommer, mais dont vous avez, sans nul doute, senti l'espèce, se trouvait chez Sa Majesté Guillaume, à quinze exemplaires, acquis par le même procédé de fournitures, et qui furent tous laissés, au départ, dans l'état où il s'en était servi, c'est-à-

---

(1) *Revue des-Deux-Mondes*, 1ᵉʳ avril 1871, p. 483.

dire, aussi amplement remplis que possible, copieusement, dirait Molière, et comme pour prouver qu'un roi devenu empereur n'est en rien un homme ordinaire.

Ce n'était, du reste, qu'un détail dans la saleté de la chambre royale, qui ne fut pas, dit-on, balayée une seule fois, et dont la cheminée était, elle aussi, pleine à déborder : croûtes de pain moisies, os de côtelettes, bouts de cigares, etc., s'y entassaient par monceaux.

A la belle maison des *Ombrages*, chez madame André, où logeait le prince royal, il y avait eu la même émulation d'ordures que chez le roi, à la Préfecture ; mais dans les jardins seulement. On n'y pouvait mettre le pied sans y écraser ce qui remplaçait les fleurs, mais ne leur ressemblait pas.

Cette saleté, qu'on retrouve partout où passent les Prussiens, était-elle de parti pris, ou d'habitude ? était-ce de leur part affaire d'instinct pour se satisfaire, sans embarras ni vergogne, ou affaire d'infection réglementaire pour nous insulter, en ne laissant sur notre sol pourri, que les ordures dont il est digne ? L'écrivain que nous venons de citer, est de ce dernier avis. Il n'y a là pour lui, et je crois fort qu'il a raison, qu'une orgie d'ordures commandées, exigées, et pour ainsi dire disciplinaires :

« On ne tarda pas, dit-il mettant en bloc tout ce qui est au compte des états-majors allemands, la saleté et le reste ; on ne tarda pas à s'apercevoir que ces officiers si corrects, non contents de s'installer en maîtres dans les maisons dont ils devenaient les hôtes forcés, et de reléguer dans un coin le légitime propriétaire, traitaient le mobilier en chose conquise, s'appropriaient sans scrupule et sans bruit ce qui leur plaisait, et souillaient le reste avec un oubli des règles les plus élémentaires de la propreté, qui ne peut s'expliquer que par un mot d'ordre : il nous répugne de croire, ajoute-t-il, qu'un peuple civilisé se livre, sans faire violence à ses instincts et à ses habitudes, à d'aussi infectes fantaisies. »

Le vol, nous avons eu souvent à le dire déjà, était aussi

pour les Prussiens affaire de commande. La discipline, qui le défend toujours, allait chez eux jusqu'à le prescrire, par je ne sais quelle aberration de haine et de jalousie affolée contre nous. Comment comprendre autrement ce que nous avons vu faire au ministre de Roon, et ce que se permirent le fonctionnaire chargé de la police, et qui plus est, le chancelier de l'Empire lui-même ?

L'écrivain de la *Revue des Deux-Mondes* est encore en cela notre garant, par une vive apostrophe à certain Anglais du *Times*, qui répondait envers et contre tous de la probité prussienne :

« Qu'il demande donc, s'écrie-t-il, qu'il demande au préfet de police, M. Stieber, dans quel fourgon sont partis pour la Prusse la pendule, les vases, et les statues de l'appartement qu'il occupait sur le boulevard du Roi ?

» Qu'il demande aussi à M. de Bismark, pourquoi la pendule de son salon de la rue de Provence est veuve du sujet, qui en faisait le prix, et que la propriétaire avait refusé de lui donner ou de lui vendre ?

» Qu'il ouvre enfin une enquête sur le sort du service damassé prêté par la ville de Versailles à son Excellence le chancelier de l'Empire d'Allemagne, et qu'on n'a plus retrouvé après son départ. »

Ailleurs, ce n'est plus d'après ce qu'on lui a dit, mais d'après lui même et *de visu* que l'écrivain rend témoignage :

« A Versailles, dit-il, séjour du roi et de la foule des autorités civiles et militaires, *j'ai vu* un officier d'intendance, M. Ursel, enlever sans ordre, sans réquisition, dans des maisons particulières les lits, les matelas, les couvertures, jusqu'aux serviettes et aux mouchoirs de poche, qui disparurent sans retour. Ce fait fut signalé au commandant de place, au comte de Voigts-Rhetz ; il se contenta de hausser les épaules et de répondre : « Qu'im-
» porte ! Cet homme nous est utile ; il a vécu à Paris, et
» sait le français ! »

» *J'ai vu* un prince de sang royal s'emparer d'une voiture enlevée par le bon plaisir d'un aide de camp au château de la Celle-Saint-Cloud, et y promener pendant trois mois son désœuvrement sous les yeux de la légitime propriétaire, sans daigner lui demander son assentiment. »

M. Pigeonneaux ne dit pas si la propriétaire, madame Pescatore, revit au moins sa voiture. Elle eût, en ce cas, été plus heureuse qu'une riche personne de Versailles, dont l'équipage, un fort beau huit ressorts, fut accaparé par un aide de camp du prince Charles, puis jalousé par le prince lui-même, qui le lui reprit en pleine rue ; et enfin escamoté définitivement pour l'Allemagne.

» *J'ai vu,* continue notre auteur, revenant sur l'affaire des collections de Sèvres, dont vous savez déjà quelques mots, et qui mériterait toute une histoire ; *j'ai vu* les généraux et les princes s'offrir naturellement, comme cadeau de Noël, les vases de Sèvres, les objets d'art pillés au château de Saint-Cloud, dont la destruction, commencée par nos obus, fut achevée à loisir, comme celle de Meudon, par la torche des incendiaires, qui brûlaient pour avoir le droit de nier le pillage.»

Cet anéantissement de Saint Cloud, cette exécution méthodique d'un palais et de toute une ville mise à sac, puis brûlée, pour que les traces de leur pillage disparûssent sous leurs ruines, sous leurs cendres, et qu'ainsi l'incendiaire couvrît et justifiât le voleur, mérite qu'on s'y arrête un instant. Ce qui vient d'en être dit est d'une vérité incontestable.

C'est sur le château que fut essayé le système. Quelques obus égarés du Mont-Valérien en donnèrent l'idée : puisqu'ils avaient atteint le château de Saint-Cloud, d'autres pouvaient l'atteindre de même, l'endommager, le détruire. On eut ainsi sur qui faire retomber la responsabilité de la destruction, et l'on y procéda, mais non sans avoir d'abord pris tout ce qui était à prendre, et mutilé par pur amour de vandalisme inconoclaste et sauvage, tout objet d'art qui ne pouvait être emporté, et que la solidité de la matière eût fait respecter par le feu.

Plusieurs bas-reliefs brisés à coups de marteau ou de hache, plusieurs statues estropiées ou défigurées à plaisir sont heureusement restés, comme pour témoigner de cet acharnement. Les Prussiens y mirent toutes les nuances du raffinement destructeur : avant d'anéantir, ils profanèrent. Comme des enfants cruels, ils se firent un jouet, un amusement de tout, avant de le briser ; mais pour finir, la destruction complète ne manqua jamais. Elle était nécessaire à leur rancune ; ils se la devaient aussi pour nous en faire un crime, pour avoir le droit de crier, comme ils le firent dans toutes leurs gazettes, que nous avions détruit, incendié par nos bombes ce qu'eux-mêmes avaient respecté !

Une lettre très-curieuse, écrite par un soldat et publiée dans un journal de Berlin, donne un tableau assez original du bivouac prussien dans le parc de Saint-Cloud, après l'incendie du château, et avant la destruction du reste :

« Ma résidence, dit-il, est aussi romantique que l'on puisse le désirer. Je suis dans une tente française, dressée dans le jardin du prince impérial, derrière le palais incendié de Saint-Cloud.

» Des matelas impériaux nous servent de lit, des coussins en soie sont nos oreillers. En guise de draps nous employons des tapis de Turquie et d'autres articles de Paris.

» Nous nous servons aussi de splendides services à thé ou à café, en porcelaine de Sèvres, de la vaisselle impériale, de verres, de bouteilles et d'innombrables autres objets, tous marqués de l'inévitable N avec la couronne au-dessus.

» Le jardin du prince est une large pelouse avec un chemin de fer en miniature au milieu, avec un tunnel, des ponts et une station où des soldats arrivaient pour repartir. Au centre est une hampe où l'on hissait le drapeau, quand le prince était là.

» Des débris d'un gymnase sont brûlés pour faire du feu quand les soldats font leur soupe ou leur café.

» Le jardin est bordé de deux côtés par des tilleuls ; sur un troisième par le château incendié et le quatrième par un groupe de statues.

» Ces reproductions de l'antique font l'amusement de nos soldats, qui, prenant en pitié leur nudité, ont mis en réquisition tous les oripeaux du palais pour les couvrir : un Apollon est coiffé d'un tuyau de poêle avec une cocarde noire et blanche, et vêtu d'un habit noir avec des boutons blancs. Sa voisine Junon a reçu des soldats une crinoline rouge et une robe à jupe plissée. »

C'est la farce avant le drame.

Il n'arriva qu'à son heure, quand les Prussiens n'ayant plus besoin des maisons de Saint-Cloud pour logement, purent tout à leur aise, et comme dernier amusement, en faire des ruines avec le feu. Le tout, comme nous l'avons dit plus haut, fut mis sur le compte des obus français du Mont-Valérien. Heureusement pour la vérité, les ruines elles-mêmes, qui sont tout autres quand elles ont été faites par l'explosion des bombes ou produites par l'incendie, protestent, sans qu'on puisse s'y méprendre, contre l'infamie de cette justification par le mensonge.

Quand c'est la flamme qui a détruit, la maison garde ses murailles ; elle est vide et ravagée du haut au bas, sans portes, sans fenêtres, sans toit, mais debout et droite. Quand au contraire — et vingt ou trente maisons au plus sont dans ce cas à Saint-Cloud, surtout rue Royale et rue et place de l'Hospice —, quand ce sont les obus ou les boulets qui ont fait la ruine, rien n'y tient plus que par miracle : sauf un pan de mur ou deux, l'écroulement est complet. Quelquefois même, quand l'artillerie a fait brèche, la maison est comme coupée en deux. Les boulets ont balayé le rez-de-chaussée, rasé l'escalier, et laissé ainsi en l'air les étages inaccessibles. On y peut voir à travers les trous de la façade effondrée les meubles qui restent sur les planchers branlants, lits, fauteuils, secrétaires, etc. Les Prussiens n'ont pu y monter pour tout prendre et, puisqu'il y reste quelque chose, c'est la meilleure preuve que la destruction n'est pas de leur fait.

Où ils l'ont accomplie, souvent quelques traces restent comme témoignage et dénonciation : ce sont, par exemple, des tas de fagots mis exprès dans un coin et qui n'ont pas pris feu ; des chaises entassées et qui, bien que soigneusement enduites de pétrole, n'ont brûlé qu'à moitié.

C'est ce qu'on trouva à Montretout, dans le seul coin de la maison de Dantan qui fût un peu épargné. Là il eût fallu la destruction complète, car le vol avait été complet.

Nous en avons tenu une preuve bien curieuse : Le reçu donné par l'artiste lui-même à un professeur de notre connaissance qui, chargé par une très-noble étrangère de l'aider pour l'emballage d'une caisse à destination de Berlin, put en détacher une toile de tableau enroulée, qu'un simple coup d'œil lui avait fait reconnaître comme provenant de la collection de M. Dantan. Il s'était aussitôt empressé de la lui rendre, moyennant ce très précieux *récépissé*, qui, en quelques mots d'une malice de très-bonne guerre, constate les détails du vol et de la restitution.

M. H. Pigeonneaux n'a pas oublié le pillage et l'incendie de la maison de Dantan. Il en a fait un épisode du récit assez circonstancié qu'il donne de la destruction de Saint-Cloud, commencée la veille de l'armistice et continuée deux jours après qu'il eût été signé :

« Le 26 janvier, dit-il, dans l'après-midi, au moment où les ordres étaient déjà donnés pour la suspension des hostilités, la garnison de Saint-Cloud se répandit dans la ville, depuis longtemps veuve de ses habitants, mais où une vingtaine de maisons au plus avaient été brûlées et effondrées par nos projectiles.

» Le pillage, commencé depuis le mois d'octobre, s'acheva méthodiquement sous la direction des officiers. A mesure qu'une maison était déménagée, les soldats arrosaient de pétrole ou frottaient avec de la graisse les portes et les cloisons, semaient de la poudre et du papier sur les planchers, entassaient de la paille dans les caves et les rez-de-chaussée, y mettaient le feu, et allaient quelques pas plus loin poursuivre l'exécution de leur consigne. »

J'ajouterai que tout cela se fit dans le plus grand calme, avec le plus beau sang-froid. Les Prussiens incendiaient toute cette ville, maison par maison, comme on allume son feu ou sa pipe, aussi impassiblement. Le procédé le plus élémentaire, qui leur fut repris du reste, avec un si funeste succès, par les communeux de Paris, était celui-ci : Ils s'en allaient par les rues, tenant d'une main un seau de pétrole, et de l'autre un gros pinceau de peintre en bâtiment ; ils badigeonnaient chaque maison avec l'huile maudite, depuis la porte d'en bas jusqu'au grenier, fermaient ensuite portes, fenêtres, persiennes, puis par la seule ouverture laissée libre, jetaient des torches enflammées.

Ils allaient ensuite préparer au feu une autre proie :

« L'œuvre de destruction dura quatre jours ! Quelques habitants déjà revenus dans leurs foyers, et qui s'efforçaient d'éteindre l'incendie, furent repoussés à coups de sabre et contraints de s'enfuir. »

Dans la soirée du 29 janvier, des soldats, commandés par un officier du génie, mirent le feu aux maisons de la rue du Calvaire; mais, toujours prudents, ils s'arrêtèrent à la propriété Birot de Ruelle, qui fut pillée et incendiée; s'avancer plus loin, c'eût été s'exposer au tir du Mont-Valérien, qui aurait pu châtier leur infâmie.

M. Pigeonneaux ajoute : « Le 30 janvier, à deux heures après midi, quarante huit heures après la signature de l'armistice, la maison du sculpteur Dantan, la seule qui fût restée à peu près intacte dans le parc de Montretout, était envahie par une bande de soldats du 5e corps. Les œuvres d'art qui avaient été oubliées ou dédaignées par les pillards furent mutilées et jetées par les fenêtres, et la maison incendiée sous les yeux d'un groupe d'officiers, témoins impassibles et souriants. Les murs seuls sont restés debout. Sur l'un d'eux une main inconnue a tracé en grosses lettres ces mots : *Wilhelm Ier Kaiser* ; cette inscription est-elle une vengeance ou une ironie du hasard?

» L'homme qui a ordonné l'incendie de Saint-Cloud est un général au service de Sa Majesté l'Empereur d'Allemagne ; il commande une division du 5e corps ; sa famille est, dit on, d'origine française ; son nom est Sandraz. »

VII

Venons maintenant plus près encore de Paris, puis dans Paris même pour prendre les Prussiens sur le fait de nouvelles violences, et qui, pis est, ce qui sera leur plus grand crime, pour les voir de complicité avec la Commune, complétant par son pétrole la destruction commencée par leurs obus, et tâchant d'avoir ainsi le profit de la ruine sans en avoir la honte.

Ils furent, sous Paris, ce qu'ils étaient partout : impitoyables, et s'en faisant gloire. Quelques pauvres gens, poussés par la faim, s'aventurent ils hors des murs, jusque sous le feu de leurs avant-postes, pour déterrer dans les champs quelque chose à manger? ils les accueillent à coups de fusil. Muets et impassibles, même quand nos éclaireurs arrivent ainsi à leur portée, leurs postes ne se réveillent et ne donnent signe de vie que pour ce bel exploit. Il est dans la consigne, et l'on s'en vante à Versailles : « Des milliers de chercheurs de pommes de terre, lit-on dans leur *Moniteur*, sortent de Paris. On est obligé de tirer sur eux pour les faire rentrer dans la ville. » Le plus beau c'est ce « on est obligé. » Le cœur prussien saigne d'avoir à tuer ces pauvres diables pour les empêcher de chercher leur vie, mais il le faut! « On est obligé, » et l'on obéit. C'est sans doute parce qu'on y est obligé aussi qu'on achève les blessés sur place, qu'on tire sur les ambulances, et qu'on lève la crosse en l'air pour tromper l'assaillant, le faire approcher de confiance, et l'abattre ainsi à coup sûr. De tout cela l'on ne se fit pas faute.

« Hélas! écrivait de son ambulance des infirmières parisiennes, Madame de Blumenthal, parlant de nos soldats qu'elle avait à soigner, et à qui leur exaspération de la conduite des Prussiens faisait oublier ce qu'ils souffraient ; hélas ! ces hommes courageux pleuraient de rage, car, à la fin, les Prussiens tiraient sur eux et sur les derniers blessés *qu'ils ont achevés sur place !* »

Rien ne fut plus fréquent, à la suite des combats sous Paris, que les coups de feu des Prussiens contre les ambulances, malgré les avertissements d'usage et plusieurs fois répétés : « Hier, écrivait monseigneur Bauër au ministre, le 3 décembre, après une de nos grandes sorties, hier, entre dix ou onze heures du soir, aux avant postes, en avant de Champigny... au milieu du silence permettant d'entendre le clairon, et par un clair de lune permettant de voir le drapeau de Genève, je fis sonner les quatre appels à l'usage des parlementaires ; craignant qu'ils n'eussent pas été suffisamment entendus, je m'avançai vers les lignes ennemies pour les faire sonner une seconde fois. Au lieu de la réponse qu'obtiennent toujours les appels parlementaires, entre nations civilisées, nous avons été accueillis par une vive fusillade. »

C'est dans un de ces guet-apens, que le 2 décembre, sur le champ de bataille du Bourget, le frère Néthelme, de l'institut des Écoles Chrétiennes, reçut, d'une balle prussienne, la blessure dont il devait mourir : « Le feu, raconte un témoin, venait de cesser de notre côté, afin de permettre aux ambulanciers de remplir leur ministère. Une escouade de frères s'avança de la Cour-Neuve vers le Bourget. Le drapeau était porté par l'un d'eux, en tête du cortège. Lorsqu'ils furent en vue, l'ennemi, sans aucune provocation de notre part, dirigea sur ces hommes de paix et de dévouement la plus vive fusillade. Le drapeau fut percé de trois balles, quelques frères eurent leur robe trouée. Le frère Néthelme s'étant baissé, reçut au défaut de l'épaule une balle, qui, après avoir causé les plus grands désordres, alla se loger dans le côté. Il fut impossible de l'extraire, et, dès la première inspection de la plaie, les médecins perdirent tout espoir. »

Trois jours après, le pauvre frère était mort.

Cette série de prouesses, qui chez tout autre peuple passeraient pour lâchetés et crimes, se complète chez les Prussiens par le système tout aussi loyal, tout aussi brave de la crosse en l'air. Il n'y eut pas d'affaires, sous Paris, où quelque détachement de nos soldats ne se laissât prendre à ce guet-apens des héros de M. de Bismark, malgré la douloureuse expérience qu'en avaient faite nos chers et héroïques vaincus de Wœrth, de Forbach et de Metz : « C'est à croire, écrivait quelqu'un, que cette manœuvre fait partie de l'instruction militaire des fantassins de M. le comte de Moltke. »

Les Saxons, comme très-dociles alliés, en suivent aussi la vaillante consigne. Les Prussiens n'ont pas, pour faire ce mauvais coup, de plus intelligents compères.

Un jour, du côté du Bourget encore, deux compagnies de notre 47e de ligne avaient impétueusement attaqué, baïonnette en avant, un détachement de Saxons, soutenu par des gardes royaux prussiens. La vue de la baïonnette, arrivant au pas de course, produisit son infaillible effet : la crosse en l'air pour demander grâce. Nos braves s'y laissent prendre comme toujours, ils font halte, et le capitaine du 47e s'avance vers l'officier, qui paraît vouloir parlementer. Il n'est qu'à quelques pas de lui, lorsque, sur un signe, les rangs de ses soldats s'ouvrent, démasquant une pièce dont la mitraille jette par terre la moitié des hommes; les autres, par bonheur, étaient encore assez en nombre pour les bien venger, et ce ne fut pas long.

Tout cela n'est que lâche; voici qui est sauvage, et paraîtrait à peine croyable, même dans une guerre de Peaux-Rouges. « Pendant la nuit du 25 au 26 décembre, la nuit la plus froide de cet hiver, écrit M. J. d'Arsac, à qui l'un de ses amis venait de raconter le fait avec les larmes dans les yeux, un pauvre soldat de grand'garde à nos avancées du chemin de fer de Mulhouse, vis-à-vis de Bry-sur-Marne, s'étant imprudemment écarté du poste, fut pris par une patrouille prussienne, entraîné à quelque distance au milieu des champs, déshabillé des pieds à la tête, et chassé ensuite à coups de crosse sur le dos vers nos lignes, dans un état presque complet de nudité. Le malheureux, perdu dans l'obscurité, les pieds à chaque pas se collant gelés à la terre, arriva mourant sur les bords de la Marne, vers Nogent, où une ronde de gardes nationaux le recueillit... Ils jetèrent bas leur vareuse et s'en servirent pour frictionner la pauvre victime. Tous les soins les plus empressés, lui furent prodigués. Le corps pétrifié ne put recouvrer la chaleur. Ses tardifs sauveurs eurent la douleur de voir expirer dans leurs bras le malheureux soldat, rendant l'âme avec une suprême imprécation. »

Dans Paris qui se garda si bien, et qui, lorsqu'ils y furent entrés en vainqueurs furtifs et presque honteux, parqua si étroitement leur misérable triomphe, dans Paris même les Prussiens n'eurent pas beau jeu. Leur violence habituelle n'y put être de mise; c'est à peine s'ils purent être un peu voleurs. Ils grapillèrent cependant pour ne pas se perdre la main. Quelques-unes des maisons qui furent obligées de les avoir pour hôtes, pendant les quarante-huit heures de leur glorieuse occupation, gardent la trace du passage de ces vainqueurs *pick-pokets*, de ces conquérants de la pince et de la fausse clé.

Au numéro 22 du boulevard Friedland, ils enfoncèrent les portes et emportèrent des couvertures de laine; chez les voisins du 24, au premier étage, ils prirent six couverts d'argent, et, dans la maison à côté, deux paires de draps à la concierge. Un peu plus haut, de l'autre côté, au numéro 37, toujours pour s'entretenir la main, ils enlevèrent une belle couverture de soie. Chez M. Arsène Houssaye, qui s'était mis en garde, ne trouvant aucune rafle à faire, ils se dédommagèrent par un autre de leurs plus chers passe-temps, la destruction : ils mirent en morceaux une très-belle glace. Dans la rue de Presbourg, au numéro 15, ils brisèrent une commode, qu'heureusement ils trouvèrent vide, et forcèrent des caisses pleines d'effets dont ils ne laissèrent quoi que ce soit; au numéro 12, ils recommencèrent le vol des couvertures, auquel ils semblent surtout se plaire : ils en prirent trois. Dans l'avenue des Champs-Elysées, au numéro 86, ils en prirent une, et très-belle; enfin, près de l'Arc-de-Triomphe, dans la rue du Bel Respiro, numéro 1, ils forcèrent les portes de la plupart des chambres, les meubles, les caisses, et ne laissèrent que ce qu'ils ne pouvaient pas trop visiblement emporter.

Tout cela ne vaudrait guère qu'on en parlât, si on n'y trouvait une preuve de l'invincible instinct de larronnage qui suit le Prussien partout, et auquel il ne résiste nulle part.

Ces vols mesquins de vainqueurs vulgaires ne nous déplaisent pas du reste : ils ajoutent à la honte de leur bas triomphes, à la niaiserie de cette ovation dans un petit coin où ils n'eurent que la place de se faire un peu voir pour être moqués et vilipendés par nos gamins à rire-que-veux-tu. Jamais triomphateurs ne furent mieux raillés et n'enragèrent tant. Ils en gardent contre Paris une colère qui faillit éclater au moment même par un second bombardement, près duquel, à cause du rapprochement des feux, dirigés des forts mêmes, le premier n'eût été rien.

On a vu, par la lettre d'un de leurs officiers, commandant à ce moment-là un de nos forts du Sud, quelle effroyable menace de mort et d'incendie plana pendant quarante-huit heures sur Paris et faillit le punir par une pluie d'obus de la revanche de si bonne guerre qu'il se donnait par ses éclats de rire.

« Les 1ᵉʳ et 2 mars, lit-on dans cette lettre prussienne que nous empruntons à la *Gazette de Cologne*, en y laissant tout ce qu'elle a de haine et de rage, le sort de Paris tenait à un léger fil de soie. Si l'attitude de la population avait été d'un atome plus inconvenante qu'elle ne l'était déjà, Paris était réduit en cendres.

» L'artillerie de tous les forts était en batterie, nous n'attendions que le premier coup de timbre du télégraphe, et à ce signal 800 bouches à feu auraient converti en un océan de décombres fumants la sentine de tous les vices, de toutes les folies et de toutes les extravagances. Les instructions nous avaient été données de telle sorte que le juste châtiment, si on avait jugé à propos de l'infliger, aurait été poussé à ses dernières conséquences. Par leur attitude calme et dédaigneuse, les Allemands présents dans Paris ont préservé la ville du sort qui la menaçait, alors que notre bras était déjà levé.

» Paris n'a donc pas encore subi la punition méritée et qui apparaît indispensable. Les Allemands ont considéré comme au-dessous de leur dignité de s'occuper plus longtemps de ce cloaque moral et politique, mais l'histoire nous montre que les villes tombées aussi bas que Paris n'échappent pas à leur châtiment; l'exemple de Rome, de Babel, de Jérusalem et de Byzance le prouve. Sans doute il sera encore donné à notre génération de contempler avec une admiration pleine d'effroi l'exécution de ce Paris auquel la mansuétude des Allemands et de Dieu vient d'accorder un répit de grâce pour sa conversion, mais dont cette cité ne profitera pas. Les moulins de Dieu travaillent lentement, mais ils travaillent bien, leur blé est finement moulu. »

Que dites-vous de ce petit morceau, et surtout des pronostics de ses conclusions, écrites quelques jours avant que la Commune eût préludé à son abominable drame? Ne vous semble t-il pas en entendre les premiers grondements, et que le Prussien ne nous parle si bien du punisseur en réserve, qui achèvera l'œuvre d'envie et de haine dont en leur langage hypocrite ils font un acte de justice et de châtiment ; que parce que déjà il connaît ce bourreau de la dernière heure, qui, sur commande, complètera la ruine, et fera de l'incendie à prix marqué.

La destruction de Paris, n'en doutons pas, était dans le programme prussien, dès avant la guerre. M. de Bismark devait cette joie à la haine de l'Allemagne entière, et particulièrement à la jalousie de Berlin, dont cette éclipse de l'incomparable capitale, eût fait, à son tour — elle le croyait du moins — la ville reine, la cité soleil. Les choses ne tournèrent heureusement pas tout à fait suivant les combinaisons de cet honnête calcul. Le bombardement dut, à cause des obstacles, se faire longtemps attendre et ne put être que partiel. Malgré le soin que chacun y apporta dans l'armée prussienne, le roi tout le premier, qui le dirigea personnellement et ne fut pas un jour, suivant le *Times* (1), sans examiner les rapports des batteries; on n'arriva qu'à faire assez peu de mal dans Paris. Quelques monuments furent seuls, et même à peine, atteints. Ceux qui font de Paris la ville hors de pair, tant par eux-mêmes que par ce qu'ils renferment : le Louvre, la Bibliothèque, etc., ne purent même pas être touchés. On se dédommagea, il est vrai, sur le Jardin des Plantes, qui fut criblé d'obus, involontaires, égarés, disent les Prussiens, mais dont, avec un peu d'attention, on voit au contraire que la direction fut très-soigneusement choisie et étudiée pour frapper juste, où l'on voulait détruire : « Les Prussiens, dit M. Quatrefages (2), ont bien volontairement disséminé leurs obus, armés de tubes incendiaires, tout autour du labyrinthe... Ils se donnaient la chance d'anéantir des collections, qui, dans leur ensemble, sont absolument sans rivales. Nulle part... la haine jalouse du demi-barbare pour une civilisation supérieure ne s'accusa plus nettement. »

---

(1) *Correspondance* de Versailles du 23 janvier.
(2) *Revue des Deux-Mondes*, 15 février 1871, p. 668.

Il s'en fallait bien cependant que ce fût assez pour eux. Qu'était-ce, en effet, après ce qu'on s'était promis de destruction et ce que la douce Allemagne espérait et réclamait d'incendies ! « Il faut que Paris soit bombardé à fond, lisait-on dans une correspondance de Berlin au *Journal de Genève* dès le 17 décembre, on n'entend et on ne lit pas autre chose. »

Sur cette sommation, l'on fit ce qu'on put : on détruisit les serres du Jardin des Plantes, on cribla d'obus les hôpitaux : le Val-de-Grâce et la Pitié ; le Panthéon, Saint-Sulpice, les écoles, entre autres celle de Saint-Nicolas, dans la rue de Vaugirard, où quatre pauvres enfants furent tués dans leur lit par un obus ; mais la portée des canons ne permit pas d'en faire davantage. L'eût-on même pu, que devant l'attitude indignée de l'Europe, on n'eût peut-être pas osé.

« La populace, » sur laquelle M. de Bismark comptait, dès le 19 septembre, au moment de son entrevue avec M. Jules Favre à Ferrières, devait faire le reste, pour peu qu'on l'y encourageât et qu'on l'y soutînt, argent comptant : c'est ce qu'on fit à propos.

L'armement de la population tout entière, qui promettait plus de soldats à l'émeute à venir qu'à la défense du moment, fut un nouvel et décisif espoir pour la catastrophe. Elle parut infaillible à partir de cet instant ; l'on ne cacha point, chez les Prussiens, ce qu'on en attendait, pendant ou après le siège. Les plus discrets s'en expliquaient ouvertement. M. de Moltke lui-même avait presque des échappées de franchise, sur cette milice dangereuse, qui ne l'effrayait guère, quant à lui, tant que durerait la guerre, mais, dont, après la paix, la France avait tout à craindre.

Les agents de la destruction réelle, définitive, dont on n'osait faire que le simulacre, de peur de l'odieuse responsabilité devant l'Europe, étaient ainsi trouvés dans Paris même : on aurait les profits de la ruine, sans en avoir la honte, et

Paris, incendié par les mains de son peuple, ajouterait à ses autres crimes celui de sa propre destruction.

Pendant tout le siége, les intelligences de la Prusse avec les chefs du désordre dans Paris furent très-actives. M. Trochu a eu raison d'insister, dans son discours à l'Assemblée, le 14 juin dernier, sur le mélange d'armes étrangères dont étaient munis les insurgés du 31 octobre, pour le coup de main qui fut leur coup d'essai : tous ces fusils Snyders et Remington, dont aucune distribution n'avait été faite à Paris, étaient de fourniture prussienne. Il n'eut pas moins raison d'ajouter que ces « sectaires — comme il les appelle — obéissaient à un mot d'ordre venu du dehors. »

Ils s'agitaient, la Prusse les menait. Les chefs, dont il faut plutôt voir l'extravagance que la trahison, les chefs qui comptaient sans doute la jouer, à la fin, et lui escamoter le dénouement, pendant qu'à coup plus sûr elle les jouait dans l'action même, les chefs seuls étaient en communication directe. Félix Pyat, par exemple, se trouvait au courant de toutes les opérations prussiennes, principalement de celles dont le résultat pouvait avoir de l'influence sur l'ordre dans Paris. C'est ainsi qu'il sut le premier la capitulation de Metz, et qu'il fut chargé de l'explosion de la nouvelle, dans le *Combat,* pour mettre le feu à une émeute.

Ce fut celle du 31 octobre, coup d'essai, comme je l'ai dit, qui ne réussit pas et ne pouvait pas réussir : le nombre des hommes d'insurrection dans la garde nationale était alors primé par celui des combattants de l'ordre, et surtout maintenu par leur attitude, que les fatigues et les déceptions du siége n'avaient pas encore lassée et affaiblie ; l'artillerie qui donna une si grande force à la révolte et à la résistance communeuses, n'était qu'en voie de fabrication, ou se trouvait en des mains qui ne l'eussent pas laissée prendre, comme cela n'eut lieu que trop facilement plus tard ; enfin, les vrais hommes d'action sur lesquels la Prusse devait compter n'étaient pas encore dans Paris.

Ils n'y entrèrent, la plupart, qu'à l'armistice, quand le siége ayant cessé, tout se mit en train de préparation pour ce qui devait le suivre et en achever les désastres. Ses moyens étaient tous prêts ; il n'avait fallu, pour qu'ils fussent terribles, que laisser ses armes à la garde nationale.

M. de Bismark offrit, dit-on, à M. Jules Favre, d'exiger son désarmement comme condition de l'armistice (1). Est-ce vrai ? Je le crois ; il dut être assez adroit pour proposer de lui-même ce qu'il savait bien à peu près impossible à accepter par notre ministre. Du moment que lui, Prussien, par une exception qu'il n'avait faite nulle part, et qui suffisait pour montrer son jeu, donnait le choix sur ce point délicat; M. Jules Favre, comme Français, et l'un des chefs du gouvernement de Paris, ne pouvait hésiter. Il choisit ce qu'il y avait d'honorable dans l'offre, sans songer que l'honneur n'était là que pour cacher le piége. La garde nationale, d'ailleurs, dans sa partie saine, avait assez dignement fait son devoir pour qu'on lui donnât une marque d'estime ; elle l'obtint par la concession si périlleuse du maintien de cet armement, qui lorsque les bons, déjà las et aigris, eussent achevé de se décourager, devint, entre les mains des autres, un si commode et si complet arsenal. Si M. Jules Favre, trop confiant dans la partie honnête de la garde nationale, dont il devait pourtant connaître les mécontentements, et trop peu défiant de la mauvaise, qui lui avait cependant appris, le 31 octobre, ce dont elle était capable, ne voyait pas le péril, M. de Bismark faisait mieux que le voir ; il s'en réjouissait et l'organisait déjà. Tout l'espoir du coup de grâce qu'il nous ménageait était là. Dans le camp prussien, à Versailles, à Berlin, on pensait de même, avec une joie égale : « Bismark, écrivait de Berlin, le 28 avril, Kar Marx, chef de l'Internationale (2).

---

(1) Suivant la *Gazette d'Augsbourg* (3 mai), l'idée, qui était de M. de Moltke, avait été combattue par le roi, et M. de Bismark ne l'avait proposée à M. J. Favre, que parce qu'il était sûr d'un refus.

(2) La lettre a été donnée tout entière par le *Paris-Journal* du 5 juillet.

Bismark n'a laissé la garde nationale parisienne armée, que parce qu'il savait ce qu'elle contenait d'éléments de discorde capable de faire inconsciemment le mal qu'il ne pouvait ou n'osait faire lui-même. » Plus loin, après avoir dit qu'il ne peut écrire tout « ce qu'il sait, » le même Karl Max ajoute : « L'extinction de tous les foyers généreux, tel est le rêve de cet homme maudit. Il sait bien qu'il n'aura rien fait tant que Paris ne sera pas anéanti, brûlé, rasé, dispersé, comme autrefois Jérusalem et Rome. »

Les chefs de l'armée allemande ne se cachaient pas des mêmes sentiments, surtout lorsque la déception de leur prétendue entrée et de leur soi disant triomphe leur eût mis au cœur une haine, une rage de plus contre Paris. Un officier de l'armée danoise, qui en voyait plusieurs à Compiègne, dans le moment même où le sort de Paris semblait le plus compromis aux mains de la Commune, apprit de l'un d'eux, plus humain, ce qu'il y avait d'odieux dans leurs souhaits, et ce que les machinations de M. de Bismark lui faisaient espérer contre la malheureuse ville :

« Je rougis, disait cet honnête Allemand, d'entendre à mes côtés les généraux se réjouir des forfaits de cette lie de toutes les nations, en partie soudoyée par Bismark, pour que, suivant sa prophétie, Paris « pourrisse dans son jus. »

» Afin que le programme soit complet, ils *brûleront tout* pour la plus grande gloire de l'Allemagne (1). »

M. Martial Delpit n'avait-il pas raison de dire, le 28 juin, à la Chambre, que la commission chargée d'étudier la Commune dans ses actes et dans ses causes, aurait à rechercher si « l'or étranger n'a pas joué un rôle dans cette malheureuse insurrection ? » Les preuves, comme la lettre que nous venons de citer, et plus directes encore, plus précises, ne lui manqueront pas. Elles sont même si nombreuses et si accablantes, à ce qu'on nous assure, que le

---

(1) Extrait d'une lettre publiée par la *Gironde* de Bordeaux le 26 mai 1871.

gouvernement reculera devant leur mise au jour, à cause du rôle difficile qui en résulterait pour nous vis-à-vis de la Prusse, se maintenant, par la plus odieuse complicité, en état de guerre avec la France, au moment même où elle venait de lui faire si chèrement payer la paix.

C'est l'étranger, où elle avait pu faire son recrutement de longue main, à son aise, grâce à des complaisances d'alliés plus ou moins secrets, mais dont l'envie contre nous égalait la sienne, qui lui fournit les condottieri en chef de cette grande entreprise de haine soudoyée. Paris avait les bras. Ils n'y manquent jamais en de telles affaires et, pourvu qu'ils détruisent, ne cherchent pas qui les commande.

Quant aux têtes qui, au contraire, lui manquent toujours, la Prusse s'en chargea. Tout lui fut bon de ce qu'elle trouva, chez elle et chez les autres : Félix Pyat, dont nous avons déjà vu la complicité pendant le siége, et qu'un long exil, où sa haine s'était recuite et envenimée, avait rendu pour nous un véritable étranger, le plus ennemi de tous ;— Cluseret, autre proscrit, mais plus par prudence que par opinion, qui, pendant son séjour aux Etats-Unis, où il avait plutôt continué que fait oublier ses spéculations véreuses de l'Algérie, avait pu, grâce aux Allemands qui y fourmillent, se mettre en rapports intimes avec la Prusse ; se charger pour elle, comme diversion durant le siége, des troubles de Marseille et de Lyon; puis, après ce premier coup, plus ou moins réussi, revenir à Paris même, muni d'un passeport délivré par son ami, le consul de Prusse à Genève (1), et en repartir, quand tout fut fait, avec un nouveau passeport, américain ou prussien, qui l'a rendu aux Etats-Unis ;—Vaillant, commensal de l'Allemagne pendant longues années, à Tubingen et Heidelberg ;— Frankel, Prussien authentique, celui-là, mais que son titre de membre très-actif de l'*Internationale* justifiait de sa nationalité, et

(1) *Bien Public*, 17 juin 1871.

qui, sous le couvert de la grande conspiration cosmopolite, a pu, lorsqu'il semblait n'agir que pour elle dans la Commune dont il fut membre, conspirer exclusivement, et tout à son aise, pour M. de Bismark ; —Assi, sorte de métis polyglotte, dont le vrai langage échappe sous tous ceux qu'il parle, mais qui, avec un nom d'apparence italienne, est, à ce qu'il paraît, Allemand de naissance, ou tout au moins d'origine, un Prussien de Brême (1), couvé comme Frankel par l'*Internationale*, pour éclore conspirateur au compte de Bismark ; — enfin Dombrowski, autre métis, prêté à la Prusse par son amie la police de Varsovie, dont le grand chef, le général Trépow, l'ayant comme prisonnier pour une affaire de faux billets de banque, disait : « Dombrowski n'est pas un homme ordinaire, on pourrait en faire quelque chose (2) ! »

Au lieu d'un forçat libéré, il en fit un agent secret, bon à tout et partout. Russe de race, reconnu par la police russe, il a pu se faire accepter à Berlin pour tout ce qu'on voudrait faire, et, Polonais de nom, il s'est fait agréer de même par le peuple de Paris, qui croit encore à la Pologne ! Peuple aveugle ! qui a cru de même à l'authenticité patriotique de tant d'autres Polonais groupés autour de ce Dombrowski, et sortis de partout, excepté de la Pologne, pour le service de la Prusse !

Celle-ci, tout en payant Dombrowski, et en le dirigeant par des instructions, dont plusieurs, qui ne laissent aucun doute sur leur origine, ont été trouvées après sa mort dans son logement de Passy (3), ne négligeait pas non plus la Commune, qui l'avait pris pour général. Sans la reconnaître absolument comme belligérante, elle entretenait avec elle de continuelles relations, elle prenait au sérieux ses officiers, et, qui plus est, elle la faisait flatter, en plein parlement allemand, par M. de Bismark lui-même. Dans

---

(1) *Patrie*, 13 juin.
(2) *L'International*, de Londres, n° du 3 mai.
3) Correspondance parisienne de l'*Indépendance belge*, du 29 mai.

la séance du 2 mai, après quelques mots d'un mépris plus joué que vrai contre « les guerriers internationaux » au service de la Commune, qu'il avait d'ailleurs le droit d'appeler des « gens à tout prix, » sachant bien ce qu'il les payait; en plein Reichstag, à Berlin, M. de Bismark n'a t-il pas dit hautement : « Au fond, les communistes actuels de Paris ne combattent que pour ce qui est accordé par le régime municipal prussien. »

L'avance était directe. M. Paschal Grousset, ministre des affaires étrangères communeuses, dut l'en remercier ! L'encouragement était clair ! Se montrer digne d'être Prussien par ce qu'on désire, par ce qui est le but de votre combat, quelle gloire ! Ils se hâtèrent de faire plus ; ils furent Prussiens par leurs actes.

Le premier, le renversement de la colonne, n'est pas le fait de révolutionnaires laissés à eux-mêmes, fussent-ils encore plus fous que ceux-là ; c'est un acte d'ennemis furieux de l'ancienne défaite, et jetant par terre, sans regarder à l'aide de quelles mains, le monument qui l'éternise; c'est le dernier coup d'une vengeance laissée imparfaite il y a cinquante six ans, et qu'il fallait à tout prix compléter par la chute du bronze napoléonien, comme on l'avait achevée déjà par l'occupation de Strasbourg et de Metz, ce rêve inassouvi de 1815.

Oui, quand la colonne tomba, c'est la Prusse qui tenait le bout de la corde infâme, comme l'a dit Paul de Saint-Victor: « Elle était le bourreau masqué de ce supplice des victoires françaises jetées au fumier. » On a vu des officiers prussiens venir à la place Vendôme pour assister et applaudir à l'exécution ; puis après, se faisant conduire par un cocher qui les dénonça, jusqu'à l'Hôtel-de-Ville, où ils voulaient féliciter la Commune de ce grand exploit (1) ! Ce n'est pas tout; on a lu de leurs journaux, où ce qu'ils ressentaient de joie éclate d'une façon encore plus visible :

(1) *Petit Moniteur*, 3 juin.

«Nous, Allemands, disait par exemple la *Gazette de Cologne*, nous pouvons rire et nous réjouir... La vengeance que nos faits d'armes ont commencée, la grande nation l'achève elle-même! »

Quand, après cette destruction de prélude et de mise en train, pour ainsi dire, le vrai drame du désastre se fut accompli; quand Paris, dont l'incendie, comme celui de Moscou, aurait semblé légitime s'il l'eût arraché aux Prussiens, se fut au contraire effondré dans ses ruines, non contre eux, mais pour eux, — leur joie le prouva, — et avec leurs propres moyens, avec le reste du pétrole qui les avait aidés trois mois auparavant à mettre Saint-Cloud en flammes ; quand il ne resta plus que des débris fumants de l'Hôtel-de-Ville, des Tuileries, de la Cour des Comptes, etc., leurs journaux furent encore d'une lecture plus curieuse et plus édifiante. Ce que nous perdions par ces abominables excès, et ce que gagnait l'Allemagne, y fut calculé avec une placidité de calcul inouïe, comme sur un livre en partie double.

La *Gazette de la Bourse*, de Berlin, fut la première dans ces combinaisons ; elle les dressa, même avant l'affaire terminée, révélant par là comment un seul plan parti de Prusse, et impitoyablement suivi dans tous ses détails, dont les derniers étaient imminents, avait présidé à cet ensemble d'horreurs. La France, à l'entendre, avait trouvé trop d'amis en Europe ; trop de voix s'étaient élevées pour la plaindre comme une victime sans tache. Il était bon qu'elle se donnât des torts et arrêtât les sympathies trop pressées en montrant ce qu'elle est : « Depuis que la guerre civile l'ensanglante, disait la bonne *Gazette*, depuis que le vol et le meurtre sont à l'ordre du jour dans Paris, les voix qui la plaignaient se sont tues. » Or, ne plus plaindre la France, c'est ne plus condamner l'Allemagne, c'est ne plus désapprouver ses rigueurs d'ennemie implacable, c'est ramener l'opinion en sa faveur, et, suivant la *Gazette*, un tel résultat est bien quelque chose : « L'Europe, dit-elle, qui ne nous était pas favorable, revient sur ses premiers jugements au sujet de la façon dont nous avons mené la guerre; l'on y voit tomber une à une toutes les critiques peu compétentes ou injustes dont l'Allemagne a été l'objet. » Il n'est pas, toujours d'après la *Gazette*, il n'est pas jusqu'à la France même, qui, par la diversion de ces événements, n'arrive à un calme relatif dans sa haine, et, — ce qui n'est que trop vrai, — à une sorte d'oubli où peut se perdre l'idée de la revanche : « La soif de vengeance, dit-elle, qu'un grand nombre de patriotes français nourrissaient contre l'Allemagne, ne pouvait mieux se calmer que par ce fait même que la France souffre actuellement plus des siens qu'elle n'a souffert des Allemands. » Donc, pour ajouter à ce raisonnement la conclusion qu'il sous-entend, il était utile que ces nouvelles et plus vives souffrances suivissent de près les autres, et par conséquent aussi il était nécessaire de faire naître sans retard les événements d'où elles devaient sortir. Autre profit encore : après avoir détaché l'Europe de la France par l'horreur, il fallait en éloigner l'Alsace et la Lorraine par le dégoût; et, pour ce résultat, rien pouvait-il valoir une si horrible guerre civile !

La *Gazette de Cologne* ne raisonna pas autrement, et même elle y mit encore plus de cruauté. L'autre ne comptait que sur le dégoût de cette guerre ignoble pour nous aliéner les deux chères provinces; elle, c'est sur notre malheur même qu'elle fait fonds, pour les amener à ne plus aimer la France; c'est en notre appauvrissement qu'elle espère, et surtout en la déchéance de Paris : « En vérité, dit-elle, faisant la bonne âme, pour n'être après que plus féroce, en vérité c'est sans joie maligne que nous contemplons la décadence de la France; mais elle a ceci de bon pour nous, que les provinces nouvellement conquises se détachent d'autant plus aisément d'un État malheureux. Ce qui rattachait surtout les habitants les plus riches et les plus cultivés de l'Alsace à la France, c'était ce riche, ce beau, cet heureux Paris, et ce Paris est détruit pour longtemps. »

Non, quoi que vous ayez fait il est debout, prêt à re naître. Fût-il détruit, l'Alsace nous resterait fidèle.

C'est la France même qu'elle voit dans son amour, comme elle ne voit que la Prusse dans sa haine.

Je n'en dirai pas plus ; il me semble impossible qu'on doute, après ce qui précède, des complicités de l'Allemagne dans nos derniers désastres. Je concluerai par l'axiôme du droit : *fecit cui prodest :*

Celui-là fit le crime, à qui le crime sert (1).

---

(1) Nous ajouterons, pour compléter un peu nos preuves : que, le 25 mars, la *Gazette de l'Allemagne du Nord*, journal de M. de Bismark, déclarait qu'on pourrait s'arranger avec le Comité central, s'il reconnaissait le traité de paix ; que, par arrêté du prince de Saxe, à Saint Denis, les journaux de Versailles y étaient interdits, tandis que ceux de la Commune y circulaient ; que d'après le *Français* (17 août), depuis le 18 mars, jusqu'au 20 avril environ, époque où la Commune perdit du terrain, les Prussiens laissèrent entrer dans Paris tout ce qui pouvait la servir, et entravèrent au contraire tout ce qui pouvait servir Versailles ; que, d'après l'*Écho français* (20 juin), une lettre du secrétaire de M. de Moltke, traitant d'un marché avec la Commune, pour de la farine et des armes, fut saisie et remise au ministre de la guerre ; et qu'enfin, au dire de l'*Opinion nationale* (30 mai), un officier prussien avait avoué qu'on n'arrêtait dans leurs lignes que les gens en uniforme, ce qui avait permis à beaucoup d'insurgés en habit civil de s'échapper par Saint-Denis. — Nous ajouterons encore qu'il est certain que, la veille de l'incendie de Paris, les Prussiens savaient qu'il allait éclater, et l'annonçaient tout haut partout, notamment à Argenteuil, et que plusieurs portèrent des toasts bruyants : « A la Commune ! » — pendant que Paris brûlait. Paschal Grousset, dans son interrogatoire, le 17 août, devant le Conseil de Guerre, justifia fort mal ses rapports avec les avant-postes prussiens, par l'intermédiaire d'un certain Kuhnmann ; et l'on se souvient que, dans plusieurs lettres saisies, J. Vallès parlait de « nos intimes du Raincy. » Or, qu'y avait-il alors au Raincy? des Prussiens ! — Enfin, M. Barral de Montaud, un des témoins des derniers conseils de guerre, a déclaré, sur preuves, dans sa brochure : *Notes sur l'état de Paris pendant la Commune*, que Cluseret, Frankel, Brunel, Lutz et leurs acolytes, Mme Dimitrieff, la veuve Leroy et la femme Brunel, étaient des agents prussiens, avec ordre : Cluseret, de faire sauter Paris, par les mines des égouts ; Lutz, Brunel et les femmes, de brûler le reste. (V. p. 19, 27, 33, 43, 51, 72-75.)

LORRAINE

MEUSE. — MOSELLE. — MEURTHE. — VOSGES.

I

Bien malheureuse province celle-là, qui n'a même qu[e] l'Alsace comme égale en infortune : moins déchirée sans doute, mais aussi frappée, et, pour longtemps, aussi esclave, car ce qu'après son odieux morcellement, elle a pu garder pour la France, doit demeurer bien des mois encore, aux mains sanglantes qui ont pris le reste. Enchaînée côte à côte avec ce qui fut elle-même, et qui lui deviendrait étranger, ennemi, si l'âme française n'y survivait, il faut que, pendant trois ans, elle soit l'un des gages de sa propre rançon et de celle de la France.

Pendant trois ans, à moins — nous voudrions l'espérer — à moins qu'un effort d'énergie de notre inépuisable richesse, ou ce qui vaudrait mieux, de notre force si prompte à renaître, ne vienne hâter sa délivrance, il lui faudra voir, comme des hôtes, assis, pour y prendre la plus large place, au foyer morne et appauvri de tous ses enfants, ceux-là mêmes qui l'ont mise dans ce deuil et qui l'ont faite si pauvre !

On se demande, tant ils l'ont, malheureuse Lorraine, pressée, pressurée de mille façons, et saignée à toutes les veines, on se demande, non plus ce qu'ils y ont pu prendre, mais ce qu'ils y ont pu laisser. Chacun a souffert, en d[e] proportions incalculables, et cela partout : aussi bien dans les villes que dans les campagnes. Celles-ci toutefois, semblent avoir été encore plus éprouvées. Dès le premier mois, il ne restait plus rien dans toute la banlieue de Nancy. Les Allemands, en vrais braves, n'aiment que les proies sans défense ; or, dans ces hameaux ouverts, dans ces fermes en plein champ, dans ces châteaux isolés, quelle résistance à craindre? ils ont donc pu s'y donner toutes les joies, tout l'abandon du vol impuni, du pillage en liberté.

Dès le 1er octobre, M. A. Mézières pouvait écrire sur l'état des environs de Nancy (1) : « Les villages ont été dévalisés pour satisfaire les besoins réels des troupes, ou l'esprit de rapine des envahisseurs. Il y a des fermiers auxquels on a tout pris : leur blé, leur avoine, leurs chevaux, leurs vaches, leurs moutons, leur basse-cour. Eux-mêmes, on les emmenait souvent, on les forçait à conduire au campement des Prussiens leurs propres dépouilles, avec leur propre attelage. Il ne leur reste aujourd'hui que les quatre murs de leur maison, lorsque le caprice d'un uhlan ou la négligence d'un fumeur n'y a pas mis le feu. »

Une lettre du 22 novembre, datée d'un département voisin, et non moins écrasé, celui de la *Meuse*, confirme tous ces faits et y ajoute. A la suite de quelques détails : sur le fourrage enlevé, le bétail détruit, les maires des villages pris en otages, les curés saisis, avec ordre de les fusiller, au moindre coup de feu qui partirait d'un bois, nous y lisons des lignes très-nettes et très-crues, non plus sur la conduite des soldats mais sur celle des chefs, et même des princes : « La plupart de ces officiers prussiens sont d'ignobles voyous (*sic*). Un prince médiatisé a crocheté les armoires pour y chercher de l'eau-de-vie, et l'autre jour, moi étant à la maison, plusieurs de ces messieurs se sont conformés à leur habitude de faire, avant de partir, leurs ordures au milieu de la chambre. »

---

(1) *Revue des Deux-Mondes*, 1er octobre 1870, p. 553.

Ainsi, toujours la grossièreté, l'ivrognerie, le vol, et pour aider à celui-ci, quand il n'a pas ses allures assez libres, la brutalité ou le mensonge. Fallait-il de l'argent aux Prussiens, ils n'étaient pas embarrassés même dans les bourgs ou les villes déjà les plus rançonnés. A Remiremont, qui ne contient pas 6,000 habitants, et qu'ils avaient mis à contribution, comme s'il en possédait le double, l'envie leur vint un jour d'avoir 200,000 francs de plus. Nous leur retrouverons de ces envies-là et plus fortes à Orléans, où ils prendront le même moyen pour les satisfaire. De quoi s'avisèrent-ils? d'un prétexte de représaille, dont l'effet ne peut qu'être infaillible, pour qui possède la force d'imposer ce qu'il veut faire croire : Ils prétendirent que deux de leurs ingénieurs et un de leurs soldats avaient été enlevés aux environs de la ville ; et avec cette logique, qui est toute à eux, ils soutinrent que par conséquent la ville devait payer cette prise, évaluée, d'après l'estime qu'ils ont d'eux-mêmes, à 200,000 francs !

C'était le double, c'était le triple de ce qu'elle eût pu trouver en s'épuisant. Le conseil municipal le prouva sans réplique au commandant prussien, qui ne les exigea pas moins, et qui, ne les ayant pas reçus quand le temps qu'il avait marqué pour qu'on les lui apportât fut révolu, fit saisir le curé et trois conseillers municipaux, dont une escouade de uhlans se chargea pour les mener à Nancy, où ils restèrent plusieurs semaines.

Très-souvent ils ne prenaient pas la peine de rien alléguer pour justifier de pareilles exigences, leur bon plaisir suffisait. A Réméreville, pauvre petite commune des environs de Nancy, 550 habitants au plus, quelques gendarmes prussiens arrivent un jour pendant l'armistice : que peuvent-ils vouloir, puisqu'on est presque en paix?

Ils demandent 2,600 francs et n'accepteront pas un écu de moins. Le maire prouve lui aussi qu'on a déjà beaucoup payé, et qu'on n'a plus rien. Ils n'en tiennent pas compte, et force est bien au pauvre homme d'aller chercher partout. Il trouve la somme presque entière, 2,500 francs, et l'apporte. On la refuse pour les 100 francs qui n'y sont pas. « Si demain ils manquent encore c'est vous que nous prendrons.» Voilà ce que lui dit le chef en partant; le lendemain, au risque de ne plus laisser un sou dans le village, la somme était complète et livrée.

A Metz, pendant ce même armistice, quoique l'horrible paix, dont c'était le prélude, dût en faire sitôt après une possession allemande, les Prussiens eurent aussi de ces fantaisies exigeantes, et sans raison. De quel droit un beau matin décidèrent-ils qu'au lieu de 6 francs par jour chacun de leurs officiers en recevrait 15, et que la ville ferait seule les frais de cette haute paye de victoire?

Du droit, tout prussien, qui veut que le vaincu non-seulement paye, mais récompense lui-même ses vainqueurs!

De toutes les villes de la Lorraine, Nancy qui passait pour être la plus riche, fut aussi la plus effroyablement pressée. Le pillage y prit toutes les formes, même celle du vol le plus effronté, comme le jour où certain commandant, qui avait sans doute laissé en Allemagne quelque château à meubler, fit décrocher et mettre en caisse le lustre du palais du Gouvernement. Quant aux réquisitions et aux demandes d'argent, elles ne peuvent se calculer.

Un jour c'est un colonel prussien, qui réquisitionne le vin de Champagne, par centaines de bouteilles, pour le régal de ses officiers; ou bien c'est l'intendant du prince Frédéric-Charles, qui, sur un ordre de Son Altesse, se fait ouvrir plusieurs caves en renom, et y prend, en deux fois, plus de quinze cents bouteilles de vin fin, qu'il paye d'un simple reçu; un autre jour c'est un autre intendant, qui sous prétexte d'ambulance, exige des milliers de mètres de flanelle; enfin, tous les jours, ce sont régulièrement des sommes énormes qu'il faut payer, pour un motif ou pour un autre : pour la table du gouverneur, M. de Bonnin, qui n'a jamais moins de douze à quinze couverts; pour celle du prince Frédéric-Charles, qui, même lorsqu'il est à

Pont-à-Mousson ou à Corny, fait tout venir de Nancy, et Dieu sait dans quelles proportions! il lui faut à la fois, par exemple, pour sa cuisine, quarante jeunes poulets, vingt-cinq livres de beurre, cent œufs, etc.

Au mois d'octobre le blé finit par manquer dans la ville, qui n'était pas seulement obligée de nourrir sa garnison prussienne, mais aussi de fournir jusqu'à 36,000 rations de pain chaque jour, aux troupes qui assiégeaient Metz. Les Prussiens firent venir du grain, mais Nancy dut le payer, et qui plus est, faire les frais de la mouture en farine, et de la cuisson en pain, double dépense, qui avec celle de l'achat même du blé, ne s'élevait pas à moins de 100 ou 150,000 francs par jour, ou trois et quatre millions par mois.

Où trouver tant d'argent? les Prussiens ne s'en mettaient pas en peine. La seule grâce qu'ils fissent au conseil municipal, quand la caisse devenait par trop vide, c'était de donner un sauf-conduit à l'un des banquiers de la ville, pour aller faire chez eux un bel et bon emprunt, tout au profit des fonds allemands ; ou bien encore d'appeler de Cologne ou de Francfort, quelque marchand d'or prêt à vendre, au plus haut prix, toutes les sommes qu'on voudrait, soit pour les impôts, soit aussi pour les réquisitions, que faute des objets en nature, il fallait payer en argent.

« La semaine dernière, écrivait-on de Nancy, le 12 janvier, nous avons dû encore fournir à une réquisition de légumes secs, de café, de sucre, de thé, etc., dont nous sommes privés nous-mêmes, mais que l'on nous fait traduire toujours en argent comptant que des banquiers prussiens nous prêtent à gros intérêts : dix pour cent.

» Ces hommes d'affaires ont été appelés pour cela en France, par leur gouvernement qui répond à nos plaintes et à nos cris de misère : « Empruntez à nos banquiers! » Nancy doit déjà de la sorte dix ans de son revenu.»

La même lettre parle ensuite de la façon dont tout un

village était obligé de payer pour une réquisition manquée chez un particulier, par suite d'accident; et de quelle manière l'ivrognerie allemande y trouvait son compte : « Avant-hier, à Baccarat, réquisition est faite de trois chariots de paysans : l'un d'eux manquant à cause d'un cheval malade, vite une amende! elle fut de trente litres d'eau-de-vie, payables dans la journée, par la commune. »

Pour un fil télégraphique rompu, près d'un village, celui-ci doit payer 2,000 francs, sous la responsabilité du maire; à Nancy, pour un simple coup de feu qui n'atteint personne, dans un faubourg, cent mille francs sont exigés, sans délai, sans réclamation possible !

La misère devint si grande dans ce pauvre Nancy, que les Prussiens avouèrent qu'elle ne pouvait être pire. Un d'eux, même, correspondant de gazette, M. Julius Vickhède, convint qu'il fallait certaines vertus françaises, entre autres la frugalité, pour supporter de pareilles épreuves.

C'était avouer indirectement, puisqu'il s'agissait d'être frugal, d'être sobre ou de succomber, que les Prussiens en seraient morts.

La lettre de M. Julius est à citer en entier. Tout en est curieux, même ce qu'il dit pour commencer, sur nos pauvres Lorrains et leur abnégation du présent, avec confiance pour l'avenir dans leurs forces et dans celle du pays.

M. Julius, bien entendu, ne voit que vanité dans cette confiance, mais il ne la constate pas moins, ce qui est quelque chose.

« C'est le plus souvent, dit-il, l'orgueil du désespoir qui parle dans les grandes masses de cette population. Les gens raisonnent tout simplement ainsi :

» Nous n'avons plus grand'chose à perdre maintenant, ainsi prenez-nous tout, jusqu'à la dernière chose, incendiez nos maisons, brisez ou enlevez nos meubles, désolez nos champs; mais notre sol et sa fertilité, notre beau climat et notre activité, voilà ce que vous ne pouvez pas nous prendre pour l'emporter en Allemagne, voilà ce que vous ne pouvez pas détruire. »

Et ces Lorrains ont raison. L'Allemagne, qui nous voit renaître, lorsque nous sommes encore sous son pied, le sent bien déjà. Elle nous a moins tués que ressuscités. Nous ne sommes le peuple des grands malheurs, que pour être celui des grands réveils.

Après nos terribles épreuves du XVe siècle, un Anglais qui les avait suivies de près, chez nous-mêmes, lorsqu'elles touchaient à leur fin, disait en plein Parlement de son pays, pour montrer quel ressort de force et de richesse il nous sentait : « La France n'est jamais pauvre trois ans de suite... »

C'est maintenant bien plus vrai qu'alors, aussi, je le répète, ces braves Lorrains avaient raison, avec leur confiance au plus fort du désespoir.

Nous pouvons, cela dit, laisser continuer M. Julius Wickhède :

« C'est effrayant de voir, ajoute-t-il, ce que le pays a déjà souffert, et comment la destruction continue son œuvre.

» A Nancy, par exemple, où j'occupe un quartier garni élégant, habité jadis par des gens du grand monde de cette ville, tout dans la famille témoigne d'un bien-être passé, et depuis des semaines cependant il ne reste plus un franc de monnaie à la maison ; la dame, qui est très-élégamment mise, me prie de lui avancer le prix du loyer par jour, à l'effet de pouvoir acheter du pain pour elle et ses enfants.

» C'est la frugalité proverbiale des Français seule qui fait qu'ils existent encore.

» Dans cette maison, il n'est pas entré une seule tranche de viande depuis des mois ; une soupe de légumes à moitié pourris et de la farine bouillie dans l'eau, voilà l'invariable nourriture de tous les jours. Les habitants les plus riches mêmes n'ont plus un sou vaillant. Je connais un notable

de Nancy qui m'a dit : « Mes revenus s'élèvent à 100,000
» fr. environ par an ; mais depuis le mois d'août, je n'ai
» pas reçu 5,000 fr., car les propriétés de tous les fermiers
» des environs de Metz, chez lesquels j'avais placé mes
» fonds, sont totalement détruites et personne ne me paie
» plus un liard. Dernièrement j'ai engagé mon argenterie
» et les bijoux de ma femme à Londres, afin d'avoir l'ar-
» gent nécessaire pour pouvoir loger les officiers alle-
» mands. »

» Et il en est ainsi partout dans la belle et riche Lorraine,
oui, même dans la plus grande partie de la France. »

II

Si, après ce que nous venons de voir de la conduite des Prussiens, et de leur système de contributions à outrance, nous nous résumons en les appelant une fois de plus : voleurs et barbares, nous ne serons pas les premiers qui les qualifierons de ces épithètes.

Elles leur sont venues de leur pays même. Le grand juriste du *Droit des gens,* que nous avons déjà souvent cité, M. Bluntchli, ne les leur a pas épargnées, du haut de sa chaire de Heidelberg, après la guerre de 1866, où, même sur terre allemande, ils n'avaient pas été de moins durs, de moins rapaces ennemis. Ils pouvaient se faire absoudre de cette première condamnation par leur conduite dans la guerre nouvelle. Ils n'ont fait au contraire que la mériter davantage et même l'aggraver par la plus atroce et la plus continue des récidives. Aussi, faut-il la leur répéter sans relâche, à la face de l'Europe, que l'illustre légiste invoquait déjà comme juge de leurs actes : « Les lois de la guerre, avait-il dit, n'autorisent pas, en particulier, les réquisitions purement pécuniaires..... Les Prussiens ont levé, sans motifs suffisants, des contributions en argent dans quelques-unes des villes qu'ils ont occupées. L'Europe actuelle n'admet pas cette façon d'agir, reste des temps barbares. Elle blâme hautement toute violence inutile et injuste contre les habitants du territoire ennemi. »

Que ne blâmerait-elle pas de même dans l'amas d'actes odieux, que se sont permis les Prussiens, et dont, nous l'espérons — si l'appel du ministre russe, M. Milutine, pour la convocation d'un Congrès qui limiterait les droits de la guerre est entendu — elle fera bientôt bonne et rigoureuse justice ? Oui, que ne condamnerait-elle pas dans cette inépuisable variété d'infamies, que M. Bluntchli, malgré sa longue habitude de l'étude des guerres et de leurs horreurs, n'avait pu toutes prévoir, et qu'il lui eût suffi de croire possibles pour les flétrir à l'avance ! Avait-il deviné par exemple, qu'une fois dans nos provinces, les Prussiens s'y attribueraient non-seulement le droit de contribution, de réquisition et de pillage, mais encore celui de s'y emparer des biens de l'Etat, et d'y commettre, comme des prodigues dans leurs domaines, tous les abus de la propriété? C'est pourtant ce qu'ils ont fait. Nous les avons vus à l'œuvre dans les Ardennes, pour leur déboisement en grandes coupes sombres. Nous allons les voir procéder de même dans les forêts lorraines.

Un journal de Bruxelles, le *Peuple belge*, annonça ainsi ce projet de M. de Bismark : « Aujourd'hui, non seulement il touche dans les provinces envahies les contributions dues à l'Etat français, non-seulement il en impose de nouvelles pour son propre compte, mais le voilà qui prétend mettre en adjudication la superficie de toutes les forêts domaniales, dans les départements occupés. Des juifs de Francfort et de Berlin viendront acheter nos forêts, convaincus qu'après la capitulation de Paris, un petit article du traité de paix ratificra ces indignes spoliations. »

Tout n'alla pas comme les Prussiens l'espéraient ; pas plus que dans les Ardennes, ils ne trouvèrent dans les bois lorrains, des ouvriers prêts à jouer de la cognée pour leur compte. C'est de cœur que ceux-ci refusèrent, puis aussi parce qu'un écrit était venu de Bordeaux pour leur défendre ce travail, et qu'ils préféraient cent fois obéir à un ordre français qu'à un commandement prussien, dût celui-ci leur donner seul de quoi vivre. Comme toujours, on en vint à la force. Le gouverneur de Nancy rendit décret contre décret. Il fit signifier à la population d'avoir, sous les peines les plus graves, en cas de résistance, et même de retard, à lui fournir tous les ouvriers nécessaires. Il fallut donc marcher : des mains françaises durent porter une irrémédiable destruction dans les grands bois français !

Cette nouvelle infamie, qui en doublait une autre; cette violence faite au vaincu, pour que dans son travail forcé, il prêtât la main à l'anéantissement du domaine national, n'avait pas non plus été prévue par Bluntchli. Tout ce qu'il avait pu entrevoir, d'après la tradition des guerres barbares, c'était le cas où le vainqueur obligerait les vaincus à s'engager envers lui pour un travail quelconque, et quoique ce fût un fait bien simple et bien véniel auprès de l'autre, il l'avait formellement condamné : « Il est, avait-il dit, contraire au droit international de forcer les ressortissants de l'Etat ennemi à se mettre au service du vainqueur, tant que la conquête n'est pas achevée, et que la possession du pays n'est pas stable et définitive. » Or, partout, nos paysans ont dû se mettre de force sous le joug du service prussien.

Devant chaque ville assiégée, ils ont été requis : soit pour travailler aux tranchées, soit pour faire, comme devant Paris, où il n'y eut pas de travaux d'approche, tous les terrassements, déblais et remblais, destinés à mettre à couvert les batteries de bombardement. C'était la violation la plus flagrante de l'entente convenue, depuis la guerre de Crimée, en vertu de laquelle il était dit que l'état de guerre, ne devait se faire sentir à personne en dehors des véritables combattants. Aussi, le *Standard* en prit-il occasion pour les mettre, lui aussi, au ban de l'Europe, signataire de cette entente, et de l'humanité, dont elle était une des sauvegardes : « Si les soldats prussiens, écrivit-il, citant le même fait en exemple, ne sont pas assez nombreux pour construire des batteries de siége, ils *pressent* les paysans, pour les faire travailler à des ouvrages en hostilité directe avec leurs compatriotes, et les exposer à être tués par un boulet ou par une balle, pendant qu'ils travaillent ! »

Ce ne fut pas encore, en ce genre, leur acte le plus révoltant. Devant Toul, ils firent bien pis. Ayant une approche un peu hardie à tenter contre la ville, ils mirent en avant de leur corps d'attaque, comme boucliers humains, tous les paysans qu'ils avaient pu saisir aux environs (1). Ainsi non-seulement ils couvraient leurs soldats ; mais, par la crainte de tuer des compatriotes, ils paralysaient l'artillerie des nôtres.

Ces siéges des villes lorraines eurent, d'ailleurs, tous leurs infamies. Pour chacun, depuis celui de Toul, où ce que nous venons de dire suffirait pour faire juger les Prussiens, jusqu'à ceux de Montmédy, de Longwy, de Thionville, de Verdun, le succès ne fut dû qu'à quelque excès de ruse indigne ou de force sans merci.

Comment prirent-ils Longwy et Montmédy? Lâchement, comme toujours, par le bombardement à longue portée, et, comme toujours encore, sans avertissement.

A Montmédy, ils n'envoyèrent un parlementaire qu'à la première interruption du feu, lorsque la partie la plus inoffensive de la ville avait déjà le plus souffert, et pouvait, sous l'effet de cette terreur, leur faire accorder la capitulation que ce parlementaire venait demander, mais qu'il n'obtint pas.

---

(1) *Opinion nationale*, 25 octobre. — Dauban, *la Guerre comme la font les Prussiens*, p. 66-67.

A Longwy, pas de vrai siége non plus, avec les efforts et le réel courage qu'exigent de telles entreprises, mais un nouveau bombardement encore, sans interruption pendant neuf jours entiers. Ils n'entrèrent que sur des ruines. De toutes les maisons, il n'en était pas une qui n'eût été atteinte.

A quoi pensèrent-ils cependant, une fois installés sur ce monceau de débris? A une contribution. Après avoir bien lu et relu la capitulation, qui, faite sous leurs obus, ne pouvait être qu'à leur profit en tout point, ils s'y trouvèrent le droit de lever un impôt, et ne le firent pas attendre : la malheureuse ville, à qui rien ne restait pour ramasser ses morceaux et se reconstruire, dut payer 60,000 francs.

Thionville fut encore, si c'est possible, plus cruellement éprouvée. Elle était cependant destinée à devenir cité allemande, avec nom allemand! C'est une grêle d'obus, c'est une pluie de pétrole qui lui servirent pour ce nouveau baptême, d'où elle sortit avec l'affreux nom de *Didenhofen*, qui, à lui seul, est une insulte, et qu'aussi elle ne gardera pas. Il n'est pas possible qu'un parrainage tienne, où l'on ne s'est donné que des bombes pour dragées.

Quand le commandant de la place avait vu que le bombardement était imminent, il avait demandé aux Prussiens de laisser sortir les enfants et les femmes. Un refus des plus nets avait servi de réponse.

L'officier allemand était de l'école de M. de Werder, le bombardeur de Strasbourg, qui, après un refus pareil, disait des pauvres êtres qu'il gardait ainsi pour ses obus : « Ce sont des éléments que nous devons laisser dans toute place assiégée! » Il raisonnait aussi comme le lieutenant Meyer, du régiment d'artillerie de Magdebourg, qui dans son histoire du siége et du bombardement de Strasbourg, excuse tout par la terreur nécessaire et par l'épargne de temps, qu'un bon effet d'épouvante, comme celui d'une grêle d'obus tombant et incendiant à point, peut toujours rapporter pour la reddition d'une place. Enfin, il était de ces Prussiens, qui s'étonnent de vous voir sensibles, et s'en voudraient de l'être devant ce qu'ils appellent les nécessités de la guerre. Ils vous disent, comme un autre officier parlant encore du bombardement si expéditif de Strasbourg : « L'armée ne pouvait s'attarder. Il fallait faire vite. C'était indispensable. Voilà ce qui calme ma conscience. »

L'assiégeant de Thionville, à qui sa consigne et par suite sa conscience n'accordaient sans doute pas plus de temps, la bombarda, aussi calme de cœur. Passe pour une ville ruinée ! cela vaut mieux qu'une heure perdue ! Il ne ménagea rien pour brûler vite, et à coup sûr. Pendant cinquante-quatre heures, les bombes tombèrent, toutes à bonne portée, et la plupart incendiaires :

« Des batteries, dit M. Mézières (1), que l'artillerie des assiégés ne pouvait démonter, installées sur des hauteurs à 1,500 mètres des remparts, couvraient les maisons de bombes à pétrole, et y allumaient des incendies inextinguibles. On y a retrouvé des projectiles qui n'avaient point éclaté, et qui contenaient 16 litres de liquide inflammable. Sous cette pluie de feu, les bâtiments les plus solides s'effondraient et brûlaient jusqu'au raz du sol. »

La ruine avait commencé par les environs. Tout y est dévasté, détruit. De ce qui n'était qu'un vaste jardin, les Prussiens, en passant, ont fait un aride désert. Entre Longwy et Thionville, l'industrie animait les campagnes. C'est de ce côté que MM. de Wendel mettaient en travail les immenses usines dont celles du Creuzot sont les seules rivales, et qui, peu à peu, ont fait une ville du village d'Hayange.

Tout ce qu'on peut avoir à souffrir : par la destruction de ce qu'on a créé, par la misère imposée de force, aux travailleurs qu'on faisait vivre ; par le pillage de sa propre maison, et enfin par la perte de sa liberté, MM. de Wendel l'ont souffert.

Pour les punir d'avoir détruit eux-mêmes, à l'approche

---

(1) *Revue des Deux-Mondes*, 1er mars 1871.

des Prussiens, la fabrique de projectiles qui était une de leurs usines, un d'eux a été emmené prisonnier en Allemagne. Leur magnifique château d'Hayange a été pillé, et ce sont, à ce qu'on affirme, d'anciens valets allemands, devenus soldats, et pouvant ainsi couvrir le vol domestique de l'uniforme de la landwher, qui dirigeaient le pillage.

Ici, ce sont les valets qui dévastent et volent, ailleurs ce sont des concurrents de la même industrie qui détruisent pour supprimer la concurrence.

Ce cas ne nous est pas nouveau, nous l'avons déjà signalé en Flandres. Le village usinier d'Ars sur-Moselle, près de Metz, en avait eu l'étrenne. Dès le mois d'octobre, ses admirables fabriques de ferronnerie de toutes sortes n'existaient plus. Les machines démontées avaient été emportées en Prusse, pour le compte de quelque honnête confrère, à qui la guerre permettait ainsi de continuer ses petites affaires, en rendant impossibles celles des autres.

Ils ne persistent pas moins à se croire les plus braves gens du monde. La guerre, qui couvre tout, rassure leur conscience. S'ils ont, pour leur propre compte, la responsabilité de quelques faits comme celui-ci, ils se disent que la responsabilité générale des événements qui nous incombe, comme aux provocateurs, absorbe toutes les autres, et qu'en somme, s'ils nous volent, s'ils nous pillent, c'est nous qui sommes les coupables : nous les y avons forcés en déclarant la guerre !

Cet acte, dont ils ont tant de bonheur à nous renvoyer l'odieux, mais qui pèsera sur eux pour une bonne part quand on l'examinera mieux dans la provocation déguisée qui en fut l'origine, est, à les croire, un crime qui justifie tout ce qui peut nous le faire expier, et auquel revient la faute de ceux qu'ils commettent eux-mêmes.

D'après cette logique, l'égalité des moyens n'existerait pas dans un duel : le provoqué, comme le Prussien croit l'être ici, aurait le droit de se donner contre son provocateur toutes les armes, permises ou non, même les plus déloyales, même celles de la trahison et de la mauvaise foi !

Les Allemands ne s'en firent pas faute. Le mensonge fut une de leurs machines de siége. On sait comment ils s'en servirent contre Paris, avec la complicité du malheureux pigeon qu'ils avaient fait le facteur de leurs fausses nouvelles. Ce fut un coup manqué, mais sur lequel ils avaient cru pouvoir compter, car il leur avait déjà réussi à Verdun. Une fausse dépêche avait décidé la capitulation de la place : « Metz s'est rendu, y lisait-on ; Paris a fait comme Metz, et la guerre est finie.»

Le commandant, que l'origine seule de la nouvelle apportée par un parlementaire prussien, aurait dû tenir en défiance, la crut vraie, et capitula. Vous jugez de sa fureur quand il sut que, sauf la reddition de Metz, tout cela n'était que mensonge. Il voulut se tuer. A qui aurait il pu se prendre, en effet, de ce qui l'avait si odieusement trompé ?

Le coupable était le peuple même à qui de tels moyens peuvent paraître légitimes, du moment qu'au nom de la guerre, son éternelle raison, il se croit permis de les appeler des *ruses;* et dont la conscience, oubliant que la responsabilité d'un pays est au moins la même que celle d'un particulier, peut porter légèrement cette honte d'un mensonge, qui est la plus lourde pour tout homme d'honneur.

Il est vrai qu'en Prusse, tout le monde, particulier ou gouvernement, s'affranchit volontiers du préjugé de la bonne foi et du vain scrupule de la parole donnée.

Nous venons de voir comment l'autorité prussienne sait mentir ; voyons comment le Prussien, livré à lui-même, et pouvant engager sa parole, sait la tenir quand il l'a donnée.

Une affaire assez vive avait eu lieu, le 25 décembre, près de Charleville, en avant de Nouzon (1), où les francs-ti-

(1) Bien que cette ville ne soit pas de la Lorraine, mais des Ardennes, nous croyons pouvoir placer ici le fait qui l'intéresse ; son voisinage de la province où nous sommes à présent nous justifiera de ce petit déplacement topographique.

reurs avaient failli surprendre les Prussiens. Le maire de Nouzon, craignant qu'on ne rendît sa commune responsable, alla de lui-même, avec son adjoint, trouver l'officier prussien qui commandait, pour se faire garant que personne de la ville n'avait pris part à l'attaque. Il fut bien accueilli. L'officier n'était pas moins qu'un professeur à l'université de Leipzig, marié, père de famille, ou tout près de l'être, et à qui la seule idée d'un mari qu'on enlèverait à sa femme, d'un père qu'on ravirait à son enfant, tirait les larmes des yeux. Il rassura donc le brave homme, qui n'était pas du tout tranquille, surtout quand il avait appris, de son consolateur même, qu'il aurait à le suivre jusqu'à Cons-la Grand'-Ville, pour être entendu, sur les faits dont il déposait, par un officier supérieur : simple formalité, lui avait dit le capitaine-professeur, qui ne tirerait pour lui à aucune conséquence périlleuse, et ne l'empêcherait pas d'être de retour dès le lendemain, pour déjeuner avec sa femme. Il lui en répondait, il lui en donnait sa parole d'honneur. Là-dessus, après s'être serré la main en signe d'engagement solennel, ils étaient partis.

Or, le lendemain, le pauvre maire n'était ni revenu, ni près de revenir : il était en route pour l'Allemagne.

À Cons la Grand'Ville, il avait trouvé un autre maire de son voisinage, celui de Neufmesnil, et tous deux, après un interrogatoire sommaire, sans autre forme de procès, en présence du professeur-capitaine, qui, même pour l'acquit de sa parole donnée, ne protesta pas, ils avaient été conduits au quartier-général prussien, et de là dirigés sur Minden. Bien heureux encore d'en être quittes pour si peu!

Un autre, suivant le *Peuple belge*, à qui nous empruntons ces faits, avait non-seulement été emmené ainsi, mais auparavant on lui avait brûlé devant les yeux sa maison et ses ateliers. Il en était même qu'on avait passés par les armes. « Les récits de quelques-uns de nos parents, échappés à la domination prussienne, écrivait, le 12 octobre, d'un village de la Meurthe, un correspondant du journal *le*

Temps, sont navrants : les Prussiens ont fusillé les maires qui ne livraient pas les renseignements demandés sur la fortune des habitants ! » Tout oublier, pour ne reconnaître que la conquête, et qui plus est pactiser avec l'ennemi pour dénoncer, pour trahir ceux qui, la veille encore, étaient vos frères, vos amis, des Français comme vous, voilà ce qu'exigeait la loi prussienne, et cela, sous peine de mort pour tout homme qui ne s'y soumettrait pas, sous peine de pillage et d'incendie pour tout village qui résisterait, ou qui pourrait seulement être soupçonné de patriotisme ! Celui de Peltre en fit la douloureuse épreuve, mais il y gagna d'être en même temps le théâtre d'un acte de dévouement admirable, qui le recommande et le sanctifie à jamais.

« Les assiégés de Metz, dit M. A. Mézières (1), l'avaient occupé dans une sortie, puis abandonné. Quand les Prussiens y rentrèrent, ils accusèrent les paysans de s'être entendus avec nos soldats, et décidèrent que le village entier serait brûlé.

» Deux jours de suite, on mit le feu à toutes les maisons froidement, systématiquement, et l'on n'en laissa subsister aucune.

» Un établissement restait, une maison religieuse occupée par vingt-trois sœurs, qui y avaient soigné des blessés et des malades prussiens, depuis le commencement du siège. On les fit sortir, et, sous leurs yeux, on alluma l'incendie dans des bâtiments que leur charité avait rendus sacrés.

» Cette scène ne serait pas complète, si l'on n'ajoutait qu'au moment même où le couvent brûlait, un aide de camp du prince Frédéric-Charles venait demander six religieuses de Peltre pour donner des soins à ses blessés sur un autre point.

» Devant leur maison en flammes, les nobles sœurs ré-

---

(1) *Revue des Deux-Mondes*, 1ᵉʳ mars 1871, p. 83-84.

pondirent : « Nous irons. » Elles partirent sur-le-champ, et les Prussiens qui venaient de détruire leur asile acceptèrent leurs services !

» A la veillée, pendant les soirs d'hiver, les paysans lorrains se raconteront souvent cette histoire. »

III

Vous venez de voir ce que sur le simple soupçon d'une entente quelconque avec nos assiégés de Metz, les Prussiens pouvaient infliger de désastres à un malheureux village ; voyons maintenant une de leurs horribles vengeances contre une famille, dont le seul crime était d'avoir accueilli, un instant, deux de nos défenseurs.

Le fait se passe à Laval, petite commune du département des Vosges, chez le maire, M. Mathieu, homme des plus estimés, qui depuis trente ans administrait le village.

Nous en prendrons les détails, pour qu'ils soient au-dessus de tous les démentis, dans le rapport officiel même, qui fut adressé d'Epinal, le 12 janvier, au ministre de l'intérieur, par le préfet des Vosges :

« Le mardi 11 octobre, vers sept heures du soir, un franc-tireur et un garde mobile, mourant de faim, venaient d'entrer chez M. Mathieu, maire de Laval, demandant un morceau de pain qu'ils mangeaient à la hâte, quand une troupe prussienne, composée de 20 à 30 hommes, se précipita tout à coup dans la maison en faisant une décharge de ses armes. Le franc-tireur fut tué, ainsi qu'un sieur Ferry (Jean-Baptiste), voisin de M. Mathieu, qui se trouvait là par hasard, et le nommé Georges (Joseph), que l'escouade avait requis pour la conduire chez M. le maire de la commune.

» M. Mathieu reçut lui-même, à bout portant, un coup

de feu qui le blessa légèrement à la tempe : profitant de cet épouvantable désordre, le malheureux vieillard réussit à se réfugier dans une maison voisine.

» Ces massacres accomplis, les soldats allemands allumèrent l'incendie dans la maison, qui bientôt fut réduite en cendres avec le mobilier et toutes les récoltes.

» Ces misérables se dirigèrent alors vers l'habitation contiguë, appartenant également à M. Mathieu, et occupée par son fils Paul, marié et père de deux petits enfants. Trouvant la porte fermée — Paul Mathieu se disposait à se coucher, — ils tirèrent sur les fenêtres, et une grêle de balles pénétra dans l'intérieur de la maison; une d'elles traversa le berceau d'un des enfants. A ce moment, Mathieu fils entendant que l'on enfonce la porte, se hasarde à sortir; aussitôt, les bandits le saisissent et l'entraînent à dix pas sur la route; en vain demande-t-il grâce à ses bourreaux, en vain proteste-t-il qu'il ne comprend pas le motif de leurs violences : ils le fusillent impitoyablement sous les yeux de sa femme, de son père et de sa mère.

» Enfin, la maison de la malheureuse victime est, à son tour, livrée aux flammes. »

Le fait seul d'être voisin d'un lieu où la résistance s'était affirmée par quelque acte de vigueur, suffisait comme complicité, et passait pour crime. On ne pouvait pas en reprocher d'autre au pauvre petit village de Fontenoy, dans les environs de Toul. Il était resté inoffensif, après comme pendant le siége de la ville, et jamais on n'y avait vu de francs-tireurs. Une nuit, celle du 21 janvier, une troupe des plus hardis se glissa tout auprès, mais sans y entrer, jusqu'au pont du chemin de fer sur la Moselle, et le fit sauter. Le dommage était grand, pour les Prussiens, dont les communications étaient ainsi coupées avec l'Allemagne. Leur vengeance fut terrible. A qui s'en prit-elle? Au malheureux village qui, nous le répétons, n'y était pour rien, et dont pas un des habitants ne connaissait les francs-tireurs qui avaient fait le coup. Ils durent cependant payer tous pour eux, et de quel prix! Par la perte de ce qu'ils possédaient, par l'incendie de leurs maisons.

Le lendemain, à la nuit, un bataillon prussien envahit le village. Les maisons furent fouillées une à une, et les familles en furent chassées à coups de crosse de fusil, sans qu'on leur permît de rien emporter. Quand les malheureux furent ainsi dehors, les Prussiens entassèrent dans les rez-de-chaussée des fagots et des bottes de paille, et ne partirent qu'après que tout fut bien en feu. Ce qui restait des récoltes et provisions, les meubles avec ce qu'ils contenaient d'habits et de linge furent complétement détruits. Le bétail fut étouffé dans les étables.

« On dit même, à ce qu'assure M. Mézières, qu'une femme infirme, qui n'avait pu être transportée ailleurs, disparut sous les décombres de sa maison! »

Ce ne fut pas assez : il n'y avait là que perte pour un pays français; il fallait, comme supplément nécessaire de ce qu'ils appellent expiation, un profit pour la Prusse. S. M. Guillaume le décréta en ennemi qui connaît la contrée qu'il pille, et la croit inépuisable, même après l'avoir épuisée.

La Lorraine toute entière dut payer pour ce fait de résistance légitime, accompli dans un de ses coins, dont personne, en dehors de ceux qui l'avaient si bien tenté, n'avait rien pu savoir, mais auquel certainement elle applaudit du cœur dès qu'elle put le connaître. C'est pour cette approbation devinée et dès lors condamnée, car la Prusse condamne même les sentiments qui se taisent contre elle, que les cinq départements lorrains furent mis à une contribution de dix millions!

La destruction du pont avait eu lieu le 21; le lendemain 22, Fontenoy était brûlé, et, le surlendemain 23, le gouverneur de la Lorraine, M. de Bonnin, qui ose, avec un nom français, piller la France, apprenait au monde ce magnifique exploit et le vol de dix millions qui le complétait.

Voici le libellé de cet acte de haute spoliation administrative dans toute son odieuse simplicité. Nous recommanderons principalement les dernières lignes, aussi brèves et aussi sommaires que l'abominable action dont elles sont l'aveu :

« S. M. le roi de Prusse, empereur d'Allemagne,

» En raison de la destruction du pont de Fontenoy, à l'est de Toul, ordonne :

» La circonscription ressortissante au gouvernement général de la Lorraine payera une contribution extraordinaire de dix millions de francs à titre d'amende.

» Ceci est porté à la connaissance du public en observant que le mode de répartition sera ultérieurement indiqué, et que le payement de ladite somme sera perçu avec la plus grande sévérité.

» Le village de Fontenoy a été immédiatement incendié, à l'exception de quelques bâtiments conservés pour l'usage des troupes.

» Nancy, le 23 janvier 1871.

» *Le gouverneur général de la Lorraine,*
» Von Bonnin. »

C'est net au moins, et d'un cynisme de franchise où rien ne manque. Il n'y a pour décréter ainsi que des gens fiers de ce qu'ils décrètent. Ils l'étaient en effet. On le vit bien à la façon empressée dont ils répandirent partout la nouvelle de cette belle exécution de représaille par l'exaction et l'incendie.

Nous dégoûter du patriotisme et même nous le faire prendre en haine par l'exemple de ces abominables châtiments, mais avant tout, prouver leur force avec les moyens les plus impitoyables, et montrer que, quoi qu'on fît comme résistance, ils avaient des procédés de répression auxquels on finit toujours par ne plus résister, telle était leur suprême gloire.

On en a vu l'ostentation barbare dans l'arrêté de M. de Bonnin; elle éclata mieux encore, si c'est possible, dans les articles où leurs publications en France reflétèrent, avec quelques détails nouveaux, comme variation, le texte même de l'arrêté publié par le *Moniteur officiel du gouvernement général de la Lorraine*. Nous allons vous faire entendre un de ces échos menaçants qui, tout au rebours des échos ordinaires, grossissent le bruit de ce qu'ils répètent. Ecoutez le *Recueil administratif de la préfecture d'Eure-et-Loir*, mettant en « Fait divers » ce que le *Moniteur* de Nancy a mis en décret. Le numéro que nous citons est le huitième, celui du 3 février :

« Il y a dix jours, le pont de la Moselle, près Fontenoy, a été détruit en partie par une bande de francs-tireurs de 400 hommes accompagnée d'ingénieurs.

» Par ordre de l'Empereur, une contribution de dix millions a été imposée pour ce fait de brigandage au territoire du gouvernement de la Lorraine, et, par ordre du gouvernement militaire, le village de Fontenoy a été brûlé et incendié jusqu'à la dernière maison. »

Ce joli morceau de machiavélisme est à lire mot par mot.

Il faut y remarquer d'abord l'intercallation de ces ingénieurs plus qu'imaginaires, mais qu'il était utile, pour les Prussiens, de montrer incorporés à nos francs tireurs afin de prouver mieux la préméditation, et, par suite, la complicité des villes et villages environnants.

La qualification de « fait de brigandage » appliqué à cet acte d'héroïque résistance est aussi très-bonne à relever, pour bien faire voir : par quels mots l'ennemi tâchait d'avilir tout ce que les nôtres montraient de courage, et comment ils se justifiaient ainsi de traiter en brigands des héros. La justice de l'avenir retournera les termes : en expliquant tous les faits de cette guerre, elle dira de quel côté furent toujours les brigands.

Les deux dernières phrases de l'article ne sont pas d'une lecture moins utile et moins édifiante par les nuances qui s'y trouvent sur S. M. Guillaume et ses ordres. Pour la contribution de dix millions, il veut bien ordonner lui-même ; mais pour l'incendie, qui peut-être le compromettrait davantage devant le Dieu de son piétisme, il se contente de laisser faire. C'est pour lui qu'on brûlera, mais ainsi il ne l'aura pas commandé ; sa conscience de casuiste sera tranquille.

Les choses n'en restèrent pas là. Les dix millions imposés et le village brûlé n'étaient que la moitié de la besogne faite. Il fallait réparer le pont détruit : c'est encore la pauvre Lorraine qui dut y pourvoir. Cinq cents ouvriers furent requis par ordre du comte Renard, préfet de Nancy. Pas un ne vint. Ils se réunirent sur les places de la ville, criant : *Vive la République!* et chantant la *Marseillaise*. Le lendemain, ordre nouveau, épicé de menaces comme savent les faire les Prussiens : tout travail devrait être suspendu dans Nancy, tout atelier occupant plus de dix ouvriers devrait être fermé jusqu'à ce que les cinq cents dont la Prusse avait besoin se fussent mis à l'œuvre et l'eussent achevée. Les maîtres devenaient responsables et devaient s'engager à n'occuper personne jusqu'à ce que la tâche prussienne fût accomplie : « Tout entrepreneur, chef ou fabricant, qui agira contrairement aux dispositions ci-dessus mentionnées, sera frappé d'une amende de 10 à 50,000 francs pour chaque jour où il aura fait travailler... »

Les ouvriers ne vinrent pas davantage. M. Renard fut alors beaucoup plus bref. En quatre lignes il décréta le travail ou la mort : « Si demain mardi, 24 janvier, à midi, cinq cents ouvriers des chantiers de la ville ne se trouvent pas à la gare, les surveillants d'abord et un certain nombre d'ouvriers ensuite seront saisis et fusillés sur place. »

Comment ne pas obéir devant un ordre qui menaçait des innocents, et où l'on voyait que la Prusse, dont les précautions ne furent égalées que par celles de la Commune, avait déjà pris ses otages ! Le nombre des ouvriers ne fut cependant pas complet. M. Renard combla les vides à sa manière, à la prussienne : « Il y eut, dit M. Mézières, sur la Carrière et la place Stanislas une sorte de *presse* ou de razzia pour emmener à Fontenoy et faire travailler au rétablissement du pont toutes les personnes, de quelque condition qu'elles fussent, qui passaient sur ces deux points de la ville à l'heure où il y vient le plus de monde. »

Ce comte Renard, que la Prusse a mis à Nancy pour lui faire croire que sous ce nom français elle ne trouverait pas un vampire allemand, est l'homme qui manie peut-être le mieux l'administration prussienne et en fait jouer le plus utilement tous les ressorts de tyrannie minutieuse et rapace. Le 2 mars dernier, le *Journal de la Meurthe et des Vosges* reproduisit du *Journal de Paris* un article assez peu agréable pour la Prusse. M. Renard le trouva « provocateur, injurieux, » fit saisir le numéro, et, — voilà où le Prussien se révèle, — confisqua les 1,000 fr. de cautionnement versés par le journal. Du reste, il ne le suspendit pas autrement. Il se contenta de décréter, pour lui tendre un piége, où, à la première audace, il saurait encore happer un billet de mille francs, « qu'il pourrait reparaître sous les conditions d'un cautionnement nouveau. »

Ici, c'est d'après le libellé même de ses actes que nous jugeons, et qu'on jugera, comme nous, un administrateur allemand. Il n'y a pas ainsi de démentis possibles. Ils les aiment fort, se les permettent volontiers, mais plus ou moins heureusement.

Nous avons vu, au chapitre de la *Champagne*, la protestation fort peu décisive de M. de Thann, contre les récits de l'odieuse catastrophe de Bazeilles. Nous en tenons plusieurs autres du même genre ; nous n'en citerons que deux.

Le 17 décembre dernier, un nommé Bernard Gillot, émouleur et limeur de scies, se disant du village d'Andernay, dans le département de la Meuse, canton de Revigny, se présenta chez le commissaire de police de Louhans, dans Saône-et-Loire, et lui déclara que, huit jours auparavant, comme il se trouvait encore dans son village, avec sa femme et ses six enfants, « dont une fille de dix-huit ans, » un détachement prussien y était arrivé et avait commis tous les excès imaginables, viols, assassinats à la suite, etc. « J'ai eu, disait Gillot en son langage, la douleur d'assister à ces massacres sur la personne de ma fille. » Il ajoutait : « Pour mettre le comble à leur sauvagerie, les soldats prussiens ont mis le feu à notre village, qui a été complétement détruit. C'est alors que nous avons dû nous révolter et nous enfuir ensuite. »

Il fut dressé de sa déclaration un procès-verbal signé, non-seulement par le commissaire, mais par le sous-préfet de Louhans. Les journaux le reproduisirent en partie, et il fit ainsi, comme il arrive pour tout « fait divers » à sensation, son tour de France. C'est à Paris qu'il le termina. Le *Petit Journal*, entre autres, en tira le sujet d'un article intitulé : *les Infâmes*. Les Prussiens qui, jusqu'alors, n'avaient point protesté, s'émurent à cause de la popularité de la feuille. Le commissaire civil impérial prussien à Dijon, fit un *communiqué* au *Petit Journal*, avec sommation de l'insérer, ce qui fut exécuté de très-bonne grâce (1) ; et — première vengeance contre ces messieurs qui ont tout écorché en France, même la langue française, — et, surtout avec une parfaite exactitude du texte prussien.

Quoiqu'en français détestable, ce texte bien lu et enfin compris, pourrait avoir raison. Il est possible, comme il l'affirme, que Gillot, dont la déclaration dans Saône-et-Loire, pour des faits qui se seraient passés dans la Meuse, nous avait à nous-même semblé assez louche, ne soit qu'un vagabond, cherchant, où il vagabonde, à se faire un sort par la pitié qu'il tâche d'inspirer ; il est possible même, ainsi que ce communiqué l'assure à propos d'Andernay, que les Prussiens aient pu séjourner dans un village, sans qu'aucun bâtiment « ait été brûlé, ni dévasté. » Nous donnerons donc à M. le commissaire civil prussien, à Dijon, acte de

(1) *Petit Journal*, 27 avril 1871.

son *communiqué*, sans oublier « le français » des conclusions. Revenant sur l'article du *Petit Journal*, et sur son titre : *les Infâmes*, conclut en cet élégant et pur charabia : « A en juger à qui de droit, si de tels récits ne méritent pas d'être jugés d'un tel mot, qui a présidé audit article ! »

L'autre démenti prussien dont nous avons à parler, s'adresse à des faits tout différents, et ce n'est pas un journal français qui le reçut. Un espion s'y trouve en cause. Ils étaient très-nombreux, en Lorraine comme en Alsace, et n'avaient pas tous fui à la déclaration de la guerre. On en prit un, notamment, à Domrémy, qui opérait encore, et qui fit une si belle peur au maire, en lui parlant des désastres qui tomberaient sur son village, si on lui faisait le moindre mal, qu'il fut aussitôt relâché. Domrémy pouvait se croire quitte et ne l'était pas. Les Prussiens, qui savaient l'affaire, s'emparèrent, aussitôt arrivés, de tous ceux qui y avaient pris part ; et, pour cette arrestation très-méritée, qui n'avait duré que quelques heures, ils en firent huit ou dix qui se prolongèrent pendant des mois.

L'espion, plus considérable, dont il va être question, se serait moins bien tiré d'affaire, d'après les bruits qui coururent, et que les Prussiens démentirent. C'était un officier d'importance, et par conséquent un Prussien de bonne race: Malgré son rang, malgré son grade, il n'avait pas eu honte d'offrir ses services à M. de Bismark, comme « éclaireur secret. » C'est ainsi que les espions s'appellent en Prusse, par un euphémisme où le mot vernit la chose, et met une sourdine aux scrupules. Ce n'est pas tout ; l'infamie se compliqua d'un avilissement : pour espionner mieux, il endossa une livrée de valet. Il se fit accepter comme tel dans la maison du maréchal Bazaine, dans le temps qu'il commandait à Nancy, et pendant des mois, quelques-uns disent pendant trois ans, il le servit avec un zèle, des soins, et surtout une « attention » admirables. Quelqu'un de la famille du maréchal, qui l'a redit à une personne de nos amies, fut frappé du grand air de ce domestique, et aussi de son empressement, de son assiduité, surtout pendant les conversations du dîner. Il le fit observer au maître qui n'en tint pas compte. Quand la guerre éclata, le noble officier n'était plus valet de Bazaine; il avait quitté la livrée et repris l'uniforme. Au moment des affaires autour de Metz, soit qu'il eût été fait prisonnier, soit qu'il se fût glissé dans la ville, pour se remettre à son métier d'espion laquais, nous l'y trouvons, mais en fort mauvaise passe : on l'a reconnu, on a éventé son joli passé, on l'a arrêté, on le juge, et finalement on le fusille.

Un officier suédois, qui était alors à Metz, et qui put s'en échapper avant le blocus pour revenir en Suède, ne manqua pas de raconter le fait, et à son tour un journal de Stockholm, le *Nya Dagligt allehanda*, s'autorisant de son récit, s'empressa d'en parler. Un article, où il s'étalait fort au long, sous ce titre : *l'Espionnage dans toute sa perfection*, parut dans son numéro 226 de l'année dernière. Le ministre prussien à Stockholm, M. de Richthofen, prit l'éveil, alla jusqu'au ministre de la guerre suédois, de qui dépendait l'officier dont l'article invoquait le témoignage, et exigea une rétractation. Il y mit une telle persistance, de telles menaces que, devant la perspective d'une rupture de relations, et peut-être de pis encore, le ministre céda, et contraignit l'officier à rétracter ce qu'il avait dit, non pas par une simple lettre, mais par acte notarié.

L'écrit auquel le Prussien voulait ainsi donner force de oi, n'en eut pas plus d'autorité. Personne n'y voulut croire; on en revint avec d'autant plus d'empressement au récit frappé de démenti. C'est lui qui devint parole d'évangile. Je ne garantirais pas tous les détails de ce qu'il conte, notamment celui du jugement et de l'exécution de l'espion ; mais quoi qu'en aient dit, pendant des mois, pour protester toujours, les journaux prussiens, entre autre le *National zeitung*, de Berlin, qui, le 17 avril dernier, en parlait encore, je soutiendrai, et c'est surtout ce qui importe, qu'il y eut un espion attaché par M. de Bismark au maréchal Bazaine, que cet espion se fit laquais, et que ce laquais était gentilhomme allemand.

IV

Les Prussiens auraient terriblement à faire, s'ils voulaient prouver que tout ce qu'on dit de leurs méfaits de victorieux est faux. Ils l'essayent tant qu'ils peuvent ; ils n'en manquent même jamais l'occasion, dès qu'il y a pour eux prise à la plus petite réfutation ; mais malgré ce grand zèle de démentis, malgré l'envie qu'ils ont de maintenir contre la France l'opinion de l'étranger, que peu à peu, la vérité pénètre en sympathies pour nous et en haines contre eux ; ils sont le plus souvent obligés de se taire et de laisser passer.

En pareil cas, silence vaut aveu, d'autant plus qu'ils ne peuvent arguer de leur ignorance de l'accusation. Toujours elle a été publique, très-souvent elle a été officielle : par les circulaires de M. de Chaudordy, dont les misérables répliques de M. de Bismark n'ont jamais atténué l'énergique persuasion ; et aussi par le *Recueil de documents*, où nous avons déjà puisé tant de preuves, et qu'une de ces circulaires, nous l'avons dit, s'était donné comme *pièces justificatives*.

C'est justement par la révélation de faits odieux contre la malheureuse Lorraine, qui nous occupe en ce moment, que prélude cette brochure justicière et vengeresse.

Qu'y ont-ils répondu ? Rien.

Ont-ils nié qu'à Flavigny, près de Nancy, trois cents de leurs soldats écrasèrent le village de réquisitions, à cause de la capture de deux de leurs gendarmes, et menacèrent de le brûler jusqu'à la dernière maison, si, dans un délai

16.

fixé, ces deux prisonniers n'étaient pas rendus et 50,000 francs payés ? Ont ils démenti ce qu'on a dit d'une autre de leurs prouesses à Velize, où, pour un motif à peu près aussi légal, ils imposèrent une contribution énorme et mirent le feu à la plus belle maison de la ville ? Ont-ils hasardé même un mot, contre la lettre du commissaire de Briey, dans la Moselle, sur ce qui s'était passé : à Roncourt, où le maire, M. Evrard, fut lié et fouetté pour n'avoir pu donner immédiatement tout le grain qu'on exigeait de lui ; à Lantefontaine, où deux cultivateurs, leurs femmes et leurs filles, furent brutalement frappés par un officier qui exigeait d'eux les chevaux et les voitures qu'ils n'avaient plus ; à Arrancy, où, après avoir pillé le presbytère, la propriété la plus riche, et brûlé la maison du maire, ils s'emparèrent de celui-ci et l'emmenèrent, avec l'instituteur et sept notables, jusqu'au quartier-général du prince Charles, comme responsables de l'heureux coup de main tenté sur leur village par la garnison de Longwy ?

Ont-ils dit qu'on les avait accusés à faux, quand le curé de Lay-Saint-Christophe, près de Nancy, vint se plaindre, tout indigné, au commandant de cette ville, et lui signaler les misérables qui avaient forcé son église et « souillé d'ordures l'autel même de la Vierge ? » Enfin, ont-ils le moins du monde protesté, quand on leur a reproché : leurs violences à Nancy, les meurtres dans les rues, le soir, par des soldats ivres, entre autres celui du caissier de la maison Lévy-Briey, frappé en pleine poitrine d'un coup de sabre dont il mourut le lendemain ; et, pardessus tout, les mauvais traitements sans nom, sans fin prodigués à nos prisonniers, dont la malheureuse ville a vu pendant tant de mois le défilé, navrant comme une procession de martyrs ?

Mieux valait rester sur le champ de bataille, que tomber prisonnier aux mains prussiennes. Le long supplice de leurs geôles, était plus terrible à braver, et vous achevait d'une façon plus cruelle, que le sabre même de leurs rôdeurs du champ de carnage, en quête de mourants, pour en faire des morts. Leurs uhlans avaient de ces promenades funèbres. Un de nos capitaines de dragons, qui, après une charge, à Gravelotte, fut laissé sur place, agonisant, vit, en ayant soin de faire le mort, une de leurs escouades achever ainsi nos blessés. Le lieutenant, leur chef, les désignait de la pointe de son sabre, et un coup de lance les clouait à terre.

Eh bien! nous le répétons, c'étaient les plus heureux. Il n'y eut pas un de nos prisonniers qui ne regrettât ce coup de lance, ce coup de grâce! Tous les jours qu'ils passèrent chez les Prussiens, depuis le départ jusqu'au retour, furent des supplices.

Ce n'étaient pas des hommes, mais du bétail empesté que nos ennemis semblaient emmener chez eux : « Ils étaient, écrivait de Metz, le 11 novembre dernier, le docteur Willems, chirurgien de l'ambulance belge, ils étaient parqués dans des wagons ouverts, exposés à toutes les rigueurs de la saison, comme de véritables bestiaux. »

Souvent, quand les convois venaient du centre, et amenaient, par exemple, des prisonniers de l'armée de la Loire, on y trouvait en s'arrêtant à Nancy de malheureux blessés, morts de froid. Un de ces voyages de prisonniers, conduits d'Orléans à Berlin, ne dura pas moins de quatre-vingt-sept heures!

Ils étaient seize cents. Quand ils arrivèrent, pas un n'eût été capable de continuer la route une heure de plus. « Le transport, dit un correspondant du *Wanderer* de Vienne, a été effectué en soixante wagons ouverts; les malheureux devaient se tenir debout, car il n'y avait pas de siéges; leur mince uniforme était trempé par les pluies battantes; le froid glacial leur gelait le corps; la neige leur montait jusqu'aux genoux, et leurs jambes vacillantes, leurs membres roidis leur refusaient le service. »

Que leur donnait-on en route pour se soutenir et prendre un peu de force contre tant de fatigues? Beaucoup moins que l'indispensable. « Ils meurent de faim, écrivait un correspondant de la *Gazette de Cologne*, qui les avait vus passer à Nancy, du reste leur figure le dit assez : les Prussiens les laissant quatre et cinq jours sans manger. Mais, ajoute-t il, confirmant les détails qui précèdent, ce qu'il y a de plus affreux, c'est de les voir passer dans des wagons de marchandises à découvert, par les froids rigoureux que nous éprouvons.... Et depuis longtemps ces malheureux sont presque tous nus, sans bas, beaucoup même sans chemise. »

Il n'est pas surprenant qu'au bout de pareils voyages, à découvert, sous un froid qui allait jusqu'à 16 degrés, on trouva dans un seul convoi, dont a parlé un journal de Maëstricht, l'*Ami du Limbourg*, sept hommes morts complétement gelés.

Ceux qui arrivaient, n'étaient souvent venus qu'à la mort. Par la façon dont les Prussiens traitaient les prisonniers blessés, vous jugerez de leur traitement pour ceux qu'ils pouvaient croire bien portants. A Cologne, quelques bottes de paille dans un long dortoir ouvert à tous les vents, voilà quelle était l'ambulance de ceux qui n'avaient que la fièvre ou le typhus. « De ma vie, écrivait un correspondant du *Standard*, de ma vie je n'oublierai le spectacle qui s'offrit à mes yeux. Quelques-uns des prisonniers étaient complétement nus ; le mieux vêtu de tous avait un pantalon en guenilles et un vieux gilet. On m'apprit que, sur six cents hommes, il n'y en avait que vingt qui eussent une chemise. »

Je ne vous dirai pas ce qu'il mourut de ces malades : à peine s'il en survécut un sur trente.

Chez les autres prisonniers soi disant valides, la mortalité sévissait d'une façon presque aussi cruelle. Pendant la nuit du 5 au 6 novembre, suivant une lettre du capitaine Blackenbourg, au *Times*, 138 prisonniers français moururent de froid et de faim, dans un seul campement!

On les y parquait comme des bêtes fauves, puis on les y faisait voir comme des bêtes curieuses, pour de l'argent! Oui, un jour la *Gazette*, à Minden, où se trouvait un camp de 2 à 3,000 prisonniers, annonça que quiconque voudrait les visiter payerait à la porte 2 silbergroschen 1/2 !

Leur course à travers l'Allemagne n'avait du reste été qu'un prélude à cette exhibition si outrageusement mercenaire, un voyage d'injurieuse curiosité. A chaque station, le train s'arrêtait, on sonnait la cloche, la population d'alentour accourait, et l'on ne se remettait en route que lorsque les plus grossières injures, tolérées, encouragées même par les autorités prussiennes avaient été largement vomies à la face de nos malheureux soldats. Quelquefois les pierres pleuvaient avec les gros mots, et nos prisonniers devaient rester sous la double grêle. Un jour à Berlin, c'est la *Gazette de Voss* elle-même qui en convient, un char-à-banc, chargé de malades français fut ainsi assailli sous les Tilleuls par une troupe de maçons et d'ouvriers.

Les Prussiens ne persistent pas moins à dire que lorsqu'il s'agit de prisonniers, l'humanité est toute de leur côté, et les mauvais traitements, les injures du nôtre. Malgré tout ce qu'on sait de notre charitable conduite pour les Bavarois pris à Orléans et internés à Pau, et tout ce que vous venez de voir de leurs actes indignes contre nos soldats, ils ne cessent de crier que l'hospitalité est chez eux, la barbarie chez nous.

Dans un de leurs pamphlets, publié récemment à Berlin, en français, sans doute pour que ce nous soit une insulte de plus, et dont le titre : *Comment les Français font la guerre*, parodie impudemment celui du livre qu'on devrait faire contre eux, ils n'ont pas craint de dire que, partout où les Allemands ont été conduits prisonniers, nos populations ont donné par leur tenue insultante « les mêmes signes de dégradation morale. » En Allemagne, au contraire, ont-ils osé ajouter : « Pas même un mot de raillerie et d'insulte contre les Français internés ! »

Nous vous avons dit les faits, vous avez la vérité en main : Concluez.

MAINE

SARTHE. — MAYENNE.

I

Pour cette province, où la nécessité de combattre prit aux Prussiens le temps, relativement assez court, qu'ils auraient pu mettre à piller, les faits à leur charge ne seront pas très-nombreux, mais ils auront toutefois leur importance, leur caractère. S'il s'agissait de moins grands coupables, ils suffiraient à une condamnation; ici, après la série de leurs prouesses de toutes sortes, ce ne sera que pour faire bonne mesure.

C'est par Saint-Calais qu'ils arrivèrent dans la Sarthe, et leur coups d'essai y furent des coups de maîtres larrons. Comme partout, une échauffourée de francs-tireurs, où ils n'avaient presque pas souffert, en avant de la ville, fut le prétexte qu'ils prirent pour lui faire tout souffrir, pour tout lui imposer. Ils entrèrent 4 à 5,000 environ le 25 décembre; le maire fut mandé pour s'entendre dire par le général que lui et sa commune étaient responsables de l'attaque et devaient la payer. Il protesta. Le général l'interrompit aux premiers mots, en lui disant qu'il fallait avant deux heures trouver et livrer 50,000 francs, sous peine de deux heures de pillage. Ils voulaient, là aussi, se payer leur jour de Noël.

Le maire ne trouva que 30,000 francs, le général les

prit, et la ville put se croire quitte : point du tout, l'argent à peine reçu, les deux heures de pillage commencèrent. « Les soldats, écrivit peu après du village de Précigné dans le même département, le Dʳ Montreuil, pénétrèrent da ns les maisons par bandes de douze ou quinze ,et enlevèrent tout ce qui s'y trouvait. »

Comme c'était un pillage prévu, espéré, promis peut-être, les précautions pour le transport avaient été prises : les charrettes des juifs attendaient à chaque porte pour qu'on les remplît.

Le général Chanzy, dont le quartier-général venait d'être transporté au Mans, eut connaissance de ces faits, et dès le lendemain 26, à cinq heures du soir, il rédigeait un ordre du jour indigné, à l'adresse du commandant prussien à Vendôme, qui le jour même en recevait copie. En voici les passages les plus saillants :

« J'apprends que des violences inqualifiables ont été exercées par des troupes sous vos ordre sur la population inoffensive de Saint-Calais, malgré les bons traitements pour vos malades et vos blessés. Vos officiers ont exigé de l'argent et autorisé le pillage. C'est un abus de la force qui pèsera sur vos consciences, et que le patriotisme de nos populations saura supporter.... Nous lutterons à outrance, sans trêve ni merci, parce qu'il s'agit aujourd'hui de combattre non plus des ennemis loyaux, mais des hordes de dévastateurs, qui ne veulent que la ruine et la honte d'une nation qui prétend, elle, conserver son honneur, son indépendance et son rang. A la générosité avec laquelle nous traitons vos prisonniers et vos blessés, vous répondez par l'insolence, l'incendie et le pillage. Je proteste avec indignation, au nom de l'humanité et du droit des gens, que vous foulez aux pieds.

» Le présent ordre sera lu aux troupes à trois appels consécutifs. »

M. de Cathelineau était à ce moment dans une autre partie de la Sarthe, réveillant les populations pour les pousser à la rescousse de l'armée de Chanzy. Il avait en main, pour les animer, les mêmes aiguillons de vengeance contre les Prussiens, les mêmes preuves de leur infamie. Il ne manqua pas d'en faire bon usage.

« Je connais, dit-il dans une proclamation aux habitants de l'Ouest, qu'il faut mettre auprès de celle de Chanzy pour que l'une et l'autre aient un digne pendant, je connais l'ennemi que nous combattons. Laissez-moi vous dire ce qu'il est !

» Toujours aux avant-postes, je l'ai vu de près : perfide, il vient en ami près des populations ; mais, à peine arrivé, il enlève aux villes leur argent, et par millions ; aux campagnes, les animaux, le blé, et, au bout de quelques jours, il ne reste plus aux malheureux qu'il a envahis que le sol sur lequel ils ne peuvent plus vivre.

» Ailleurs, ce sont des incendiaires ? J'ai vu Lailly (1) et ses ruines, Châteaudun et grand nombre de villes.

» Ici, ils violent les femmes. Près de Montmirail (2), j'ai fait des prisonniers que des maris avaient éreintés pour défendre leurs malheureuses femmes.

» Là, ils arrêtent les passants : le pistolet au poing, ils veulent en faire des traîtres à leur pays, des dénonciateurs, et, si ces Français ne se hâtent de répondre à leurs infâmes questions, ils les assassinent ! »

Rien de tout cela n'était exagéré, vous le savez par ce qui précède ; les Prussiens, au lieu de le démentir dans le Maine par une conduite différente, ne firent d'ailleurs qu'y ajouter par de nouveaux actes tout aussi odieux. Ne quittons pas l'arrondissement de Saint-Calais où M. le général Chanzy vient de les tancer d'une si verte et si juste manière.

Qu'y font-ils, par exemple, à une lieue de la ville, au bourg de Rahay ? Ils arrivent sept à huit cents dans ce pauvre village qui n'a pas plus de 500 âmes, et, quoiqu'on soit

---

(1) Village du Loiret. Il en sera parlé en son lieu.
(2) Dans la Sarthe, arrondissement de Mamers.

en pleine nuit, ils exigent qu'on les loge tous, au risque de coucher soi-même dehors. Le presbytère est tout entier envahi par les officiers, et le curé, l'abbé Picouleau, doit sans retard les faire souper tous avec cette abondance dans le manger et dans le boire, qu'ils exigent partout.

Quand ils sont bien repus, presque gris, l'idée leur vient de voir l'église. Le curé les y mène. De l'église, ils passent au clocher. Quelques mauvais fusils, quatre ou cinq au plus, s'y trouvaient, laissés là par l'instituteur, après que tout le reste de l'armement de la garde nationale eût été porté au Mans. Ils croient à un guet-apens pour lequel on se serait servi contre eux, pendant qu'ils dormiraient, de ces armes cachées; ils s'en emparent, et, sans regarder si elles sont en assez bon état pour être dangereuses, ils jurent de punir le curé qui en est détenteur. Ils le font attacher, puis se lancent dans le village endormi, prennent au hasard dans les maisons vingt-cinq habitants, les amènent au presbytère, les garrottent comme le curé, et attendent le jour pour achever l'exécution.

Elle fut atroce. Ils mirent le curé et ses vingt-cinq compagnons de supplice entre deux haies de leurs soldats armés d'énormes bâtons, et les firent défiler à plusieurs reprises sous une grêle de coups. Le curé, qui venait le dernier, reçut de graves contusions, une surtout à la tête qui le fit tomber évanoui. Ils le relevèrent pour recommencer, et ne s'arrêtèrent que lorsqu'ayant la tête toute sanglante et fendue en cinq endroits, il put être laissé pour mort.

Dans une commune de l'arrondissement du Mans ils se prirent aussi au curé. Le village ne pouvant suffire aux réquisitions qu'ils en exigeaient, c'est lui qu'ils rendaient responsable. Ils mirent son presbytère au pillage et ils s'apprêtaient à le fusiller, quand M. le vicomte Jaubert, maire de la commune, dont le château est tout près, ayant appris son danger quitta tout pour accourir. Leur rage se tourna contre lui. Le pauvre curé fut sauvé de la mort, mais en revanche, comme vous allez voir, M. Jaubert n'y put échapper. Ils l'emmenèrent prisonnier sans lui donner le temps de faire prévenir personne, pas même sa femme.

« La captivité de M. Jaubert a duré trois jours au milieu des plus horribles traitements, lisons-nous dans une lettre d'un de ses amis, écrite après le dénouement de cette malheureuse affaire (1). Mais le plus affreux, c'est que dans ces trois jours de supplice, notre malheureux ami a été conduit sept fois sur le terrain pour être fusillé et il subit alors les plus odieux traitements, brutalités, etc.

» Des circonstances inopinées, peut-être aussi l'horreur même du crime, ont-elles apporté un obstacle à l'exécution? ce qui est certain, c'est que pendant ce temps, Mme la vicomtesse Jaubert, folle de désespoir, se livra aux démarches les plus actives pour sauver son mari. Avec l'énergie qu'inspirent les profondes affections de la famille, Mme Jaubert put enfin obtenir d'arriver jusqu'à lui et eut le suprême bonheur de l'arracher des mains de ses bourreaux.

» Mais hélas! dans quel état! Il avait reçu des coups de crosses de fusil d'une telle violence qu'il en était résulté des lésions internes du caractère le plus dangereux, et, malgré les soins les plus intelligents, malgré le dévouement le plus tendre, il vient de succomber dans cette même propriété d'où il était parti naguère au secours du pauvre curé de son village. »

II

Dans la ville même du Mans, la conduite des Prussiens fut odieuse. Ils étaient de plus en plus fatigués, aigris de la guerre, et les habitants, qui n'en pouvaient mais, de-

---

(1) Elle fut publiée pour la première fois, à Lille, dans un numéro de janvier de l'*Écho du Nord*.

vaient subir, par leurs violences, le contre-coup de ce mécontentement. Ils finissaient aussi par avoir conscience du mal qu'ils avaient fait, mais dont ils n'étaient pas, il s'en faut, décidés à arrêter le cours : ils voulaient seulement, plus que jamais, qu'on n'en dît mot, et que rien de ce qu'ils faisaient dans les provinces envahies pût être connu de celles qui ne l'étaient pas.

Le premier soin du général de Voigt-Rhetz, en arrivant au Mans, fut donc de suspendre les journaux, et, qui plus est, d'en faire arrêter les gérants et rédacteurs. C'était une façon toute simple de couper court aux indiscrétions et de se donner le droit de tout commettre sans crainte d'être dénoncé. Ce qu'ils firent prouva que, pour eux, la précaution était bonne. Ils avaient raison de craindre qu'on pût le savoir.

Tous furent très-durs, très-exigeants dans les maisons où ils logèrent. La résistance avait été sérieuse, on dut l'expier et avant tout la payer. M. de Voigt-Rhetz n'exigea pas moins de 40,000 rations par jour et la contribution dont il frappa la ville fut de 15 millions. « Ils ne seront jamais payés, écrivait alors un des habitants, dût-on faire sortir toute la monnaie et tous les billets de banque qui peuvent exister dans la ville. »

Je ne sais au juste ce qu'il en fut, et si, comme je l'ai lu quelque part, il se rabattit de 15 à 4 millions. Cette dernière somme même eût été exorbitante.

A Mamers, où les Prussiens apparurent de bonne heure, et ne firent d'abord que passer, ils prouvèrent que, pour eux, en matière de pillage, le temps ne fait rien à l'affaire, et qu'il suffit à d'habiles larrons d'avoir un seul moment pour que tout soit pris. En moins de vingt-quatre heures la pauvre petite ville avait payé sa dîme forcée en réquisitions et grappillages de toutes sortes.

« On estime, en écrivait-on alors, à plus de 100,000 francs les objets qu'ils ont enlevés soit à l'aide de contributions, soit en les prenant eux-mêmes chez les particuliers et dans les magasins. La lingerie, les vêtements de toutes sortes, les pièces de drap ont été entassés dans leurs sacs ou dans leurs fourgons. »

Des sentinelles veillaient à ce qu'on ne les dérangeât pas dans cette honnête exécution et faisaient feu dès qu'à leur premier qui-vive on n'avait pas pris le large. Une malheureuse jeune fille fut tuée ainsi au détour d'une rue.

Dans les villages de cet arrondissement et de celui de La Flèche, leur passage fut aussi la ruine : en deux jours, ils pressurèrent si bien à fond le bourg de Sceaux, dans le canton de Tuffé, que, bien qu'il n'y ait pas là plus de cent cinquante maisons, ils en tirèrent pour plus de 40,000 fr. de pillage. Bocssé-le-Sec, dans le même arrondissement de Mamers, et Villaines-sous-Malicorne, dans l'arrondissement de La Flèche, ne souffrirent pas moins.

A quelque distance de ce dernier bourg se trouve le village de Malicorne, et, près de celui-ci, le château du même nom, dont Mme Perron, fille du maréchal Oudinot, est la dame châtelaine. Les Prussiens s'y installèrent partout, du bourg au château, dans l'un réquisitionnant à outrance, et dans l'autre parlant en maîtres. Mme Perron se montra la digne fille d'un maréchal de France; il ne fut bientôt bruit dans le pays que de sa vaillante conduite. L'histoire de ce qu'elle fit se faussa en se répandant; elle n'était presque plus vraie quand elle arriva jusqu'au *Gaulois,* qui la mit dans un article (1), où elle ne reprit pas toute sa vérité.

On y disait, ce qui était vrai, que Mme Perron, abandonnant aux Prussiens une aile de son château, s'était retirée dans l'autre sans vouloir jamais se rencontrer avec eux; on ajoutait qu'au moment des adieux, le chef de la bande était enfin parvenu à la voir, l'avait remerciée en lui rappelant le souvenir de son illustre père, mais que la réponse de Mme Perron ayant été alors d'une fierté d'allusion très-amère contre la conduite des Prussiens en France,

(1) N° du 16 mars 1871.

comparée à celle du maréchal et des Français en Prusse, le commandant s'en était aussitôt vengé par une énorme réquisition imposée au village.

Le faux de l'anecdote était là. Il y avait bien eu réquisition comme toujours, et, comme toujours aussi, plus qu'exorbitante ; mais le souvenir du maréchal, invoqué par Mme Perron, n'y avait été pour rien et même y avait joué un rôle tout contraire. Elle rétablit elle-même les faits dans une lettre très-noble et très-digne qu'elle écrivit de Calais après la lecture du *Gaulois,* mais qui ne fut, je crois, publiée qu'à Londres dans l'*International* (1), à cause de l'interruption des relations avec Paris, par suite des événements.

La voici. Les Prussiens y gagneront quelque chose de plus flatteur qu'à l'ordinaire, mais le souvenir du maréchal Oudinot y gagnera bien davantage :

« Monsieur le Rédacteur,

» Votre estimable journal a reproduit un article trop bienveillant pour moi, qui a paru dans le *Gaulois* du 16.

» Détestant les petites comme les grandes usurpations, je ne puis accepter de laisser à mon compte un acte de générosité que je n'ai pas eu l'occasion d'accomplir. Les odieux événements de Paris n'ont pas permis de faire insérer dans le *Gaulois* une rectification qu'il aurait certainement accueillie et à laquelle m'oblige un sentiment de justice. Je m'adresse donc à votre obligeance pour vous prier de rétablir les faits.

» Oui, lorsque j'ai eu le malheur de voir les Prussiens envahir ma commune et mon habitation, et pendant toute la durée de leur occupation, je leur ai manifesté, dans les rares occasions où je ne pouvais éviter de les voir, l'amertume et la douleur que je ressentais de leur présence. Oui,

(1) N° du 25 avril.

lorsqu'ils me faisaient adresser quelque demande, je répondais : « Je ne donne pas, je laisse prendre. »

» Mais voici en quoi l'auteur de l'article a été mal renseigné.

» Une contribution de 25,000 francs a bien été imposée à la commune que j'habite, et décharge lui a été donnée une heure après, mais cette dispense est due à deux causes :

» Premièrement, à l'exposé ferme et émouvant que notre maire a faite à l'officier chargé de cette exorbitante réquisition, des misères de notre pauvre village, composé en partie d'ouvriers déjà affamés par la guerre et décimés par la petite vérole.

» Secondement, à l'influence du nom de mon père, le maréchal Oudinot, dont j'ai invoqué le souvenir, sachant qu'on se rappelle à Berlin la manière dont il faisait la guerre, ménageant humainement les populations de la Prusse, après en avoir combattu glorieusement les armées.

» La décharge donnée par le colonel prussien, et confirmée depuis par le général qui a occupé après lui notre commune, a été pour le fond et la forme si peu en rapport avec les habitudes de nos avides et cruels ennemis, que j'offenserais l'équité si je laissais interpréter dans un mauvais sens un cas exceptionnel de mansuétude auquel le nom de mon père se trouve mêlé.

» Vous penserez comme moi, monsieur le rédacteur, que nous manquerions à nous-mêmes, si nous laissions nos légitimes plaintes s'entacher d'injustice.

» C'est dans cette conviction que j'ai l'honneur de vous adresser cette lettre, en vous priant d'agréer l'assurance de mes sentiments distingués.

» C. Perron, née Oudinot. »

La conduite du chef prussien, si peu ordinaire « pour le fond et la forme, » comme dit Mme Perron, mérite certainement qu'on lui en tienne compte, ne fût-ce que pour l'exception; mais c'est le souvenir du maréchal Oudinot, rappelant cet Allemand à l'humanité dont il ne trouvait ni la tradition dans l'histoire de son pays, ni le sentiment dans son cœur, qui a seul droit, en tout ceci, à une véritable reconnaissance.

NORMANDIE

SEINE-INFÉRIEURE. — ORNE. — CALVADOS. — EURE.

I

Le Maine et la Normandie se touchent ; en passant d'une province à l'autre, nous n'allons donc pas changer de Prussiens. A Bellesme, par exemple, dans l'Orne, ce sont ceux de son voisin, l'arrondissement de Mamers, que nous allons retrouver, et pouvoir suivre, sans lacune ni interruption d'horreurs.

Dès la fin de novembre, ils étaient déjà par là, au nombre d'environ 20,000 qui se dirigeaient vers Alençon, mais qui, forcés de rebrousser chemin, par les nouvelles de Paris, n'eurent que le temps de ravager sur la route. Bellesme s'y trouvait, ils le mirent au pillage pour se venger des quelques moyens de résistance, qui avaient retardé la marche aux environs.

Cafés, magasins d'épicerie, de mercerie, etc., tout fut pillé. Pas une cave qui ne fut vidée, pas un habitant qui ne fut fouillé. Nous voyons, par une lettre de Mortagne, du 28 novembre, qu'ils les faisaient déshabiller pour leur prendre leurs souliers et leurs pantalons : « Ils mangent à pleines mains, dit cette lettre, et boivent à plein verre le vin, et surtout l'eau-de-vie. Ils ne sortent point pour se satisfaire : ce sont de vrais pourceaux. »

Deux personnes de la petite ville leur étaient signalées

comme ayant organisé le semblant de défense dont ils étaient si furieux : le conducteur des ponts-et-chaussées et l'agent-voyer.

Le premier leur ayant échappé, ils s'en prirent à sa maison. « Ils ont, dit la même lettre, tiré les tisons de la cheminée, et sont montés au grenier pour mettre le feu. Alors est arrivé un officier qui a empêché l'incendie, mais qui leur a ordonné de tout briser, de piller la maison, de boire tout ce qu'il y avait dans la cave et de défoncer les tonneaux. »

Quant à l'agent-voyer, qu'ils avaient pu saisir, ils le gardèrent, sous la continuelle menace de le faire fusiller au premier moment. Lorsqu'ils partirent, ils l'emmenèrent jusqu'au bourg d'Igé, à plusieurs lieues de là, sur la route du Mans, en le faisant tenir entre deux uhlans, qui devaient lui brûler la cervelle à la première barricade qu'ils trouveraient au travers du chemin.

Dans le Maine, si ce n'est au Mans, nous ne les avons trouvés qu'en de petites villes, et plus encore dans de pauvres bourgades.

En Normandie, nous allons les voir à l'œuvre sur un plus large terrain de pillage. Ils y mettront la main sur Rouen, la plus grande ville qu'ils aient encore rencontrée depuis Strasbourg, la plus considérable de celles où ils purent s'installer pour de longs mois, puisqu'à Paris ils ne firent que passer dans le piteux triomphe, qui, pour d'autres, serait la pire des hontes.

Ces très-grandes villes leur font peur. Ils craignent la population, qui dépasse souvent quinze ou vingt fois au moins le nombre des soldats qu'ils y laissent; la crainte d'un soulèvement de cette masse de peuple, qui en remuant un peu les embarrasserait beaucoup, les tient sur un qui-vive de prudence dont au début, au moins, quelques ménagements dans la forme sont la première précaution.

M. de Manteuffel, qui arriva le premier à Rouen, n'y

brusqua rien. Il fit la bonne âme, déclara qu'il n'avait aucun pouvoir pour lever des contributions de guerre, et qu'il ne prendrait certes pas sur lui d'en lever la moindre. Les réquisitions étaient tout ce qu'il avait le droit de se permettre, encore était-ce pour les besoins des troupes. Il commença donc à réquisitionner, en demandant presque pardon de la liberté grande : mais une fois qu'il y fut, il poussa à fond, il prit tout.

Les docks furent vidés, les grands établissements de commerce pillés ; on n'y laissa rien : pas un effet de laine, pas un morceau de drap, pas une couverture, pas un foulard.

Où le vol fut le plus flagrant, c'est dans les marchandises dont il leur eût été impossible de prouver l'utilité pour les troupes. A quoi, par exemple, l'huile de lin pouvait-elle leur servir? Ils ne prirent pas moins tout ce qui s'en trouvait dans la ville, en quantités considérables. Amiens, où ils s'étaient solidement installés, fut leur entrepôt. Le pillage achevé, c'est là qu'ils firent tout porter, et M. de Manteuffel, cette belle mission finie, se retira.

M. de Mecklembourg prit la place. Alors un autre jeu commença. Plus de réquisitions avec lui ; docks et magasins étaient vides! mais de l'argent, au contraire, les caisses étaient encore pleines ! Ce fut donc le tour des contributions, qui, une fois lancées, se multiplièrent, sans s'arrêter un instant, même pendant l'armistice, malgré les plus vives, les plus pressantes supplique adressées au roi Guillaume, qui les laissa sans réponse.

Voilà comment, avec M. de Manteuffel et ses réquisitions, pour commencer ; avec M. de Mecklembourg et ses contributions, pour finir, Rouen fut, comme disait un paysan, « fouetté sur les deux fesses. »

Ce qui lui coûta le plus cher, ce fut la velléité qui prit à l'empereur Guillaume de s'y donner, à lui et à son Fritz, un peu de la gloire que Paris lui avait refusée : la revanche de leur triomphe manqué. Rouen étant, après Paris, la plus grande ville où ils pussent triompher, il était naturel qu'ils l'honorassent de leur choix, pour cette parade. On sait que la ville ne s'y prêta guère, et qu'elle y apporta même la plus honorable répugnance. Plus l'insolence prussienne affirmait sa victoire, plus elle affirma sa douleur. A l'annonce de la grande revue qui devait être l'occasion de l'apothéose prussienne, Rouen tout entier prit le deuil : grand nombre de façades se couvrirent de tentures funèbres ; aux fenêtres, on arbora le drapeau noir, semé de larmes d'argent; pas une boutique ne s'ouvrit, et sur la plupart on put lire, écrit à la craie, en français et en allemand : *fermé pour cause de deuil national.*

Guillaume s'effraya de ce déploiement de tristesse, sous lequel se cachait encore plus de haine. Il recula devant ce qui s'y trouvait de fatal, et, en bon père, il envoya son fils en affronter seul le présage.

La revue se passa entre Allemands, comme si elle avait lieu en Prusse. Ils ne le pardonnèrent pas à la ville. Leur première mesure fut une de ces grosses et brutales ironies, qui est le suprême de leur esprit, quand ils veulent faire de la finesse. Dignes fils de ces gens de Berlin, qui, en 1806, n'eurent qu'une curiosité empressée et sans larmes pour les Français qui entraient chez eux, ils ne comprirent pas ce deuil, dont le noble sentiment avait échappé à leurs pères : au lieu de le respecter, sinon d'y compâtir, ils s'en amusèrent en tyrans goguenards. La mauvaise plaisanterie, que, sous forme de communication officielle, leur commandant, à Rouen, fit afficher sur les murs de la ville tendus de noir, sonna comme un méchant rire auprès d'un cercueil :

« Le commandant en chef prie la commandanture royale de faire part à la mairie de Rouen, que, par le fait d'arborer des drapeaux noirs, il ressort clairement combien de maisons de Rouen sont encore libres pour le logement militaire, et qu'environ 10,000 hommes pourraient y trouver place.

» Pour épargner des marches aux troupes des environs, il est à prévoir que plusieurs bataillons entreront en ville demain. Ces troupes seront logées, pour la plus grande partie, partout où sont arborés des drapeaux noirs. Il ne faudra donc pas de billets de logement.

» Rouen, le 10 mars.

» Pour le commandant en chef,
» *Le lieutenant-colonel, chef d'état-major,*

» VON BURG. »

Cet ordre, qui par le ton voulait être narquois et plaisant, fut très-sérieux d'exécution. Beaucoup de maisons reçurent un redoublement de garnisaires, sur la seule vue du drapeau qui s'y trouvait arboré; tous arrivèrent, le fusil chargé, avec ordre de faire feu, s'il ne disparaissait pas.

« Otez cette loque, dirent deux officiers furieux à un négociant, qui avait hissé à sa fenêtre le plus large qu'il y eût dans la rue, ôtez-la, ou nous allons vous envoyer trente hommes à loger.

» — Ma femme, leur répondit-il, fait un second drapeau qui sera prêt ce soir, vous pouvez donc m'en envoyer soixante. »

Rouen, par cette manifestation de son deuil, sous les yeux mêmes de l'illustre héritier prussien, venait de se rendre coupable du plus grand crime qu'un vaincu pût commettre; il méritait donc le plus terrible châtiment. On ne le fit pas attendre : ce fut l'arrivée du 44e régiment, le plus odieux de toute l'armée, celui sur lequel M. de Bismark compte toujours, lorsqu'il y a quelques mauvais coups, quelque lâche et cruelle exécution à faire. Il le connaît. Tous les soldats y sont de son pays, des Poméraniens, qui brutaux de nature, et barbares d'instinct, le sont devenus encore bien plus, depuis que l'orgueil d'avoir un si remarquable compatriote les a grisés.

« Ce 44e régiment, lisons-nous dans une lettre de Rouen

du 15 mars, est l'épouvantail de toutes les villes envahies. On le lâche sur les populations qu'on veut châtier, on l'enivre, on ferme les yeux sur les horreurs qu'il commet, et puis on prend un air contrit pour dire : « Que voulez-vous, » nous n'en sommes plus les maîtres ! »

Ils remplirent à souhait, ici comme partout, leur programme de soudards, et les autres régiments prenant alors modèle sur eux, Rouen, livrée à cette émulation d'ivresse et de barbarie, fut pendant plusieurs jours et pendant plusieurs nuits la proie du pillage et du massacre. Le soir venu, ils se promenaient par groupes de quatre ou cinq, se donnant le bras, et, le sabre nu, insultant les rares passants auxquels ils barraient la rue.

Au moindre mot, un coup de sabre servait de réplique.

Rue Jeanne d'Arc, un jeune homme qui rentrait avec sa mère, et qui se gara devant eux avec un mouvement de dégoût trop peu dissimulé, fut saisi, traîné de poste en poste, puis mis en prison.

Rue Harangerie, un pauvre vieillard, qui ne se rangeait pas assez vite pour les laisser passer, reçut plus de trente coups de sabre, et, dit une lettre, « resta sur place sans connaissance, presque jusqu'au bout de son sang. » Un jeune homme qui s'était empressé pour le relever, avait reçu le même traitement.

Rue Grand-Pont, ils se jetèrent trente sur un homme et l'assommèrent. Du côté de la Madeleine, le même soir, ils en tuèrent un autre, et répandirent tant de terreur dans le quartier, en frappant partout avec leurs baïonnettes ou leurs sabres, que les rues y devinrent complétement désertes.

Une autre fois, le lendemain même de la revue, un négociant qui entrait chez un de ses clients, fut assailli par une de leurs bandes, et reçut quatre coups de sabre, dont un en pleine poitrine, qui le tua presque.

Le jour suivant, un jeune homme se voit accosté par un de ces ivrognes, qui lui demande, en son jargon, où est son logement. Il ne comprend pas et passe sans répondre. L'ivrogne, qui était justement un sergent du 44e, dégaine alors et court après sabre haut. Le malheureux se sauve dans une boutique voisine, le sergent l'y poursuit, et, ne le trouvant pas, se met à tout briser. Le bruit qu'il fait attire sept autres Prussiens, qui se mettent de la partie et ne cessent qu'après une demi-heure : « J'ai visité la boutique du dévalisé, écrivait, le 15 mars, un correspondant du *Paris-Journal*, c'est odieux. Pas une porte qui ne soit défoncée, pas une glace qui ne soit brisée. Et vous devez comprendre que le vol est le mobile de tous ces attentats; une somme que contenait un tiroir, plus une douzaine de paires de chaussures ont disparu dans la bagarre. »

Les établissements interlopes, qu'ils connaissaient de reste, eurent aussi leurs visites de pillards; ils venaient reprendre au centuple ce qu'ils y avaient dépensé. Un des plus mal famés de la rue des Cordiers fut ainsi dévalisé jusqu'au dernier meuble.

Dans la rue de la République, il y eut des maisons mises complétement à sac; tout y fut brisé à coups de crosse ou haché à coups de sabre. Deux femmes y furent laissées pour mortes. Rue Beauvoisine, même dévastation. « Enfin, dit une lettre du 17 mars, c'est partout un massacre et un désordre incroyables. L'autorité est obligée de supporter tout cela, sinon sans se plaindre, au moins sans pouvoir faire écouter ses justes réclamations, et les chefs de ces hordes de bandits permettent, encouragent même, par l'impunité qu'ils accordent à ces brigands, de telles scènes où ils sont d'autant plus infâmes qu'ils se vantent d'être instruits et civilisés. »

La protestation des drapeaux noirs avait été, nous l'avons dit, pour beaucoup dans cette surexcitation de dépit furieux, mais l'effet survécut à la cause. Plusieurs semaines après, lorsqu'elle aurait dû être oubliée, et leur désappointement vengé par tout ce qu'ils s'étaient permis, ils continuaient encore leurs désordres.

Dans les premiers jours de mai, un officier de ronde complétement ivre, venait inspecter le poste de la rue Verte, qu'on ne relevait que toutes les vingt-quatre heures. L'envie lui prit, — vraie fantaisie d'ivrogne, qui craint de n'être pas d'aplomb une fois sur ses jambes, — de pénétrer, non à pied, mais à cheval, sur le quai de la gare, voisine du poste. Les gardiens, craignant pour lui, l'en empêchèrent; il résista, et, en se débattant, tomba de cheval. On juge des cris qu'il poussa. Il hurlait qu'on voulait l'assassiner. Les Prussiens du poste l'entendirent, chargèrent leurs armes, et sortant pêle-mêle, car ils étaient presque tous ivres comme lui, firent feu à tort et à travers sur tout ce qui se trouvait dans la gare. M. Renard, qui en est le chef, tomba seul; ils se ruèrent sur lui à coups de crosse et s'en allèrent, le croyant mort, après avoir ramassé leur officier de ronde. L'affaire fit du bruit. Le préfet de Rouen, M. Lizot, s'en plaignit énergiquement au général prussien, en lui remontrant surtout combien l'ivrognerie de ses soldats était redoutable aux habitants. Il voulut bien faire une enquête. Qu'en résulta-t-il? Pas la moindre punition pour l'officier ni pour ses hommes. Il se contenta — il est vrai que pour des Prussiens c'était un châtiment grave — de faire fermer la cantine du poste.

II

Tant d'ivrognerie étonne dans le pays du cidre. Il était donné aux Prussiens de prouver que lorsqu'on veut, et quand on a surtout pour soi les mille ressources du pillage, on peut largement se griser partout. D'où tirèrent-ils tout le vin qu'ils burent en Normandie? Je ne sais, mais pas un d'eux n'en manqua, pas un d'eux ne fut un seul jour sans pouvoir s'enivrer tout à son aise et avec du meilleur.

Toutes les caves y passèrent, même celles des ambulances, et quand la provision ne leur y parut pas suffisante, ils forcèrent maintes fois les domestiques, le pistolet sous la gorge, à l'aller compléter aux frais du propriétaire.

Un très-beau château de la Seine-Inférieure avait servi pendant plus d'un mois d'ambulance à plusieurs soldats prussiens atteints de la fièvre typhoïde; ils y étaient en convalescence au moment de l'armistice. Le propriétaire les voyant hors de danger, et confiant d'ailleurs dans l'espérance de paix que semblait apporter la trêve, s'était éloigné pour quelques jours avec la certitude que son château n'aurait rien à souffrir. Quand il revint, tout était pillé à fond : tout y avait été pris ou bu; l'argent même qu'il avait laissé s'était écoulé pour faire les frais des libations prussiennes. Ils s'y étaient mis vingt-quatre. Le jour même du départ du maître ils étaient arrivés, et, malgré le maire de la commune qui n'en voulait loger dans cette maison que quatre au plus, ils s'y étaient installés tous.

C'était un trop beau gîte et trop mal gardé, puisqu'il n'y restait que des domestiques, pour n'y pas faire tout à l'aise et en nombre, large curée de ce qui s'y trouvait. Le sergent-major qui les commandait fut le chef du pillage. Ils campèrent dans l'ambulance même, défoncèrent les armoires, se partagèrent le linge ou le mirent en pièces, et arrosèrent leurs déprédations de tout le vin mis en réserve.

Comme il n'était pas en quantité suffisante et que d'ailleurs l'eau-de-vie manquait, ils forcèrent, sous peine de mort, les domestiques à prendre l'argent de leur maître pour aller acheter ce qui satisferait avec plus d'abondance et de variété leur infatigable ivrognerie.

Dans le pillage du petit château de M. de Bonnechose, parent de l'archevêque de Rouen, à Broglie, dans l'Eure, le vin joua aussi son rôle; je ne dirai pas paya sa dîme, ce serait trop peu : il fut bu jusqu'à la dernière goutte. Le reste de ce qui était à prendre s'en alla du même courant. Quand le propriétaire revint, à la paix, il n'y avait plus rien dans son château. Il s'enquit du corps d'armée qui lui avait envoyé ces parfaits pillards, et quand il sut que c'était celui du duc de Mecklembourg, il écrivit à cette Altesse la très-vaillante lettre que voici :

« Monseigneur,

» Du 21 janvier au 5 mars, le modeste manoir de ma famille, situé près de Broglie, vient d'abriter et de nourrir environ deux cents cavaliers de votre armée.

» Pendant ce temps, la cave a été vidée, le linge, l'argenterie, une partie du mobilier ont disparu, toutes les armoires, tous les tiroirs ont été crochetés ou brisés; enfin, l'on a percé jusqu'aux murailles pour découvrir des cachettes qui n'existaient pas.

» En dénonçant ce pillage à Votre Altesse Royale, je n'ai pas la naïveté de vouloir l'instruire, elle sait que partout sur le passage des armées allemandes les mêmes faits se sont reproduits avec une précision mathématique, et ces faits, Monseigneur, vous les déplorez certainement plus que moi, car leur divulgation est le commencement de notre revanche.

» Pour ma part, j'attache un si grand prix à perpétuer le souvenir du pillage continué chez moi durant l'armistice et achevé, le 4 mars, la paix déjà conclue, qu'une plaque commémorative va être fixée au mur de ma maison, et si chacun de mes concitoyens en fait autant, il n'y aura pas sur tout le territoire envahi un coin de terre où ne soit pieusement gardée la mémoire de la curée allemande.

» Veuillez agréer, Monseigneur, l'expression des sentiments français avec lesquels j'ai l'honneur d'être, de Votre Altesse Royale, le très-humble et très-obéissant serviteur.

» Charles DE BONNECHOSE. »

Que dit le prince à la réception de cette épître? Je l'ignore. Mais on est sûr, au moins, qu'il ne put nier et qu'il dut parfaitement reconnaître, dans ces pillards ivrognes, non-seulement les soldats de son corps d'armée et de tous les autres de l'invasion allemande, mais aussi quelques-uns des princes qui les commandaient. Je ne lui ferai pas l'injure de croire qu'il s'y reconnut lui-même. Il me faudrait pour cela des preuves sérieuses, et je n'en ai pour cette partie du pillage de la France, pour la Normandie, d'Yvetot à Dieppe, que contre deux de ces hautes seigneuries ivrognesses et pillardes : le prince de Hohenzollern, frère de celui qui, par sa malencontreuse candidature au trône espagnol, alluma cette funeste guerre, et le prince de Waldeck.

C'est à Yvetot que le Hohenzollern se signala. Il s'y trouvait à l'époque de Noël, fêtant à l'allemande ce saint jour, c'est-à-dire l'arrosant de vin et de liqueurs à s'y noyer. Tout un état-major de buveurs de sa force lui tenait tête.

Ils commencèrent au café de madame Cauchy, et firent si bien, dans ce prélude, qu'il leur fut impossible d'aller poursuivre ailleurs, comme ils se l'étaient promis. En buvant tout, ils avaient tout cassé, les bouteilles, les verres, les glaces. A un moment, ils étaient montés sur le billard et s'étaient amusés à en déchirer le tapis avec leurs éperons. Une petite fille de quatorze ans qui se trouvait là avait été odieusement frappée, parce qu'elle avait eu peur de leur bruit, et plus encore de leurs caresses. Ils s'arrêtèrent dans ce tapage lorsqu'ils furent trop gris pour avoir la force de le continuer, et même de se tenir sur leurs jambes. Il fallut porter Son Altesse et ses dignes officiers dans leurs lits, à l'hôtel de la place des Victoires.

Les brosseurs et ordonnances de ces messieurs s'y étaient amusés de leur côté. Ils s'y étaient grisés autour d'un si grand feu, que, dans la nuit, un incendie se déclara. Qu'on juge de l'alerte qu'un accident pareil dut jeter dans ce campement d'ivrognes endormis.

Ils se levèrent en sursaut, et leur premier mouvement

fut de se jeter sur leur sabre, et de se ruer dans la rue en le brandissant et en criant : « France! France! » C'était leur façon de crier au secours! On accourut, on tira de leurs lits l'Altesse et ses officiers, qui se seraient laissés rôtir sans bouger; on les mit en lieu sûr, et l'on sauva la maison.

Les prouesses de M. le prince de Waldeck sont d'un autre genre, mais encore moins honorables. Peut-être ne se grise-t-il pas, comme l'autre altesse, avec ses officiers, — encore n'en voudrais-je pas répondre, — mais il fait pis, il les laisse voler, il le leur ordonne même, et en profite. Nous l'avons appris par la lettre impudemment naïve d'un de ses agents, « ordonnance d'état-major, » qui, comme vous allez voir, volait pour son propre compte et pour celui du prince. C'est à « sa chère petite mère » qu'il en fait confidence, avec un cynisme fort honorable vraiment pour la famille : pour le fils capable de faire sans sourciller de tels aveux, et pour la mère qu'il croit digne de pouvoir les lire.

Il écrivit, — sans nul doute, après boire, — cet acte de confession, au village d'Arques, près de Dieppe, le 9 décembre; mais surpris par quelque ordre de brusque départ pour un autre endroit, il l'oublia.

Comme rien ne se perd, la lettre déjà toute cachetée avec son adresse, fut trouvée dans sa chambre, puis curieusement déchiffrée par la première personne sachant l'allemand, et envoyée à l'*Evening Standard*, qui la publia le 29 du même mois. Elle le méritait.

Plusieurs de nos journaux en ont donné des fragments, mais pas un ne l'a traduite tout entière et n'en a dit l'origine. On ne se plaindra donc ni de ce qui la précède ici, ni de sa reproduction complète :

« Ma chère petite mère,

» Cette après-midi, nous sommes arrivés devant Dieppe, mais nous ne sommes pas entrés dans la ville. Dieppe est encore une des anciennes villes de Henri IV, avec un de ces vieux châteaux que nous avons déjà rencontrés.

» Nous nous trouvons beaucoup mieux ici, en Normandie qu'en Picardie, surtout à cause du poisson délicieux que nous pouvons nous procurer. Nos vêtements sont très-usés par les marches terribles et les combats que nous avons sans cesse. L'ennemi se replie devant nous. Quelles sont ses forces, et sur quel point il se dirige, sont choses incertaines. Dans ce moment, les Français marchent sur le Havre, à ce que nous croyons.

» Jusqu'à présent, nos habitudes n'ont pas trop souffert, du moins les miennes. Le seul mal que nous rapporterons de cette guerre, si Dieu veut que nous en revenions, c'est que nous ne saurons plus faire la différence du tien et du mien.

» Nous sommes tous devenus de véritables voleurs.

» Il nous est ordonné de prendre tout ce que nous trouvons, non-seulement la nourriture des chevaux et des hommes, mais tout ce qui n'est pas cloué aux murs.

» La plupart des châteaux et des maisons étant abandonnés, il nous est facile d'entrer partout, et de prendre tout ce qui se peut prendre.

» Les caves surtout sont fouillées, et nous avons, dans cette Normandie, *bu* plus de champagne que nous n'en avions *vu* dans toute la Champagne.

» Tous les chevaux qui pouvaient nous servir, nous les avons pris. Pour le reste, la rafle a été générale : miroirs, brosses, objets de toilette, souliers, bas, mouchoirs, tout y a passé. Les robes de chambre et les bonnets de nuit ont fait notre bonheur. En un mot, tout a été pincé.

» Les officiers, en ceci, gardent la préséance qui leur est due; des harnais magnifiques, des couvertures, et surtout des tableaux de maître ont été leur lot. Pas plus tard qu'avant-hier, notre *ober-adjudant*, le prince de Waldeck, me disait : « Mayer, rendez-moi le plus grand service que je
» puisse vous demander : prenez et volez tout ce que vous

» pourrez m'apporter. Il faut que ce peuple sache ce que
» lui coûte une guerre avec nous. »

» Comme c'était un ordre, je ne pouvais naturellement
que répondre : « A votre service, mon adjudant. »

» Qu'adviendra-t-il de tout ceci ? Dieu le sait. Quand il ne
restera plus rien à voler dans le pays, nous nous volerons
les uns les autres.

» Maintenant, chère petite mère, je dois terminer ma
lettre, je ne peux plus tenir les yeux ouverts. Hier, je ne
suis rentré qu'à une heure et demie du matin. Que Dieu
vous bénisse ! Vivez pour votre fils, qui vous aime toujours.

» EUGÈNE.

» *Envoyée par Mayer, ordonnance d'état-major, 8e régiment de cuirassiers, 8e corps d'armée, 1re division, 1re armée, à madame Mayer, Stolberg, près Aix-la-Chapelle.* »

Voilà qui est complet, je crois ! Ils se grisent, ils volent,
puis ils se grisent de nouveau, et volent encore, tant pour
eux que pour leurs très-nobles chefs qui le commandent !

L'aveu de ce Mayer est sans prix, d'autant qu'il le fait
d'abondance de cœur et pleine franchise de conscience. On
ne met pas plus de placidité, plus de béatitude à faire de
mauvais coups.

Mais, comme disait leur Kotzebue : « Le voleur est-il
moins voleur parce qu'il jouit de son vol avec tranquillité ? »

La vérité a gagné beaucoup à ce que tous ces sauvages
aient su un peu écrire ; ils en sont fiers comme d'un grand
pas fait par eux dans la civilisation ; nous en sommes heureux, nous, à cause des témoignages irrécusables qu'ils
nous donnent ainsi eux-mêmes, bel et bien signées, de
l'état d'incorrigible brutalité et d'invincible barbarie dans
lequel ils sont restés malgré la lecture, malgré l'écriture,
et qui les rend si inférieurs à nos soldats, dont bien peu,
cependant, savent lire et écrire.

Chose curieuse, ce progrès de civilisation ne leur sert qu'à nous donner eux-mêmes des preuves écrites de leur barbarie !

Comme tous les gens de très-petite instruction, tels que les domestiques, par exemple, ils ont une loquacité de plume inouïe. Il faut qu'ils écrivent toujours et quand même. Chaque instant de leur vie doit avoir sa page de lettre, ou son coin de carnet. Or, comme pour l'Allemand, vivre c'est boire, *bibere est vivere*, ainsi que disait Erasme, il n'y a sur la page de lettre ou dans le coin de carnet, que des impressions d'ivrogne.

« Ah ! cher frère, écrivait, le 12 novembre, un Hanovrien qui revenait de Bourgogne, et qui fut tué à Champigny, ce que je puis te dire, c'est que dans toute ma vie, je ne boirai jamais autant de vin que j'en bois dans ce moment-ci en France.

» Je te souhaiterais rien que le vin avec lequel nous nous débarbouillons. Imagine-toi que nous sommes ivres quand nous nous levons, ivres quand nous nous couchons. La belle existence ! »

Un Saxon, de l'armée devant Paris, s'en était fait une tout aussi émaillée des mêmes nobles plaisirs, et en ivrogne qui a de l'ordre, il n'avait rien oublié sur son carnet, tenu jour par jour, presque heure par heure, des douces et pures joies qu'il y avait trouvées. Ce carnet, ramassé sur le même champ de bataille de Champigny, fut communiqué par M. Jules Claretie au journal le *Temps*, qui se hâta d'en publier quelques extraits édifiants. Le soldat allemand s'y fait voir tout entier, avec une admirable ingénuité de grossièreté, qui se complaît dans ce qu'elle est, et ne semble pas comprendre qu'on puisse être autrement.

Un samedi, par exemple, au commencement de la guerre, il part de Ligny-en-Barrois, dans la *Meuse*, et arrive à Thann, y prend son quartier avec son corps, et s'en donne, comme on dit. Cette jolie note : « Tout à fait soûl, » résume aussitôt sur son carnet, sa délicate satisfaction. Le lendemain, on repart, mais sans aller trop vite. On prend gîte chez l'habitant, on le gruge et l'on s'amuse. Officiers et soldats se mêlent dans une même orgie. Le carnet n'oublie pas d'en parler : « Le soir, — nous citons toujours exactement, en tâchant de rendre le français qui traduit aussi grossier que le texte allemand, ce qui n'est pas quelquefois très-facile, — le soir, chiquement logé et grisé à notre aise. — Beaucoup de cochonneries avec le capitaine. »

Quelques jours après, même état, donc même note, avec constatation d'un petit accident, qu'après une querelle, notre Saxon trop ému n'a pas pu éviter. Le carnet, qui le photographie dans toutes ses poses, n'omet pas encore celle-là : « Forte discussion avec un sergent de chasseurs, et parti, en rageant avec tout le monde, pour Châlon. — Bientôt dégueulé. » Mille pardons pour le mot, mais il y est.

On avance, on arrive dans la Marne, au château de Scribe, à Séricourt. Le Saxon y loge et s'y repaît à l'ordinaire sans penser à autre chose : « Richement bouffé et bien dormi. » La veille, le carnet avait la même note, pour une pareille bombance, dans un autre château.

A Meaux, on fait une halte assez longue ; on prend haleine, le Saxon en profite, et le carnet nous dit : « Bu longtemps. » Devant Paris, la vie n'est plus si douce, elle s'accidente trop souvent d'alertes et d'insomnies ; le Saxon s'en console en volant ce qu'il peut, en cassant ce qu'il trouve et en buvant partout. La carnet nous raconte tout cela de point en point, mathématiquement. Il faut que son noble possesseur puisse plus tard se mirer dans tous ces souvenirs, et se dire avec fierté : « C'est pourtant ainsi que nous étions dans ce beau temps-là ! » Voici, au hasard, quelques-unes de ces dernières notes : « Pigé 45 cigares. — Le soir, bu énormément. — L'après-midi en fredaine. — Soiffé et soûlé beaucoup, très-mal à la tête. — Brisé une voiture, etc. »

Un autre carnet, — c'est la manie des Allemands, — qui fut trouvé sur un autre coin de champ de bataille, contient par ci par là quelques faits aussi dignes de mémoire, mais moins nombreux toutefois, et moins grossiers (1).

Celui qui le tenait se respectait un peu plus. Il n'échappait cependant pas aux habitudes de son pays, et le carnet en gardait les traces. Deux cartes s'y trouvaient. L'une d'un maroquinier allemand de la rue de Rambuteau, donnait fort à penser : ce soldat aurait, lui aussi, occupé un emploi à Paris, et ne serait, comme tant de ses pareils, revenu chez nous en ennemi, qu'après avoir largement usé de notre hospitalité et vécu de notre vie. L'autre, d'un farinier de la Chapelle-en-Serval, dans l'Oise, où nous savons que les Prussiens passèrent, en marquant ce passage à leur façon, laissait aussi volontiers croire qu'il aurait fait par là des siennes, à l'allemande, et n'y aurait pas pris que cette carte. Enfin, une lettre oubliée entre deux feuillets, disait en termes assez nets, que s'il ne se grisait pas comme celui de tout à l'heure, il était cependant un buveur assez expert, et même en cela très-fier de son savoir, qui lui permettait de boire beaucoup sans accident : « Charles et moi, nous prenons plus que jamais du goût pour la bière blanche de Crefeld. Hier, nous en avons bu chacun *quinze* verres ; j'écris le chiffre en toutes lettres. Quand je bois ainsi d'une seule et même bière, il m'est impossible de me *soûler*. »

Pour l'Allemand, voilà le suprême : beaucoup boire, sans qu'il y paraisse, passer pour sobre sans l'être, et concilier ainsi son plaisir avec la bonne tenue des apparences. Ils la gardent surtout pour d'autres débauches, mais quoi qu'ils fassent et quoi qu'ils disent, ils n'y parviennent qu'à être plus sournois, sans être réellement plus retenus. La Normandie en sait quelque chose. Nous avons déjà vu

---

(1) V. dans le *Journal officiel* du 14 décembre 1870, un article de M. G. Depping.

leur conduite à Rouen, dans quelques rues de mauvais renom. Aux environs, ils firent encore bien pis. N'ayant plus à craindre cette publicité trop en éveil, et ce trop grand jour qui vous dénonce infailliblement dans les grandes villes, ils y mirent une audace et un cynisme de prétentions libertines auxquelles nous ne croirions pas, si ce qu'en ont dit quelques journaux ne nous avait été confirmé par des gens du pays : « Ils pillent les maisons et se livrent à toutes sortes d'excès. Non contents d'abuser trop souvent des femmes et des filles qui leur tombent entre les mains, ils ont poussé l'audace, dans quelques communes, jusqu'à demander aux maires une réquisition de femmes (1). »

Est-ce clair? Voici qui ne l'est pas moins, avec plus d'horreur. Les pudibonds Allemands, qui s'indignent quand on les accuse de hanter les mauvais lieux, ne pourront plus nier.

Il en est un à Elbeuf qui passe pour très-connu, et qu'ils ne tardèrent pas à visiter. La maîtresse de l'endroit les reçut assez mal, et ils durent s'éloigner. Le lendemain, ils revinrent plus en force, s'emparèrent de la malheureuse, et après l'avoir pendue par les pieds, « ils la coupèrent en deux, lisons-nous dans une lettre du pays, exactement comme les bouchers coupent les veaux (2). » Cette abominable scène fit beaucoup d'émoi dans la ville. L'autorité prussienne en eut connaissance; elle sut le nom de ceux qui l'avaient commise, et qui n'avaient pu se dérober aux dénonciations des voisins, car tout s'était fait en plein jour.

Pas un ne fut puni! Que veulent-ils par cette tolérance? compromettre tout à fait la discipline, qui était cependant la moins contestable de leurs forces, et rendre chaque jour plus vrai ce que les *reporters* des feuilles allemandes écrivaient avec tristesse, il y a déjà quelques mois,

---

(1) *La Prusse au pilori*, p. 198.
(2). *Petite Presse*, 18 mars 1871. — Pour quelques détails sur les priapées prussiennes à la préfecture d'Évreux, du temps du préfet von Porembski, avec des beautés à gages comme celles dont nous parlons, V. la petite brochure de M. Boué (de Villiers), *Les Prussiens à Évreux*, p. 24.

sur cette démoralisation des soldats : « La barbarie des mœurs fait des progrès effrayants dans leurs rangs (1). »

L'Allemagne portera la peine de ses victoires à outrance et de ses dévastations sans frein. Ce n'est pas impunément qu'on déchaîne des fauves. Quand on n'a plus besoin de leur rage, et qu'on croit pouvoir les ramener au calme et à l'obéissance, ils dévorent ceux qui les ont déchaînés.

IV

Les vols, dont l'ordonnance Mayer reconnaissait tout à l'heure lui-même le danger pour la moralité prussienne; les rapines de toutes sortes, passées en habitude chez les Allemands, qui, soyez-en sûrs, n'en désapprendront plus l'usage, s'en donnèrent à plaisir dans toute la Normandie, et même s'y trahirent plus d'une fois, sans que l'honnête Allemagne pût protester par un de ces démentis qu'elle aime tant.

Ils furent en maint endroit dénoncés par les recéleurs mêmes, par les fourgons aux armes impériales et royales, qui tous chargés à déborder de nos dépouilles pour l'Allemagne, n'avaient pas la chance d'y parvenir tous. Quelques-uns nous revenaient après quelques heureux coups de main de nos francs-tireurs ou de nos hussards, et nous livraient ainsi le secret de ces déménagements prussiens.

Plusieurs furent ainsi repris en janvier, auprès d'Alvimare, dans l'arrondissement d'Yvetot, et rendirent tout ce qu'ils emportaient des réquisitions faites à Trouville et du pillage de Bolbec, qui les avait lâchement vengés d'un en-

---

(1) F. Lichtenberger, *le Protestantisme et la Guerre*, p. 20.

gagement malheureux dans les environs, avec la colonne des volontaires Mocquard.

Du côté des Moulineaux, près de Rouen, il y eut aussi, de notre part, une autre razzia de fourgons, et par suite une restitution considérable d'objets de toutes sortes et de toutes valeurs. C'était une vraie foire en partance pour l'Allemagne, avec des pendules, des flambeaux, des hardes de femmes, des effets d'enfants, et jusqu'à des jouets de Paris, qui avaient sans doute fait envie à quelques fabricants de Nuremberg.

A Vernon, autre prise encore, dont nous avons déjà fait connaître un peu le menu par le paquet du soldat Allander, qui aimait tant les porte-crayons, les montres... et les timbres-poste. En outre de ce paquet, le fourgon en contenait plusieurs autres, au nom aussi des honnêtes gens dont il recelait les vols : *Karl*, qui aimait surtout les mouchoirs neufs — il s'en était donné une douzaine en pièce ; — *Sickler*, qui, lui, aimait et prenait tout, mais les bijoux de préférence. A côté de verres à liqueur, on trouvait dans son paquet bagues, broches, ciseaux ; auprès d'une demi-douzaine de serviettes, une montre d'or ancienne, avec chaîne en jais, deux paires de boucles d'oreilles en or et une médaille de sainteté, volée sans doute pour porter bonheur au reste du vol, mais qui ne fut, en toute justice, un bon talisman que pour la restitution.

Un autre fourgon accompagnait celui-là, et avait été compris dans le même coup de filet de nos francs-tireurs. Il s'y trouvait une variété inouïe de toutes sortes de choses grosses ou menues : ferraille et bijouterie, des boucles d'oreilles principalement, ce rêve des Gretchen et des Luisa ; des gourmandises et de la draperie ; des objets de toilette et du vieux cuivre, etc. En voici d'ailleurs le détail, tel qu'il fut dressé au moment du déballage : « Douze pièces de drap noir et bleu, un baril de miel, cinq robes de femmes, six vieux casques de cuivre paraissant appartenir à des dragons français, quelques paires de sabots, une balle de café, un fort lot de vieux cuivres, cuirasses aplaties, poignées de sabres, etc., etc.; un sac de sel, douze manchons de femmes, des lampes de toutes sortes, une pendule (elle ne pouvait manquer), environ quatre cents paires de boucles d'oreilles! »

Que dites-vous de l'assortiment? Il est, je crois, assez complet, mais pour la capacité d'un fourgon, il n'étonne pas trop en somme. Ce qui surprend davantage, c'est ce qu'un Allemand trouvait moyen de loger dans sa *musette* (sac de toile qu'on se pend au côté), son sac et son havresac, avant d'arriver à confier le trop plein de ses prises à quelque fourgon comme celui-ci. Pour que vous en jugiez, nous allons vous faire l'inventaire de ce que contenait le havresac, tout seul, d'un Bavarois tué sous Paris, au mois de janvier, dans une reconnaissance du côté du Moulin de pierre. Nous allons y trouver, avec toutes ses attentions minutieuses, le bon mari qui n'a qu'un soin, dépouiller les femmes pour vêtir et parer la sienne; un excellent père, qui, la larme à l'œil, dévalise les berceaux pour faire à ses chers petits enfants une layette confortable.

Voici l'incroyable inventaire de ces vols de père de famille, qui eussent écrasé de leur poids un baudet, mais qui n'étaient que légers au dos de ce Bavarois, et encore plus à sa conscience. Nous désignerons le tout pêle-mêle comme il se trouvait dans le gouffre de ce havresac, vous laissant à faire ensuite la répartition entre la femme, les enfants et le père, qui, lui non plus, comme vous verrez, ne s'était pas oublié :

« Une serviette aux initiales M T; une camisole d'enfant, marquée 22, portant sur sa ceinture le mot *Dimanche* — il n'avait pas oublié de prendre la plus belle, celle des jours de fête; — un peignoir aux initiales B C; un autre peignoir, un jupon d'indienne; une robe d'enfant de sept à huit mois; de petites guêtres, trois paires de gants d'enfant;

» Un chapeau de feutre, une vareuse de flanelle violette, un couvre-lit en coton croisé, un coupon d'étoffe d'indienne, un coupon de toile grise à sommier, du diachylum et de la toile pour bandage, de la charpie et des bandes, une patience, une paire de bottines vernies d'homme, contenant trois manchettes de fillette, une serviette contenant du café torréfié;

» Un jupon de femme en laine douce, un col-guimpe en batiste, une fanchon en tricot de laine, une petite cravate de femme, couleur cerise, une résille en coton blanc, une pièce de soutache de coton blanc, une ceinture ornée de jais, un tablier d'orléans gris, une garniture de velours, une paire de bas de femme à la marque D B;

» Une paire de chaussettes, des pantoufles, des lacets de corset, un coupon de flanelle, un couvre-oreille, un foulard de soie, des mitaines, un col anglais en satin, un coupon de lastaing, un morceau de drap noir, un coupon de velours vert, et, enfin, comme couronnement de tout ce grapillage, et pour lui porter bonheur, un objet de cuivre doré, détaché d'un bouquet d'église! »

Vous avais-je surfait ce fabuleux havresac, en vous annonçant son inventaire comme quelque chose d'inouï? Rien, je crois, ne peut mieux donner l'idée de la gloutonnerie des Bavarois dans le vol et de leur ardeur à tout prendre, comme certains gros oiseaux et certains gros poissons à tout avaler!

Il me semblait, à fouiller dans ce prodigieux sac, que je faisais l'autopsie d'un estomac d'autruche ou de requin.

V

Les villes près desquelles on faisait des coups de main, comme les razzias de fourgons dont nous parlions tout-à-l'heure, s'en trouvaient parfois assez mal. Dès que les Prussiens en avaient connaissance, ils ne manquaient jamais de revenir en nombre, et de piller au double, pour réparer le vol perdu, sans préjudice du vol présent. C'est pour une revanche de cette sorte, qu'après avoir pillé Bolbec, au mois de décembre, ils y revinrent en janvier, et enlevèrent le maire et les notables, jurant de ne les rendre, comme font les voleurs grecs de Marathon, que si on leur comptait cent mille francs. L'affaire des fourgons de Vernon les ramena aussi dans cette ville, pour se dédommager de ce qu'on leur avait repris.

Ils arrivèrent à Blaru, six à sept cents environ, réquisitionnèrent à outrance et le pistolet sous la gorge ; puis comme, au départ, ils craignaient les mobiles de l'Ardèche, qu'on leur disait embusqués près de là, ils emmenèrent deux conseillers municipaux, le secrétaire de la mairie, M. Leroux, le concierge, M. Bisson, menaçant de les passer par les armes, si les mobiles faisaient seulement mine d'attaquer.

Nous ne nous arrêterons pas aux cas de réquisitions simples, dont le détail serait trop long et d'une trop grande monotonie dans le procédé d'exaction et de rapine.

Quoique quelques-uns seraient certainement à relever, à cause de l'audace d'avidité croissante qu'y mirent les Prussiens, se sentant dans un pays riche, et, pour cela, multipliant d'autant plus leurs prétentions ; bien que, par exemple, l'affaire de Dieppe, envahie par un corps prussien qui mit la main sur la caisse de la douane, exigea 50,000, puis 100,000 francs, puis un million, qu'il fallut payer en espèces ou en traites sur Londres pour que le sous-préfet, M. Cambon, et un conseiller municipal, M. Frère, pris comme otages, fussent mis en liberté, soit assez grave ; quoiqu'il en ait été de même en bien d'autres endroits, à Pont-Audemer, où la taxe fut de 50 francs par tête pour la ville et de 25 pour les communes ; à Valmont, où chacun dut, sans retard, verser cette dernière somme; à Eu, dont le maire et trois otages furent arrêtés pour n'avoir pas payé aussitôt 184,000 francs ; à Fervaques où, pour une cause pareille, le maire fut saisi, et Mme la comtesse de Montgommery, arrêtée dans son château; quoique enfin partout il y aurait fort à dire contre les exigences prussiennes, nous n'y insisterons pas, appelés que nous sommes par des épisodes malheureusement encore plus sérieux.

Tous eurent pour motifs la résistance, soit qu'elle vînt des mobiles, soit que les Prussiens y retrouvassent la main de leurs plus mortels ennemis les francs-tireurs, soit qu'elle eût été plus ou moins organisée par les gardes nationaux.

Quelquefois, comme dans les provinces que nous avons déjà parcourues, un coup de feu suffisait. Un soir, des Prussiens qui passaient dans l'Eure, à côté du petit village d'Harquency, en entendirent un qui semblait dirigé contre eux ; ils ne s'arrêtèrent pas, mais ils s'en souvinrent. Un mois après, en repassant, ils mettaient sur ce pauvre hameau de 350 âmes, au plus, un impôt de 5,000 francs, faisaient contribuer pour une somme égale le village de Richeville, tout aussi peu important, tout aussi pauvre, et comme l'argent n'arrivait pas, ils emmenaient en otages, à Rouen, le maire d'Harquency et deux propriétaires de Richeville.

Au Petit-Couronne, près Rouen, un des adjoints fut, un jour, accusé d'avoir logé un franc-tireur. On l'arracha de sa maison, qui fut brûlée sous ses yeux, puis on l'emmena à Rouen, avec un de ses collègues du conseil municipal. Les derniers mots des Prussiens, en les emmenant, avaient été qu'on les fusillerait et que le village serait tout entier brûlé, s'il ne payait pas 10,000 francs. Les habitants, affolés devant cette exigence aggravée d'une pareille menace, s'adressèrent à l'archevêque, Monseigneur de Bonnechose, qui fit une supplique au commandant prussien, mais n'obtint que quelques délais. Les 10,000 francs cependant ne se trouvaient pas au Petit-Couronne. La cotisation de toute la commune n'avait, à grand peine, produit que 7,000 francs. L'archevêque fit le reste; le bourg et les deux conseillers municipaux furent sauvés.

Ce qui n'a été ici qu'une menace, sera plus loin, dans l'Eure encore, une épouvantable exécution, non pas d'un seul, mais de deux villages : Guitry et Forêt-la-Folie, sans compter celui de Mouflaines, qui ne fut que pillé. C'est par lui qu'ils commencèrent. L'une des bandes prussiennes — elles étaient deux de ce côté, qui se réunirent le soir, pour le dernier coup, à Forêt-la-Folie — s'était, dès le matin, jetée sur Mouflaines, pour une réquisition. Tout le fourrage y passa, et, au château, tout le reste avec. Ils y entassèrent en de grands sacs : du jambon, de la viande, du tabac, du café; sans oublier le vol de poche : les bijoux. Deux montres entre autres disparurent, dont une très-ancienne, en or, à laquelle le châtelain, M. Levaillant, tenait beaucoup. Il la réclama, mais n'eut que des injures et des menaces pour restitution. Le curé, qui se mêla de l'affaire, fut accueilli de même. « Vos (vous) Français, vos voleurs, disaient ces honnêtes gens, vos brigands, menteurs, vos menteurs, menteurs. » On mentait si peu en les accusant, que le lendemain, le voiturier chargé de mener à Gisors le chariot de réquisition, y trouva la montre, enveloppée d'un mouchoir et cachée dans le fourrage.

L'autre bande, pendant ce temps, s'était portée sur Fontenay et avait envahi le magnifique château de M. de Laborde. Ils y mirent tout au pillage, du grenier aux caves, où ils se grisèrent de vin et d'eau-de-vie, et qu'ils ne quittèrent pas sans avoir défoncé toutes les tonnes. De là, ils se dirigèrent sur Guitry, mais furent assaillis au passage près d'un bois par une vive fusillade de francs-tireurs qui les exaspéra. Quand ils arrivèrent au malheureux village, Is étaient donc fous d'ivresse et de fureur. Ils allèrent mettant le feu et tirant partout à tort et à travers; ils s'emparèrent de tous ceux qui leur tombèrent sous la main, les dépouillèrent et les frappèrent à nu, couchés sur les cailloux de la rue, avec le plat de leurs sabres ou les crosses de leurs fusils. Six au moins ne s'en relevèrent pas et d'autres moururent peu après de ces brutalités.

Les balles, qui sifflaient partout, firent aussi des victimes : MM. Cauchois, Gossent, Constant et Fleury furent tués ainsi.

La ferme de Guitry, qui était fort belle, brûla en partie. Trois des garçons de ferme y furent fusillés, trois autres périrent sous les décombres. Ailleurs, les granges, les écuries, les meules de blé étaient en feu. Il ne reste rien des étables de M. Gautier. Il y perdit 300 moutons et 4 chevaux, dont un fut carbonisé par l'incendie, et un autre tué. Les deux autres furent volés, car le pillage, comme toujours, s'était joint à l'incendie et au meurtre : Vêtements, étoffes, linge, tricots, vin, eau-de-vie, tout fut pris. M. Bernard, fermier de la grande ferme et maire du village, fut très-brave, ainsi que le curé. Au risque de se faire tuer vingt fois, ils se multiplièrent partout pour arrêter ce désastre. Ils furent insultés, menacés, brutalisés. Le curé ramassait les morts, soignait les blessés ; ils le repoussaient à coups de crosse ou lui criaient, le pistolet sur la gorge : « Vos, pas toucher à cela ! »

Un peu avant le soir, ils furent rejoints par ceux qui avaient pillé Mouflaines, et se trouvant alors au nombre de 1,000 à 1,200, avec du canon, ils se portèrent en masse vers Forêt-la-Folie, où on leur avait annoncé des francs-tireurs. Vingt-cinq, en effet, les attendaient, firent feu dès qu'ils parurent, et se réfugièrent après, par escalade, dans la ferme de M. Champigny. Voyant qu'il y aurait résistance, les Prussiens, toujours braves, n'avancèrent plus. Ils bombardèrent le village avec toutes leurs pièces, de 10 heures et demie à 11 heures. Quand ils le crurent assez criblé de boulets et d'obus, et pensèrent — ce qui était en effet — que les francs-tireurs avaient déguerpi de la ferme, ils s'y hasardèrent. M. Champigny s'y trouvait seul avec sa fille. Un feu de peloton le jeta par terre, mais, craignant qu'il ne fût pas assez mort, ils l'achevèrent à coups de baïonnette. Sa malheureuse fille, qui l'avait vu tomber et qui poussait des cris à déchirer, fut forcée de les conduire dans tous les bâtiments de la ferme pour qu'ils pûssent bien s'assurer qu'aucun homme armé ne s'y cachait.

D'autres, pendant ce temps, couraient chez le garde forestier, M. Lainé, l'assassinaient comme le fermier, et frappaient odieusement sa fille, pauvre enfant de douze ans, qui voulait les éloigner de son cadavre. Dans la rue du village, ils se ruaient à coups de sabre sur tout le monde, les femmes, les enfants. Le curé, l'abbé Degénetay, courait au milieu du massacre, sans craindre les coups ni les balles, et cherchait le chef pour le supplier d'y mettre fin. « Non! pas de grâce! lui cria ce brutal lorsqu'il eût pu l'atteindre, nous allons brûler tout le pays, et vous, vous allez être fusillé. » Le courage du prêtre, que cette menace ne parut pas émouvoir, et qui ne mit que plus d'insistance suppliante à tâcher de le désarmer, le frappa cependant ; il est certain que c'est peu après qu'il donna l'ordre de cesser.

Les soldats se retirèrent, non dans leur campement, mais au cabaret, qu'ils pillèrent et où ils burent jusqu'au lendemain. Une pareille journée ne pouvait finir que par une pareille nuit.

Le curé du village de Cuisiniers, qui n'est pas loin de celui-là, était accouru, mais trop tard. Il n'était plus temps que de soigner les blessés et consoler les parents.

« Le lendemain mardi, lisons-nous dans le *Courrier de l'Eure*, la terreur était encore si grande qu'on osait à peine sortir des maisons; plusieurs prêtres, venus pour rendre à ces martyrs de la patrie les derniers honneurs bien mérités, étaient obligés de se servir mutuellement la messe, car il n'y avait pas même d'enfants de chœur, mais seulement un chantre et des frères de charité dévoués. »

Il n'y eut ici que menace contre les prêtres. Le curé de Forêt-la-Folie ne courut que le danger d'être arrêté, et, à ce prix, sauva son village ; ailleurs, nous l'avons déjà vu trop souvent, le danger alla jusqu'à l'emprisonnement, et quelquefois jusqu'à l'exécution. Quand M. Germain, propriétaire du *Progrès de l'Eure,* dut expier dans la prison d'Evreux quelques franchises et quelques malices de son journal, il s'y trouva en compagnie de prêtres et de religieuses ainsi arrêtés. Ils étaient là, avec de braves gens du village le Fidelaire, qu'on laissait pourrir en prison dans les angoisses d'une exécution dont l'armistice même ne fit pas cesser la menace; avec le maire de Croisilles, M. Moulin et son frère, officier dans les bataillons Mocquard, qu'on laissa, même après la paix signée, « au secret et à l'eau. »

Qu'avaient fait ces prêtres, le curé de la Bonneville, M. l'abbé Cohuë, et un autre âgé de plus de quatre-vingts ans? Ils n'avaient pas voulu être traîtres et lâches : « Ils avaient refusé de livrer aux Prussiens des francs-tireurs qui peut-être n'existaient pas (1). »

A Hébécourt, du côté de Gisors, la même peur les jeta dans un même affolement de cruauté. Pour faire expier au village les quelques coups de fusil dont les francs-tireurs les avaient accueillis auprès, ils y mirent le feu, le bombardèrent; sur quatre vingt-quatre maisons qui le composent, ils en incendièrent quatre-vingts, tuèrent plusieurs habitants qui n'avaient pu prendre aucune part à l'attaque, entre autres le curé, pauvre vieillard souffrant qu'ils avaient auparavant forcé à coups de lance de gravir la haute côte d'Hébécourt.

Dans l'Orne, à Nonancourt, après une alerte où le village n'était pour rien, ils se ruèrent en furieux sur les habitants, dont le seul crime était d'être sortis dans la rue ou de s'être mis aux fenêtres pour savoir ce qui se passait. Ils tirèrent partout aux portes, aux fenêtres, se jetèrent dans les maisons pour en faire sortir tout le monde à coups de crosse, et, après avoir cerné les rues, firent pri-

(1) *Les Prussiens à Évreux,* (par Boué de Villiers), p. 23.

sonniers tous ceux qu'ils purent prendre. Les employés du chemin de fer dînaient à ce moment dans l'auberge, leur pension. Ils y entrèrent le sabre à la main. Un officier fendit la tête à Gouin, homme d'équipe de la gare de Nonancourt. Les autres durent descendre dans la rue, le sabre ou la crosse dans les reins. Quand ils furent à quinze ou vingt pas en avant des Prussiens, ceux-ci firent feu. Le conducteur Dano ne poussa qu'un cri et tomba mort, l'homme d'équipe Moullières, atteint à la main, put s'enfuir avec les autres, mais pas assez vite à cause de sa blessure; il fut rejoint et frappé de deux coups de baïonnette, dont l'un lui coupa les reins et l'autre l'éventra.

Le chef de gare Magin, le facteur Malicet et le piqueur de nuit Morin n'échappèrent aux balles que pour être pris et rester longtemps en grand danger.

Deux autres chefs de gare, qui étaient en ce moment à Nonancourt, celui de Tacoignières et celui de Saint-Rémy, eurent encore un sort plus cruel : l'un, suivant le récit de M. Amédée Achard (1), aurait été tué avec un raffinement de barbarie atroce, l'autre ne se serait sauvé qu'après une chasse de deux jours dans les bois, dont la fatigue et les angoisses lui valurent mille morts.

Voici ce que M. Achard nous raconte :

« Le malheureux chef de gare s'était débattu pour échapper à ses bourreaux. Ceux-ci, pour paralyser toute résistance, ne trouvèrent rien de mieux que de lui clouer les mains sur un billard avec des baïonnettes et de le fusiller dans cette position.

» Le chef de gare de Saint-Rémy, ajoute-t-il, put échapper et alla se cacher dans les bois.

» Les Prussiens organisèrent alors une véritable chasse à l'homme; pendant deux jours ils traquèrent ce malheureux comme une bête féroce. C'est par miracle qu'il put

---

(1) *Moniteur de Tours*, 24 novembre 1870.

échapper à la fusillade qui était dirigée contre lui aussitôt qu'il était aperçu par quelques-uns de ces sauvages. »

Ce qu'ils auraient fait à Nonancourt à ce chef de gare, crucifié sur un billard, ne surprend pas quand on sait le supplice qu'ils firent endurer au mobile Blanchard, fait prisonnier à Pacy-sur-Eure. Ils l'attachèrent en croix à la roue d'un chariot avec des cordes qui le serraient jusqu'au sang, et, après lui avoir mis une pierre dans la bouche pour l'empêcher de crier, ils tentèrent de le faire sauter avec des cartouches attachées au bas et en haut de la roue; mais le coup manqua. Après deux heures de ce crucifiement, ils le détachèrent, le mirent à nu, et quatorze d'entre eux se firent ses bourreaux. Chacun le frappa de vingt-cinq coups de nerf de bœuf. On ne le laissa qu'au dernier, avec cette menace pour adieu : « Vous revu, vous fusillé ! » Le document où nous trouvons ce fait (1) ajoute un détail sur la manière dont les Prussiens fusillent : « Chaque condamné a trois exécuteurs ; deux tirent d'abord ensemble, le dernier fait feu ensuite en appuyant le canon de son arme sur le cœur de l'homme, déjà mort ou mourant. »

Jamais les exécutions n'allaient sans pillage. C'était la solde des exécuteurs. Nous l'avons vu à Guitry. Nous l'allons voir à Nonancourt. « Les Prussiens, écrivait-on de là le 28 novembre, ont commis ici des exactions inqualifiables, cassant les meubles, brisant les glaces, pillant et volant tout ce qui leur tombait sous les yeux. Ils sondaient les murs ; et tout ce qui sonnait creux, ils le démolissaient. Ils sondent aussi les jardins, surtout au pied des arbres, et furètent partout. »

Nous ajouterons qu'ils avaient un moyen de reconnaître où la terre avait été le plus récemment remuée pour faire une cachette. Ils l'arrosaient sur toute l'étendue où ils pouvaient croire que la cachette se trouvait, sachant d'ex-

---

(1) *Recueil de Documents*, p. 26.

périence, qu'à l'endroit du trou fraîchement fait, la terre boirait beaucoup mieux l'eau. C'est ce qui arrivait infailliblement ; ils creusaient alors et prenaient tout.

Revenons aux massacres, car nous n'en avons pas malheureusement fini. Vous avez vu la guerre que les Prussiens firent, en Normandie, aux mobiles, aux francs-tireurs et à tous les villages dont c'était la défense. Ils n'en firent pas une moins cruelle aux gardes nationaux, partout où ils les trouvèrent dans quelque tentative de résistance.

A Orbec, où ils n'entrèrent, en janvier, qu'après un engagement avec la garde nationale, quatre habitants, aussitôt fusillés, payèrent pour la ville. De plus, suivant l'usage, ils arrêtèrent le maire et trois conseillers municipaux, jusqu'à ce qu'une taxe de 40,000 francs fût complétement couverte. A Lisieux, dont ils s'approchèrent vers le même temps, en assez petit nombre, du reste, et que la bonne contenance de la garde nationale leur fit respecter, ils ne partirent pas sans faire une démonstration contre cette résistance. La ville dut subir un certain nombre de leurs obus.

A Marcilly, — ce qui nous fait revenir tout près de Nonancourt, — à Saint-Georges-sur-Eure, et dans quelques autres villages de ces mêmes environs, la peur de la garde nationale les mit hors d'eux-mêmes, et les fit agir comme des fous cruels. « Dans un village près de Saint-Georges, dit Amédée Achard, dans la lettre déjà citée tout à l'heure, le maire, le curé et trois gardes nationaux furent éventrés à coups de baïonnette. Des soldats ivres trouvèrent plaisant d'arracher les entrailles de leurs victimes et de les répandre dans la rue. A Saint-Georges, à Marcilly même, des femmes, des jeunes filles, des enfants, malgré leurs cris et leurs larmes, furent soumis à la sauvage brutalité des soldats. »

Dans ce dernier village de Marcilly, une de leurs escouades, qui voulait retourner à Evreux et craignait les surprises en route, se donna pour guides et sauvegardes huit paysans de l'endroit. Le voyage se fit sans accident. Les malheureux guides n'en furent pas moins massacrés tous, quand on fut arrivé !

« Ce que je ne pourrais croire, écrivait à un médecin de ses amis, le 24 novembre dernier, un habitant d'Evreux, si je ne l'avais vu, de mes propres yeux vu, c'est le massacre de huit paysans saisis à Marcilly, dans leur maison, pour conduire l'ennemi et le couvrir de leurs corps, massacre qui a eu lieu à un kilomètre du centre de notre ville, ou, pour mieux dire, dans notre ville même, sans qu'il y ait eu, de la part de ces malheureux, la moindre tentative d'évasion, ni quoi que ce soit qui pût rien motiver contre eux. Une pauvre femme, qui fermait ses contrevents en face du Lycée, a reçu une balle dans le ventre et en est morte. »

Un des faits d'armes les plus réels et les plus énergiques de la garde nationale de l'Eure, fut la défense du passage de l'Epte, à la limite de la Normandie et de la Picardie. Les gardes nationaux de Balzincourt et d'Eragny s'y conduisirent fort bien ; ils purent même arrêter quelques instants le mouvement tournant qui livra Gisors aux Prussiens. Malheureusement, abandonnés à eux-mêmes, ils durent céder et laisser six des leurs aux mains de l'ennemi.

« On parvint à en sauver un, en le faisant passer pour insensé, lisons-nous dans une lettre du caractère le plus sérieux, publiée sur le moment même par l'*Echo du Nord;* mais rien ne put sauver les cinq autres, convaincus du « crime » d'avoir défendu leurs foyers sans uniforme ! On les conduisit à Coudray-Saint-Germer, où le prince Albrecht avait alors son quartier-général, et où devait avoir lieu l'exécution.

» A toutes les instances, cette Altesse répondit d'un ton doucereux, qu'il lui était bien pénible de ne pouvoir satisfaire les personnes *vénérables* (textuel), qui intervenaient en faveur des coupables ; mais qu'ils avaient été pris par des soldats qui n'étaient pas de son corps, et qu'il ne pouvait mettre obstacle au cours de la justice... »

L'exécution se fit à la façon prussienne, telle que nous l'avons décrite un peu plus haut, d'après le système des trois exécuteurs, dont le troisième tire le coup de grâce.

L'un des fusillés était M. Lebrun, ancien cultivateur, qui, à lui seul, avait abattu plusieurs ennemis... Il avait survécu aux deux premiers coups, et il eut encore la force d'écarter de sa poitrine l'arme du troisième bourreau.

« Un dernier détail, plus horrible encore peut-être, ajoute la même lettre : soit crainte, soit remords, l'autorité prussienne défendit expressément tout service à l'église, toute cérémonie funèbre, même l'inhumation dans le cimetière de la commune. Les morts ont dû être précipitamment enterrés çà et là par leurs femmes, avec leurs habits ensanglantés. »

L'affaire d'Étrépagny, autre charmante ville de l'Eure, fut encore plus odieuse, si c'est possible. Là, point de provocation, pas d'attaque, pas de défense de la part des habitants ; aucun garde national, aucun mobile, aucun franc-tireur : donc rien à invoquer pour se donner le droit de punir la ville. Elle n'en fut pas moins affreusement éprouvée. Pourquoi? parce qu'un combat heureux pour l'armée du général Briand, l'avait délivrée un seul jour, et ce qui est le pire des crimes, parce qu'elle avait été témoin d'une déroute des Allemands !

Le coup de main avait été heureux, je le répète, mais pas assez poussé, et par conséquent sans résultat. M. Briand, qui pouvait prendre, avec ses 10,000 hommes, un millier de Saxons au moins à Étrépagny, et 2,000 à Gisors, s'en était allé trop vite. Au lieu de débarrasser tout le pays, il n'avait donné qu'une chaude alerte aux Saxons d'Étrépagny, qui ne battirent pas en retraite plus loin que Gisors, et purent revenir dès le lendemain. C'est ce qui perdit la ville. Les 200 hommes environ du corps de leurs dragons qui revinrent, sans retrouver un seul de nos soldats pour les arrêter, se conduisirent en bandits, en vandales. Ils mirent jusqu'à trois fois le feu à la ville. Plus de cinquante maisons, les plus belles dans la grand'rue et dans la rue Daudeville, furent incendiées. Une ferme de la rue Basse et d'autres appartenant à MM. Gervais, Florentin, Poret, Mazurier, furent brûlées. « Le pistolet au poing, lisons-nous dans une lettre du commis principal de la fabrique de sucre, à Fontenay, ils ont forcé les habitants à mettre le feu à leur demeure. »

Les chevaux des fermes, amenés dans les rues, y étaient éventrés.

C'est méthodiquement qu'ils mettaient le feu, et avec toutes les précautions possibles pour qu'il prît bien et ne pût être arrêté. Ils s'étaient, dit-on, donné le soin de crever d'avance tous les tuyaux de pompes à incendie. Ils ne voulaient pas même épargner l'ambulance, où se trouvaient encore un blessé et les corps de cinq soldats tués la veille. Sans les supplications de la sœur Capelle, ils y eussent allumé des bottes de paille, qu'ils avaient déjà trempées de pétrole. Les maisons qui ne furent pas brûlées, eurent leurs portes ou leurs devantures brisées à coups de crosse, à coups de sabre ou de hache. Ils se ruaient et frappaient partout. Plusieurs habitants, MM. Delaunay, Chevalier, Belhoste, Liénard fils, Florentin, furent blessés. Comme ils sont des plus importants de la ville, ils durent, quoique maltraités et très-souffrants, se laisser emmener comme otages, pour répondre de la vie d'un officier supérieur saxon, pris dans le combat de la veille. On alla jusqu'à les fouiller et leur prendre ce qu'ils portaient. M. Florentin se vit ainsi enlever 10,000 francs. Le boucher, M. Placet, avait dû livrer de la même manière 2,000 francs, et le boulanger, M. Quesné, 800 francs.

C'est toujours le programme complet, exécuté sans lacune ni merci : massacre, incendie, vols.

Gœthe, ce grand esprit, si égaré — il le savait bien — dans la capitale de l'une de ces deux Saxes, dont l'autre avait fourni les pillards et les incendiaires d'Étrépagny, ne se trompait pas quand il disait : « Il faudra bien encore deux cents ans pour qu'on dise de nous : « Du temps » qu'ils étaient des barbares. » C'est en 1827 qu'il parlait ainsi. Au lieu d'avancer depuis ces quarante-quatre ans, les Allemands se sont replongés du double dans le passé. La guerre actuelle, telle qu'ils l'ont faite, pour eux est un recul de plus d'un siècle, sinon même de deux. Ils sont tombés, ne craignons pas de le redire, puisque c'est avec preuves, jusqu'au temps de leurs reîtres et de leurs lansquenets, jusqu'au moyen âge.

VI

Il n'est pas surprenant que retournant ainsi vers leur nuit sanglante, ils craignent le jour, ils s'effrayent de ce qui permet de les voir, ils s'épouvantent de ce qui les fait connaître. Leur haine des journaux, qu'ils ne persécutèrent nulle part avec une activité plus attentive et plus féroce qu'en Normandie, est une conséquence de la barbarie où ils retombent, et dont, quoi qu'ils disent, ils commencent eux-mêmes à se sentir atteints.

A Rouen, ils forcèrent l'*Indépendant* à cesser sa publication et à payer une forte amende. Pourquoi? Parce qu'au lieu de recommander la joie aux habitants, le jour de la revue triomphale de Fritz, il leur avait recommandé le deuil. Le journal ne faiblit pas : à l'ordre du baron Pfuel, *préfet de la Seine-Inférieure*, affiché à leur porte, le 11 mars, le directeur et le rédacteur en chef, MM. Salle et F. Delaporte, ripostèrent aussi par une affiche collée auprès de l'autre :

« A partir d'aujourd'hui et par ordre du préfet prussien, l'*Indépendant de Rouen* cesse sa publication.

» Nous sommes de plus condamnés à payer 1,000 francs d'amende.

» Voici la réponse :

» Notre mépris et pas un sou de notre caisse. »

A Evreux, la guerre fut encore plus vive, et surtout plus longue. Le préfet, Von Porembski, un Posnanien de la plus rude espèce, le même qui donnait trois jours, du 2 au 5 mars, pour que tous les impôts fussent acquittés dans toutes les communes, sous peine d'en rendre responsables les maires des chefs-lieux; se montra, pour ce qu'on pouvait écrire sur ses actes, tous du genre de celui-ci, d'une susceptibilité très-chatouilleuse et très-prompte à la répression. Un rien le fâchait, et une fois fâché, il faisait payer son mécontentement. Le *Moniteur* d'Évreux osa trouver un jour que la musique du régiment prussien ne valait rien, et la traita de *cacophonie*. Une amende de 100 francs vint le sommer d'avoir à se faire le plus tôt possible une oreille plus prussienne. Le journal l'*Eure* reproduisit d'après le *Journal de Rouen*, le 30 février dernier, un article du journal français de Londres, l'*International*, dans lequel « M. de Bismark devant l'Europe, » n'était pas assez révérencieusement traité peut-être : une amende de 300 fr. le rappela le jour même à plus de respect. Le rédacteur, M. Joannès Brenier, aima mieux s'astreindre à plus de silence. De peur de retomber dans ces fautes de franchise et de patriotisme que le Posnanien guettait d'autant mieux, qu'il se les faisait bien payer, il jura, et tint parole, qu'il ne dirait plus un seul mot des Allemands, tant qu'ils seraient à Évreux.

C'est pour moins encore que le *Progrès de l'Eure* fut puni. On emprisonna son directeur, M. Germain ; on tint au cachot, puis on fit garder chez lui par une garnison qui le rongeait et l'infectait, son rédacteur en chef, M. Boué (de Villiers),... pour une faute d'impression, pour un point d'interrogation et pour des soulignements.... malséants.

Dans une communication du Posnanien, reproduite par ordre et où il sommait la rédaction du *Progrès* de ne publier des séances de l'Assemblée que ce qui n'attaquerait pas « Sa Majesté l'Empereur, » il s'était trouvé qu'un

» point interrogatoire » — ainsi parlait le français de Posnanie — s'était glissé après le noble titre. De plus, le mot *affaires* s'était substitué au mot *offenses*; et, chose plus grave, tout ce qui était d'un français par trop posnanien, avait été souligné.

Pour ces griefs impardonnables, M. Porembski estima qu'un double emprisonnement de journalistes ne serait que raisonnable, et qu'une amende de 10,000 francs — car il fallait toujours que sa caisse trouvât son compte dans sa justice — ne serait qu'un équitable supplément de sévérité. Ce fut donc ce qui fut fait, encore dut-on se trouver heureux que la ville ne fût pas responsable. Elle avait une fois été menacée de l'être, à cause de ce même *Progrès*. Il s'était permis quelques articles très-francs et très-français, pendant les quelques jours de délivrance qui s'étaient passés entre les deux occupations d'Evreux. Le Prussien, qui y revint le premier, les avait lus; aussitôt arrivé, il fit connaître au journal et à la ville ce qu'il en pensait, et ce qu'ils auraient à craindre, si le fait se reproduisait à l'avenir. C'est le maire qui fut chargé de faire afficher le charitable avis :

« Par ordre du général de Barby, le gouvernement prussien porte à la connaissance du maire d'Evreux que, vu quelques articles des plus indignes et des plus odieux dans le *Progrès de l'Eure*, le maire sera fait responsable du contenu de ce journal, et qu'il ira, ou faire cesser le journal, ou livrer le rédacteur au commandant prussien.

» En cas de récidive, la ville d'Evreux sera bombardée, ou mise à de plus grandes contributions.

» *Pour copie conforme.*

» *Le Maire d'Evreux,*
» Le Pouzé.

» Evreux, 5 janvier 1871. »

Après cet ordre, où l'on voit une ville menacée de bombardement pour un article de journal, il n'y a plus qu'à passer à une autre province.

ORLÉANAIS, TOURAINE

INDRE-ET-LOIRE. — LOIR ET-CHER. — LOIRET. — EURE-ET-LOIRE.

I

Nous allons avoir ici des désastres sur un bien vaste espace, en de grandes et riches villes, aussi bien qu'en de pauvres campagnes et de malheureuses bourgades. Comme les villes auront toutes, et ont même déjà des historiens de leurs derniers malheurs, c'est des campagnes, dont l'histoire oubliera trop de parler, que nous parlerons, nous, de préférence, autant que nous pourrons, sans cependant refuser aux villes la part de récits et de pitié que nous leur devons.

C'est même par l'une d'elles, par Orléans, que nous allons commencer. Elle fut très-éprouvée, et, j'en fus témoin vers la fin, elle le supporta très-bravement. On sut y avoir, quand l'ennemi approcha, le courage de la résistance, et quand il fallut céder, la résignation en deuil, qui sied aux fières infortunes.

M. de Thann, qui, avec ses Bavarois, y arriva le premier, le 11 octobre, rendit toujours très-franchement hommage à la vaillance déployée dans la lutte des faubourgs, pendant toute une journée. Le 5ᵉ bataillon de la Légion étrangère, arrivé de Bourges, le matin, avec son commandant Arago, qui se fit tuer si bravement dans le faubourg des Aydes ; quelques compagnies du 39ᵉ, et un bataillon de chasseurs à pied, soutenus par l'excellent esprit de la population et le sentiment de ses traditions héroïques, arrêtèrent là toute une armée, qui d'avance, ne pouvant entrer assez vite, se vengeait sur la ville en la bombardant de loin.

« Orléans, disait M. de Thann, a été pris d'assaut. C'est la première ville ouverte où l'on ait résisté à l'entrée de nos troupes. »

L'aumônier bavarois Gross, qui fit la relation de ce brave combat dans la *Presse allemande,* convint « qu'il ne peut se comparer qu'à la prise d'assaut de Bazeilles. » Il était furieux, et en perdait tout esprit de charité chrétienne, comme on va le voir par ce qu'il dit à deux soldats suisses de notre Légion étrangère : « Quand je suis entré hier, écrit-il, dans une ambulance de Saint-Jean de la Ruelle, j'ai rencontré deux Suisses : l'un de Harsich, l'autre de Saint-Gall. Je n'ai pu m'empêcher de leur dire que c'était bien fait qu'ils fussent blessés. »

Les sentiments humains, mon frère, que voilà !

Orléans paya cher l'honneur de cette belle défense. Vingt-huit maisons du faubourg des Aydes furent incendiées froidement, avec la main. Près de la Chapelle-Vieille, une malheureuse femme qui venait d'accoucher fut arrachée de son lit avec son enfant, et chassée de sa maison, pour la voir brûler derrière elle.

Un voisin suppliait qu'on épargnât la sienne. On lui montra celle d'en face, d'où nos soldats tiraient, et on lui dit qu'il ne serait incendié que par représailles. Il offrit d'aller faire cesser la fusillade, et y parvint en effet, avec grand péril, car les balles sifflaient partout. Quand il revint, sa maison flambait. Il réclama contre cette mauvaise foi. On se contenta de lui répondre : « C'est la loi de la guerre ! »

Chez un autre, ils entrèrent brusquement, demandant des allumettes, comme pour allumer leur pipe. On leur en donna. C'était pour allumer la maison ! Ils avaient d'avance enduit de pétrole les portes et les volets.

Ce qui ne brûla pas fut pillé. Pendant trois longues heures, la plupart des maisons du faubourg Saint-Jean et du faubourg Bannier, qui prolonge jusqu'à la ville celui des Aydes, furent mises à sac. La rage du vol et de la dévastation se porta surtout contre les boutiques d'épiciers, de marchands de tabac, de marchands de vin, dont pas un ne fut épargné. De là, dès le soir même, le pillage gagna la ville, qui dut le subir dans toutes ses rues, jusqu'au surlendemain. Les chefs, sans l'avoir absolument permis, faisaient plus que le tolérer.

L'autorité allemande avait en effet déclaré qu'elle ne se reconnaîtrait responsable que des actes de pillage « commis à partir du 13 octobre, » c'est-à-dire après les deux jours dont les Bavarois profitaient si bien.

Pouvait-elle défendre ce qui faisait tant de plaisir à ses officiers, et leur permettait de garnir si amplement leurs fourgons !

Ils s'étaient logés dans les plus belles maisons, après en avoir chassé à coups de plat de sabre ou à coups de pied, les soldats qui avaient eu l'audace de les devancer. Ils y firent leur main, en maîtres filous et déménageurs experts.

« Dans beaucoup de maisons d'Orléans, dit une note émanée du ministère même de Bordeaux (1), les meubles ont été brisés et l'on a tout saccagé à plaisir. Du linge, de l'argenterie et des objets précieux ont été volés dans les chambres occupées par des officiers supérieurs. »

Que d'objets d'art, que de petits meubles, que de pendules prirent le chemin de la Bavière, soit dans les chariots aux armes royales, soit dans les fourgons où le pavillon à la *Croix de Genève* prêtait la sainteté de son caractère à l'impunité du pillage, soit dans une foule d'autres encore, dont quelques-uns, qui n'étaient point partis

---

(1) *Recueil de Documents*, p. 28.

à temps, furent pris à la grande déroute bavaroise de Baccon et de Coulmiers, et prouvèrent aux plus incrédules, par un immense déballage de vols, ce qui est chez les Allemands le ond de l'héroïsme et le dernier mot de la conquête. Si 'histoire est juste, c'est le déshonneur, c'est la honte, c'est la dégradation éternelle de l'armée bavaroise, qui seront sortis de la fouille vengeresse faite après Coulmiers dans les fourgons de ses officiers et dans les sacs et les poches de ses soldats prisonniers.

La mesure fut comble à ce moment. C'est alors que M. de Chaudordy fit sa protestation. Quelques lignes y vont droit au pillage d'Orléans, dont les fourgons et les sacs de Coulmiers nous avaient rendu les épaves déshonorantes.

Il ne veut parler que de la pauvre ville pillée et déménagée, quand il dit :

« Après avoir vu leur domicile envahi, après avoir subi les plus dures exigences, les familles ont dû livrer leur argenterie et leurs bijoux. Tout ce qui était précieux a été saisi par l'ennemi et entassé dans ses sacs et ses chariots. Des effets d'habillement enlevés dans les maisons ou dérobés chez les marchands, des objets de toutes sortes, des pendules, des montres, ont été trouvés sur les prisonniers tombés entre nos mains. »

Le billet du commandant de Pau, qui les fit visiter à l'arrivée, nous en a donné plus haut la preuve.

Ce ne fut pas sans une certaine confusion qu'on apprit au camp prussien que ces découvertes avaient été faites, et ce qu'elles avaient amené ; mais on se remit vite, et pour le prendre de haut. Au lieu d'être honteux, on eut l'impudence de se plaindre. La visite faite, à Orléans même, dans les fourgons à la croix genevoise, que les Bavarois, trop prompts à fuir, y avaient laissés, et qui complétèrent, par ce qu'on y trouva, le déballage de Coulmiers, leur parut surtout indigne, scandaleuse. Ils s'indignèrent qu'on eût porté atteinte au drapeau des ambulances, sans ajouter, il est vrai, qu'il n'avait été là qu'un pavillon de corsaire.

Le Standard leur répondit, et de bonne encre : « Les Prussiens, dit-il, se sont plaints amèrement que lorsque le général von der Thann fut obligé de quitter Orléans, les Français avaient saisi quelques wagons d'ambulance. La saisie fut parfaitement légitime, car les wagons étaient bondés de vêtements de femmes et d'enfants, de boucles d'oreilles, d'effets personnels de toute sorte. »

La dévastation s'émailla souvent d'orgies et de mascarades. Dans deux maisons, notamment rue du Bourdon-Blanc, chez M. Magne fils, trésorier général, alors absent, ces messieurs se donnèrent un bal. Ils prirent les plus belles robes dans les armoires, s'en habillèrent, et se livrèrent ensuite aux danses les plus folles, je ne dis pas les plus légères.

« La fête, dit un témoin, se termina par le déluge d'ordures, dont les soldats et alliés du roi Guillaume ont l'habitude de salir les endroits qu'ils occupent. »

Aucune maison ne fut sacrée pour l'invasion, même celles dont on avait fait des ambulances. Ce fut le cas de l'hôtel du comte de Rocheplate, qui malgré le drapeau de Genève, arboré sur sa porte, non pour la forme, mais très-sérieusement, dut loger jusqu'à 32 Bavarois, dont 12 avaient le droit de manger à sa table. Il n'est pas besoin de dire que les manufactures étaient autant de casernes. Il en est une où ils avaient entassé deux cents soldats. Quelques autres grandes maisons, celles de MM. de la Taille, Gandry, La Boulaye, n'avaient pas été moins encombrées, à proportion, et comme les caves y étaient bien garnies, elles furent pillées. Les officiers de haut rang s'étaient réservé ces maisons à bonnes caves, et y puisaient sans compter.

M. de Thann s'était logé à l'hôtel. Pendant que le commandant de place s'installait chez M. de la Touanne, et le prince de Saxe-Meiningen, chez M. d'Illiers, il s'en allait, lui, prendre gîte à la *Boule-d'Or*. A la campagne, il fut plus exigeant. Ayant à surveiller le mouvement de ses troupes, de la rive droite à la rive gauche, il s'établit quelque temps dans le Val, près de Saint-Cyr, au château de M. de Champvallins. Le propriétaire s'y trouvant un jour avec lui, il se plaignit que l'installation fût médiocre: « Votre maison, lui dit-il, a peu de provisions. La cave est mal garnie, il faut y pourvoir ; l'argenterie manque aussi. Je n'y tiens pas, mais il faut au moins du ruolz. » On se soumit.

Un de nos bons romanciers, Amédée Achard, qui vit Orléans pendant les quelques jours de répit, d'air libre, et pour ainsi dire de respiration, que lui fit la victoire de Coulmiers, entre les Bavarois et les Prussiens, fut frappé de la morne tristesse, de l'accablement que la pauvre ville avait pris à être, pendant un long mois, sous le joug, et à se trouver tout d'un coup, de ville française qu'elle était si bien, la plus accablée des villes de Bavière :

« La physionomie comme le langage, écrivit-il sous l'émotion même de sa visite navrante (1), porte la marque de cet écrasement. On y semble sortir d'un cauchemar. On dirait que des lèvres des passants vont sortir ces trois mots : « Est-ce vrai ? »

Il nous fait ensuite le tableau, non de ce qu'il vit lui-même, mais de ce qu'il put entrevoir dans le récit de ces pauvres gens, rendus enfin à la parole, à la franchise ; pouvant dire ce qu'ils avaient souffert et se plaindre.

Vous allez y retrouver en teintes plus vives, en nuances plus complètes, ce que nous n'avons fait que vous esquisser.

« Les premières heures, dit-il, qui ont suivi la prise d'Orléans, ont été terribles. Les bandes de soldats faisaient irruption dans les maisons et s'installaient partout, laissant aux propriétaires les greniers, et tout ce qui était à portée de leurs griffes disparaissait. A la place des guenilles infectes qu'ils jetaient çà et là, ils prenaient les chemises, les bas, les mouchoirs, tout ce qu'ils trouvaient. Le reste

---

(1) Sa lettre, publiée par le *Moniteur* de Bordeaux, est du 17 novembre.

s'engouffrait dans leurs poches et dans leurs sacs; puis repus de ce que leur livraient les caves et les cuisines, ils dormaient. Des chambres destinées à deux personnes en contenaient trente ; ils s'entassaient...

» L'ordre est venu plus tard, mais un ordre méthodique, sec, dur, implacable. Si les violences personnelles étaient épargnées à la population... les violences morales étaient absolues et constantes. Et celles-là, pour les peuples à fibre délicate, sont les plus douloureuses, les plus amères. Les Turcs ne pourraient s'empêcher d'être graves ; les Prussiens ont en partage l'arrogance; même quand ils veulent rester polis, ils sont arrogants. Ils étaient maîtres et le faisaient sentir.

» Quelquefois, d'ailleurs, l'âpreté du sang germain l'emportait. Il y avait des explosions à propos de vin de Champagne, qu'on ne trouvait pas en quantité suffisante, ou de mets qu'on ne trouvait pas assez succulents.

» Des officiers ont dégaîné contre des domestiques, qu'ils poursuivaient d'un pas chancelant, et tout prêts à les embrocher. Un d'eux, à l'*Hôtel du Loiret*, a trouvé plaisant d'entrer dans la salle à manger, à cheval ; mais l'insulte venait d'une capote aristocratique : il fallut tout endurer. »

Ce moment des Bavarois fut pourtant le bon temps de l'invasion pour les Orléanais. Ils s'étaient crus en enfer. Les Prussiens de Frédéric-Charles vinrent leur prouver, quand la ville fut reprise, qu'ils avaient été en paradis.

Ils pesèrent sur la malheureuse population, à peine remise de son premier fardeau, de tout le poids d'un nombre plus énorme, d'exigences plus avides et d'insolences plus hautaines, plus brutales, en un mot, véritablement prussiennes.

On sentit, à la façon dont ils entrèrent, la fureur qu'ils avaient ressentie du départ des autres, après une défaite, et la joie insultante qu'ils avaient de revenir eux-mêmes après une victoire. Il y avait dans toutes leurs manières quelque chose de l'allure du vrai bourreau, du tortionnaire en titre, qui ramasse la hache ou l'assommoir échappé de la main d'un plus faible, d'un moins expert, et lève le bras pour frapper le coup de grâce.

Tout leur séjour ne fut que ce coup de grâce repris, prolongé, repris encore sous toutes les formes de la torture la plus multiple, la plus ingénieuse, sans presque laisser à la pauvre ville, quand il cessa de la frapper, la force de se relever un peu, et l'espérance de se survivre.

Les fonctionnaires, pendant l'occupation bavaroise, avaient été ménagés. Le préfet, M. Pereira, n'avait pas été inquiété; l'évêque, Monseigneur Dupanloup, était resté, sans avoir trop d'ennuis, dans son palais épiscopal. Avec les Prussiens, tout changea. Sous prétexte qu'une dépêche par pigeon, adressée d'Orléans à Paris, par M. Pereira, et tombée aux mains des Allemands, contenait contre eux quelques attaques, on l'arrêta. Il fut gardé à vue chez lui, sans permission de voir personne. Déjà malade, il s'affaiblit de plus en plus, demanda son médecin, au lieu du médecin prussien qu'on lui avait donné, et ne put l'obtenir; il demanda sa fille avec de plus vives instances encore, et, refusé de même, il s'éteignit désespéré sans soins ni consolations. La ville le vengea par une protestation digne et silencieuse. Elle se leva tout entière en deuil, le jour de son convoi, et le suivit jusqu'au cimetière, devant les Prussiens, furieux de ne pouvoir se plaindre, et de ne savoir à qui se prendre.

Monseigneur Dupanloup, dont l'admirable conduite, affermie dans ce qu'elle eut de patriotique par les persécutions mêmes des Prussiens, n'obtiendra jamais trop de reconnaissance de la part des Orléanais, était, quand ils arrivèrent, dénoncé d'avance à leurs rigueurs. Prélat catholique, il avait pu se faire écouter du Bavarois catholique, M. de Thann, et par là obtenir des allégements pour la ville. Ce qui lui était alors une recommandation ne lui fut qu'une très-mauvaise note pour les luthériens de Frédéric-Charles. L'ardeur qu'il avait mise à organiser la résistance, à prêcher la sainte guerre de la patrie, l'acheva. Il passa pour l'homme le plus dangereux de la ville, et, comme tel, fut mis au pilori du *Moniteur* prussien de Versailles. Si la campagne se levait autour d'Orléans, la faute en était à lui; c'est lui qu'il en fallait punir ! « Tout autour d'Orléans — disait un *Rapport officiel* de Versailles, sur les opérations militaires — les habitants des campagnes, poussés par les prêtres, qui ont reçu de l'évêque Dupanloup l'ordre de prêcher une croisade, ont commencé une guerre de guérillas contre les Allemands. »

Cela posé, l'on devine le traitement que lui ménagea Frédéric-Charles sitôt qu'il fut à Orléans et l'eut, comme on dit, sous la main; car l'évêque, que le danger attire et rassénère au lieu de le faire fuir, était resté à l'évêché, préparé à tout, l'âme ferme et le cœur haut.

Les Prussiens, envoyés par le prince, y arrivèrent cent cinquante, et leur chef le déclara prisonnier de Son Altesse. Des sentinelles furent posées partout : deux entre autres à la porte de son cabinet, et deux aussi à la porte de sa chambre, pour y rester de jour et de nuit. On ne diminua le nombre de la garnison que lorsque tous les postes eurent été bien marqués et, par suite, toutes les chambres prises. Il y resta trente officiers avec leurs ordonnances, trente soldats, et, de plus, le général en chef du 3e corps d'armée avec son état-major et sa suite de valets et de chevaux. Toutes les chambres furent si bien accaparées que trois des grands vicaires étaient menacés d'aller chercher refuge ailleurs, quand Monseigneur déclara que, si ses vicaires généraux quittaient l'évêché, il le quitterait lui-même.

Il y eut des scènes de violence déplorables, et quelques autres d'un comique écœurant. Un officier, après avoir installé au secrétariat de l'évêché un lieutenant chargé d'en éplucher minutieusement tous les papiers; et après avoir marqué à la craie, comme autant de gîtes pour ses hommes, toutes les chambres du rez-de-chaussée, brisa du pommeau de son sabre la porte d'un réduit qu'on ne lui ouvrait pas assez vite et qui ne contenait que des objets de literie ; puis, poussant jusqu'à la chambre de l'évêque, il jura qu'il la prendrait pour lui s'il n'en trouvait pas d'autre.

Il entrecoupait ses brutalités de toutes sortes de gros mots, qui en étaient le digne commentaire, moitié en français, moitié en allemand. Le vicaire qui lui servait de guide y crut comprendre qu'il accusait Monseigneur d'être impoli. Il releva le mot très-vivement, lui fit sentir que l'évêque d'Orléans n'avait de leçon de politesse à recevoir de personne, et ajouta : « Il est des choses que nous sommes condamnés à subir, mais il en est aussi que nous ne pouvons accepter et que nous n'acceptons pas : les procédés des Prussiens sont la plus inacceptable.»

Les exigences mesquines et — c'est là que le bas comique commence — les taquineries sottes, les gamineries niaises, se renouvelèrent à chaque instant. Ils voulurent du champagne, et, n'en trouvant pas chez l'évêque, ils firent toutes sortes de grosses plaisanteries, dignes des *Propos de table de Luther*, sur cette cave d'évêché qui avait fort peu de mauvais vin et manquait complétement du meilleur.

Monseigneur leur fit réponse qu'il en achèterait pour eux, mais qu'il faudrait un ordre écrit du prince.

Tous les jours ils guettaient son dîner au passage et lui en prenaient quelque chose : une fois ils lui en volèrent la moitié ; une autre fois, pour faire niche à l'un de ses modestes valets, qu'ils trouvaient d'ailleurs trop peu nombreux et surtout fort incongrus, fort insolents de ne pas se mettre en livrée pour les servir, ils lui escamotèrent des mains le potage qu'il allait mettre sur la table. Tout cela n'était que drôle, c'était même presque amusant, surtout de la part des Prussiens.

Voici qui fut bien plus grave : cent francs en or avaient

disparu de la chambre de l'abbé Hetsch ; et, chez l'abbé Lagrange, deux montres avaient été décrochées. L'abbé s'en plaignit comme d'un acte indigne et bas à un officier, qui poussa la brutalité jusqu'à vouloir répondre à son reproche par un soufflet. L'abbé maintint fièrement son dire, en ajoutant qu'en France pareille accusation suffirait pour l'éternel déshonneur d'un soldat.

Des gros mots, des menaces, et presque des voies de fait, voilà tout ce qu'on pouvait attendre de ces brutes. Jugez-en par un autre exemple :

Dans l'évêché, quoiqu'encombré de soldats, comme vous venez de le voir, on avait trouvé moyen de faire toujours aux ambulances une place assez large, très-large même quelquefois, puisqu'à leur arrivée les Prussiens y avaient logé deux cents blessés, dédaignant l'église qu'on leur avait offerte et qu'ils ne trouvaient bonne qu'à faire une écurie! Le grand vicaire, qui installait leurs malades, et qu'on avait surtout chargé de ce soin parce qu'il parlait allemand, rappelait à l'officier prussien, dont il était le guide, ce qu'il avait été heureux de faire, à la même place, pendant la première occupation, pour les blessés bavarois. Il ne demandait pas à être remercié, mais compris, afin que ces nouveaux venus, qui semblaient si terribles, rendissent aux Orléanais un peu des égards qu'ils avaient eu eux-mêmes pour leurs précédents ennemis. Que croyez-vous que répondit le Prussien? « Si vous n'aviez pas fait cela, vous auriez été un cochon. »

Ils avaient peur d'être reconnaissants, aussi furent-ils ingrats, par leur grossièreté, comme ici, ou par leurs mensonges, dans les articles de leurs journaux.

Nulle part aussi bien que dans cette excellente ville, où la charité est une vertu de tradition, un sentiment d'élan naturel, on n'avait su être bon, secourable aux blessés, et cela sans jamais regarder dans quelle armée ils étaient tombés : dans la nôtre ou celle de l'ennemi.

Les Prussiens n'étaient pas d'un soin à beaucoup près

aussi tendre pour leurs malades. Ils en finissaient même assez vite avec eux, s'il faut en croire ce qui se dit à Orléans et ce qu'un journal de Tours, l'*Echo français* (1), crut pouvoir répéter avec une sorte de certitude.

Chez nous, on prolonge la vie du mourant, tant que cela est possible; chez eux, on l'abrège autant qu'on peut.

— Ils ont pourtant un cœur comme nous, disait à l'ambulance, un chirurgien français à l'un de ses collègues bavarois en parlant des Prussiens, chez qui cet art expéditif de ne pas faire languir les blessés se pratique surtout.

— Oui, répondit le Bavarois, ils ont, comme nous, un cœur, seulement il ne bat jamais.

On le croirait, quand on lit ce que raconte le journal de Tours :

« Leurs médecins, dit-il, ne soignent les blessés que tout autant qu'ils supposent pouvoir les guérir rapidement. Si les blessures semblent mortelles, si elles paraissent exiger des soins trop longs ou trop dispendieux, ils ne songent plus qu'à une chose, accélérer le dénouement final. C'est ce que, par un euphémisme effroyable, ils appellent « épargner des souffrances inutiles. »

» A Orléans, dix de leurs soldats, gravement blessés, se trouvèrent atteints du typhus. Le médecin jugea que cette complication devait être fatale pour ces malheureux; il les fit placer dans une salle séparée, et les fit enfermer, après avoir laissé à leur disposition un verre rempli d'un breuvage savamment préparé, et contenant un narcotique destiné à mettre fin à leurs souffrances.

» Le lendemain, tous les dix étaient morts. On leur avait épargné « des souffrances inutiles, » et le médecin, lui, s'était épargné la fatigue de soigner des malades ne présentant pas assez de chances de guérison pour que cela en valût la peine.

» Il n'est pas, ajoute le journal, un médecin français qui

---

(1) N° du 28 novembre.

osât ainsi se poser en arbitre de la vie de ses semblables. Même sans espoir, il disputerait pied à pied à la mort la vie du malade confié à ses soins, et souvent la nature, venant en aide à la science, se chargerait de justifier la raison humaine de son procédé. Il est vrai que le Français écoute son cœur, tandis que l'Allemand écoute sa tête : l'un sent, l'autre compte. Voilà toute la différence. »

Elle fut grande pour cette même cause, entre les ambulances françaises, à Orléans, et les ambulances prussiennes. On soigna toujours, dans les unes, avec le plus patient, le plus infatigable zèle, ces lentes souffrances, que, dans les autres, on se hâtait si vite d'abréger.

Eh bien! qu'arriva-t-il? c'est qu'on intervertit les rôles, pour calomnier ceux qui faisaient le bien, sans dire un seul mot des autres. Il se trouva des journaux allemands, où l'on apprit sans doute ce qui se racontait de la médecine expéditive des Prussiens à Orléans, et qui, aussitôt, par une volte-face naturelle à leurs mensonges, attribuèrent aux Orléanais ce que faisaient les médecins de Prusse. Enchérissant même sur ce qu'il y avait de coupable dans les faits commis, ils parlèrent de tortures que nous aurions infligées à leurs blessés!

« A Orléans, disait la *Gazette de Silésie* (1), les Français ont exercé, avec préméditation et à dessein, des atrocités sans nom sur les blessés allemands qui se trouvaient dans les ambulances. »

Monseigneur Dupanloup prit en main, dans une lettre adressée le 28 janvier au journal allemand, la réfutation de cette « abominable calomnie. » Il la traita comme il fait tout, avec un élan de cœur, une verve de logique et de preuve irrésistibles. A la *Gazette* qui avait fabriqué ce mensonge, il répliqua par la vérité même. Sans rien d'amer pour l'ennemi, il sut rendre à la charité et au dévouement des Orléanais et des Orléanaises de toutes

(1) N° du 6 janvier.

les classes, l'hommage de preuves qui leur était dû. Il y eut ainsi double justice dans ce démenti d'un mensonge, si contraire à ce qui avait été.

« Ce qui est vrai, dit-il au journal silésien, c'est que notre ville, placée par les terribles péripéties de cette guerre au centre de vingt batailles, a recueilli des milliers de blessés français et prussiens, et a été pour eux admirable de charité et de dévouement ; et nos médecins surtout ont été d'un zèle au-dessus de tout éloge.

» Ce qui est vrai, c'est qu'il s'est ouvert à Orléans, spontanément, dans les maisons particulières, plus de 350 ambulances, et que les blessés prussiens comme les blessés français ont eu les soins les plus empressés, les plus délicats. Je l'ai vu, je l'atteste, et j'ai entendu vos médecins et les inspecteurs généraux de vos ambulances l'attester comme moi. Hier encore, l'un d'eux disait : « Nulle » part nos blessés n'ont été mieux traités qu'à Orléans.... »

» Ce qui est vrai, c'est que les habitants de notre ville, les magistrats, les prêtres, les professeurs du lycée et de mes séminaires, les frères des écoles chrétiennes, la nuit, le jour partaient par la neige et le froid le plus rigoureux, pour aller relever sur les champs de bataille et ramener à Orléans les blessés prussiens comme français.

» Ce qui est vrai, c'est que 400 religieuses ont été et sont encore occupées à soigner vos blessés comme les nôtres. Je les ai mises à la disposition des autorités militaires pour vos propres ambulances, là où l'on a voulu. Les religieuses de la Visitation ont reçu, à la fois, jusqu'à 200 blessés. Elles se sont privées pour eux de tout : de leurs propres lits, de leurs couvertures, couchant, elles, sur la paille. Elles les ont veillés le jour et la nuit. Il y en a qui, par ces fatigues, sont mortes, et la supérieure a été deux fois aux portes de la mort. Au Sacré-Cœur, il y a encore, à l'heure qu'il est, près de 200 blessés. Nos religieuses du monastère de la Charité, si pauvres que, depuis quatre mois, elles sont obligées de prendre pour elles et leurs orphelines leur pain à crédit, en ont jusqu'à 180. Nos sœurs de Saint-Aignan, si pauvres aussi que je cherche chaque jour les moyens de pourvoir à leur existence, ont également recueilli dans leurs maisons plusieurs centaines de blessés. Je ne nomme pas les sœurs de la Sagesse, nos sœurs garde-malades, les Petites-Sœurs des Pauvres, les Ursulines ni les Carmélites, dont les supérieures sont mortes par suite des maladies contagieuses de leurs blessés, ni tant d'autres.

» Ce qui est vrai encore, c'est que les dames orléanaises, et je ne dois pas le taire, ne l'ont pas cédé aux religieuses, et ont été incomparables dans les soins qu'elles ont prodigués elles-mêmes de leurs mains aux blessés. »

Le journal prussien s'inclina devant l'éloquence des faits, si vivement soutenue par celle de l'évêque. Il accepta le démenti, et même voulut bien en donner acte par une rétractation assez courtoise. Le reste de la Prusse n'en tint aucun compte. C'est le mensonge qui y court encore dans les conversations, les journaux, les livres et même les leçons publiques. Le docteur Charles Braün de Wiesbaden, dans son cours sur *la France et le Droit des gens*, dont il fit un volume au commencement de cette année, tira un argument pour son chapitre III, de l'article de la *Gazette de Silésie* qui venait alors de paraître : « À Orléans, s'empressa-t-il de répéter, d'après elle, ils ont commis, sciemment, sur des blessés allemands, des atrocités sans nom. »

Le *Moniteur* prussien de Versailles (1) cita tout le chapitre avec sa phrase, mais quand, peu de jours après, parut la réfutation de l'évêque, il n'en souffla mot, et comme on ne croit en Prusse qu'à la vérité officielle, M. de Bismark et son journal n'ayant pas ainsi confirmé le démenti de Monseigneur Dupanloup, on n'y crut pas. C'est donc sans surprise que dans une brochure, *Comment*

(1) N° du 19 janvier.

les Français font la guerre, publiée plus tard à Berlin même (1), nous avons retrouvé l'incorrigible, l'ineffaçable calomnie.

Elle en coudoie là une foule d'autres aussi authentiques toutes, notamment celle qui va suivre, réfutée également par Mgr Dupanloup dans sa lettre, avec autant de preuves, mais, comme on voit, avec aussi peu de succès. Il l'avait trouvée dans la *Gazette de Darmstadt,* du 17 janvier, et la brochure la donne d'après la *Gazette de Mayence,* du 21.

Vous voyez que, comme l'autre, elle courait assez vite toute l'Allemagne. En voici le texte :

« On nous écrit d'Orléans qu'un prêtre, — ou plutôt un diable — a prêché à Orléans le jour de Noël, pour engager ses auditeurs à prendre de nouveau et courageusement les armes, à aller nous chercher le soir du nouvel an pour nous enivrer et ensuite nous couper la gorge pendant que nous dormirions. Mais qu'arriva-t-il? Il fut arrêté et fusillé. »

A cela, l'auteur de la brochure, pour qui tout ce qui nous accuse, fût-ce, comme ici, la plus monstrueuse invraisemblance, ne peut être qu'absolument certain, ajoute avec le plus bel aplomb : « La vérité de ce rapport ne paraît pas douteuse. »

Mgr Dupanloup fait plus qu'en douter cependant et avec quelque raison, comme on en va juger. Non-seulement on n'avait pas prêché à Orléans, le jour de Noël, cette homicide exhortation, mais on n'y avait prêché rien ou presque rien : « Il se trouve, dit-il, que cette année les malheureuses circonstances où nous sommes n'ont pas permis de faire de prédications le jour de Noël, et, s'il y a eu dans deux églises quelques paroles adressées aux fidèles, l'enquête sévère que je viens de faire, et qui était d'ailleurs parfaitement inutile, a constaté que l'assertion de cette

---

(1) Petit in-8, p. 58.

Gazette est aussi ridicule qu'atroce, et, de plus, il n'y a jamais eu à Orléans aucun prêtre fusillé. »

Mgr Dupanloup ne s'en tient pas à cette seconde réfutation. Il est en train de faire justice, d'abattre des mensonges ; il s'y complaît. Il continue donc :

« D'après le rédacteur de la *Feuille du peuple*, ce n'est pas seulement le fer, c'est le poison que les Orléanais emploient pour se défaire des Prussiens, et il raconte qu'un paysan des environs d'Orléans a empoisonné treize de vos soldats, « et ils en sont tous morts, » ajoute-t-il.

» C'est une horreur dont personne n'a entendu parler. »

A ce propos, pour prouver que le fait n'a pas eu lieu, puisqu'il n'a été puni par aucune représaille, il en cite habilement un autre dont nous avons nous mêmes à parler, et qui, bien qu'on n'en eût aucune preuve, fut bien chèrement expié par la ville.

« Une simple rixe, dit-il, entre un soldat de l'armée allemande et un inconnu — car on a refusé ici l'enquête demandée par la ville — a été suivie d'une amende de 600,000 francs imposée à Orléans, déjà frappé de plusieurs millions de contributions. Quelle amende n'eût-on pas manqué d'imposer pour les treize soldats empoisonnés ! Mais il n'en a jamais été question. »

Cette amende des 600,000 francs est toute une histoire, qu'on ne se disait que tout bas à Orléans quand Mgr Dupanloup écrivit sa lettre, c'est-à-dire au plus fort de l'occupation prussienne, mais que l'on peut bien dire tout haut à présent.

C'était vers le milieu de décembre; Noël, la grande fête des Allemands, était proche, et tous avaient la plus vive envie de la célébrer par de dignes ripailles, surtout en buvant bien, comme chez eux en un mot, et même mieux si c'était possible. La ville payerait : par le charme de l'argent volé et du vin pillé, on se dédommagerait de celui de la patrie absente !

Au dessert d'un grand repas chez le prince Charles, à la

préfecture, il y eut quelques paroles en ce sens lancées par un officier d'état-major, et qu'un domestique sachant l'allemand, qui servait à table, a rapportées depuis, ainsi que le reste. Cet officier demandait au prince, déjà fort échauffé, selon son usage à ce moment de tous les repas, s'il n'accorderait pas, en prévision de ce grand jour, quelque chose aux plaisirs de son état-major; s'il ne lui ferait pas faire par exemple quelque joli cadeau de Noël en bel argent, par la bonne ville d'Orléans, ne fût-ce que cent ou deux cent mille francs?

Le prince, qui était en veine de voir double et même triple, s'écria que ce désir n'avait rien que de très-naturel, et que pour qu'il fût dignement satisfait, 600,000 francs n'y seraient pas de trop.

Le lendemain, on prenait occasion d'une rixe à coups de couteaux qui avait eu lieu dans un assez mauvais quartier de la ville, sans que l'on connût au juste les combattants; et de laquelle, à ce qu'il paraît, une sorte de goujat d'armée, un conducteur auxiliaire des chariots des troupes allemandes, un de ces drôles qu'aucun pays ne devrait reconnaître et encore moins protéger, ne s'était échappé qu'avec une blessure à la fesse. Pour cette grosse affaire, qui se fût terminée par un peu de schlague si elle se fût passée entre Prussiens, mais où l'intérêt allemand fut de dire, sans preuve, qu'un Français y avait été l'agresseur et avait donné le coup, on imposa la ville des 600,000 francs désirés. Sa seule vengeance fut que pour lui imposer cette amende, un noble prince avait non-seulement dû mentir, mais commettre un deni de justice en lui refusant l'enquête à laquelle elle avait droit avant de payer; et qu'un grand roi avait dû se déclarer le souverain, le protecteur, le vengeur d'un vaurien blessé dans mauvais lieu.

La ville était alors tellement aux abois par ce qu'elle avait déjà donné, je ne dirai pas de centaines de mille francs, mais de millions, qu'elle dut faire un emprunt. Avant d'en venir là, le maire, M. Crespin, qui fit, en tout ceci, l'impossible, s'épuisa en instances pour que l'amende ne fût pas exigée ou fût tout au moins réduite. Il n'obtint rien.

La somme avait été promise par le prince, la ville, coûte que coûte, devait la payer. Frédéric-Charles à jeun n'était pas moins généreux qu'après boire, avec l'argent des autres. Le 16 décembre, l'emprunt fut placardé. L'affiche commençait ainsi :

« Une amende de 600,000 francs, motivée par une tentative d'assassinat faite par un Français sur la personne d'un sujet de S. M. le roi de Prusse, a été imposée à la ville d'Orléans par ordre de S. A. le feld-maréchal prince Frédéric-Charles.

» Le corps municipal a fait des efforts inutiles pour obtenir la remise ou la réduction. »

Elle se terminait par cette ligne navrante qui dit mieux que tout le reste à quelles extrémités, à quelles ressources de mont-de-piété on en était réduit dans cette ville, peu de mois auparavant si heureuse et si riche : « On recevra les billets de banque, le numéraire et.... l'argenterie. »

Et combien de temps donnait-on pour trouver la somme? Un jour. L'emprunt, ouvert le 16, devait être fermé le 17, et la somme versée aussitôt. Ce fut impossible. On eut besoin d'obtenir à toutes forces un premier, puis un second délai. Enfin, six jours avant Noël, le 19, comme il fallait encore 170,000 francs pour parfaire la somme, et que Son Altesse, bien qu'elle en eût déjà touché le plus fort, grondait à tout casser pour ce qui manquait ; on pria, on supplia de nouveau, et l'on arracha encore quatre jours comme délai suprême. Une dernière affiche fit le reste. Elle est encore plus douloureuse que les autres :

« Le maire d'Orléans fait connaître à ses concitoyens que l'emprunt n'ayant pas été entièrement couvert, l'autorité militaire prussienne exigeant l'intégralité de la somme, accorde jusqu'à vendredi 23 décembre pour verser les 170,000 francs qui manquent. Il fait donc un nouvel appel à tous pour qu'un dernier effort soit fait et que chacun, dans la triste nécessité présente, contribue dans l'entière mesure de ses forces. »

Ensuite il n'en fut plus parlé. Les Orléanais s'étaient dévoués jusqu'à leur dernier écu ; la ville avait payé.

Dans une autre circonstance, le prince de Hesse, qui jouait au prince Charles, voulut, à propos de bottes... qu'on ne livrait pas assez vite à ses troupes, exigea, lui aussi, sa petite dîme, cent modestes mille francs. Je ne crois pas qu'il les obtint, et que les Prussiens aient fait beaucoup pour qu'il les eut. Ils ne savaient exiger que pour eux.

« Ce sont là jeux de princes, » dirons-nous avec La Fontaine, « qui ne plaisent qu'à ceux qui les font, » ajouterons-nous avec le proverbe. Les soldats avaient aussi les leurs, qui, d'une autre façon, ne ruinaient pas moins la ville. Ils l'épuisaient par leur voracité. Tout y atteignit des prix excessifs : le pain y coûta jusqu'à quarante-huit sous les quatre livres, et le sucre huit francs le kilo. Malgré cela, dans cette disette, Orléans trouvait encore le moyen de donner à plus pauvre que lui. Un jour, on annonça qu'un certain nombre d'habitants de Châteaudun, faits prisonniers à la suite de l'héroïque défense, devaient passer par Orléans pour être conduits en Prusse. La population se cotisa pour leur venir en aide, leur donner ce qu'on pourrait, et surtout leur faire prendre un peu de forces. Des tables bien garnies les attendaient à la gare, quand des Prussiens survinrent, se précipitèrent en gloutons sur toutes les parts, et n'en jetèrent que le reste aux malheureux de Châteaudun, quand ils arrivèrent. Les Orléanais qui avaient voulu s'opposer à cette indignité, furent obligés de se retirer devant d'odieuses menaces ; mais ils revinrent avec de nouvelles provisions, et cette fois les Prussiens étant repus, les prisonniers purent un peu se rétablir.

Il fallait que rien ne résistât à ces brutaux : « Quand on ne les satisfait pas, ils pillent, lisons-nous dans une lettre du 10 janvier. C'est ainsi que plusieurs magasins ont été dévastés. On nous cite, en particulier, les vastes magasins d'étoffes de M. Charoy, et la maison d'orfévrerie de Molgatini, la première de la ville. »

De cette façon commode et peu coûteuse, ils se firent un si complet assortiment de bijouterie, d'orfévrerie, d'horlogerie, qu'ils ne purent tout emporter de chez leurs hôtes. Un de ceux-ci, très-gêné du trop plein de ces vols, dont on se débarrassait sur lui, et dans lesquels il n'était et ne voulait être pour rien, fit insérer au *Journal du Loiret* du 23 avril, une annonce que voici textuellement :

« Il A ÉTÉ LAISSÉ, par les Prussiens, chez M. Lechable, rue de l'Ecrevisse, 35, une PENDULE et divers objets.

» Réclamer à cette adresse. »

La tenue de la ville, pendant toute la durée de cette longue et infatigable spoliation, fut, on ne saurait trop le dire, d'un calme très-digne, très-fier, qui ne cessa de lui donner une grande supériorité triste, mais ferme, sur ses vainqueurs et ses bourreaux. Quand Paris dut subir, mais pour quelques heures, Dieu merci ! la même épreuve, on lui cita, comme maintien, l'attitude d'Orléans à l'arrivée des Prussiens, et l'on eut raison. On ne pouvait en avoir une qui imposât davantage.

« La ville d'Orléans, dit alors la *Patrie* (1), nous a donné l'exemple de la conduite à suivre, quand les Prussiens entreront chez nous.

» Toutes les maisons ont fermé leurs persiennes ; les boutiques se sont closes ; les habitants se sont abstenus de sortir. L'armée ennemie est entrée dans une ville déserte. Le lendemain, les femmes sont sorties en toilette de deuil ; les magasins ont gardé leurs volets fermés, jusqu'il y a trois semaines, malgré les menaces de l'armée prussienne.

» Que Paris suive ce modèle, ce sera la seule manifestation digne de lui. »

(1) N° du 1er mars.

20.

II

Le contre-coup de tout ce que nous venons de voir à Orléans se fit sentir aux environs, aussi violent, aussi terrible que le coup même, et quelquefois pire : l'isolement des campagnes, l'abandon des villages, permettant mieux aux Prussiens l'impunité et les rassurant contre toute revanche.

Ce qui pouvait leur faire croire à une intention de résistance devenait un crime aussitôt puni. A Ormes, du côté de Patay, après le combat du mois d'octobre qui leur livra Orléans, ils trouvèrent, le lendemain de la bataille, deux paysans dans les tranchées qu'on avait creusées pour arrêter leur marche. Ils soupçonnèrent que, puisqu'ils étaient là, ils avaient du mettre la main à ce travail de défense, et, sans autre forme, ils les fusillèrent. Huit élèves du séminaire d'Orléans et six prêtres que Mgr. Dupanloup avait mis au service du curé d'Ormes pour relever les morts de ce côté, les trouvèrent liés dos à dos et criblés de balles. Après ce beau coup, ne voulant pas partir les mains vides, ils avaient pillé l'église, défoncé le tabernacle, saccagé, dévalisé le presbytère, et pris les vases sacrés dans une cachette où le curé les avait crus en sûreté. Enfin, sans prendre la peine d'alléguer aucun motif, ils s'étaient emparés de huit habitants du village qui se trouvaient sous eur main, et d'Orléans les avaient expédiés en Prusse.

A Bricy-le-Colombier, bourgade des mêmes parages, pour quelques coups de feu tirés dans la nuit, les Bavarois enlevèrent cinquante habitants, en prirent onze autres en passant aux Aydes, sous prétexte qu'ils étaient du même complot, et les mirent tous en prison à Orléans, dans la caserne Saint-Charles, pour les fusiller le lendemain. Parmi les onze pris aux Aydes, se trouvaient un vieillard et son fils, en uniforme de lycéen. Comme il portait un képi, ils l'avaient pris pour un franc-tireur !

L'évêque apprit par le curé de Saint-Jean-le-Blanc, dont l'église est proche de la caserne, ce qui s'y préparait pour le lendemain ; il écrivit en hâte à M. de Thann, une lettre qui l'émut. Il fit grâce à tous, rendit la liberté aux gens des Aydes, mais garda ceux de Bricy pour les envoyer en Allemagne. Deux, qui avaient 70 ans, succombèrent en route aux mauvais traitements, treize autres moururent sur la terre allemande, et les survivants ne revinrent qu'à la paix, sous la casaque prussienne (1).

Ce n'est ici que l'ombre, le soupçon d'un danger, qui ont effrayé les Bavarois et leur ont donné la cruauté de la peur. A Lailly, vers Beaugency, ce fut le danger même. Il y eut là, contre eux, une attaque sérieuse de francs-tireurs, et qui leur fut réellement funeste. C'étaient des braves de la légion de Tours, qui leur tuèrent beaucoup de monde, et, qui pis est, leur prirent, après l'avoir démonté, un officier de leurs uhlans, le comte d'Arco.

Vous devinez la suite : L'expiation, comme toujours, comme partout, tomba sur le village. C'est lui qui paya, par sa dévastation et son incendie, le coup de main dont il n'avait rien su d'avance, et auquel personne des siens n'avait pris part. C'est la justice allemande ! A ce compte, — si toutefois le moindre rapprochement entre un acte de défense et un crime peut être possible, — il faudrait mettre le feu à toutes les maisons où se commet un assassinat, et, sous prétexte de complicité, en tuer tous les habitants.

Ils revinrent donc à Lailly, bien en force, et surtout lorsqu'ils furent très-sûrs que les francs-tireurs étaient loin. Ils n'en repartirent qu'après avoir brûlé vingt-deux maisons et tué bon nombre d'habitants ; dont, entre autres, un pauvre vieillard qui, frappé d'une balle, en se sauvant de sa chaumière en flammes, y fut rejeté tout sanglant.

(1) L'abbé Cochard, *les Bavarois à Orléans*, p. 85-86.

Au village de Baccon, qui n'est pas loin de celui-ci, la violence s'arrêta aux coups de bâton. Il ne s'agissait que d'une réquisition à laquelle le bourg, déjà épuisé, n'avait pu faire droit. « Pour forcer les dernières ressources, lisons-nous dans une lettre officielle (1), ils ont conduit trois vieillards sur la place et leur ont donné la schlague, avec menace de les faire périr sous le bâton, si la réquisition n'était pas fournie. » Là, du moins, il y eut revanche. C'est auprès de ce village même, comme on sait, que moins d'un mois après, les Bavarois furent battus; et c'est à Coulmiers, autre bourg voisin, qu'apparut leur véritable honte. Je ne parle pas de celle de la défaite, qui n'en est jamais une quand on a bien soutenu le combat, je veux parler du déshonneur dont ils sont marqués à jamais, pour les vols dont cette défaite amena la découverte. Nous en avons déjà dit beaucoup à ce sujet, mais nous ne saurions trop y insister. Or, voici le détail qui en fut donné, peu de jours après, dans les *Documents officiels émanés d'Orléans* (2). Nous copions textuellement, dussions-nous faire ainsi quelques redites avec ce qui précède : « Parmi les prisonniers faits à Coulmiers, on a dû faire les perquisitions habituelles. Dans la malle d'un sous-lieutenant se trouvaient plus de 2,000 fr., en argent français ou allemand, des rideaux, etc., etc. Chez d'autres envoyés à Oléron, on a trouvé des valeurs importantes en or français, des chaînes, des bijoux (3).

» On a saisi des fourgons pleins de pendules entières ou en morceaux, des flambeaux, des objets d'art, des colliers, des effets de femmes ou d'enfants, des pièces de laine et de linge. Dans les gares, au passage, on les voit tirer des pièces d'or, des montres et des bijoux, fruits de leurs rapines à Orléans et ailleurs.

» Tout cela est si horrible, qu'un de leurs officiers, pour

---

(1) *Recueil de Documents*, etc., 29-30.
(2) Là, comme on l'a vu plus haut, p. 138, en fouillant plus à fond tous les prisonniers, on découvrit un bien plus grand nombre de vols encore.
(3) La liste en fut publiée dans l'*Echo français* du 28 novembre.

échapper aux ordres donnés, s'est brûlé la cervelle à Dijon. Quelques mots écrits par lui indiquaient les motifs du suicide. »

De l'autre côté de la Loire, dans le Val, où nous avons vu que M. de Thann venait se camper de temps en temps à Saint-Cyr, chez M. de Champvallins, pour surveiller les allées et venues de ses Bavarois, il y eut d'abominables destructions, et cela toujours sous le même prétexte : une attaque de francs-tireurs tentée plus ou moins près d'un bourg ou d'une ferme, et dans laquelle ni la ferme ni le bourg n'étaient pour rien.

Une de ces attaques avait été vivement poussée contre eux entre Jargeau et Tigy. Ils y avaient perdu dix hommes et plusieurs chevaux. A qui s'en prirent-ils? Au village de Vienne-en-Val qui se trouvait le plus près, et aux plus belles fermes des environs. Le jeudi, 3 novembre, à dix heures du matin, arrivèrent 300 de leurs hommes, fantassins et cavaliers, qui, impassiblement, mirent le feu aux deux plus riches fermes du Val, le *Grand-Marais* et la *Mauguerie*, puis, s'étant jetés sur le bourg, en firent autant à quatre ou cinq maisons. Ils n'y prirent même pas la peine d'incendier eux-mêmes. « Ils ont, lisons-nous dans une lettre qui paraît écrite par un témoin (1), ils ont obligé les habitants des maisons à mettre eux-mêmes le feu dans la paillasse des lits, et les ont forcés de rester dans les habitations jusqu'au moment où ces habitations brûlaient en entier. Ils ont en outre tué deux vieillards, dépassant soixante ans, et ont poussé la barbarie jusqu'à faire brûler ces victimes en les jetant dans le foyer d'incendie. » Ils prirent le maire, qui est un vieillard de soixante-dix-sept ans, et, avec lui, trois des conseillers municipaux. Ils les emmenèrent vers Orléans, mais « en chemin, dit une autre relation (2), ils les firent descendre dans une marnière, et

---

(1) *Recueil de Documents*, p. 28.
(2) *L'Écho français*, 17 novembre.

les rangèrent à quelques pas pour les fusiller. » Ce ne fut je crois, qu'une menace, une plaisanterie de bourreaux, comme ils savent les faire.

Plus près de Jargeau encore, à Sandillon — je crois que ce furent là des Prussiens et non des Bavarois, mais on me permettra de ne pas faire de différence entre ces brigands qui firent le même brigandage sans aucune différence — l'exécution fut encore plus complète. Ils y étaient venus une première fois en réquisition, et l'on s'était soumis. Ils revinrent d'autant plus empressés le lendemain pour une réquisition nouvelle. C'était trop : les habitants, aidés de quelques francs-tireurs arrivés depuis la veille, firent bonne contenance, mais ne furent pas assez forts. Bon nombre restèrent sur la place, et le village fut en grande partie brûlé. « C'est, dit mélancoliquement une lettre, écrite au moment même, c'est le cinquième qui a été incendié depuis douze jours, pour le même motif. »

Il est juste de dire ici que les Prussiens vous avertissaient, mais avec une telle crudité, un tel cynisme de fanfaronnade menaçante, qu'on n'y pouvait croire qu'à un épouvantail, sans réalité possible. Ce qu'ils menaçaient de faire était tellement contraire à ce qui se racontait des anciennes guerres, même de celles des temps barbares, qu'on n'admettait pas qu'il leur fût possible, en un temps comme le nôtre, d'exécuter tout ce qu'ils disaient. Ils n'y manquaient cependant pas, et s'il y avait parfois quelque différence entre leurs actes et leurs menaces, c'est que celles-ci étaient dépassées.

Voici, sous forme de proclamation, un de ces avertissements prussiens. Il est daté de Châteauneuf-sur-Loire, le 29 décembre, et signé du général-lieutenant Wrangel.

Ici, on le verra, pour qu'on pût mieux croire à ce qu'ils menaçaient de faire, il y avait eu, de leur part, un commencement d'exécution suffisant :

« Dans la journée du 27 de ce mois, des hommes en blouse ont tiré dans la forêt, entre Chatenoy et cette ville, sur des soldats de l'armée allemande, dont un a été blessé.

» Les auteurs de cet attentat étant restés inconnus, Son Altesse Royale, le prince Frédéric-Charles, feld-maréchal, a donné l'ordre d'incendier la ferme la plus voisine, ce qui a été exécuté immédiatement. Il en sera de même pour tout semblable nouvel attentat.

» Les habitants sont prévenus que pour chaque coup de fusil tiré par un individu, non revêtu des insignes militaires, sur un soldat allemand, *le village le plus voisin sera incendié*, dans le cas où le coupable ne serait pas livré. »

Voilà qui est clair et sans ambages : la trahison ou la mort ! fais pis que Judas, vends ton frère, celui qui te défends; ou tu es perdu ! sois lâche, ou malheur à toi et aux tiens ! sois traître, sois infâme, ou je te brûle !

Il n'y eut qu'un cri d'horreur contre ces incroyables maximes, dans toute l'Europe, même en Italie, pays qui n'est pourtant pas celui des grandes loyautés, ni des grandes franchises, et où la haine des trahisons n'a jamais beaucoup brillé.

Le récit d'un fait, qui serait inouï dans toute autre guerre, mais qui, même dans celle-ci, tranche un peu sur les autres; tant il est d'un caractère particulier, par la fierté française, d'un côté, et l'infamie allemande, de l'autre, courait alors tous les journaux du monde entier.

Voici comment il avait d'abord été raconté dans une dépêche écrite assez près du lieu où il s'était passé, et signée par le sous-préfet de Gien, M. Despond, qui, soit dit en passant, le paya d'une captivité de plusieurs mois au fond de la Prusse, où les Prussiens l'envoyèrent pieds et poings liés, dès qu'ils furent dans sa ville.

« On nous cite, avait-il dit, une parole digne d'être relevée et consignée dans l'histoire.

» Une reconnaissance prussienne entrait à Chevannes, petite commune du canton de Ferrières, M. Peronny, vieillard de quatre-vingts ans, se trouve sur la route.

» — Où est l'ennemi ? lui crie le chef du détachement.

» — L'ennemi, répond, en se redressant, le courageux vieillard, c'est vous.

» L'histoire ajoutera que ces barbares l'ont tué. »

M. Despond n'en dit pas plus : le commentaire indigné se fait de lui-même.

Un journal de Milan, la *Perseveranza* (1), ne voulut pas s'en dispenser cependant, et ce fut par un cri de colère, d'exaspération, qu'il le termina. Il avait vu là, dans cette incroyable exigence du barbare, qui, ne cherchant que son but, vous massacre, si l'on ne trahit pas pour l'y conduire, le dernier mot de cet épouvantable système où il semble qu'ait sombré le peu qui restait de conscience humaine chez les Prussiens.

« Les Allemands, dit-il, ont enfin prétendu l'impossible ils ont voulu que des Français servissent d'éclaireurs contre des Français, et quand la conscience nationale s'est révoltée contre cette dernière expression de la force ; quand un vieillard interrogé sur la situation de l'ennemi, s'est écrié : « L'ennemi, c'est vous ! » c'est en lui enfonçant une baïonnette dans le ventre et en lui fendant le crâne d'un coup de sabre qu'on lui a répondu.

» Tout cela, continue le journal, s'est passé sous nos yeux en l'année 1870, tandis que nous nous vantions de nos progrès et de notre civilisation. Tout cela est férocement vrai, quoique l'esprit se refuse à le croire, et c'est le fait d'une nation qui aspire à la primauté civile en Europe ! »

III

Ce qui suffirait à prouver la supériorité de l'âme généreuse des Français sur celle des Prussiens, c'est que jamais, même après de tels actes, qui légitimeraient tout comme représailles, c'est que, nulle part, on n'eut à signa-

(1) Numéro du 12 décembre.

ler rien qui ressemblât à une vengeance. La feuille italienne que nous venons de citer le constatait dans le même article :

« Pas un seul des journaux allemands, disait-elle, n'a pu encore nous raconter des infamies pareilles commises par des Français. »

Ils s'en avisèrent un peu plus tard, sentant bien que les Prussiens devenaient trop isolés dans leur barbarie, et que nous ne donnions pas assez la réplique à leurs crimes. Ils nous en prêtèrent, on l'a vu, de leur invention, de leur fabrique, mais par là, tellement dignes d'eux, qu'on ne put les croire commis par nous.

« Les vaincus, ajoute la *Perseverenza*, ceux qui luttent pour défendre le sol de leurs pères, qui voient leurs villes ruinées, leurs moissons détruites, leurs concitoyens massacrés, ont su respecter les lois de l'humanité plus que les vainqueurs. »

Ils firent mieux encore, ces vaincus, ils poussèrent l'oubli de ce qu'ils souffraient jusqu'à la plus compatissante charité pour ceux qui les faisaient souffrir.

Dans ce même arrondissement de Montargis, où s'était passée la scène que nous venons de dire, et où s'en passèrent tant d'autres dont le récit navrant ne serait ici qu'une redite, les Prussiens eurent souvent à laisser de leurs blessés, livrés à la seule garde des habitants : tous furent non-seulement respectés, mais admirablement soignés.

On fut obligé de le reconnaître même à l'état-major prussien.

« Après leur première occupation, dit une lettre particulière, les Allemands avaient laissé à Montargis des malades, qui, comme tous les malades ennemis, ont été traités avec les mêmes soins que les Français. Ces soins ont été si attentifs, que les officiers, qui sont plusieurs fois revenus dans la ville, en ont remercié les membres du conseil municipal. »

Ils remerciaient, mais c'était tout, et, à la première occasion, ils n'en étaient pas moins tout aussi implacables que contre la ville la plus ennemie.

Pour une réquisition qui se fit attendre, ils y prirent, comme partout, des otages. Ce sont deux vieillards malades qu'ils choisirent : M. Levrier et M. de Vaublanc. Ils les traînèrent à leur suite pendant un mois, les privant de tout, et les faisant souvent coucher sur la terre glacée. Ils ne revinrent chez eux que brisés, mourants, M. de Vaublanc surtout : il boitait douloureusement d'un coup de sabre que, dans une marche, ils lui avaient porté à la jambe, pour le forcer d'aller plus vite!

Après une simple alerte de francs-tireurs, qui avaient lâché de loin quelques coups de feu contre leur poste de la colline du château, ils ne furent pas moins odieux, et ils furent plus ingrats. Ils firent saisir le maire, auquel ils avaient tant de reconnaissance, et qu'ils avaient eux-mêmes remercié pour les soins donnés à leurs malades: et ils le firent diriger sur l'Allemagne.

Le sous-préfet, M. Charbonnier, l'y avait devancé depuis longtemps déjà. Son crime était plus grand, c'était celui d'une héroïque résistance. Il avait, par une très-vaillante affiche, appelé ses concitoyens aux armes, et le plus grand nombre l'avait suivi. On s'arma, on barricada les faubourgs, on s'embusqua dans la forêt, et quand les Prussiens approchèrent, ils eurent à qui parler. La lutte dura six jours, en avant de la ville et dans les bois, le sous-préfet toujours en tête. Les masses prussiennes devinrent enfin si écrasantes qu'il fallut céder.

« Charbonnier, écrivait, le 6 février, M. Landrin, un de ses amis, fut arrêté comme belligérant. On lui demanda de rétracter son affiche, son appel aux armes, il refusa.

» Un conseil de guerre le jugea, et, à la majorité d'une voix seulement, il dut de ne pas être condamné à mort.

»—Messieurs, avait-il dit à ses juges, je sais que vous pou-
» vez me fusiller, que vous le ferez sans doute, mais jus-
» qu'au bout je refuse de renier la proclamation par la-

» quelle j'appelais tous les citoyens à défendre la patrie
» contre vous. »

» Pendant trois semaines au moins, les soldats le traînèrent prisonnier dans leurs marches et contre-marches. Une fois, ils l'attachèrent derrière une voiture, le traînant pendant plusieurs lieues sur la route, en le frappant sans relâche.

» Un autre jour, les Prussiens étant mis de mauvaise humeur par quelques échecs, imaginèrent de le placer devant eux au moment de la bataille. Ceci se passait à Angerville, à peu près à l'époque de la bataille de Toury. Charbonnier et deux autres citoyens du Loiret, emmenés prisonniers avec lui, furent contraints de marcher les mains liées en avant des ennemis, afin sans doute que leur vue rendît plus hésitant le tir de nos défenseurs. Comme ils essayaient de résister à prêter un concours, même forcé, à cet infâme stratagème, tous trois furent grièvement blessés de coups de sabre à la tête.

» Peu après, Charbonnier fut transféré comme prisonnier en Allemagne. »

Dans le département du Loiret, pas plus qu'ailleurs, l'armistice ne fut un allégement. Ce fut plutôt une aggravation. Le gouvernement prussien l'avait vu venir, et savait—puisqu'il était une des parties contractantes, et la seule impérieuse,— quel jour l'ordre en devrait être lancé. Il avait eu soin, en conséquence, de le faire devancer de quelques heures par un décret qui ne s'en trouverait pas annulé, et qui imposait, avec des réquisitions nouvelles, l'énorme contribution de cinquante francs par tête pour les villes, et de vingt-cinq francs pour les campagnes, le tout payable dans les quarante-huit heures, « sous peine, — ce sont les propres termes du décret, — sous peine des mesures les plus désastreuses. »

Ainsi, ce n'était pas assez de ce qu'on avait souffert avant ce prélude de la plus déplorable paix ; ce n'était pas assez qu'une succession sans fin de corps d'armées, dont le dernier, celui du duc de Mecklembourg, dans le Blaisois et le Vendômois, s'était montré le plus avide, le plus brutal, eût ruiné le pays en détail, brin à brin, château par château, maison par maison, ferme par ferme, chaumière par chaumière ; ce n'était pas assez que dans la plupart des communes, comme celles des environs de Châteauneuf-sur-Loire, par exemple, tout le fourrage eût été emporté par longues files de chariots, tout le bétail emmené par troupeaux, tout le grain, blés et avoines, perdu en gerbes non battues, dont ces brutes s'étaient fait des litières pour eux et leurs bêtes : il fallait, lorsqu'on n'avait plus rien, que c'était prouvé jusqu'à la plus navrante évidence, il fallait donner encore! et dans quelles proportions !

Orléans, d'après le nouveau compte prussien, devait payer 1,800,000 francs au moins; Beaugency, 200,000 francs ; Tavers, village auprès, qui avait été l'un des plus éprouvés pendant les combats de la retraite de Chanzy, et qui n'a pas douze cents âmes, était taxé à 41,000 francs; Beaule, près de Meung, à 27,000 francs, et ainsi de tous les autres !...

Il y eut un tel cri dans tout l'Orléanais, que le général qui commandait à Orléans, ne put s'empêcher d'en être ému, ou du moins de le paraître. Il répondit aux réclamations des municipalités, qui arrivaient de tous les côtés, que l'exécution de la mesure serait provisoirement suspendue en raison de l'armistice, et qu'il en référerait à Versailles. Ce n'était, — il le savait bien, — qu'une façon déguisée d'accorder un délai. Les Prussiens de Versailles furent inflexibles. Il fallut revenir à l'exécution pure et simple du décret de contributions. On le rappela donc avec ses termes mêmes, aux populations qui devaient payer.

Un inspecteur des ambulances anglo-américaines, qui était alors de ce côté, vit arriver ce nouvel ordre, et fut témoin du dernier effort qui fut tenté, au milieu du deuil de tous, pour en obtenir du roi lui-même la révocation :

« Samedi dernier, 11 février courant, écrivait-il (1), je me trouvais par hasard dans une petite commune des environs d'Orléans, lorsque le maire reçut, en ma présence, la dépêche suivante que je reproduis textuellement :

» ... L'armistice ne change rien, eu égard à la contribu-
» tion de guerre imposée. L'exécution la plus impérieuse
» est nécessaire.

» FRIEDMANN,
» *Lieutenant-général.*

» D'après cet ordre, il vous faut (*sic*) déposer chez moi
» la somme présente, jusqu'à lundi 13 février, avant midi.
» Épargnez à vos communes des mesures désastreuses pour
» elles et très-désagréables pour moi-même. »

» La consternation fut générale ; les conseillers municipaux, réunis aux citoyens les plus notables, ont reconnu d'un commun accord l'impossibilité absolue d'obéir, et on a rédigé une pétition à l'empereur d'Allemagne, pour porter à sa connaissance l'état de misère et de pauvreté où se trouvent les populations inoffensives, auxquelles le roi de Prusse a déclaré qu'il ne faisait pas la guerre.

» J'ai quitté l'Orléanais sur ces entrefaites, continue l'Américain. Il est possible que le pays ait été incendié et que les notables aient été envoyés en Allemagne... »

Dieu merci, on n'en vint pas là, non que les Allemands y eussent répugné, mais les préliminaires de paix qui survinrent les en empêchèrent. On n'eut plus rien à leur payer, du moins en détail. Les cinq milliards paieront le tout en gros.

---

(1) Sa lettre fut publiée, le 21 février, dans le *Moniteur* de Bordeaux.

IV

L'Américain, dont nous venons de citer l'intéressante lettre, n'avait pas vu que les environs d'Orléans. Il était allé plus avant dans l'Orléanais, en descendant la Loire, vers Blois : il n'y avait pas trouvé moins de ravages. C'est par là qu'opérait surtout, nous l'avons dit, S. A. le prince de Mecklembourg, avec son corps d'armée et ses uhlans. Il en avait plus qu'aucun autre général. Il lui en était venu de tous les pays allemands, dit la *Gazette de la Bourse,* de Berlin (1), entre autres, le fameux 11ᵉ uhlans, dont on avait beaucoup parlé pour son audace à Sadowa, et dont on parlera sans doute encore plus pour ses pillages pendant la campagne de France. A ce que dit notre Américain sur la dévastation du Blaisois, il semble qu'on y reconnaît ce célèbre 11ᵉ uhlans, comme on reconnaît le vautour aux coups d'ongles et de bec.

« Les plus grandes cruautés, dit il, parlant de ce qui se passa d'Orléans à Blois, et de Blois à Tours, ont marqué le passage des armées. Les corps du grand-duc de Mecklembourg, notamment, seront signalés par les rapines qu'ils ont exercées avec la plus révoltante brutalité. Ils n'ont épargné ni les chaumières, ni les châteaux, où les blessés et les malades étaient soignés. Qui voudra croire que les femmes, les enfants, les vieillards, les religieuses même, ont été jetés en bas de leurs lits pour faire place à la soldatesque !

» Partout les réquisitions en nature et en argent ont été écrasantes; les villes et les communes menacées d'incendie et de pillage, ont dû, pour y satisfaire, contracter des dettes qu'elles ne pourront pas payer. Les églises ont

---

(1) Nº du 22 décembre 1870.

servi de prisons et d'écuries ; les champs voisins sont transformés en cimetières, où les cadavres, à peine enterrés, répandent des miasmes pestilentiels.

» Ce que j'ai vu, dit-il encore, ne peut être décrit ; ce que j'ai entendu ne peut être exprimé, c'est trop horrible, c'est trop affreux. On croirait à l'exagération, et pourtant ce ne serait que la vérité. »

Ce sentiment est celui de tous les étrangers qui veulent sincèrement parler de nos malheurs, et dire de cœur ce qu'ils pensent sur l'horrible conduite de ceux qui les ont tant aggravés. Pour tous, Italiens, comme le rédacteur de la *Perseverenza* cité plus haut ; Américains, comme l'excellent homme qui vient de parler ; Anglais, comme le rédacteur du *Daily Telegraph*, dont nous allons invoquer aussi le témoignage ; pour tous la vérité n'a pas été surfaite, exagérée par nos plaintes : loin de là, elle ne s'y est même pas trouvée exprimée en entier, dans tout ce qu'elle eut d'horrible.

La *Circulaire* de M. de Chaudordy par exemple, qui fut l'expression la plus vive de ces plaintes du pays, n'a pas dit elle-même, suivant l'écrivain anglais, tout ce qu'elle aurait pu dire. Loin d'être, comme pour M. de Bismark, une longue et mensongère exagération, elle est bien plutôt, pour cet étranger sincère qui, ayant tout suivi, pouvait témoigner sur tout, une atténuation de ce qu'il avait vu.

« Comme je suis, écrit-il à son journal, le seul des *correspondants* anglais qui ait eu l'occasion, pendant le cours de la guerre actuelle, de voir à l'œuvre les deux armées belligérantes, j'ai été *officieusement* examiné (consulté) au sujet de la *Circulaire* de M. de Chaudordy, quant à la conduite des Prussiens en France, et j'ai répondu ce que j'affirme ici, que, dans cette circulaire, la conduite des Prussiens a été grandement atténuée.....

» Si j'étais placé sous l'affirmation d'un serment, je dirais qu'en me référant à ce que j'ai vu partout où les Prussiens ont passé, cette circulaire n'est pas allée au delà, elle est restée en deçà de la vérité. »

Et dire qu'au moment où il parlait ainsi, à la fin de novembre, une partie seulement du mal était faite ! Il devait grandir encore, et s'envenimer en des proportions de recrudescence qui le centuplèrent.

A cette date, par exemple, les Prussiens n'avaient pas entièrement envahi les parages où nous sommes maintenant. Ils n'en furent maîtres que peu après, et tout d'abord le firent odieusement sentir. Partout on y vit bientôt où le 11ᵉ uhlans et les autres avaient passé :

« Ils ont pillé et volé d'une façon indigne, dit un article du *Siècle*, de Bordeaux, signé de Marçay (1). Les officiers eux-mêmes ont volé l'argent que de malheureux cultivateurs avaient caché pour leurs fermages. »

Dans la petite commune d'Arville, près de Montdoubleau, dans le Vendômois, l'instituteur, M. Henry, avait eu l'imprudence de quitter sa maison. Il savait qu'un engagement était imminent du côté de Droué, vers Saint-Agil, et il s'y était rendu avec le sous-préfet de Vendôme. Il eut la joie d'y voir battre d'importance un assez bon nombre de Prussiens, mais, en revanche, il eut au retour le chagrin d'apprendre que, pendant ce temps-là, d'autres l'avaient entièrement dévalisé. Il ne put même rentrer chez lui. Sachant d'où il revenait, les Prussiens voulaient le tuer. Ils le traquèrent pendant quelques jours, et s'ils l'eussent pris, ils lui auraient certainement fait subir le même sort qu'à l'ancien maire de Montdoubleau, M. Félix Doré, dont la mort fut horrible.

Deux bandes de pillards avaient déjà passé chez lui pour tout mettre à sac. Une troisième survint plus exigeante encore, plus menaçante. Il n'y tint plus. Il leur dit nettement : « Prenez tout, même la maison, » et sortit. Ils le saisirent alors, l'attachèrent à la queue d'un cheval, le

---

(1) Nº du 9 décembre.

traînèrent quelque temps, puis ceux qui suivaient firent de lui une cible pour leurs revolvers. Comme il n'avait pas été assez atteint pour en mourir, ils le hachèrent à coups de sabre.

A Blois, ils furent d'une telle rapacité, d'une telle gloutonnerie, que, dès le 25 décembre, la ville, à bout de ressources, demandait grâce. Non-seulement ils avaient dévalisé la plupart des édifices publics, tels que la préfecture, dont ils emportèrent même la boiserie, mais dans le plus grand nombre des maisons, ils avaient tout pris, tout dévoré. Une partie de la population, qui, auparavant, était aisée, sinon très-riche, fut obligée de se mettre à la mendicité.

« Dimanche, écrivait-on de là le lendemain de Noël, 2,000 personnes de Blois sont allées déclarer à la mairie que leurs ressources étaient complétement épuisées, et qu'elles ne pouvaient plus nourrir les Prussiens installés chez elles.

» Le maire a dû leur délivrer des bons dont elles auraient autant besoin pour elles que pour leurs hôtes forcenés. Ces personnes, ajoute la lettre, appartiennent toutes à la classe qui, il y a trois semaines, jouissait d'une grande aisance.

» Enfin, ils ont absolument épuisé la ville, à ce point que, dans les faubourgs pauvres, ne trouvant rien à prendre, ils ont arraché les souliers des pieds des hommes, des femmes, des enfants, obligeant ainsi toute une population malheureuse à marcher les pieds nus dans le froid et dans la neige (1). »

On s'éloignait en masse de la ville pillée et affamée. Plusieurs habitants s'étaient, entre autres, retirés du côté d'Amboise, à Limeray, pensant que les Prussiens n'iraient pas jusque-là. Vers la fin de décembre, un matin, on signala leurs éclaireurs, des uhlans.

---

(1) *Recueil de Documents*, p. 36-37.

21.

Les Blaisois réfugiés furent pris de rage, en voyant qu'ils n'allaient pas être là plus en sûreté qu'à Blois ; ils se réunirent à quelques habitants, et tous, armés de fourches, de broches, de bâtons, ils allèrent aux uhlans, en avant du village. La chasse ne fut pas longue. Les uhlans décampèrent, après quelques coups de fourches, qui leur firent plus de peur que de mal. Un seul fut légèrement atteint à l'oreille. Le village le paya cher.

Les uhlans avaient, au galop, rejoint la colonne; ils revinrent avec elle. Le chef, en arrivant, signifia que, pour l'agression du matin, il allait brûler le bourg. Le maire, le curé coururent le supplier de ne pas exécuter une si effroyable menace. Il ordonna qu'on les saisît, et qu'on les garrottât; puis il les fit ramener, et les écouta un peu mieux. Quand il sut que tous les habitants n'avaient pas pris part à l'affaire, et qu'assez peu même s'en étaient mêlés, il calcula que l'incendie d'une ou deux maisons pourrait lui suffire. Sur une nouvelle instance du maire et du curé, il finit par se contenter d'une seule, mais en se réservant le choix. C'est à celle de Chiquet, le charron, qui avait belle apparence et promettait de bien brûler, à cause du bois, dont la cour, le portail et le hangar étaient pleins qu'il s'arrêta. Ce ne fut pas long.

La colonne prussienne s'étendit en ligne, devant la maison, pour que personne ne pût s'en approcher et éteindre le feu quand il serait bien pris. Quinze ou vingt soldats y entrèrent. Chiquet était absent, mais sa femme s'y trouvait avec ses petits enfants, cinq ou six au moins. Ils les chassèrent dehors à coups de pieds, à coups de crosse, et commencèrent le pillage, qui fut achevé d'un tourne-main. La montre, qui était à la cheminée, 250 francs en pièces blanches qui se trouvaient dans la commode, le linge, les couvertures, les hardes, tout fut pris. Ils allèrent ensuite dans la cour et le hangar pour jeter du pétrole sur le bois. Ils en rapportèrent des brassées de paille, qu'ils arrosèrent de même et qu'ils étendirent sur les meubles et autour du lit, dessus et dessous ; puis un d'eux prit un tison dans le foyer, le lança sur le plus gros tas de cette paille odieusement préparée, et tous sortirent.

Une demi-heure après, la pauvre maison n'était plus que cendre et que fumée, et les Prussiens reprenaient leur marche du côté de Chançay et de Reugny.

Les châteaux sont nombreux et fort beaux de ce côté. Tous y passèrent, tous eurent leurs hôtes sauvages, et payèrent une rançon : pour tous, ce fut au moins le pillage de la basse-cour et de la cave, et, pour quelques uns, en assez grand nombre, ce fut, après cette première dîme, le déménagement complet du mobilier et des collections.

Il en est un, près la ville de Château-Renault, qui subit ainsi la dévastation complète. Le propriétaire l'apprit par une lettre de son régisseur, qui avait dû laisser faire, mais qui n'oublia cependant pas de prendre le nom de l'honnête homme qui s'était fait, pour sa solde dans la landwher bavaroise, un joli supplément avec cette spoliation.

La lettre parle d'abord des malheurs du pays même, depuis Saint-Amand jusqu'à Vendôme ; des réquisitions à outrance dans les corroyeries de Château-Renault, les plus importantes de France, où tout ce qui était en réserve fut enlevé ; des razzias de bestiaux, des escamotages de volailles, prises en masses dans les basses-cours, sous prétexte qu'il en fallait pour les malades des ambulances, et retrouvées en détail le jour suivant sur le marché de Tours, où elles se vendaient pour le compte des Prussiens !

Quant aux fourrages, quant aux grains, quant aux chariots, il n'en fallait plus parler : les chariots avaient été requis pour emporter les grains et les fourrages, et semblaient avoir été mangés avec eux ; pas un n'avait reparu.

Venait ensuite le chapitre du château lui-même, qui intéressait le plus celui auquel s'adressait la lettre et qui n'était pas le moins poignant. Là encore, le vide était fait, la rafle complète ; rien n'y avait manqué, pas même — et c'est un commencement de vengeance — pas même le nom du pillard sur les ballots du pillage : « Les meubles du château, dit la lettre du régisseur, ont été emballés avec toute votre collection d'objets de Chine, d'Italie et du Mexique. Tout est parti pour cette adresse : Heindrecht, négociant à Munich. »

Tenons bonne note de ce nom-là ; joignons-le à tant d'autres pour nous faire un almanach des adresses d'un genre nouveau : le *Bottin* de la revendication.

Tous les comptes devront être réglés quelque jour. Il en est même qui le sont déjà. M. le marquis de Biencourt, par exemple, a signifié le sien, dans un style de la plus digne et la plus fière allure, à qui ? au très-haut et très-puissant seigneur le prince Frédéric-Charles qui, s'étant conduit chez lui plus en goujat qu'en altesse, ne méritait pas moins.

On était en plein armistice, depuis déjà une semaine. Le héros se reposait. Le doux climat de la Touraine lui parut propice pour cuver sa gloire en pleine quiétude. Il y vint, et sachant que le joli domaine d'Azay-le-Rideau était de grand renom entre toutes ces châtellenies d'aimable loisir et de plaisance, il se l'octroya pour retraite. Regarda-t-il, en passant, les salamandres sculptées qui s'enroulent dans les flammes au-dessus de la porte ? A quoi bon. Elles lui eussent rappelé le roi de la chevalerie, François Ier, dont elles sont comme l'héroïque signature ; elles lui eussent parlé d'honneur, de dignité dans la gloire : il n'aurait pas compris. Se bien goberger chez autrui et bien boire, comme un de ces soudards dont le roi-chevalier n'aurait pas voulu pour ses reîtres ou ses lansquenets, voilà ce qu'il venait chercher, et non de l'histoire.

Il se gobergea donc, et il but, sans demander ce qui pouvait lui en donner le droit, dans ce château, dont l'armistice seul, avec toutes ses réserves, lui avait permis l'occupation.

M. de Biencourt sut lui rappeler tout cela, et de très-haut, sans peur, passant en gentilhomme sur l'orgueil de ce victorieux, aussi aisément que les salamandres de son château passent sur les flammes, et s'y jouent.

Ecoutez sa lettre.

« Château d'Azay-le-Rideau, 21 février 1871.

» Monseigneur,

» Il a plu à Votre Altesse Royale de venir visiter le château d'Azay. En d'autres temps, j'eusse été très-honoré de cette visite. Aujourd'hui, je suis forcé de dire à Votre Altesse Royale combien je trouve ses façons étranges et grossières.

» N'oubliez pas, Monseigneur, que vous n'êtes pas au soir d'une bataille ; vous occupez le département d'Indre-et-Loire en vertu des conditions d'un armistice, et rien ne vous donne le droit de venir chez moi, de vous y faire servir malgré moi, de manger mon pain et de boire mon vin.

» Les gentilshommes de votre état-major, les officiers de votre armée et vous, ne savez rien des égards que les gens bien élevés observent entre eux ; vous ignorez le respect que, chez les nations civilisées, le vainqueur doit au vaincu.

» En vous asseyant à ma table, en vous faisant héberger à mes frais, en exigeant du vin de Champagne, que je n'avais point, vous me donnez le droit, dont je suis profondément triste, de vous parler comme je le fais.

» En voyant les façons de leur prince, je ne m'étonne plus des procédés parfaitement grossiers des officiers de votre armée, qui souillent ma demeure et se font nourrir chez moi, à mes frais, depuis le 4 février.

» Veuillez agréer, Monseigneur, l'expression des sentiments d'indignation que j'ai dans le cœur.

» J'ai l'honneur d'être, Monseigneur, avec le plus profond respect, de Votre Altesse Royale, le plus humble ennemi.

» Marquis de Biencourt.

» *P. S.* — On me dit que j'ai eu également l'honneur, bien involontaire, de traiter à ma table Son Altesse Royale le prince héritier. »

Voilà, certes, qui est bien parler! et ce qui me plaît dans cette lettre si bien française, c'est qu'il n'est pas un seul de ces hobereaux qui en aurait pu trouver le noble sentiment, la parfaite gentilhommerie d'âme et d'honneur: quant à l'esprit avec eux, nous n'en parlerons pas.

Sincèrement, des vaincus comme M. le marquis de Biencourt, valent mieux que des vainqueurs comme le prince Frédéric-Charles. A Tours, cette Altesse, qu'on n'entrevoyait qu'à peine, avait vécu à son ordinaire, buvant comme elle avait bu à Orléans, comme elle devait boire à Azay, comme elle buvait partout, et toujours de ce même vin, leurs délices, qui fit, disait-on, qu'en dépit de tous les déplacements, ils ne cessèrent pas d'être en Champagne. «Sa table, dit un journal de Tours (1), était servie avec un grand luxe. Le prince, dont l'exigence était fort grande, a consommé une quantité considérable de vin de Champagne. »

J'en étais sûr avant de l'avoir lu, sachant ce qui s'était passé à Nancy, à Orléans, partout.

Les troupes étaient dignes du chef. Très-heureuses de vivre sur un si gras ennemi, et de se repaître de tant de richesses, elles le furent encore plus, quand on leur dit que tout allait finir. Le danger leur gâtait la proie: ils renoncèrent volontiers à l'une, pour n'avoir plus à craindre l'autre.

L'annonce de la paix fut accueillie à Tours par des explosions de hourrahs prussiens. Il y eut, avec toutes les troupes, une promenade aux flambeaux, dont ils croyaient que l'effet serait irrésistible pour les habitants. Pas un ne la regarda passer. Toutes les portes, toutes les fenêtres s'étaient fermées, toutes les rues étaient désertes. Ils furent si furieux du peu de succès de ce spectacle de triomphe, auquel la tristesse française avait si dignement refusé les

---

(1) *Union libérale*, 10 mars.

spectateurs, que le lendemain, à bout déjà de taquineries, et ne sachant plus qu'inventer, ils trouvèrent fort glorieux de punir la ville... en ne permettant pas le départ des trains de chemin de fer (1) !

Leur méchanceté, qui jouait ainsi de son reste — car le moment de la délivrance approchait — voulut avoir mieux encore le dernier mot. Elle le trouva, dans le genre sournois, et de façon à tout défier, tout surpasser.

Voici ce qu'ils firent — je n'y croirais pas, si je n'en trouvais d'exemples qu'à Tours, et si leur départ de Blois et d'Orléans, où le maire dut à ce sujet avertir les habitants (2), n'avait pas été signalé par la même abominable gentillesse : — Ils prirent les cartouches qui leur restaient, et au moment de quitter chacun leur gîte, ils les déposèrent toutes soigneusement sous les cendres du foyer, avec un espoir d'explosion, que vous devinez, et dont leur charitable cœur s'égayait d'avance.

A Orléans, on en trouva quarante dans le même foyer, et à Tours, ils allèrent, pour mieux les cacher et rendre l'explosion plus terrible, jusqu'à les placer sous les briques de la cheminée, déposées, puis reposées tout exprès (3).

Ce dernier mot du Prussien qui s'en va, est bien aussi, je crois, le dernier mot de la barbarie sournoise et lâche. Le trait que le barbare antique vous lançait en fuyant, n'est rien auprès.

On ne dira plus la flèche du Parthe, on dira la cartouche du Prussien.

V

Après ce qu'ils ont fait dans Indre-et-Loire, dans Loir-et-Cher, dans le Loiret, vous croyez être, pour cette partie

---

(1) *Petit Moniteur*, 8 mars.
(2) Le *Journal du Loiret* a donné le texte de cet avertissement.
(3) *Électeur libre*, 24 mars.

de nos provinces, au bout de leurs atrocités; non, c'est dans un autre département, qui fait groupe avec ceux-là, c'est dans Eure-et-Loir, qu'ils commirent les plus abominables.

N'est-ce pas là que se trouve Chérizy? n'est-ce pas là que se trouve Châteaudun? Deux noms, qui comme celui de Bazeilles et tant d'autres, doivent s'écrire avec du sang sur le livre de la vengeance.

Eux-mêmes, quand ils n'y trouvèrent plus rien à prendre, ils se donnèrent, par lassitude du pillage, presque des airs de pitié pour ce pauvre pays dévasté. Leur *reporter* de la *Gazette de Cologne*, Hans Waschenhusen, véritable uhlan de la plume, comme on l'a si bien nommé (1), eut de ces larmes, de bandit repu, et, ce qui vaut mieux, comme présage, je ne sais quelle peur du mal commis. D'autres, après tant de crimes, en auraient le remords; ils n'en ont, eux, que l'effroi. Ils semblent sentir que la justice qui leur fera tout expier, n'est pas si loin que celle de Dieu, la seule que craignent les remords; ils semblent voir que c'est du pays même qu'ils ont si affreusement frappé, que sortira le châtiment, et prévoir ce qu'il devra être d'après ce qu'ils ont été. Alors, je l'ai dit : la peur les prend.

Vous allez la trouver, avec d'autres aveux qui ont leur prix dans une lettre que ce Hans écrivit de Chartres, le 5 décembre, à sa *Gazette :*

« C'est une vraie vie de brigands que nous menons, dit-il — et vous voyez, par là, qu'il commence bien comme franchise.

» Voilà quatre semaines que nous passons dans des contrées entièrement ravagées; les derniers huit jours, nous avons traversé des villes et des villages où il ne restait absolument plus rien à prendre, où sur chaque seuil nous étions reçus par des malheureux qui nous criaient avec effroi : Plus rien, plus rien ! ou « *Nicht brott, nicht*

---

(1) *La Prusse au Pilori*, p. 142.

fleisch! » (Pas de pain, pas de viande !) tant la détresse de la population a su lui faire apprendre notre langue.

» Des départements entiers ont vu leurs provisions complétement épuisées; des villes jadis prospères voient toute leur population réduite à la mendicité. Les hommes et les femmes, affamés, contemplent d'un air sombre les groupes de soldats qui reçoivent leur ration, tandis que les malheureux habitants ne trouvent pas un morceau de pain sec pour leurs enfants qui crient la famine. Dans ces villes désolées, les ruines causées par les incendies présentent encore le plus triste spectacle.

» Hier, j'ai vu de nombreux villages incendiés : celui de Viabon (1), où chaque coup de feu tiré d'une fenêtre a été puni par la destruction d'une maison; celui de Bonneval (2), où l'un de nos dragons fut tué.

» On dirait que ce village est mort, le silence de ces maisons dans lesquelles on apercevait quelques visages hâves et sombres avait quelque chose de si effrayant que, bien que la nuit fût déjà venue, je préférai aller plus loin. »

A Châteaudun, dont l'héroïsme aurait dû leur faire épargner ce qui en restait, s'ils étaient seulement capables, je ne dis pas d'avoir; mais de comprendre une pareille vertu, ils allèrent au delà du possible dans l'horreur, pour tout dire, ils se surpassèrent eux-mêmes.

Un journal de Bruxelles, l'*Etoile belge*, disait, le 28 octobre dernier : « Le *Standard* d'avant-hier publie une correspondance particulière de Tours qui relate des faits tellement horribles à la charge des Prussiens, après leur entrée dans la ville de Châteaudun, que nous ne voulons pas la reproduire par honneur pour l'humanité. »

L'habitude que nous avons des Prussiens nous ayant un peu mieux bronzé le cœur, et nous permettant d'aller sans

---

(1) Village de 900 âmes, dans l'arrondissement de Chartres.
(2) Chef-lieu de canton de l'arrondissement de Châteaudun.

que le dégoût ou l'horreur nous prenne trop vite, jusqu'au fond de leurs crimes, nous avons cherché le numéro du *Standard*, résolu à en braver et à vous en faire braver le récit. Malheureusement, malgré toutes nos recherches, il nous a échappé. Mais nous avons une compensation. Le récit de M. Coudray, dans son petit livret que nous allons analyser, *Défense de Châteaudun*, va nous faire juger de ce que pouvait être le récit du journal anglais.

Il nous dit d'abord l'héroïque journée, les efforts des gardes nationaux et des francs-tireurs de Paris, leur succès pendant quelques heures, jusqu'à ce que le nombre, toujours croissant, des Prussiens eût fait tourner l'avantage.

L'ennemi est maître de la ville. Il s'y lance de tous côtés. Qu'y fait-il? Vous le devinez : il fait vider toutes les maisons, puis il pille et ensuite il brûle.

« La brosse à pétrole et la bougie de campagne, dit M. Coudray, fonctionnent à l'envi, sans préjudice d'autres moyens. Tant pis pour les demeures que leurs habitants n'abandonnent pas assez vite! Malheur surtout aux malades, aux infirmes et aux vieillards!

» Ici, sans écouter les supplications d'une femme qui veut sauver son mari âgé et paralytique, ces forcenés mettent le feu au lit du pauvre diable, qui se tord au milieu d'horribles convulsions, et dont il ne reste bientôt plus que d'affreux débris carbonisés. Là, à quelques pas plus loin, ils assassinent à coups de revolver un vétéran de nos armées, le capitaine Michau, dont ils rejettent le cadavre sanglant dans les flammes.

» N'avait-il pas eu le tort, le pauvre vieux soldat, de dire aux vainqueurs qu'il aurait rougi de faire une guerre pareille!

» Dans une maison de la rue de Bel-Air, par un raffinement de cruauté, sous menace de mort, ils veulent forcer le propriétaire, — un vieillard, — à mettre lui-même le feu à son immeuble. »

Quelques maisons n'échappent au feu des Prussiens que

parce qu'il leur faut des gîtes. C'est pour eux-mêmes qu'ils épargnent, mais ils ne les pillent que plus à fond, après avoir enfoncé à coups de hache les devantures et les portes. Vins, liqueurs, habits, linge, vaisselle, denrées, tout y passe.

« Elles sont livrées à une dévastation et à un désordre inouïs ; leurs caves enfoncées se vident rapidement ; leurs offices et garde-manger sont en un clin-d'œil dépouillés de toutes leurs provisions ; le linge et les effets d'habillement disparaissent prestement ; les portraits de famille sont emballés ou foulés aux pieds ; les principales pièces se changent en capharnaüms où les choses les plus diverses se heurtent dans le plus inénarrable désordre et la saleté la plus révoltante.

» Enfin, la dévastation et la spoliation sont poussées si loin, que tous les papiers sont minutieusement examinés, que tous les titres au porteur sont rigoureusement retenus, et que nombre d'objets jonchent le parquet des appartements, le pavé des corridors et la chaussée des rues. Il semble que le génie malfaisant, qui préside à tous ces débordements, ait moins pour but d'en tirer profit que de faire le mal pour le mal. »

Vous croyez tout fini, non. Ce que vous venez de voir n'était que pour le soldat ; passons maintenant à ce qu'il faut à l'état-major, à l'administration prussienne. Nous avons vu le vol irrégulier, regardons-le se régulariser par la réquisition.

« Le pillage, dit M. Coudray, ne produisant pas assez, et la pauvre ville, prise d'assaut, n'étant pas assez punie par le meurtre, l'incendie, la dévastation et l'enlèvement d'une centaine de citoyens, le besoin d'une contribution de guerre se fait vivement sentir.

» Le général Wittich la fixe modérément à 200,000 francs, et y ajoute les réquisitions suivantes : 1,500 couvertures, 100 kilos de sel, 100 kilos de café, 400 litres d'eau-de-vie et 20,000 litres d'avoine. »

Où prendre tout cela, dans une ville dont presque tous les habitants sont tués, prisonniers, ou en fuite, qui n'a pas un seul de ses édifices que les obus n'aient gravement entamé ; dans une ville qui ne sortira qu'à moitié de ses cendres, et qui, au moment où on la rançonne, brûle encore !

Les Prussiens saigneraient des cadavres !

Deux villages des environs, Varize et Civry, expièrent aussi leurs quelques efforts de lutte. Ils partagèrent le sort de Châteaudun, comme ils avaient partagé sa résistance. On y mit le feu pour quelques uhlans tués, dont l'un, comme voleur, méritait de ne pas mourir si noblement. Voici le menu du pillage assorti dont il était porteur : un poulet, une livre de beurre, un pain, un énorme gâteau, six paires de chaussons, un paquet de mouchoirs et... une douzaine de châles !

Pour venger ce bandit et quelques autres qui ne valaient pas mieux, on brûla deux villages. De celui de Varize, qui souffrit le plus, il ne reste que deux maisons sur soixante-douze ! L'église est debout, mais à moitié brûlée. Pendant que tout cela flambait, les Prussiens, tranquilles dans leur camp de Patay, regardaient et applaudissaient : « Varize et Civry brûlent, criaient-ils, que c'est beau le feu ! »

Un de leurs prisonniers, qui l'entendit, l'a depuis répété cent fois. C'était le courrier d'Orgères, autre gros bourg qui n'est pas loin de là, et qui n'avait rien vu de pareil à ce qui se passait dans les environs, même du temps de ses fameux brigands.

Du côté de Dreux, ce ne fut pas moins horrible. Les gardes nationaux résistèrent et obtinrent même quelques avantages. Un soir qu'ils avaient repoussé les Prussiens, ceux-ci, qui regagnaient Houdan, voulurent se venger un peu dans leur retraite. Ils avisèrent la ferme de la Mésengère, où le fermier Lecomte logeait encore tout un détachement, fort satisfait de son hospitalité. Ce sont les hommes de ce détachement qu'ils chargèrent de brûler la ferme, et, comme ils refusaient, ils les y forcèrent le pistolet au poing.

On trouvera plus bas le détail de cette monstruosité, avec quelques variantes sur ses causes et ses effets, qui seront loin d'en atténuer l'horreur.

A Dreux, ils égayèrent le pillage. Installés dans le tribunal, ils y brûlèrent le mobilier, prirent les robes des juges, s'en amusèrent pour je ne sais quelle mascarade, puis les mirent en pièces. Le président alla se plaindre au gouverneur militaire, qui se contenta de dire, quand il sut que ces plaisants aimables étaient des cuirassiers blancs :

« — Oh! ce sont de bien bons soldats, chez nous-mêmes ils aiment à se donner ces petits plaisirs. Allez vous-en. »

Le président n'en put tirer autre chose.

Ceci n'est que de la mauvaise farce, voici du drame épouvantable. Il s'agit du bourg de Cherizy, dont je vous ai plus haut annoncé la ruine. Six francs-tireurs et les gardes mobiles avaient fait aux environs quelques heureux coups de main. Un jour même, ils avaient repris aux uhlans, après leur avoir tué quatre hommes et fait sept prisonniers, une réquisition considérable qu'ils venaient de se faire livrer dans le bourg. Il n'en fallut pas davantage. Vous allez le voir par la lettre que le pasteur protestant, M. Cailliatte, de Marsanceux, près de Dreux, adressa, sur le moment même, le 17 octobre, au *Times*, pour dénoncer à l'Europe l'infamie et l'atrocité de ce qui suivit (1).

C'est en témoin, presque en victime, que M. Cailliatte va parler :

« Cet échec, dit-il, décida du sort de Cherizy. Le corps auquel appartenait le détachement était cantonné en partie à Houdan et en partie à Goussainville. Un officier, logé dans ce village, déclara à son hôte, non sans beaucoup d'émotion, qu'il avait l'ordre de brûler Cherizy. En effet, le lundi

---

(1) Cette lettre, dont nous donnons la plus grande partie, a été publiée en français dans le *Journal des Débats* du 21 novembre.

10 octobre, un corps considérable marcha sur le village de trois points différents. Un détachement de dragons de la reine formait la droite, deux escadrons de uhlans la gauche, et un bataillon d'infanterie le centre. Les uhlans se massèrent à un kilomètre environ de ma maison et restèrent à peu près une heure immobiles.

» Alors ils s'élancèrent au galop comme des furieux dans la direction de Cherizy. Un des uhlans arriva sur moi, le pistolet à la main, en criant : « Gardes mobiles ! gardes mobiles ! »

» Je lui fis signe qu'il n'y en avait point dans le village.

» Les uhlans se conduisirent en vrais damnés, frappant ceux qui ne pouvaient s'écarter assez vite sur leur passage, brandissant leurs sabres, poussant des cris effrayants.

» J'avais sous les yeux une scène de la vie sauvage, comme celles dépeintes par Livingstone ou Baker.

» L'infanterie prit place sur une hauteur d'où elle commandait le village. L'artillerie tirait dans toutes les directions pour faire évacuer le village, puis, lorsque l'officier qui commandait jugea que les habitants devaient s'être éloignés, il envoya un détachement pour mettre le feu.

» Si Cherizy eût été un village purement agricole, l'accomplissement du crime n'aurait pas été difficile. Il aurait suffi de mettre le feu aux granges et de laisser l'élément destructeur achever son œuvre.

» Mais comme la route était bordée de maisons bourgeoises ne renfermant ni foin ni paille, on s'y prit différemment.

» Le cas était prévu ; aussi les incendiaires étaient-ils munis d'une composition de pétrole, dont ils arrosèrent les meubles, lits, tables, etc., puis ils y mirent le feu.

» Un tel moyen ne pouvait manquer de réussir. Quarante maisons s'enflammèrent aussitôt, une seule ne prit pas feu, celle d'un épicier. Les soldats, ne trouvant dans la boutique que des barils de sel, de soude, de savon et autres matières peu inflammables, pénétrèrent dans une chambre du fond et arrosèrent de pétrole un coin de lit et un matelas préparés par le propriétaire pour un soldat blessé, puis ils y mirent le feu ; mais la flamme ne fit que lécher le pétrole sur le bois de lit et brûler une partie du matelas qui était mouillé.

» Ce bois de lit, ce matelas que j'ai vus, touchés, examinés, sont des preuves irrécusables, évidentes que l'incendie de ce charmant village était un acte de barbarie et de la cruauté la plus criminelle. Des maisons vastes ont été brûlées sans qu'on se fût inquiété de savoir si elles ne renfermaient pas des personnes que l'âge ou la maladie rendaient incapables de s'enfuir. Une pauvre femme qui était sur le point de donner le jour à un enfant n'échappa aux flammes que par miracle.

» Mais ce n'est pas tout ! »

Ici, M. Cailliatte va parler de ce qui est indiqué plus haut, l'incendie de la Mésengère, et comme nous l'avons dit, il va donner quelques variantes de détails que nous ne devons pas omettre.

« Lorsque les Prussiens virent qu'il leur était impossible d'entrer à Dreux le même jour, ils se replièrent sur Houdan. Ils mirent le feu à toutes les maisons isolées qu'ils trouvèrent sur la route. En arrivant au hameau de la Mésengère, ils entrèrent dans la première ferme, magnifique établissement agricole, dont la porte d'entrée monumentale attire les regards de tous les voyageurs. Le fermier, terrifié par le sort de Cherizy, chercha à s'y soustraire en offrant tout ce qu'il possédait. Les soldats acceptèrent des rafraîchissements, mais n'en témoignèrent pas moins la sinistre intention d'exécuter les ordres barbares qu'ils avaient reçus.

» Lorsque le fermier les vit prendre tranquillement des allumettes sur la cheminée, il les supplia avec des larmes, au nom de sa femme et de ses cinq enfants, de l'épargner. Vaines supplications, pleurs inutiles : les soldats, sans émotion, sans remords, se dirigèrent vers les granges pleines de produits de plusieurs années de travail et y mirent le feu.

» J'ai vu de ma fenêtre quatre habitations sur l'espace de 3 kilomètres qui rougissaient le ciel de cette lumière funèbre. C'était une scène qui remplissait le cœur d'une indescriptible tristesse. Vingt-quatre heures plus tard je me rendis au hameau dont les maisons n'étaient plus qu'un monceau de cendres. J'entrai dans cette ferme si prospère naguère, et je vis dans un des bâtiments, situé à gauche, un feu effrayant, c'étaient les restes des greniers de grains qui se consumaient lentement.

» Dois-je parler de la conduite des soldats à l'égard des prisonniers? Ici nous voyons la force brutale s'étaler sans contrainte.

» Dimanche, un jeune homme de cette commune s'en était allé, poussé par la curiosité, dans la direction de Cherizy, pour voir ce qui se passait. Sa jeunesse aurait dû le protéger, car il ne paraît pas avoir plus de quinze ans, bien qu'il en ait dix-huit en réalité. A peine était-il entré dans le village, qu'il fut fait prisonnier avec plusieurs autres. Un soldat saisit son bâton et l'en frappa.

» Le malheureux, avec douze compagnons d'infortune, fut alors dirigé sur Houdan, où le détachement tenait garnison. Ils y passèrent la nuit dans la plus épouvantable agonie, car les soldats leur avaient fait entendre qu'ils allaient être mis à mort. Le jour suivant, le lundi, ils furent ramenés par le régiment qui allait attaquer Dreux : on les plaça, avec une cruauté inouïe, derrière les batteries qui canonnaient Cherizy, de manière à être les premiers atteints par les balles des francs-tireurs ou des mobiles.

» Comme on ne leur avait rien donné à manger, ils arrachèrent des carottes dans les champs, tout en marchant, pour apaiser leur faim. Enfin, les Prussiens se retirèrent, emmenant avec eux leurs prisonniers. L'un de ces malheureux, qui était garde national, avait des cartouches dans ses poches; l'ennemi les découvrit : ce fut le signal de la mort de cet infortuné, qui fut aussitôt fusillé. Son corps fut jeté dans un fossé. On ramena les autres prisonniers au bâtiment où ils avaient passé la nuit précédente. On ne leur donna aucune nourriture; ils furent maltraités, brutalisés et menacés du même sort que leur camarade. La nuit ne fut qu'une longue torture.

» Le lendemain matin, on les plaça en ligne comme pour les mener à l'exécution. Après un débat assez vif entre les officiers, onze des prisonniers furent renvoyés. Le douzième était un trompette des sapeurs et des mineurs d'une commune voisine. Il appartenait donc à un corps dont les officiers sont payés par le ministère de la guerre. Son uniforme aurait dû le préserver contre tout danger, depuis le moment où il s'était rendu. Mais, lisant son sort dans les yeux des officiers, il s'échappa et courut se réfugier dans une écurie, où il fut lâchement massacré.

» Le même corps d'armée devait revenir le 11 avec des forces plus considérables pour prendre possession de Dreux et brûler mon village, sous le prétexte qu'un uhlan avait été tué sur le territoire de la commune; mais, au dernier moment, le commandant reçut l'ordre de se replier sur Versailles.

» Tels sont les faits qui se sont passés près de ma demeure, et dont je garantis la parfaite exactitude. Et maintenant je demande aux hommes de guerre de l'Europe : Les lois de la guerre justifient-elles cette conduite? Est-il permis de transformer des soldats en vils incendiaires et de déshonorer ainsi la profession des armes?

» Les mobiles et les francs-tireurs qui avaient attaqué les Prussiens n'étaient pas de Cherizy. Pourquoi donc le village a-t-il été brûlé? Etait-ce le but de nos envahisseurs? N'ont-ils pas l'intention de réduire les populations rurales par la terreur, de les mettre dans cette situation où l'homme n'a pas la force de se défendre, afin de les dépouiller complétement de tout ce qu'elles possèdent?

» Les réquisitions des Prussiens sont sans mesure. Ils ne quittent pas un village sans tout emporter.

» La terreur inspirée par les Allemands est telle que de tous côtés on n'entend parler que de suicides, de femmes qui se jettent dans les puits, de vieillards qui se pendent, de familles qui s'asphyxient. Bon nombre d'individus sont devenus fous.

» Quand on pense que cette désolation s'étend à vingt-cinq lieues autour de Paris, sans compter les mille villages de l'Est ravagés, pillés, détruits, on peut juger des malheurs de la France : combien de temps cela va-t-il durer ? »

Hélas ! on n'était qu'au 17 octobre ; cela devait encore durer plus de quatre grands mois !

PICARDIE

AISNE. — SOMME. — OISE.

I

Cette province ne doit d'arriver ici la dernière, qu'à l'ordre alphabétique, dont nous nous sommes fait une règle : si nous n'avions dû voir que ce qu'elle a souffert, elle serait au premier rang des victimes. Quand le correspondant du *Daily Telegraph* attesta la modération de la circulaire de M. de Chaudordy sur la conduite des Prussiens, et se déclara tout prêt à témoigner, « sous l'affirmation d'un serment, » que non-seulement elle n'était pas allée au delà, mais « qu'elle était restée en deçà de la vérité; » une de ses preuves les plus accablantes, était ce qu'il leur avait vu commettre dans une des principales parties de cette province : dans le département de l'Oise. Il eût pu ajouter : « et dans les deux autres, l'Aisne et la Somme. »

Ils n'eurent pas en effet de préférence en Picardie.

Leurs atrocités furent les mêmes partout, avec la plus parfaite régularité dans l'horrible. Ce n'était jamais par choix ou par caprice qu'ils étaient abominables, mais par ordre, par consigne : donc, ils l'étaient partout, comme je viens de le dire, avec de simples variantes dans la manière d'opérer le vol, l'assassinat ou l'incendie.

En arrivant dans la Picardie, ils auraient dû être déjà repus, fatigués d'exécutions. On ne s'en aperçut pas. Dès le 13 octobre, lorsqu'ils n'étaient encore qu'en marche sur Amiens, ils avouaient qu'ils avaient brûlé en chemin 20 villages et fusillé 150 paysans qui leur faisaient « une guerre illicite, (1) » traduisez en bon français, « qui défendaient leur foyer et leur famille. » Ce qui aurait blasé tout autre, et l'eût écœuré, dégoûté du sang et du feu, n'avait été que pour leur faire la main.

Qu'on en juge par leur entrée de jeu dans le département de l'Oise, d'après une lettre du 4 octobre, que publia *l'Opinion* d'Anvers, et qui troublée, confuse, incohérente, ne donne que mieux une idée de la stupeur où tout le monde était jeté par cette irruption de barbares : « Plus de bestiaux, ici, que pour les Allemands qui en trouvant trop, gaspillent la viande qu'on trouve de toutes parts sur les chemins, souillée de leurs ordures pour qu'elle ne puisse servir..... Dévalisation, pillage, meurtre par tous moyens : attacher des hommes aux arbres pour les éventrer à la baïonnette; nous faire bientôt mourir de faim, etc... »

La raison s'en perdait, cette lettre le ferait presque croire. Il y eut des cas de folie plus réels, plus terribles. Ce fut par exemple le dénouement du drame odieux, qu'une lettre du 17 novembre résume ainsi : « Dans l'arrondissement de Clermont (Oise) ils ont fusillé M. Barbier fils, qui n'avait jamais été soldat, sous prétexte qu'il avait l'allure militaire. Liant ensuite sur le lit le père et la mère de cet infortuné, ils saisirent leur fille âgée de dix-neuf ans, la martyrisèrent, et, après en avoir abusé, l'assassinèrent. Quand les voisins de ces malheureux vinrent les délivrer, Mme Barbier était folle. »

Dans le même arrondissement, à Bresles, on trouva un matin, le corps d'un aubergiste criblé de coups de baïonnette et frappé d'un coup de feu qui avait dû l'achever.

---

(1) G. Mitchell, *Journal des Deux-Mondes pendant le siége de Paris*, p. 84.

Pourquoi avait-il été tué? On se le demande encore dans le pays.

On sait seulement, qu'assez avant dans la nuit, il avait été réveillé par une patrouille allemande, qu'il avait ouvert, et laissé tous ces hommes s'attabler dans sa salle; qu'ensuite il s'était fait un grand bruit, qu'une explosion avait été entendue et que tout était bientôt après rentré dans le silence. Un refus du malheureux à quelques exigences des Prussiens, aura sans nul doute amené la catastrophe.

Cette guerre laissera inexpliqués bien des mystères de ce genre et de plus terribles. Ainsi l'on ne sait pas encore d'une façon bien certaine, ce qui fut cause de l'un des massacres les plus effroyables qui l'aient ensanglanté: celui des prisonniers de Soissons, à cinq lieues de cette ville, sur le territoire d'Hartennes, dans le bois de Saint-Jean.

On parla d'une tentative d'évasion de la part de quelques-uns des prisonniers, qui étaient en tête, et qui auraient commencé le combat contre leur escorte; mais rien n'est moins prouvé. La seule chose trop certaine c'est le massacre; c'est que, sur trois ou quatre mille hommes confiés à la garde de ces Allemands, et dont un grand nombre étaient de tout jeunes gens de la garde mobile de Vervins, ils n'en ramenèrent pas plus de mille à Château-Thierry, où ils les conduisaient. Qu'étaient devenus les autres? Quelques-uns s'étaient sauvés dans le bois. Le reste avait été tué. Un des récits les plus complets de cette effroyable affaire du 16 octobre est celui qui fut donné par le *Progrès du Nord*. Le voici:

« Les prisonniers de Soissons, au nombre d'environ 4,000, marchaient sous l'escorte des troupes allemandes depuis plusieurs heures, lorsque, arrivés dans le bois Saint-Jean, à cinq lieues environ de la ville qu'ils avaient abandonnée le 16 vers trois heures après-midi, on les fit arrêter. Puis, tout à coup, les feux de peloton et de file, partant de la tête, de la queue et des flancs de la colonne, vinrent jeter l'épouvante et le désordre dans la masse des malheureux prisonniers.

» Quelle était la cause de cette épouvantable boucherie? Qui avait pu donner des ordres pour un massacre aussi impitoyable? Etait-ce de la part des Prussiens un acte de défense ou un accès de sauvagerie?

» On n'a pu nous le dire.

» Suivant les uns, les soldats du 15ᵉ régiment d'infanterie, exaspérés d'avoir été contraints de quitter Soissons sans avoir fait pour la défense ce que leur courage leur inspirait, furieux d'avoir reçu l'ordre d'abandonner leur poste avant d'avoir presque entamé leurs munitions et voulant prendre leur revanche par un acte d'héroïsme, se seraient jetés sur la tête de l'escorte, en auraient désarmé quelques hommes et auraient engagé une lutte inégale contre les Prussiens, qui auraient vivement riposté par des coups de feu.

» Suivant les autres, le massacre n'aurait été qu'un guet-apens prémédité par l'escorte allemande. Nous ne pouvons nous arrêter à une pensée aussi criminelle.

» Quoi qu'il en soit, la fusillade faisait de nombreuses victimes, les Prussiens s'entretuaient dans l'obscurité, et le lendemain quelques paysans, attirés par le bruit qu'ils avaient entendu la veille, constataient que des monceaux de cadavres couvraient la route qui traverse le bois Saint-Jean. Il nous est impossible de dire le nombre des victimes, mais il a dû être considérable, car les Prussiens tiraient dans des masses profondes où chaque coup devait porter.

» Dans cette malheureuse colonne se trouvaient en tête les soldats du 15ᵉ d'infanterie, puis venait l'infanterie de la garde mobile, et après, à l'arrière-garde, les 12ᵉ 13ᵉ et 16ᵉ batteries de l'artillerie mobile.

» Toute cette foule désarmée se jeta dans les bois, où elle fut poursuivie à coups de fusil par les Prussiens de l'escorte; combien s'échappèrent, combien tombèrent encore sous les coups, combien furent repris? Rien encore de certain à cet égard. Tout ce que nous avons pu apprendre, c'est qu'un très-petit nombre a reparu jusqu'à présent, mais à chaque instant de nouveaux échappés arrivent.

» Ceux qui furent assez heureux pour ne pas tomber sous la grêle de balles que leur envoyaient les Prussiens, trouvèrent un asile momentané dans les fermes ou dans les chaumières, après avoir enterré leurs uniformes et reçu en échange quelques lambeaux de vêtements suffisant à peine pour les protéger contre le froid et la pluie. »

II

Tout ce qu'on put dire, tout ce qu'on put écrire contre ce massacre, ne rendit pas les Prussiens moins impitoyables pour leurs prisonniers ; loin de là. Plus que jamais ils craignirent des alertes, et commencèrent par des violences.

Un peu trop d'empressement autour de ces malheureux suffisait pour qu'ils se missent sur le qui-vive, comme si l'on eût voulu les leur enlever, et pour qu'ils fissent feu. Vers la fin de janvier, le sang coula dans le chef-lieu de l'Oise, pour un simple soupçon de ce genre : le seul crime avait été un peu trop d'ardeur charitable à l'arrivée d'un convoi.

« Dernièrement, dit une lettre envoyée en Belgique, dernièrement, à Beauvais, l'escorte prussienne, amenant des prisonniers français, a tiré sur la foule, qui s'était portée sur leur passage. Plusieurs personnes ont été blessées, et l'une d'elles, le fils d'un des deux receveurs d'enregistrement de la ville, a succombé à la suite de ses blessures. Inutile de dire combien ce triste événement a fait sensation dans la ville (1). »

(1) La *Patrie* (de Bruges), 28 janvier.

Si, pour un soupçon, si, pour la seule crainte d'une surprise, ils agissaient ainsi, l'on peut juger de ce qu'ils firent quand il y eut contre eux un semblant d'attaque, un commencement de résistance.

A Foucaucourt, sur la route d'Amiens, quelques francs-tireurs avaient tenu tête à l'une de leurs escouades, puis avaient dû s'éloigner, n'étant guère que dix contre cent. Dès qu'ils ne semblèrent plus à craindre, le village fut envahi, et, aussitôt, sans rémission, exécuté, d'après le procédé ordinaire du pillage et de l'incendie.

Il n'y eut pas une étable, pas une grange, pas une cave qui ne fût visitée et vidée. Après une sommation aux habitants pour qu'ils sortissent de chez eux, ils entraient trois ou quatre dans une même maison, et commençaient par tirer dans tous les coins et sous les meubles pour avoir raison de ceux qui n'avaient pas obéi, ou qui se cachaient.

Ils pillaient ensuite, et les pauvres gens, mis dehors, devaient assister, de la rue, au sac de leur propre maison.

« Sur huit endroits différents, lit-on dans un rapport officiel adressé au gouvernement de Bordeaux, le feu fut mis au village, et les dépendances des maisons devinrent la proie des flammes; plusieurs personnes se virent obligées de livrer elles-mêmes des allumettes pour incendier leurs demeures. Trois habitants, dont un infirme, un autre malade depuis longues années, n'obéissant pas assez vite aux soldats qui voulaient les pousser dehors, furent tués sans merci; un jeune garçon de 16 à 17 ans, découvert dans une grange, y fut également passé par les armes; une cinquième personne a encore reçu différentes blessures plus ou moins graves.

» Enfin, vers deux heures de l'après-midi, l'ordre de retraite fut donné, et les Prussiens, après avoir accompli leur œuvre de destruction, quittèrent Foucaucourt, en feu, emmenant au milieu d'eux tous les hommes et un certain nombre de chevaux et de voitures. »

Au joli village d'Oisemont, dans la Somme, un coup de

feu amena un désastre pareil. Il est vrai qu'il avait bien porté. Il venait de quelques gardes mobiles qui s'étaient embusqués dans le village à l'arrivée d'une escouade de chasseurs, en réquisition pour des souliers et... des gants. Leur fourniture faite, ils buvaient et mangeaient à cheval quand le coup partit, et jeta par terre l'officier du détachement. Les autres décampèrent, et, suivant l'ordinaire, revinrent le lendemain, en nombre au moins décuplé.

Le nouveau maire, M. Jules Martin, qui, la veille, avait fait droit à toutes leurs exigences sans la moindre opposition, est saisi et garrotté, avec menace de voir sa maison brûlée et d'être fusillé ensuite, si, dans une heure, 20,000 francs comptant ne leur ont pas été versés. On n'en trouve que 3,000, dont madame Martin, tout en larmes, apporte une partie, tandis que l'autre est donnée par M. de Saint-Chéron, des zouaves pontificaux, et le percepteur, M. de Chamisso. L'officier les accepte comme rançon du maire, mais non comme rachat du village. Il ordonne qu'il soit pillé pendant une heure ; ce qui fut fait :

« Toutes les maisons, dit une lettre d'Amiens, du 12 janvier, furent visitées de la cave au grenier. Les brigands enlevèrent tout ce qui était à leur convenance, comestibles, vins, linge, etc. La boutique d'un horloger fut complétement dévalisée : horloges, montres, pendules, tout fut pris.

» A dix heures, le pillage était fini. Les soldats, gorgés de butin et d'eau-de-vie, quittèrent Oisemont et se dirigèrent sur Airaisnes. Là, huit soldats plus ivres encore que les autres, déclarèrent qu'ils ne pouvaient plus avancer.

» On requit aussitôt deux voitures avec conducteurs, dans lesquelles on les fit monter. Comme il n'y avait pas de place pour les conducteurs, ces malheureux durent aller à pied, et, frappés à coups de plat de sabre, courir en conduisant leurs chevaux aiguillonnés sans cesse par des coups de baïonnette. »

Au moindre échec, et ils en eurent du côté d'Amiens, ils

se rejetaient en furieux sur les villages qui ne pouvaient se défendre et les punissaient de leur propre défaite. C'est le procédé du loup, qui se venge du berger sur le mouton.

« Près d'Amiens, dit une lettre adressée au *Paris-Journal* (1), ces sauvages, enrageant de n'avoir point été victorieux, sont entrés dans une maison où un vieillard paralytique était resté seul sur un fauteuil. Ils ont pris ce vieillard, l'ont tourné en face de la fenêtre ouverte, et ce malheureux leur a servi de point de mire ; chacun tirait sur lui son coup de fusil. Après ce jeu effroyable, comme la victime remuait encore un peu, un Allemand a sauté par la fenêtre et a achevé le mourant de deux coups de baïonnette.

» Dans le même endroit, ils ont forcé trois femmes, le pistolet sous la gorge, à mettre le feu à leur maison.

» Puis ils en ont fusillé plusieurs autres, ainsi qu'un jeune homme de dix-sept ans, qui s'étaient refusés à s'incendier eux-mêmes, etc, etc. »

III

Nous vous avons montré tout à l'heure un riche village pillé à fond pour un seul coup de feu : à Soissons, pour un semblant d'attaque, la nuit, contre une sentinelle, nous voyons la ville frappée d'une contribution de 40,000 francs, qui durent être payés dans la semaine, et qui le furent.

A Laon, le colonel de Kahlden exigera bien autre chose encore. Pour du sang, il veut du sang, et vous allez voir à quel taux il met celui des Prussiens : « Pour chaque soldat allemand tué, dit une de ses proclamations, il sera, par contre, fusillé quatre Français, *coupables ou innocents*, et les environs payeront une forte réquisition. »

---

(1) Numéro du 17 mars 1871.

Quand ils furent à Saint-Quentin, l'Allemand avait encore monté de prix pour M. de Kahlden : ce n'est plus quatre Français, mais six qu'il fallait pour un Prussien, non pas même tué, mais seulement menacé; il suffisait d'un seul coup de feu, pour qu'on les prît et les exécutât (1).

Vous avez vu que la réquisition s'ajoutait à cette dîme de sang : c'est que, sans un peu d'argent, rien, même un assassinat, n'était complet pour eux. Ils en prirent partout en Picardie. Le département de l'Aisne, à lui seul, paya, par sommes successives, l'énorme total de 34 millions 500,000 francs. On n'était jamais quitte avec eux, principalement quand arriva l'armistice, qui pourtant aurait dû tout acquitter. Le moindre retard dans le payement des contributions amenait des amendes excessives.

La commune de Vorges, près de Laon, n'ayant, par exemple, été en mesure de payer que six jours après la date marquée; une amende de 75 0/0 lui fut imposée. En sus des 2,200 francs de sa taxe, elle dut verser 1,700 francs. « Aux comptes, dit M. Edouard Fleury (2), on ne comprend rien, sinon qu'on doit des amendes fabuleuses; qu'on a cru s'acquitter intégralement, et qu'on reste débiteur de sommes inimaginables. » Après avoir pris tout l'argent du pays, il fallut une caisse pour le mettre. C'est le pays qui dut encore la fournir. Réquisition d'un coffre-fort fut faite à la mairie de Laon, avec ordre de le livrer dans une heure, sous peine de 1,000 francs d'amende.

Vous voler, puis vous forcer de fournir vous-même ce qui pourra servir à sauvegarder le vol, c'est encore là un raffinement de larron, tout à fait prussien!

Ils avaient aussi des façons très-ingénieuses de grossir les sommes de réquisitions, et de les faire arriver jusqu'au

---

(1) Ed. Fleury, *Éphémérides de la Guerre dans le département de l'Aisne*, p. 32.
(2) *Id.*, p. 76.

chiffre que, par pudeur, quoiqu'ils n'en aient guère, ils n'osaient pas d'abord exiger.

Ainsi M. de Kalhden, en arrivant à Saint-Quentin, ne demanda que 900,000 francs. Il est évident qu'il voulait le million, et qu'il n'osait. Comment s'y prit-il pour l'avoir? Il demanda un certain nombre de chevaux de luxe, quarante environ, en se réservant de refuser ceux qui ne seraient pas d'un « luxe, » assez fin, et d'exiger, à la place, 2,500 francs par cheval. Il refusa tous ceux qui furent présentés, se fit payer, pour chacun, la somme indiquée, et arriva facilement ainsi aux cent mille francs, qui manquaient à son million.

Tout cela se faisait, sans qu'une observation fût possible.

Ce que le Prussien demande est un droit qui ne permet pas de réplique, n'y eût-il en cause qu'une réclamation de conducteur de charrettes, ou de cantinière.

A Méru, qui, Dieu merci! ne les garda qu'un jour ou deux, une cantinière fit grand tapage lorsqu'elle fut à quelque distance de la ville, pour une bourse-ceinture qu'elle y avait laissée dans la maison où elle avait couché, et sous son oreiller, disait-elle. Un camarade vint réclamer en son nom; recherche fut faite très à fond, et, bien entendu, sans résultat. La cantinière alors revint elle-même avec toute une escorte, soutint son dire, affirma que sa bourse contenait 600 francs, et, comme elle était fortement appuyée par le chef de l'escorte, elle ne partit pas sans les avoir exigés et obtenus du maire.

IV

La campagne prussienne, en Picardie, ne pouvait se passer sans bombardement; elle en eut plus que sa bonne mesure. Quatre places de la malheureuse province : Soissons, Saint-Quentin, La Fère, Péronne, furent criblées d'obus. Soissons ne se rendit que sous cette grêle, qui dura plusieurs jours. Saint-Quentin en eut aussi sa part, au mois de janvier, quoique la ville ne fût pas défendue et n'eût même pas de garnison. Quant aux bombardements de La Fère et de Péronne, ce furent deux affreux désastres et que rien ne put prévenir.

Là, comme partout, il n'y eut, de la part des Prussiens, ni avertissement, ni — chose encore plus grave — ni permission donnée aux femmes, aux enfants et aux vieillards pour s'éloigner.

« Contrairement à toutes les lois de la guerre, dit le capitaine de frégate Planche, qui commandait La Fère, l'ennemi a ouvert le feu sans avertissement ni sommation préalable, à sept heures du matin, ce qui a porté l'effroi et le désastre à son comble dans la population...

» Cette malheureuse petite ville a été écrasée sous une pluie de bombes et d'obus. Une grande partie incendiée ; des approvisionnements en partie consumés. »

Ce fut encore plus terrible à Péronne, où les Prussiens, faisant, comme toujours, dépasser les murailles par leurs obus, dirigèrent tous leurs feux sur la ville, et y concentrèrent ainsi toutes les ruines.

Comme il n'est pas de dévastations où ils ne soient experts, ils les font toutes à point : courtes et épouvantables.

« Selon leur habitude, lisons-nous dans une relation faite au moment même, les Prussiens n'ont rien tenté contre les murailles et n'ont ouvert aucun travail régulier de siège.

» C'est contre la population civile, contre les femmes et les enfants, contre les propriétés privées, qu'ils ont dirigé leur feu, accumulant les ruines et l'incendie, et ne lançant pas un seul boulet contre les remparts.

» A diverses reprises, le général von Gœben a été vainement sollicité de laisser sortir les femmes et les enfants.

» C'est sous la pression d'une population décimée et affolée que l'autorité militaire, en présence de ruines matérielles qui s'élèvent à plus de huit millions, dans une petite ville de quatre mille âmes, a dû, par humanité, faire cesser un bombardement prolongé, à deux reprises, pendant quatre à cinq jours.

» Il est difficile d'énumérer les détails des dévastations commises.

» L'église est brûlée, les cloches ont été fondues dans la tour, par l'intensité de l'incendie.

» L'hôpital, la recette des finances, où les deniers de la caisse se sont transformés en lingots, plus de cinquante maisons particulières n'existent plus.

» La population civile a perdu beaucoup de monde. Réfugiée dans des casemates trop encombrées, elle a à déplorer de nombreux cas d'asphyxie. »

V

Quand on fait si bon marché de villes entières, on peut agir lestement avec la liberté et la fortune des personnes. Les Prussiens ne se firent donc pas faute de violences de toutes sortes, contre celle-ci et contre celle-là.

Le système des otages, qui est une si odieuse violation de la liberté individuelle, fut mise en œuvre dans la Picardie, comme en Lorraine, et comme en Champagne. Aucun train ne partait, sans avoir un notable pour gage et pour garantie. Château-Thierry, entre autres, dut fournir à tour de rôle, pour ces voyages périlleux faits sur le tender même de la machine, toutes les personnes un peu considérables de la population. Le greffier du tribunal fut du nombre ; la maladresse d'un conducteur prussien lui fit même courir le plus grand danger.

Comme conséquence du même système de garantie par force, pour s'assurer des journaux, on s'assurait des journalistes : on les arrêtait. Les rédacteurs du *Journal d'Amiens*, MM. Jeunet et Tilloy, furent ainsi incarcérés, pour je ne sais quelles prétendues injures au roi de Prusse, mais en réalité pour couper court au journal, en le privant d'articles.

La spéculation perça aussi quelque peu. La taxe de 50,000 francs fixée pour la rançon de ces messieurs prouva qu'en Prusse on passe volontiers sur les offenses, pourvu qu'elles se rachètent en bon argent. Le vers de l'Intimé :

Frappez, j'ai quatre enfants à nourrir,

pourrait avoir sa place dans la politique de M. de Bismarck.

A Saint-Quentin, M. Léon Magnier, rédacteur du *Courrier*, eut à subir la même avanie. On l'arrêta, on l'emmena même en Prusse, mais en lui faisant toujours entendre qu'un peu de bon argent le rendrait libre comme l'air : Insulte-nous, mais paye !

Les atteintes aux propriétés valurent au moins celles qui s'attaquèrent aux personnes, et là encore la spéculation joua quelquefois son jeu. Pourquoi par exemple, les Prussiens, dès leur entrée dans l'Oise, s'en allèrent-ils à la Paste et à Rantigny, pour tout y prendre ou tout y briser ? Parce qu'il y avait dans leur landwher quelque industriel d'état-major intéressé à ces prises ou à ces ravages :

« A Rantigny, dans l'Oise, lisons-nous dans une correspondance du *Temps* (1), il existait une magnifique fabrique de machines agricoles dirigée par M. Albaret. Elle livrait des machines à battre au monde entier. Les agriculteurs allemands s'y étaient souvent approvisionnés de bons instruments ; ils s'en sont souvenus. Ils ont eu soin d'aller à Rantigny porter la destruction. »

Dans un château du même département, la vexation eut encore la spéculation pour but. On savait que le proprié-

(1) Numéro du 12 octobre.

taire était fort riche. On s'empara de lui, et il ne reprit sa liberté que moyennant 80,000 francs de rançon (1).

A Daours, dans la Somme, près de Corbie, le château de M. Auguste Du Bos paya pour le propriétaire absent. Le pillage et le saccagement y furent complets : ils brûlèrent les fauteuils du salon, brisèrent les glaces, ébréchèrent les cheminées à coups de hache, et pour dernière gentillesse, s'amusèrent à dépécer une vache dans la plus belle chambre du château.

Rien ne leur était sacré : à Braisnes, dans l'Aisne, on leur dit que le propriétaire de l'Abbatiale, où ils se présentent, est mort, et qu'ils ne peuvent rien voir ni prendre puisque les scellés sont mis partout. Ils n'en tiennent pas compte : « Levez ces scellés, » dit le général qui les commande; et comme on refuse, il les brise.

Les biens de l'État eurent le sort des propriétés particulières. Ce qu'ils avaient fait en Lorraine et dans les Ardennes, pour les forêts du gouvernement, ils le firent dans le département de l'Aisne. Les coupes en furent annoncées à vendre le 10 décembre, à Laon. Par bonheur, les journaux de Vervins introduits secrètement dans la ville, y faisaient connaître le décret du gouvernement de Tours, qui prononçait la peine de mort contre quiconque prendrait part à cette opération félonne, anti-nationale : elle manqua.

VI

Au château de Compiègne, où presque tous les princes d'Allemagne avaient été les hôtes de l'Empire, les Prussiens ne furent pas de moins indignes, de moins grossiers pillards. « Il n'y reste ni rideau, ni bronze, ni statue, » di-

---

(2) *Recueil de Documents*, p. 34.

sait, au mois de janvier, un document officiel (1). La plupart des tableaux avaient aussi été enlevés, et quelques autres pourfendus de coups de sabre, ne montraient plus que leurs plaies. Les *Quatre Saisons*, de Boucher, étaient de ces victimes. Avaient-ils voulu prouver par là que la grâce est leur plus mortelle ennemie? On le savait.

Notre ami Paul Foucher, qui, persécuté par la Commune, ne trouva de refuge contre ce fléau que dans ce désastre de Compiègne, nous en a fait le curieux et navrant tableau par quelques lignes de ses correspondances de l'*Indépendance belge* :

« Le château à l'intérieur, dit-il (2), est dans un affreux désordre et même cruellement dévasté. De nombreux incendies y avaient été allumés cet hiver par la frileuse incurie des soldats qui brûlaient à la fois le bois dans la cheminée et celui des parquets. Le dernier sinistre avait amené la combustion de près de mille mètres de combles, avec un dommage de 75,000 francs. Un aide-de-camp s'écriait naïvement pendant le dernier incendie : « C'est étonnant, » dans tous les châteaux où nous habitons en France, le » feu prend. »

» Il y avait eu aussi, pendant la guerre, emballage de nombreux objets d'art. Compiègne a payé dans sa proportion le tribut de la pendule. La cave du château a été visitée jusqu'à épuisement, et il y a été consommé environ pour 80,000 francs de vin. Il y avait des officiers de capacité qui buvaient en moyenne cinq bouteilles de vin par jour, quelquefois à vingt francs la bouteille. »

Quelques jours après, il a fait une nouvelle visite à ce champ de pillage, et il ajoute (3) :

« Les visites au palais sont pleines d'enseignements. On y voit les traces, en même temps que des incendies, de

---

(1) *Recueil de Documents*, p. 35.
(2) *Indépendance belge*, 16 avril.
(3) *Id.*, 20 mai.

nombreuses dévastations. Il y a eu notamment enlèvement en chiffre prodigieux, par les vainqueurs, des boutons de portes et de coupes décorant les pendules, sinon des pendules elles-mêmes.

» La chambre à coucher de l'Impératrice a été mise à sac; les peintures ont été crevées, les rideaux enlevés, et l'on s'est roulé pêle-mêle sur ce lit magnifique, avec des bottes éperonnées et crottées. »

Nous nous en tiendrons là, ne pouvant mieux finir, à la gloire de S. M. Guillaume, que par le pillage d'un palais d'empereur, pour l'inauguration d'un nouvel empire.

J'y vois un présage que j'accepte.

Saint-Cloud brûlé, Compiègne pillé, sont nos meilleurs avant-postes vers Sans-Souci et Postdam.

TABL

Alsace. Bas-Rhin. — Haut-Rhin.	page	1
Bourgogne. Côte-d'Or. — Saône-et-Loire. — Yonne.		32
Champagne. Ardennes. — Aube. — Marne. — Haute-Marne.		60
Flandre et Artois. Nord. — Pas de-Calais.		126
Franche-Comté. Doubs. — Haute-Saône. — Jura.		141
Ile-de-France. Seine-et-Oise. — Seine. — Seine-et-Marne.		161
Lorraine: Meuse. — Moselle. — Meurthe. — Vosges		254
Maine. Sarthe. — Mayenne.		286
Normandie. Seine-Inférieure. — Orne. — Calvados. — Eure.		296
Orléanais, Touraine. Indre-et-Loire. — oir-et-Cher. — Loiret. — Eure-et-Loir.		333
Picardie. Aisne. — Somme. —		387

Paris. — *Imprimé chez Jules Bonaventure,*
55, quai des Grands-Augustins.

www.ingramcontent.com/pod-product-compliance
Lightning Source LLC
Chambersburg PA
CBHW071856230426
43671CB00010B/1361